2012

JIAXIU FORUM

甲秀论坛

贵州省社会科学院 编

中央民族大学出版社
China Minzu University Press

图书在版编目（CIP）数据

甲秀论坛.2012/贵州省社会科学院编.—北京：中央民族大学出版社，2013.11
ISBN 978-7-5660-0588-5

Ⅰ．①甲… Ⅱ．①贵… Ⅲ．①社会科学—文集 Ⅳ．①C53

中国版本图书馆 CIP 数据核字（2013）第 285240 号

甲秀论坛.2012

编　者	贵州省社会科学院
责任编辑	张　山
封面设计	布拉格
出 版 者	中央民族大学出版社
	北京市海淀区中关村南大街 27 号　邮政编码：100081
	电　话：68472815（发行部）　传真：68932751（发行部）
	68932218（总编室）　　　　68932447（办公室）
发 行 者	全国各地新华书店
印 刷 厂	北京宏伟双华印刷有限公司
开　本	787×1092（毫米）　1/16　印张：13.375
字　数	330 千字
版　次	2013 年 11 月第 1 版　2013 年 11 月第 1 次印刷
书　号	ISBN 978-7-5660-0588-5
定　价	48.00 元

版权所有　翻印必究

贵州省社会科学院编辑委员会

主　任：吴大华　金安江
副主任：吴廷述　王朝新　逯献珉
　　　　唐显良　宋　明
成　员：王兴骥　杨雪梅　戈　弋
　　　　何　松　刘　岚

目 录

探寻人文社会科学成果价值最大化的路径
　　——知识经济学和知识社会学的分析 ………………………………… 谢寿光（ 1 ）
社会发展与制度变迁 ………………………………………………………… 谢志华（ 5 ）
发展文化旅游（业）：浙江的实践与思考 ………………………………… 葛立成（ 8 ）
社区矫正的立法问题与若干建议 ………………………………… 王顺安　周　强（14）
中国农业的战略走向和重要目标："两型"农业 ………………………… 陈文胜（30）
侗族大歌的保护与创新发展 ………………………………………………… 龙耀宏（37）
贵州省公益性文化事业投入研究 …………………………………………… 索晓霞（50）
学习国发 2 号文件：我的初步理解与体会 ………………………………… 刘庆和（64）
中国西部农村改善民生提升农民"幸福指数"的创新之路
　　——习水县实施"三关"工程的调查与思考 ………………………… 雷厚礼（77）
社会管理创新的贵州实践 …………………………………………………… 王兴骥（ 98）
梵净山佛教文化旅游的价值 ………………………………………………… 王路平（116）
贵州省教育发展问题思考 …………………………………………………… 张玉林（134）
中华民族：超百万年的文化根系 …………………………………………… 石朝江（146）
中国社会科学科研成果的创新问题
　　——基于国家社会科学科研成果鉴定分析 …………………………… 胡晓登（160）
教育社会学视角下精英层储备人才的生成与分流机制探讨 …………… 史昭乐（175）
当前我国人文社会科学学术期刊发展研究 ……………………………… 黄旭东（192）

后　记 ………………………………………………………………………………（207）

探寻人文社会科学成果价值最大化的路径

——知识经济学和知识社会学的分析

谢寿光

一、人文社会科学成果的属性

相对于自然科学，人文社会科学的成果是很难被验证和测定的（自然科学的成果经过转化相当部分是可以做成有形产品的），因此，如何使人文社会科学的成果价值最大化就成为研究者应该攻坚的课题。目前，我们正在投入研究衡量人文社会科学的成果价值的评价标准、评价体系。

如何定义人文社会科学成果？我认为，它是指一切关于人类生产生活以及人与人交往行为的经验总结和理性思考的新见解。它主要通过语言和文字来表达。这一点很重要，也是我们要深入思考的。

人文社会科学成果的产品形态应该是什么？人文社会科学是指导人们行为、生产生活的理性分析，而当前很多的研究者本身对这一认识就很盲目。从知识生产和知识经济的角度来说，任何一项研究成果，作者就是这一知识内容的生产者，从事知识产品生产首先应考虑产品的形态以及产品的消费对象是什么？学术成果形态归纳起来，主要有学术论文、学术专著、研究报告、学术工具书及文献资料、理论文章、演讲以及视频、影像、数据库等数字化产品7大类。除了传统的成果形式，在人文社会科学成果的形式中，演讲是一个非常重要的载体。衡量一位社会科学家有没有价值的一个重要方面是学术演讲的能力，你的研究成果需要通过你的语言表达出去，让人们接受，感染别人，特别是人文社会科学的学者，这一点尤其重要。现在的一些新媒体产品、数字化产品（包括微博、视听产品），也是社会科学成果的新兴载体。

二、人文社会科学成果价值最大化的实现路径

（一）观念突破：要有"经营"之理念

如何实现学术成果价值最大化？我认为，人文社会科学的成果是需要经营的。在整个人文社会科学的生产链条中，每个研究者都是生产者，学术成果生产出来后，有些是学者自己经营，但大部分的学者成果是让渡给专业出版机构去经营的，即把成果提交出版社、报社、杂志社等媒体。由此可见，对作者来说，如何选择经营者就显得至关重要。人文社会科学成果的价值最大化需要的是专业化的传播方法，只有找到一个真正适合作品的出版平台，才能发挥社会科学成果价值的最大化。

（二）载体选择：找到"传播"之方式

从整个学术成果传播过程来看，学者首先应准确定位成果的研究属性是什么，如果是应用对策性成果，要根据现实的需求来做出相应的知识产品的内容。如果是文史哲的课题，也有它的特定属性，涉及知识产权问题。应用对策性成果大部分是写报告或者以蓝皮书的形式来发布；如果是人文学科的成果，可能是一篇学术论文或学术专著，就要按照学术论文或学术专著的方式去制造它。任何一种学术研究的出发点是要搞清楚是什么类型的学术成果。

学术成果要选择合适的最终形态。这种成果形态可以选择一种最主要的，也可以是多种形态同时呈现。比如，学术专著、论文、内部报告（不能公开发表）。如果你想要使你的内部报告实现更大的价值，你可以向委托方提出要求，如多争取一些课题费，也可以申请出版补助。现在的评价体系要求，一个学者需要通过发表论文或专著来进行学术交流，提高在业内尤其是学术共同体内的影响力。选择不同的内容形态如学术专著、研究报告、学术论文，还要选择合适的载体去发表你的成果。你的成果要符合有些期刊、出版机构的学术规范和要求。你要关注和选择好你的学术成果形态。

（三）话语转换：扩大影响力

要让学术成果价值最大化，就应锁定成果的消费对象，谁在使用你的成果？或者说你的成果是给谁看的？明确这一点非常重要。在计划经济时代，所有的人文社会科学研究都归为意识形态，所以那时不用太多的思考消费对象的问题，而是考虑怎样才能争取到课题费和立项的问题。在以市场作为主要资源配置方式的今天，消费对象已经多元化，有政府、企业、其他社会组织以及社会大众。所以确定消费对象非常重要，这也是所有人文社会科学研究的出发点。如果写的是学术论文，是给同行交流的，那么，你的使用工具、语言、利用数据和方法完全是用于同行交流或者给研究生作参考；如果是受政府委托，做的是应用对策性的报告，主要的消费者是政府或者有关的决策部门，那么成果形态就应侧重资讯信息、对策建议。如果你承接的是规划类的课题，作为社会科学的研究者比实际的规划部门应更具有价值中立的倾向，要做到比政府部门更加宏观，有自己的理论架构和基础。中国社会科学院作为党中央的思想库和智囊团，每年都会参与中央有关文件的起草和制定，每个政策的出台都会分解成若干个课题，围绕各个课题都要做大量的调研。现在大部分的省份也是这样，出台一个文件要分解成若干个课题，做一些调研，这样社会科学院的作用就不可或缺了。这时你的服务对象就是这个起草组。

中国的学术语言进入决策层话语体系有一个传播路径。首先，一个新的学术概念都会在一个学术共同体中讨论，讨论多了，会吸纳相关学科的人参与，开始扩散，当扩散到超出这个学科之外被更多的人接受，写论文、发表文章、讲课都会使用这个概念，这时就会有媒体介入，就会转换成大众语言。在中国，当学术概念通过大众媒体传播成为大众语言，就会引起决策部门的关注，就有可能被写入每年召开的中共中央全会的决议中去或者政府工作报告中去，这就成了官方语言。一旦成为官方语言，就会反馈到社会，被全社会接受。学术成果价值之所以能够得到体现，很多都是通过这种路径变成社会公众的语言，去影响、启发更多的人，这就是一般的传播路径。总之，学术研究者只有了解了你的消费对象，才能思考你的学术成果的呈现方式。

（四）建立通道：寻求合适的项目平台

现在的人文社会科学已经发生了很大的变化，有很多很好的通道和平台来共同使用。国家社科基金2013年规划了10个亿，2012年是8个亿，明年预计能达到14个亿。国家社科基金原来是项目制，现在开辟了一些新的通道：重大招标项目和后期资助项目。后期资助项目是指前期没有申报国家社科基金，也没有申报教育部的课题，经过专家评审通过后，在研究后期补助经费。申请通过后，出版经费直接划拨给出版社，个人一个项目大概能拿到10万元的奖励。申报后期资助项目一般是先报省规划办，然后统一上报到国家社科基金。有十多家出版社（包括社会科学文献出版社）可以以出版社推荐的形式直接申报。社会科学文献出版社2013年推荐了12项，成功申请到5项。而一般地方推荐的中标比例不超过8%，可见出版社推荐的比例是比较高的。

从2010年开始，国家社科基金有一个国家哲学社会科学优秀成果文库。如果你有特别重大的成果，不管你得到什么样的项目资助，都可以直接申报这个文库，但评审程序非常严格，从每年出版的量来看，2013年是64种，2012年是62种，有13家出版社可以直接推荐，其他的可以通过各个省的社会科学规划办申报。2012年共64项，社会科学文献出版社承担11项。这个成果出来后会有证书，相当于国家哲学社会科学大奖。

国家社科基金还设立了中华学术外译项目。学术成果要进入全球话语体系进行交流，必须由国家社科基金认可，并与国际有影响力的出版机构签署协议，拿出版合同即可以申请翻译资助（标准为1000元/千字）。

从2011年起国家社科基金开始从支持项目到支持名刊建设——学术期刊。列入资助范围的一年40万元，评审合格后追加20万元，共60万元。第一批资助的是50家，其中，中国社会科学院的刊物就有26家。

新闻出版总署设立了国家出版基金，每年的金额达到3个亿。这个出版基金，作者不可以直接申报，要通过出版社申报，它资助的课题方向大多是没有太多市场价值，但学术价值却很高的成果。比如，大型的文献资料，包括民族地区的历史文化研究，这样具有"历史保护"价值的建设工程比较容易得到资助，而且是全额资助。

三、小　结

处于当前这样一个海量信息的时代，需要有人整合、筛选和提炼有效的信息和知识，为每个人的生产和生活提供帮助。这时，社会科学研究者的价值开始凸显出来。现在的人文社会科学发生了很大的变化，背景在于哲学社会科学作为一种知识内容，社会需求增大，人文社会科学成果的重要性已经逐渐被人们接受，人文社会科学产品的消费市场已经形成并逐渐走向成熟。在当今的数字时代，人文社会科学研究者可以将个人的影响力转化为巨大的社会价值和市场价值，因此，研究者要善于经营和推广，学会经营自己，做好产品定位，选择合适的成果形态，选择适合经营者和载体，才有可能使人文社会科学成果价值实现最大化。

【作者简介】

谢寿光，中国社会科学院社会科学文献出版社社长，中国社会学会秘书长，中国社会科学院国情调查与研究中心副主任，编审，教授。中国社会科学院研究生院MPA指导教授，中国社会科学院旅游研究中心高级研究员，首都信息科技大学、北京印刷学院等高校兼职教授。1993年起享受国务院特殊津贴，荣获第十届韬奋出版奖、全国新闻出版行业领军人才、数字出版先进人物。策划的图书多次获"国家图书奖"、"五个一工程奖"、"中国图书奖"，开创的"皮书"品牌是中国社会科学院的知名学术品牌，受到中央领导和各级政府决策部门的重视，曾被媒体称为"中国皮书出版第一人"。图书编辑代表作主要有：《中国国情丛书——百县市经济社会调查》（责任编辑）、《中国大百科全书·社会学》卷（责任编辑）、《中国大百科全书·哲学》卷（责任编辑）等。

社会发展与制度变迁

谢志华

站在现实的今天，回首历史的发展，我们不禁要问是什么决定了人类历史的变迁？是什么决定了不同国家、不同民族以及不同企业之间的竞争优势？这是社会发展的两个根本性的问题。

人类发展的历史实际上是制度变迁的历史。人类社会经历了原始共产主义制度、奴隶制度、封建主义制度、资本主义制度，以至向社会主义制度的演进，在这个演进的过程中，每一个旧的制度如果不被改变，必将严重地阻碍社会历史向前发展，而每一个新的制度的采用都会使人类社会大踏步地向前迈进。所以，我们不得不说，人类社会的发展是伴随着制度的不断改变而持续向前迈进的，我们是否可由此做出这样的结论：在推动人类社会发展的要素中，比之人与自然来说，制度起到了更为重要的作用。人们常说，在人类发展过程中，起决定作用的因素，要么取决于人，要么取决于自然状况的好坏。事实上，问题并非如此简单。当我们说人类的发展根本上取决于人自身的时候，我们是否会提出这样的问题，确实，人类社会的发展是离不开人的要素，没有人就没有人类社会，更没有人类社会的历史及其发展。但是，有了人既可以把人类历史推向前进，也可以把人类历史拉向倒退，关于这一点，在人类历史发展的过程中有着无数确凿的证明。

人从本质上对社会历史的发展具有两种完全不同的力量。从社会历史发展的角度来说，我们必须也只能使人推动社会历史前进的作用发挥出来。靠什么才能达成这一目标呢？历史和逻辑都告诉我们，只有建立一套催人奋进、使人凝聚的制度，才能使所有的人们自然而然地把历史推向更高的阶段。所以，人类历史的推进必须依靠人的作用，而人的积极作用的发挥有赖于建立更加合理和先进的制度。谁能否认美国近代社会得以高速发展，不是取决于文艺复兴以后美国所建立的近现代制度；谁又能否认当代中国社会的高速发展不是取决于把计划经济制度改变为市场经济制度。其实，我们已经深刻地感到，历史上曾经辉煌一时的四大文明古国却在近代陨落了，而曾经落后的欧洲世界却崛起了，从根本上看，就是当四大文明古国还沾沾自喜于其旧制度的时候，在欧洲乃至美国都采取了新的制度。中国近代的历史充满了屈辱和落后，就是由于封建主义旧制度的桎梏。而新中国诞生以后，中国社会取得了长足的发展，也在于建立了新制度。

论及此，当我们在讨论决定人类社会发展的人的因素和制度因素何者更为重要时，我们应当毫不犹豫地选择制度更为重要。也有人提出自然界和自然力在人类社会发展中起着决定性的作用。人类确实生活在一定的自然条件下，离开了自然界，人类就不可以生存，也就不可能有人类的存在和发展。但现实的状态是，当人类来到这个世界时，自然界和自然力早已存在。自然界和自然力有其自身的发展和演变规律，人类只可以利用它来推动社会历史的发展。自然界和自然力并不可以直接决定人类社会的发展。那么，人类利用自然界和自然力的水平很大程度上决定了人类发展的状态。但是，人类利用自然界和自然力既可以推动人类社会的发展，也可能阻碍人类社会的发展。所以，这里最为重要的是如何使人们有效地利用自然界和自然力推动人类社会向前迈进。要使人们有效地利用自然界和自然力，关键是要制定一整套科学合理的制度，以调动人们利用自然的积极性和规范人们利用自然的行为。现实地说，在历史上人们滥用自然，导致了自然界对人类的报复，阻碍了人类社会的进步。而今天，整个世界不得不通过制定有效的环保政策，实现人对自然的有效利用，达成人和自然的和谐关系。所有这一切不过表明好的制度决定了人们利用自然界和自然力的水平的高低，而利用自然界和自然力水平的高低又进一步决定了社会发展的状态。其实，自然界和自然力早已存在，并且在相当长的时期内不会变化，可是人类社会却在短期内发生了翻天覆地的变迁，尤其是在近现代社会，这种变迁的速度是无与伦比的。这不过表明，人类社会的发展与自然界和自然力的发展之间并不存在一一对应的关系，这就迫使我们不得不在自然界和自然力之外寻求人类社会发展的根本动因。正如上所述，这一动因就是社会制度的选择。

我们从纵向分析上得出了人类社会发展的进程从根本上取决于制度的选择，从横向分析上比较各国、各民族、各企业竞争优势的取得，这种优势也取决于制度的选择。不少政治学家和经济学家都认为一国、一民族、一企业竞争优势的取得最终依赖于人的因素和自然状态，这即所谓人力资源决定论和自然资源决定论。如果我们将视角扩展到整个世界，通过各国、各民族、各企业竞争力的横向比较，我们没有办法得出人或自然决定的结论。

首先让我们看看人力资源决定的缺陷。伟大的中华民族在盛唐时期，全世界的人民都到大唐取经学习，无疑那时的中华民族具有世界最优秀的人才，但是在经历了短暂的盛唐以后，中华民族的历史开始走向衰落，依照人力资源决定的理论，中华民族至唐朝以后应该越来越繁荣昌盛，但事实并非如此。究其原因就是盛唐时期采取了许多使人才脱颖而出、各显其能的政策，而唐朝以后，封建主义制度越来越走向它的末年和衰落，封建等级制所带来的裙带关系、任人唯亲使得优秀的人才被压制，无德无能的人被重用。中华民族那种内在的善良、积极向上和创新的潜力被这种旧的封建制度所压抑，而邪恶、颓废和保守却被旧制度张扬着。从历史由远及近，让我们看看那场由农村联产承包责任制所带来的革命的本质是什么。在此次改革之前，农村实行"一大二公"、"男女同工同酬"，这实质上是一种彻头彻尾的大锅饭制度，它带来的是"搭便车"、偷懒现象的发生、农业生产力水平极其低下；承包制的实行使得多劳者多得，少劳者少得，不劳者必不得，这仅仅是一场分配制度的革命，它带来的是广大农民从未有过的生产积极性、从未有过的创新力，从而使得农业生产力水平大大提高。在这里变化着的不是人，而是两种截然不同的分配制度。事实上，中华民族的大唐盛世也发生在美利坚合众国的土地上，全世界许多优秀的人都走向美国的热土，去学习去工作，这使得美国成为世界头号强国。是什么原因使人们愿意生活、学习、工作于这片土地，并能竭尽全力地工作和创新，根本上取决于美国社会创造了一种使人们忘我工作、推陈出新的制度体系。如麦当劳经历了一百多年的历程，之所以能做到百年老店持续不衰，根本原因取决于其企业制度的选择。说到这里我们不得不做出极其简单的结论，决定一国、一民族、一企业竞争优势最根本的因素不是人本身，而是选择怎样的制度。

再让我们看看自然资源决定的不足。自然资源确实对国家、民族和企业的发展有着举足轻重的作用，但是，在一个开放和全球化的世界，任何国家、民族和企业对自然资源的利用不再囿于一城一池。日本是世界上人均资源最为稀缺的国家，在二战以后其经济水平要落后于中国，但经历了数十年的发展以后，却成为世界经济强国。瑞士是一个没有海洋的内陆国家，却拥有世界上最强大的远洋船队；它不生产可可豆，却生产出世界上最可口的巧克力。宝钢建于没有矿石的上海，却生产出了中国质量最好的钢材。从国家到企业，究其竞争力而言，我们都难以得出自然资源是其决定因素的结论。事实上，日本、瑞士及至中国宝钢之所以能够取得如此骄人的成就，主要在于他们选择了一整套对外开放、对内搞活，让全世界的资源为我所用，并使资源得到最有效利用的制度。

论及教育，其实教育制度的选择也决定了各国教育竞争力的大小，决定了教育的成效。长期以来，我国以教育必须为社会培养合格人才为宗旨，建立了一套以统一计划为基础的教育体系。就学生而言，必须参加全国的统一考试，必须参加全国的统一录取，进入学校以后不得选择专业，不得选择毕业的时间，不得选择老师，学生被固定在一个统一的模式中进行学习。从理论上说，大学教育面对社会，必然要满足社会需要；但是大学教育面对每一个学生是否也要满足个性发展的需要。从哲学上说，社会和个人是矛盾着的两极，只有实现两者的和谐统一才是最佳的选择。有鉴于此，教育制度就有必要进行一定的变革，这种变革必须使得学生可以在一定限度内选择考试的时间，在一定范围内选择就读的学校，进入学校后可以选择专业，可以选择毕业的时间，可以选择教师。这一切制度的变迁都不过是为了学生寻找适合个性的教育机会。

我们说，一个优秀的企业家就是一个善于选择好的制度，使成千上万的人为了企业和自身而努力工作、努力创新的人；一个好的国家领导人也是一个善于选择好的制度保证国家长治久安、可持续发展的人。

【作者简介】

谢志华，北京工商大学副校长、教授、博士生导师，第三届董事会独立董事，中国商业会计学会副会长、中国商业经济学会副会长、中国审计学会常务理事、教育部教学评估专家委员会委员、教育部工商管理学科指导委员会委员、中国社保基金理事会专家委员、多所院校和科研机构的专聘教授和科研研究员、北京市跨世纪百人工程人才人选、北京市学科带头人、国内贸易部有突出贡献的中青年管理专家、国务院政府特殊津贴享受者。1989年、1990年、1997年、1999年前往日本、香港地区、加拿大、英国从事科学研究；担任《会计研究》、《审计研究》、《中外管理》、《当代经理人》等十多家刊物的顾问、编委。发表论文200多篇，出版书籍著作40多本，其中专著6本，代表作《会计报表结构分析》一书获中国第八届优秀社科图书奖、国内贸易部科技进步二等奖，《货币商品经营论》一书研究和拓展了马克思的劳动价值学说，引起社会广泛关注，《流通业的发展与资金营运》获国内贸易部科技进步二等奖，《竞争的基础：制度选择》成为企业制度的蓝本，广为企业所接受，同时，还获得十多项论文奖；已完成和正在进行的国家、省部级和大集团公司课题十余项，不少已为企业所采用。

发展文化旅游（业）：浙江的实践与思考

葛立成

国务院《关于进一步促进贵州经济社会又好又快发展的若干意见》（国发〔2012〕2号），明确了贵州今后发展的一个重要战略定位：文化旅游发展创新区。吴院长要我围绕这一战略定位，谈些观点和看法，盛情难却。我想，浙江在发展文化旅游（业）方面所做的努力与思考，或许能对贵州的发展有所借鉴和助益。

一、对文化旅游（业）的认识

（一）文化旅游和文化旅游业

严格而言，文化旅游不等同于文化旅游业，两者在内涵与外延上都存在差异。简单地说，文化旅游是一种消费行为，是旅游者出行动机中的一种，相对于观光旅游、度假旅游、科考旅游等形式，文化旅游更强调旅游主体即旅游者在旅游过程中的文化体验。而文化旅游业是一种旅游产品、旅游服务的生产和供给，只不过生产和提供的这种旅游产品、旅游服务更具文化色彩和文化内涵。

实践中，按照约定俗成，文化旅游往往既可以指一种旅游消费行为，也可以指一种旅游生产和供给活动。因此，该表述似可理解为文化旅游（业）。

（二）什么是文化旅游（业）

于光远先生曾经指出：旅游是文化性的经济产业。旅游与文化有着天然的、不可分割的联系。文化是旅游的灵魂，旅游是文化的重要载体，没有旅游的文化就没有活力，没有文化的旅游就没有魅力。只有把博大精深的民族文化融合到旅游建设的形体之中，才能实现内容与形式的高度统一，才能打造出经得住历史检验的不朽旅游精品。但文化旅游（业）又不同于"文化和旅游产业"，它应是一种文化含量较高的旅游（业）。

（三）浙江的旅游自然资源非常丰富，旅游人文资源也毫不逊色

改革开放以来，全省不仅广泛利用自然景观，而且注重利用文化元素。目前浙江旅游业的战略方向：推进文化和旅游的深度结合、融合发展，大力丰富旅游文化内涵，把文化贯穿到旅游活动各环节和旅游业发展的全过程，以文化铸造特色，以品质彰显实力，打造"诗画江南、山水浙江"的文化旅游品牌。

二、发展文化旅游（业）的实践

浙江是中国远古文明的发祥地之一，早在5-10万年前，浙西山区就有被考古学界认为的"建德人"的古人类存在。新石器时代，河姆渡文化、马家浜文化和良渚文化相互融合，

形成越文化主流，后来又与中西部金衢地区和南部瓯江流域的两个文化系统相互影响和融合，形成浙江文化的源头。无论在文化上，还是在经济上，浙江都有自己的特色。魏晋南北朝时期以来，整个中国的政治、经济和文化重心逐渐南移，浙江在全国的政治、经济和文化地位也日益突出。南宋时期，浙江更是成为全国的政治、经济和文化中心。从明清时期直到现代，江浙一带无论在经济上还是文化上，都在全国处于领先地位。浙江作为文化资源大省，历史遗存众多，全省有重要的自然人文景观1200多处，尤其是"道教文化、佛教文化、水文化、茶文化、美食文化"的古迹和典故甚多。浙江民间工艺美术发达，陶瓷、丝绸、石雕、木雕、书画、刺绣等在国内外都有重要影响。中国十大戏剧之一"越剧"和茶叶、丝绸、南宋官窑、中药、剪刀、动漫和湿地等11座国家级博物馆和一大批省级博物馆，都是开展文化旅游的重要基石，为浙江发展文化旅游品牌提供了丰富的资源。依托这些传统文化资源优势，浙江一直从自然、历史文化、生态乃至环境、海洋等多个角度，挖掘文化潜力，打响文化旅游品牌。

(一) 开发多样化的文化旅游产品

1. 历史文化旅游。浙江具有悠久的历史文化。在新石器时代，河姆渡文化、马家浜文化和良渚文化相互融合，形成越文化主流，之后进一步形成文化特色，历史遗存众多，佛教文化、道教文化、茶文化等的传统影响深远。包括王阳明、黄宗羲、章学诚、王国维、章太炎、蔡元培、鲁迅在内的浙籍文化名人，在中国思想史、学术史和文化史上均居重要地位。依托名人古迹和传奇故事，开发多样化的文化旅游产品，顺理成章，事半功倍。如苏东坡、白居易的堤、许仙与白娘子的断桥、梁山伯与祝英台的万松书院、诸暨西施故里、《射雕英雄传》的桃花岛等，金庸已成为海宁的一张文化旅游"金"名片。

2. 红色文化旅游。浙江红色旅游资源丰富，据初步统计，资源点有数百个。近年来，浙江在全省统筹规划，已形成12条经典红色旅游线路："党的诞生与红色浙江"之旅，"周恩来、鲁迅故里"之旅，"一江山岛战史"之旅，"红色边区"之旅（浙南平阳抗日根据地旧址、中共浙江临时省委成立旧址），"四明山抗日堡垒"之旅，"红色要津"之旅（新四军苏浙军区司令部旧址、莫干山浙西特委旧址），"浙南红军寻踪"之旅，"英烈光辉"之旅，"星火燎原"之旅，"浩然正气"之旅，"浙西红区"之旅，"海上游击"之旅等。

3. 海洋文化旅游。海洋旅游资源的开发利用在广度和深度上都有提高，沿海地区已形成6个省级旅游度假区、4个国家级风景名胜区、4个国家森林公园和10个国家AAAA级旅游区（点）。例如，舟山在海岛佛国旅游的基础上，将独特的海洋资源优势、悠久的渔农业文明、丰富的民俗文化资源融合在一起，开发出具有浓郁地方特色和民俗风情的"渔家乐"文化旅游项目，取得了良好的经济效益。尤其是在冬季，画渔民画、吹渔民号、织渔网、拉网垂钓、捡螺拾贝等活动与"吃渔农家饭、住渔农家屋、干渔农家活"结合起来，通过增强旅游项目的互动性和参与性，将客人最大限度地留住。2010年，舟山市接待境内外游客2139万人次，同比增长22%，实现旅游总收入142亿元，同比增长21.9%，在全省位列前茅。舟山还成功地将艺术注入当地文化旅游中去，《印象普陀》成为舟山海洋文化旅游的新亮点。

4. 乡村休闲文化旅游。伴随着城市现代化进程，乡村休闲文化旅游蓬勃发展。例如，杭州西湖区的梅家坞、龙坞等乡村，每到周末，人满为患。农家乐、旅游村、观光园、农庄等旅游产品大量涌现，将乡村休闲文化融合到旅游中（遂昌蔡源乡大柯村举办全国首个村级生态文化摄影节，而大柘镇大田村则以温泉为核心，带动农户发展农家乐，吸引游客体验农事活动）。

5. 商贸文化旅游。浙江的"西湖龙井茶、龙泉宝剑、金华火腿、绍兴花雕、杭州丝绸、海宁皮装、东阳木雕、浦江水晶等旅游商品享誉海内外，浙江的商贸文化也很有经营特色、品牌特色、服务特色等，因而逐步形成了海宁皮装城、义乌小商品城等购物旅游产品。

（二）开展有特色的文化旅游活动

1. 会展。会展旅游具有兼容性强、辐射面广、消费档次和文化含量高等特性，西湖博览会、西湖国际烟花大会、宁波浙洽会、消博会与温州的轻博会、义博会等综合性会展旅游，迅速发展，也很有文化特色。

2. 节庆。20世纪80年代中期以来，具有地域特色的节庆文化旅游在浙江各地蓬勃发展，目前已形成一批较具知名度和影响力的节庆旅游品牌，如萧山钱江国际观潮节、宁波国际服装节、宁海徐霞客开游节、象山开渔节、嘉兴西塘（古镇）文化旅游节、嘉兴粽子文化节、乌镇香市暨江南水乡狂欢节、嘉兴南湖船文化节、舟山国际沙雕节、南海观音文化节、温州民俗风情节、金华国际茶花节、横店农民旅游节、义乌小商品博览会、国际黄大仙文化节、安吉生态文化节、湖州蚕花节、景宁畲乡"三月三"歌会、丽水国际摄影文化节、临海江南长城节、温岭石文化旅游节、绍兴兰亭书法节、衢州国际孔子文化节等。多姿多彩的旅游节庆活动，已成为浙江文化旅游的重要组成部分。

（三）形成集群化的文化旅游布局

1. 建设特色主题景区。以杭州之江国家旅游区为例，已经集聚杭州乐园、宋城、未来世界和极地海洋公园等多个主题旅游项目。尤其是宋城景区已经成为全国主题公园的一大亮点，保持着经久不衰的良好态势。宋城景区经典演出《宋城千古情》推出至今，不仅为宋城景区带来了数以亿计的收入，更直接带动了茶叶、丝绸销售等相关产业10多亿元的经济收益。《宋城千古情》还荣获了中宣部颁发的"五个一工程"奖。2010年，宋城股份正式在深交所挂牌上市，成为中国旅游演艺第一股。

2. 建设特色影视基地。横店影视城是国家旅游局首批AAAAA级旅游区、全球规模最大的影视拍摄基地、中国唯一的"国家级影视产业实验区"，2004年初横店影视城被确立为中国唯一国家级影视产业实验区。横影产业区汇集了305家影视公司，诞生了全国首家创业板上市影视公司——华谊兄弟。同时，为影视拍摄提供各类配套服务的行业也应运而生，既能提供专业制景、设备车辆租赁、道具服装化妆等方面的服务，又有庞大的群众演员队伍。横店演员工会拥有2000余名来自全国各地被称为"横漂一族"的特约演员。影视基地的崛起，也推动了横店休闲旅游业的发展。方圆10平方公里的横店，拥有十余家星级宾馆8000余个床位，相关旅游设施配套齐全。

3. 建设文化旅游古镇。除"江南六大古镇"的西塘、南浔、乌镇外，还有龙门、溪口、安昌、鲁镇、前童等50多个已经开发文化旅游的古镇系列，这些古镇已经成为浙江的特色品牌景点。浙江各地在文化旅游发展中，按照"合理规划、梯次开发、留有余地、持续发展"的思路，对古镇风貌进行全面整治，修复和建设一批新景点及旅游配套设施，不断丰富古镇旅游内涵、完善古镇旅游功能，提升古镇旅游品位。如嘉善西塘古镇，在唐开元年间就建有大量村落，人们沿河建屋、依水而居，是古代吴越文化的发祥地之一，故有"吴根越角"之称。古镇区内有保存完好的明清建筑群多处，西塘与其他水乡古镇最大的不同在于古镇中临河的街道都有廊棚，总长近千米，有的还设有靠背长凳，供人歇息。作为一座"生活着的千年古镇"，正日益受到各地的多层次游客，特别是越来越多的年轻游客追捧。2010年，西塘接待国内外游客达260万人次。

（四）成功申遗杭州西湖

2011年6月24日，中国"杭州西湖文化景观"在法国巴黎举行的联合国教科文组织第35届世界遗产委员会会议上顺利通过审议，正式列入《世界遗产名录》。世界遗产委员会认为，"杭州西湖文化景观"是文化景观的一个杰出典范，它极为清晰地展现了中国景观的美学思想，对中国乃至世界的园林设计影响深远。

"杭州西湖文化景观"位于浙江省杭州市，总面积为3322.88公顷，由西湖自然山水、"三面云山一面城"的城湖空间特征、"两堤三岛"景观格局、"西湖十景"题名景观、西湖文化史迹和西湖特色植物6大要素组成。该景观秉承"天人合一"哲理，在10个多世纪的持续演变中日臻完善，成为景观元素特别丰富、设计手法极为独特、历史发展特别悠久、文化含量特别厚重的"东方文化名湖"。

市政府——兑现六大承诺："还湖于民"目标不改变，门票不涨价，博物馆不收费，土地不出让，文物不破坏，公共资源不侵占。

三、若干思考

"十二五"时期，文化与旅游一体化发展趋势将越来越明显，文化旅游业正赶上发展转型的重要战略机遇期。浙江各地将文化建设与旅游开发紧密结合起来，以文化建设促进旅游大发展，以旅游开发推动文化大繁荣，着力提高文化旅游产业的融合发展水平，切实发挥文化旅游产业在加快转变经济发展方式、推动可持续发展中的重要作用。

（一）注重发挥政府主导和企业主体作用

首先，是从战略层面提升文化旅游产业地位，并着眼优化环境强化文化旅游政策支撑。浙江重视旅游业发展始于20世纪80年代，但是将旅游业作为战略产业开始于21世纪。2004年9月，省委、省政府召开全省旅游发展工作会议，出台《关于建设旅游经济强省的若干意见》，2009年49号文件提出《关于推进旅游业转型升级加快建设旅游经济强省的若干意见》，2010年56号文件又提出《浙江省人民政府关于进一步加快旅游业发展的实施意见》，明确在旅游产业定位上将其作为"文化强省"战略的新兴动力产业来发展。为坚持推进"文化强省"战略，为推动文化产业的发展，2011年伊始，浙江又出台《浙江省文化产业发展规划（2010—2015）》，明确重点发展文化创意、影视服务、新闻出版、数字内容与动漫、文化会展、文体休闲娱乐、文化产品流通、文化产品制造等八大重点产业。

同时，按照政府主导、企业主体、市场运作的思路，树立"以社会资本办旅游"的理念，以项目为载体，拓宽旅游招商引进渠道，全方位服务投资主体和市场主体，带动旅游投资、开发热潮。以杭州之江国家旅游区为例，依托民营企业宋城集团、金都集团与马来西亚等外资企业投资建设的杭州乐园、宋城、未来世界以及极地海洋公园等多个主题旅游项目以及杭州西湖国际会议中心和五星级标准的"云栖海航度假酒店"、"玫瑰园度假酒店"、四星级标准的"阳明谷度假酒店"等主题酒店，成为这一国家级休闲度假文化旅游区的主导力量。而横店影视城作为国家旅游局首批AAAAA级旅游区、全球规模最大的影视拍摄基地、中国唯一的"国家级影视产业实验区"，也是依托当地的民营企业横店集团发展而成。2004年初横店影视城被确立为中国唯一国家级影视产业实验区，目前已汇集305家影视公司，已拍摄《鸦片战争》、《荆轲刺秦王》、《汉武大帝》等500多部影视剧作品，2005年被美国《好莱坞报道》杂志称为"中国好莱坞"，有力推动了横店文化休闲旅游业的发展。

（二）注重发挥区域特色和比较优势

政府及旅游部门尤其注重发挥区域特色和比较优势。首先是大力培育国字号的文化旅游产品。余杭良渚镇考古新发现，奠定了浙江历史文化的新篇章。杭州各级相关部门积极介入，大手笔、高起点规划，同时通过投资建设交通主干线与旅游景区（点）的连接线。受益于古墩路延伸段的开通，良渚已成为杭州市民周末首选休闲地。同时，积极提升具有历史文化内涵的文化旅游区功能。尤其是加大乌镇、西塘、龙门等文化古镇城市基础设施建设和环境整治力度，改造提升海宁皮革城等专业市场旅游功能，配套旅游购物、咨询投诉、标识标牌、旅游厕所等旅游公共服务设施。此外，大力改造一批具有典型的当代浙江特色、反映浙江经济社会和文化发展的旅游村镇基础设施。把创建省、市级文化名镇、名村工作与推进新型城镇化、新农村建设结合起来，使安吉天荒坪镇、孝丰镇、余杭塘栖镇、宁波奉化溪口镇等一批旅游重点镇得以迅速提档升级，逐步发展成为城乡之间旅游散集的重要节点。

（三）注重挖掘和提升文化含量

文化挖掘并不仅仅体现在对历史文化的选材上，更体现在对素材的组织运用上。浙江旅游部门通过挖掘、梳理、提炼文化内涵，精心培育文化旅游的诸多新亮点。一是高雅文化与民俗文化有机结合，做到雅俗共赏。杭州西湖雷峰塔、音乐喷泉将古典音乐与民俗风情完美组合；西溪龙舟节、采摘节、元宵灯舞等民俗文化，使人民群众陶冶情操，提高幸福指数，提升了文化旅游产品的附加值。二是传统文化与现代文化有机结合，做到博古通今。《宋城千古情》就是通过一个全新的集中展示的平台和方式，在对历史文化素材的组织运用中，渗透着对历史文化的理解、阐述和演绎，并且被注入时尚、娱乐的元素。三是美食文化与休闲文化有机结合，做到兼容并蓄。如象山开渔节、嘉兴粽子文化节等，而以海洋文化为主题的朱家尖国际沙雕节每年吸引无数游客到舟山，到普陀朝拜的同时，又能享受舟山与宁波的美味海鲜，沈家门大排档也因此国内知名。四是节庆文化与休闲文化有机结合，做到传承创新。面向城乡居民，深入挖掘和保护节庆文化，将"杭州西湖博览会"尤其是"马拉松环湖跑"、"杭州国际动漫节"等活动将养生健康、休闲娱乐有机结合，充分发挥旅游对促进文化消费的重要作用，引导人们积极参与文化休闲活动，转变生活方式和消费方式。

（四）注重通过改革创新、扩大开放来推进文化旅游资源整合

自主创新是文化旅游产业的灵魂，有助于加深我们对文化旅游本身的理解。文化旅游是一个产品创造和游客体验互动的过程，是一个对历史文化、游客心理、时尚娱乐和市场机会解析的过程。文化旅游活动同时也在进行某种"文化创造"。因此，离开自主创新而经营好文化旅游是难以想象的。站在自主创新的立场上，你就会发现文化旅游产业是具有无限可能性的产业。"游客体验"的不确定性，正是自主创新伸展拳脚的空间。综合看来，作为文化旅游产业的杭州主题公园业，尤其是宋城、东方文化园就是依靠对历史知识的积累，用智慧、用创意来不断推陈出新、升级换代，从而不断创造出真正符合消费者消费偏

好、消费习惯、消费能力的产品，去赢得市场，这才是我们需要自主创新的根源所在。

乌镇景区的发展也就是创新的成功实践。中青旅 2006 年春出资 3 亿余元成立"中青旅乌镇"，用于开发乌镇西栅。西栅作为高规格的景区，成为现在乌镇旅游的度假中心（东栅成为观光中心），实现超乎所有人想象的盈利。其成功就在于，一是实现了从观光旅游向休闲度假旅游定位的转变；二是依托上海、杭州等大城市高消费区，符合国际规范性选址理论，加上其有效的经营管理，才成为浙江文化旅游发展的创新典范。

【作者简介】

葛立成，浙江省社会科学院副院长，研究员，浙江民营经济研究院常务副院长，浙江省生产力学会副会长，浙江省当代史学会副会长，浙江省经济学会荣誉会员，浙江省哲学社会科学"十五"规划学科组成员，浙江省"十一五"规划专家咨询委员会专家，浙江省人大财经委经济监督专家库成员。曾多次主持国家级和省级研究课题，执笔起草省委、省政府的有关文件和报告，成果发表于国内以及美国和德国，其中约 20 余篇被《人大报刊复印资料》、《经济学文摘》、《经济研究参考资料》等摘要或全文转载，受到同行专家学者的好评。主要论著有《市场化进程中的制度创新》和《现代旅游经济》，译著有《交易成本经济学》、《环境政策与经济发展》，主编有《浙江蓝皮书(经济卷)》等 9 部，参著有《浙江制度变迁与发展轨迹》、《浙江私营经济研究》、《社会主义市场经济探索——浙江专业市场现象剖析》、《中国财政平衡制度的理论基础与实现形式》(德文)等 10 余部。同时，在《中国工业经济》、《财贸经济》、《经济与管理研究》等学术刊物上发表论文约百篇、译文 10 余篇。

社区矫正的立法问题与若干建议

王顺安 周 强

前 言

　　刑罚，作为对触犯法律者的一种惩罚，其经历了从报复刑到报应刑、到功利刑到折衷刑的发展阶段[1]，曾经以肉刑和死刑为主要内容的刑罚体系逐渐演变成了以自由型为主的刑罚体系。在福柯的《规训与惩罚》一书中，清晰地描述了中世纪残酷的肉刑和死刑逐步被以剥夺人生自由为主的监禁刑所替代的过程。相比以肉刑和死刑为主要内容的刑罚体系，以自由刑为主要内容的刑罚体系具有很大的先进性，它暗合了文艺复兴时期所宣扬的人道、自由、平等价值理念，这一刑罚体系也被认为是人类刑罚史上取得的最大成果。然而，这一顺应刑罚发展的刑罚体系在实践中却出现了诸多问题，如刑罚成本过高、罪犯重犯率居高不下等。基于这种困境，刑罚理论学界开始对之前的刑罚理念进行反思，刑罚人道、刑罚谦抑、人权保护主义的新社会防卫论等理念日趋深入人心，非犯罪化、非刑罚化、非监禁化开始从理论变为实践，剥夺自由刑和监狱行刑与矫正逐渐被非监禁刑和社区行刑与矫正所替代，或者共同成为惩治犯罪的刑事司法体系的核心内容[2]。"社区矫正"这一理念在这种大趋势下应运而生，作为代表未来刑罚发展方向的一种刑罚措施，社区矫正得到了不同国家和地区、国际组织的重视，以英国、美国、澳大利亚、加拿大等为代表的西方国家率先开始了社区矫正的理论和实践探索，联合国也大力推动非监禁刑和社区矫正的适用：1990年在日本通过的《联合国非拘禁措施最低限度标准规则》(《东京规则》)明确倡导尽可能避免监禁，将监禁作为最后一种迫不得已的手段使用[3]。

　　改革开放后，我国法律事业百废待兴，西方社区矫正相关的刑罚思想开始被引入国内，理论界和实务界都开始对中国传统的刑罚体系进行改革。2003年7月10日，最高人民法院、最高人民检察院、公安部、司法部联合印发《关于开展社区矫正试点工作的通知》，确定首批在北京、上海、天津、江苏、浙江、山东6个省（市）开展社区矫正试点工作，中国的社区矫正实践正式开始了艰苦探索。经过快10年的发展，社区矫正已经扩大至全国范围，各地积极探索适合自己的社区矫正模式，取得了很大的成绩，据了解，自2009年我国全面试行社区矫正工作以来，截至2011年底，全国31个省（区、市）和新疆生产建设兵

---

[1] 王琪：《社区矫正研究》，知识产权出版社，2007年，第28页。
[2] 王顺安：《社区矫正研究》，山东人民出版社，2008年。
[3] 郭建安：《社区矫正：改革与完善》，载陈兴良主编：《刑事法评论》（第14卷），中国政法大学出版社，2004年，第312页。

团的335个地（市）、2683个县（市、区）、36408个乡镇（街道）已全面开展社区矫正工作，乡镇（街道）覆盖面达89%，北京等省（区、市）已经实现辖区全覆盖；累计接收社区矫正人员88.2万人，累计解除矫正48.2万人，现有社区矫正人员40万人[①]。但是这些工作都是在没有法律、法规的情况下进行的，社区矫正工作无法可依，缺乏法律保障，直到2011年"刑八"修正案的通过和2012年刑事诉讼法修正案的通过，才真正在法律上确定了社区矫正的法律地位，使社区矫正工作有法可依，但是存在的问题不容忽视，如社区矫正执行主体问题、具体工作制度问题、暂予监外执行问题、社会调查制度问题等，这些问题都需要相关法律法规来对之进行相应的规制。本文将重点分析"刑八"修正案、刑事诉讼法修正案对社区矫正的相应规定，结合国外的立法经验和国内代表性的实践经验，对我国的社区矫正立法问题进行探讨，进而提出自己的构想，以期能够对完善我国社区矫正法律制度有所帮助。

一、我国社区矫正立法现状

2011年2月25日通过的《中华人民共和国刑法修正案（八）》，将社区矫正正式写入刑法，确立了社区矫正的法律地位；2012年3月14日通过了《关于修改〈中华人民共和国刑事诉讼法〉的决定》，新修《中华人民共和国刑事诉讼法》第二百五十八条规定："对被判处管制、宣告缓刑、假释或者暂予监外执行的罪犯，依法实行社区矫正，由社区矫正机构负责执行"，这进一步确立了社区矫正的法律地位；《最高人民法院关于适用〈中华人民共和国刑事诉讼法〉的解释》、《关于实施刑事诉讼法若干问题的规定》、《人民检察院刑事诉讼规则(试行)》、《公安机关办理刑事案件程序规定》等司法解释和部门规章进一步对社区矫正进行了相关规制，这些立法活动结束了无法可依的尴尬局面，极大地促进我国社区矫正事业的发展。

（一）立法背景

对社区矫正进行立法并不是偶然出现的，其背后有着深刻的立法背景。

1. 刑事政策背景

第二次世界大战结束以后，刑法现代社会学派提出了社会防卫论，这是一种新的刑事政策理论，其基本观点是"社会应从自身寻找犯罪产生的原因，社会防卫的目的是使犯罪人复归社会而不是对其进行制裁。[②]"在这一刑事政策理论的影响下，西方发达国家开始了刑事政策的调整，纷纷开始了刑罚改革，刑罚开始走向人道化、轻缓化的道路。改革开放后，由于一度犯罪率高升，我国的刑罚政策进入了"严打"时期，当然这有力地降低了犯罪率，但是也造成了很多"轻罪重判"的现象，为广大人民群众、刑法学家所诟病，面对世界刑事政策轻刑化、人道化、轻缓化的趋势，我国的刑罚政策开始转变，在中共中央《关于构建社会主义和谐社会若干重大问题的决定》中明确指出我国要实施宽严相济的刑事司法政策，即针对犯罪的不同情况，区别对待，该宽则宽，该严则严，有宽有严，宽严适度[③]。在这种"宽严相济"的刑罚政策影响下，我国社区矫正工作开始了试点、扩大、普及，最终以法律的形式确认了下来，这不仅完善了我国的刑罚结构，也顺应了人道主义

---

① 《2011年全国社区矫正工作情况》，法制网，2012年2月23日。
② 张建明：《社区矫正理论与实务》，中国人民公安大学出版社，2008年，第40页。
③ 高铭暄：《宽严相济刑事政策与酌定量刑情节的适用》，载《法学杂志》2007年第1期。

和"轻轻"的国际刑事政策趋势。

2. 刑罚思想背景

对社区矫正的立法活动也反映了中国当今刑罚思想领域所主张的"刑罚人道主义、刑罚谦抑性、刑罚效益原则、行刑社会化"刑罚思想。体现了刑罚人道主义精神。刑罚人道主义源于刑事古典学派,其主张尊重和保护犯罪人的人格、禁止把人当做实现刑罚目的的工具、禁止使用残酷而不人道的即藐视人权的刑罚手段[①]。与传统监禁矫正相比,社区矫正具有非监禁性、开放性、社会参与性等特征,其充满了人文关怀,极大地保护了犯罪人的人权,贯彻了刑罚人道精神[②]。用法律的形式将社区矫正确认下来充分体现了我国刑罚思想领域中的刑罚人道主义。

体现了刑罚谦抑性思想。刑罚谦抑性是指对于某种行为是否应当适用刑法来处以刑罚时应当考虑能否用其他法律手段来调整,刑法的刑罚作为最后的一道防线,不能轻易动用,同时,当行使国家刑罚权时,应当尽量使刑罚节俭,尤其是防止刑罚过剩与刑罚过度[③]。社区矫正提倡用非监禁性刑罚取代传统的监禁性刑罚来对犯罪者进行矫正,其与刑罚谦抑理念不谋而合,从立法的角度肯定社区矫正可以说也正是对刑罚谦抑性理念的肯定。

体现了刑罚效益原则。刑罚效益原则是指在刑罚执行过程中,力求以最小的投入来获得有效地预防和控制犯罪的最大社会效益,以不执行、减少执行以及不实际执行刑罚来达到刑罚执行的效果,寻求刑罚执行的多效益[④]。传统的监禁刑的行刑成本非常巨大,因为它包括监狱设施建设费用、工作人员费用、服刑人员生活费用等等[⑤]。相比之下,社区矫正不需要额外建设相关设施、不需要大量的工作人员、不需要支付矫正对象的生活费用等,大大节省了行刑成本。用立法对社区矫正进行相应的规制,充分体现了刑罚效益原则。

体现了行刑社会化思想。第二次世界大战后,社会防卫学派开始兴起,它所倡导的行刑社会化思想被各国所接受。社区矫正是非监禁刑的一种,矫正对象在开放的社区中接受矫正教育而不是在封闭的监狱,同时有大量的社区群众、社会志愿者等社会力量来参与矫正工作,体现了行刑社会化的思想精髓。这些立法活动体现了立法者对行刑社会化思想的肯定。

3. 社会政策背景

一部法律的出台与其当时的社会政策息息相关,对社区矫正的立法活动也不例外。2004年9月,中国共产党十六届四中全会提出了"构建社会主义和谐社会"的重大命题。2006年10月在十六届六中全会上通过了《关于构建社会主义和谐社会若干重大问题的决定》,其中提出"实施宽严相济的刑事司法政策,改革未成年人司法制度,积极推行社区矫正。"正式在"构建和谐社会"的社会政策背景下,社区矫正立法应运而生,此次立法,将极大地促进社区矫正事业的发展,进而充分发挥社区矫正的优势,调动社区、社会的力量,遏制、减少、预防犯罪,维护稳定的社会秩序,保持安定团结。

与此同时,社区矫正立法也与中国市民社会的不断成长和成熟存在着紧密的联系。改

[①] 贾宇:《社区矫正导论》,知识产权出版社,2010年,第76页。
[②] 吴宗宪:《社区矫正导论》,中国人民大学出版社,2011年,第44—45页。
[③] 张建明主编:《社区矫正理论与实务》,中国人民公安大学出版社,2008年,第55页。
[④] 马克昌主编:《刑罚通论》,武汉大学出版社,2002年,第497—498页。
[⑤] 刘强:《刑罚适用模式的比较研究》,载《中国监狱学刊》2001第4期。

革开放后随着市场经济的发展，人口流动加剧，政府对公民的日常生活干预越来越少，公民的市民意识开始觉醒，市民社会开始形成。伴随着市民社会的形成，社区开始产生、成熟，这使得社区矫正工作试点、推广成为可能，因为一个成熟的市民社会、社区是社区矫正能够发挥其作用必不可少的基础条件，也正是因为如此，经过这些年的试点工作，国家立法机关终于以法律的形式将社区矫正确定了下来。

(二) 立法进步

这些社区矫正立法进一步完善了我国社区矫正的法律体系，改变了我国的刑罚结构，体现人道主义精神，取得了巨大的立法进步，具体如下：

1. 正式将社区矫正予以法律确认，填补了社区矫正的立法空白

解决了长期以来社区矫正无法可依、其合法性受到怀疑的尴尬局面，社区矫正从此与监禁矫正成了我国两大矫正手段；新修刑诉在"刑八"修正案的基础上再次对社区矫正予以确认，使社区矫正的法律体系无论是从刑事实体法还是刑事程序法都变得更加完善，同时《最高人民法院关于适用〈中华人民共和国刑事诉讼法〉的解释》、《关于实施刑事诉讼法若干问题的规定》、《人民检察院刑事诉讼规则(试行)》、《公安机关办理刑事案件程序规定》等司法解释和部门规章对社区矫正工作的具体开展进行了较为详细的规定，使社区矫正有了更多的法律保障，这将极大地促进我国社区矫正工作的发展和相关制度的完善。

2. 从法律上明确了社区矫正的适用对象和类型

在"刑八"修正案通过以前，社区矫正的适用对象主要是根据 2003 年最高人民法院、最高人民检察院、公安部、司法部联合颁布的《关于开展社区矫正试点工作的通知》来确定的，主要包括被判处管制、缓刑、假释、暂予监外执行、被剥夺政治权利的五类人员。这五类人员并没有明确的法律予以规定，可以说我国的社区矫正适用对象一直处于"违法"运行状态。这次通过的"刑八"修正案明确了社区矫正的适用对象，即被判处管制、缓刑、假释的人，排除了暂予监外执行和被剥夺政治权利这两种；新修刑诉再次对社区矫正的适用对象予以法律上的确认，并增加了"暂予监外执行"这一类型，同时对被判处"暂予监外执行"的这一类型的矫正决定、执行、监督等程序有了较为详细、可操作性的规定，使得社区矫正的实务工作能够明确顺利地开展。

3. 改变了立法前社区矫正执行主体和工作主体二元化的局面

这次通过的"刑八"修正案明确废除了公安机关作为我国社区矫正执行主体的规定，为我国社区矫正执行主体的合理化迈出了关键性步伐。长期以来，我国社区矫正的执行主体是公安机关但实际工作主体却是司法行政机关，这一二元化局面饱受诟病：首先司法行政机关进行社区矫正工作"师出无名"，没有相关法律依据，无法可依；其次公安机关不仅自身维护社会治安的任务繁重，财力、精力有限，根本无暇顾及对罪犯的矫正教育，以致出现对被判处管制刑的罪犯"不管不制"等诸多为广大人民群众不满的现实问题[①]。这次社区矫正立法将公安机关的执行主体地位予以取消，直接规定"依法实行社区矫正"，破解了社区矫正执行主体和工作主体二元化问题。

4. 将一些新制度引入社区矫正，确保社区矫正的合理适用、有效执行

如"刑八"修正案明确规定在决定是否适用缓刑和假释时要考虑对所居住社区的影响，

---

① 田兴洪、吴占英：《从〈刑法修正案(八)〉看我国社区矫正立法化及完善路径》，载《甘肃社会科学》2011 年第 3 期。

这在《最高人民法院关于适用〈中华人民共和国刑事诉讼法〉的解释》中进一步进行了明确，即对社区影响的调查评估报告成了审判机关用来决定是否适用缓刑和假释的依据之一；对判处管制和缓刑的犯罪分子"可根据犯罪情况，同时禁止犯罪分子在执行/缓刑考验期限内从事特定活动，进入特定区域、场所，接触特定的人"，即"禁止令"制度。

（三）存在问题

1. 现有社区矫正法律缺乏系统性、全面性

"刑八"修正案和新修刑诉虽然确认了社区矫正的法律地位，相关司法解释也对之进行了一些规定，但是仍比较笼统，缺乏可操作性。一部实体正义的法律，如果没有相应的程序方面的保障，终将无法实现其目的。在现有的规范性文件中，《最高人民法院关于适用〈中华人民共和国刑事诉讼法〉的解释》、《关于实施刑事诉讼法若干问题的规定》、《人民检察院刑事诉讼规则（试行）》、《公安机关办理刑事案件程序规定》、《社区矫正实施办法》等司法解释和部门规章、文件对社区矫正的具体执行有了较为详细的规定，但仍缺乏系统性，从社区矫正的决定到执行、监督都有大量的细节问题没有得到解决。或许立法者的考虑是计划等立法机会成熟时通过一部专门性的《社区矫正法》来完善这一问题，但是目前的状况是仅仅依靠《最高人民法院关于适用〈中华人民共和国刑事诉讼法〉的解释》、《关于实施刑事诉讼法若干问题的规定》、《人民检察院刑事诉讼规则（试行）》、《公安机关办理刑事案件程序规定》、《社区矫正实施办法》等司法解释和部门规章、文件和各省市结合本地区特点出台的一系列规范性文件是不够的，因为毕竟社区矫正是一项刑罚执行活动，没有严格意义上法律的支撑，将造成社区矫正工作开展的困难，难以达到预期效果。相比之下国外社区矫正立法比较普遍，而且法律法规通常比较翔实具体，不仅涉及对矫正对象权利的限制和剥夺，也涉及对矫正对象权利的保护，对社区矫正工作者的具体工作也有着详细周密的规定，以防止权力滥用。因此我国有必要对社区矫正进行进一步的立法工作，弥补法律空白，来推动社区矫正工作的发展。

2. 社区矫正的执行主体未明确、执行主体单一化

虽然公安机关不再作为我国社区矫正执行主体，但是现有的法律却没有予以明确。在社区矫正的实践中，司法行政机关已经成为事实上的社区矫正执行主体，但是在法律上并没有对之予以确认，缺乏法律的保障。目前，从国际社会的情况来看，很多国家的行刑权已逐渐走向统一，由司法部负责。例如1998年俄罗斯将法院、监狱、侦查机关分享的刑事执行权统一至司法行政机关，建立起自上而下的专门的刑事执行机构；2007年英国新成立了司法部，负责管理全国犯罪人事务。这些都表明由司法行政机关负责社区矫正已经成为国际社会的普遍趋势[①]。同时，我国社区矫正的执行主体过于单一化，仅仅依靠司法行政机关难以实现社区矫正的最大功能，借鉴国外经验，引进社会力量参与社区矫正的执行将有利于充分促进社区矫正与社区互动，提高矫正有效率，节约司法资源，因此，在下一步的立法中需要对社区矫正的执行主体予以明确，赋予社区相关非营利性组织的执行辅助主体地位，否则将不利于社区矫正工作的开展，也与"依法治国"的理念相违背。

3. 社区矫正的适用对象、类型偏少

相对于国外发达国家众多的社区矫正适用对象，我国的社区矫正适用对象范围偏小，

[①] 吴宗宪：《社区矫正导论》，中国人民大学出版社，2011年，第88页。

仅仅包括被判处假释、缓刑、管制、暂予监外执行的这四类犯罪者，而且修改后的《刑法》抬高了缓刑假释的适用门槛，这将导致本来就很低的缓刑假释率变得更低，而在美国，其社区矫正适用对象包括即将出狱者、短刑期者、参与审前服务方案之被告及需要社区监督辅导之保护管束人[①]，即使是犯了相当恶性的犯罪仍然有机会适用社区矫正。在适用对象偏少的同时，我国的社区矫正类型也是少之又少，仅仅包括管制、假释、缓刑和暂予监外执行，国外发达国家普遍采纳的社区服务令、电子监视、在宅拘禁、被害者与加害者和解化、被害赔偿等均未被我国法律所明文规定。因此我国的社区矫正适用对象和类型应当随着社会的发展和现有社区矫正工作的深入逐步扩张。

4. 工作人员配置和财政来源缺乏法律规制

我国社区矫正工作在短短的不到10年的时间里取得了巨大的成绩，但是在这些成绩的背后却隐藏着一个不容忽视的事实：我国社区矫正的工作人员素质和财政来源缺乏法律规制。首先，社区矫正不同于传统监禁性刑罚执行，其工作人员必须具有一定的知识水平才能保证矫正工作的高效完成，而我国现有法律对社区矫正工作人员的选拔、考核缺乏明文规定，这就造成了当前矫正工作人员素质参差不齐、矫正质量低下，亟待立法对之进行明确的规制。其次，虽然我国财政部、司法部已于2006年发布了《关于制定基层司法行政机关公用经费保障标准的意见》，将社区矫正经费纳入了公用经费保障范围，但是这仅仅是国家部委的指导意见，其效力远远不能保障社区矫正经费问题的解决，而且当前我国社区矫正已经初步系统化、规模化，需要大量的资金来保证社区矫正工作的顺利进行，否则社区矫正将陷入"巧妇难为无米之炊"的尴尬局面。

二、国外的社区矫正立法概述

国外特别是欧美、日本等国的社区矫正经过长期的实践发展已经逐渐趋于成熟，其积累了大量的成功实践经验，特别是在立法上有着我国值得借鉴的地方。下面结合我国现有社区矫正立法的不足，重点对美国、英国、日本这三个国家的社区矫正相关立法进行概述，包括现有法律、矫正机构设置、适用对象和种类、人员配置和财政保障这四大方面，分析其利弊，以期为完善我国的社区矫正立法提供域外经验支持。

（一）美国社区矫正立法概述

1. 现有社区矫正法律

美国作为判例法国家和联邦制国家并没有全国统一的社区矫正法，主要是通过长期以来审判案例和各州立法来对之进行相应的规定。美国各州社区矫正的立法模式主要有两种：一是专门的社区矫正法。第一部《社区矫正法》是由美国的明尼苏达州在1973年由州议会通过的，用于在全州范围内规范地方政府的社区矫正计划、社区矫正项目的发展、对犯罪人执行刑罚和为犯罪人提供服务以及资助县级地方政府开展社区矫正的相关权利和义务。到1996年时，已有28个州通过了这样的立法。二是专门的刑事执行法。到目前为止，全国一半以上的州均有社区矫正和类似于社区矫正的法律规范[②]。

2. 美国社区矫正的机构设置

---

① 林茂榕、杨士隆：《犯罪矫正原理与实务》，台北，五南图书出版公司，1997年，第328页。
② 种若静：《美国社区矫正制度》，司法部赴美、加社区矫正考察团出访报告。

在美国的社区矫正相关法律中，我们可以得知其决定机关和执行机关是比较明确的。在美国，社区矫正的决定机关一般是法院和假释委员会，分别负责缓刑等和假释；社区矫正的执行机关设置相对比较复杂，因为美国是联邦制国家，其社区矫正机构分为联邦和州两级（见下图），两者之间互不隶属，相互独立，因此每个州的机构设置不尽相同。

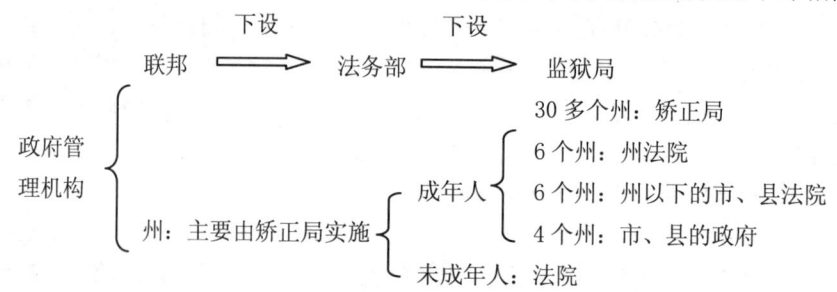

```
                         下设           下设
              ┌── 联邦 ═══► 法务部 ═══► 监狱局
              │                    ┌── 30多个州：矫正局
政府管        │                    │── 6个州：州法院
理机构        │         ┌─ 成年人 ─┤── 6个州：州以下的市、县法院
              └── 州：主要由矫正局实施 ─┤── 4个州：市、县的政府
                                    └── 未成年人：法院
```

在联邦一级，联邦政府下设法务部，其下又设监狱局，主要分管联邦监狱和联邦社区矫正工作；其下还设有全国假释委员会来负责联邦系统罪犯的假释工作[1]。在州一级的矫正执行管理则由矫正局、法院、假释委员会来负责。矫正局主要负责成年缓刑犯的执行管理，法院则负责执行管理青少年缓刑、州假释委员会负责假释执行管理工作。在官方社区矫正管理机构的基础上，为了降低成本和提高效率，一些非政府机构也参与到社区矫正的管理中来，即国家机关通过签订合同或购买服务的方式让非官方的组织和机构对社区矫正对象进行管理[2]。以明尼苏达州为例，明尼苏达州除成立了专门管理矫正事务的明尼苏达州矫正局这一行政组织外，同时还设有一些相关的协会，如明尼苏达州矫正协会、明尼苏达州适用《社区矫正法》的县（CCA县）协会、明尼苏达州县缓刑官协会、明尼苏达州审前服务机构协会、明尼苏达州赔偿服务协会、明尼苏达州社区矫正协会、明尼苏达州恢复性服务联合会等[3]。

3. 美国社区矫正的适用对象和种类

在美国的社区矫正相关法律中，其所规定的适用对象基本上囊括了所有类型的罪犯，即使是一些恶性犯罪者，在不会危害公共安全的情况下仍能适用社区矫正，甚至"向前延伸"和"向后延伸"，对于犯罪轻微的青少年未决犯和刑满释放人员也适用社区矫正。这是因为在美国判断是否适用社区矫正是以是否会危害社会公众安全为标准的[4]，因此一些恶性犯罪者仍能适用社区矫正；其次在美国针对不同类型的犯罪者，都能用不同严厉等级的社区矫正措施来对之进行社区矫正，这样就能保证其适用对象的广泛性。

在美国，法律规定的社区矫正种类很多，包括缓刑、假释、社区服务令、电子监视、在宅拘禁、被害者与加害者和解化、被害赔偿等，繁多的种类用来适用不同类型的适用对象，而且这些种类可以综合运用，如对犯罪较轻的青少年大多综合适用家庭监禁、社区服务令等惩罚性较低的社区矫正类型。

4. 美国社区矫正人员配置和财政保障

由于社区矫正不同于传统的监狱矫正，其侧重于从犯罪者的心理、行为出发来对其进

---

[1] 李明：《国外主要社区矫正模式考察及其借鉴》，载《中国司法》2008年第1期。
[2] 刘强：《对美国社区矫正管理机构和人员配备的借鉴与思考》，载《湖北警官学院学报》2008年第1期。
[3] http://www.mncorrections.org/
[4] 李明：《国外主要社区矫正模式考察及其借鉴》，载《中国司法》2008年第1期。

行矫治,因此社区矫正的工作人员必须是具有一定专业知识的人。在美国,大多数对警察的入门要求仅仅需要高中毕业学历,但对社区矫正工作者的一般要求是本科学历,有的州还要求研究生学历。专业要求一般是刑事司法执法、犯罪学、社会学、心理学等方面[1]。美国社区矫正的财政主要来源于地方财政,由州政府给地方政府提供社区矫正津贴并用各州的社区矫正立法加以规定。除了通过政府这条途径来解决社区矫正的经费,社区矫正也会通过一些其他途径获取资金,如私人基金会、社会团体等。

（二）英国社区矫正立法概述

1. 现有社区矫正法律

与美国一样,英国是典型的判例法国家,没有统一的社区矫正法典,其社区矫正法律是在长期的审判实践中所形成并发展起来的。然而,近年来英国借鉴大陆法系的法律制度,加大了成文法的立法工作。2000年,英国出台的《刑事法院量刑权限法案》,对社区矫正制度作了比较完备的规定。

2. 英国社区矫正的机构设置

在英国,社区矫正的决定机构主要是法院和假释委员会,其中法院（治安法院、刑事巡回法院和上诉法院）主要负责缓刑令、社区服务令、宵禁令、毒品治疗与检测令、出席中心令、监督令以及行为规划令等[2];假释委员会则负责假释的裁决。英国的社区矫正执行工作则是由内政部国家缓刑局及其领导下的地方假释委员会、全国未成年人司法委员会来共同负责。国家缓刑局接受内政大臣直接领导,缓刑局由负责社区矫正执行和资源设施装备的两个部门组成,两个部门下设方案设置、保护公众和绩效衡量处室。在全国的10个行政大区的42个区设有地方缓刑服务局,直属国家缓刑局指导、管理和监督,中央和地方的缓刑机构工作人员共计17500人,称为矫正官,属国家公务员系列,由内政大臣任命,接受国家缓刑局的统一管理[3]。42个地方假释委员会受内政部缓刑局领导,主要工作职责是对符合条件的服监禁刑的罪犯适用假释,代表地方政府和民众对地方缓刑服务局的工作进行监督[4]。全国未成年人司法委员会属于非政府组织,由负责缓刑的公务员、教师、警察和卫生部门的相关人员组成,主要工作是针对未成年人社区矫正刑罚的适用,负责与有关部门、社会各界的沟通和协调工作[5]。同时,还有大量的志愿者参与到社区矫正的执行工作中。

3. 英国社区矫正的适用对象和种类

社区矫正在英国的刑罚体系中作为一个中等强度的刑种,其适用对象的范围要比美国窄许多,其适用对象主要是具有中等危害程度犯罪行为的罪犯。

社区矫正刑在英国并不是单一型的刑种,而是复合型的刑种,是一个多元化的刑种群,由多个单个的社区矫正令组成,这些矫正令是立法机关在近100年来,随着刑罚学研究的不断深入,在不同的时期,逐步分别确立的。司法机关在个案审判中,对某个被告人宣告的社区矫正刑,可以包括一个或多个社区矫正令。根据2000年的《刑事法院量刑权限法

---

[1] 李明:《国外主要社区矫正模式考察及其借鉴》,载《中国司法》2008年第1期。
[2] 刘强:《各国（地区）社区矫正法规选编及评价》,中国人民公安大学出版社,2004年,第134-179页。
[3] Wasik Martin: Sentencing, forth edition, Blackstone Press: London, 2001, p33.
[4] 郭建安:《社区矫正通论》,法律出版社,2004年,第215页。
[5] 刘晓梅:《英国的社区矫正制度及其对我国刑罚制度改革的启示》,载《犯罪研究》2006年第3期。

案》的规定,社区矫正刑包括缓刑令、假释、社区服务令、宵禁令、毒品治疗与检测令、出席中心令、监督令以及行为规划令等[1]。

4. 英国社区矫正人员配置和财政保障

由于社区矫正的特殊性,其对社区矫正工作人员的要求比较严格,来确保其有效率。在英国,社区矫正工作人员称为矫正官,属国家公务员系列,由内政大臣任命,一般的学历要求为本科,具有法学、心理学、刑事法学等学位,经过专门机构的培训。1998 年,英国政府决定将过去社区矫正官应当具备的'社会工作资格',改为要求具备缓刑研究资格证书,该证书通常需要两年的大学学习才能获得。全国各地方总共配备了 116 万名职员(缓刑官和作为社会工作者的事务官),其中一半以上是大学毕业生[2]。对于社区矫正的财政来源,英国在立法中明确规定中央和地方的缓刑机构的工作经费和人员工资由财政支出,80% 来自联邦政府拨款,20% 来自地方税收,这样从法律上对社区矫正的财政予以了保障。

(三)日本的社区矫正立法情况

1. 现有社区矫正法律

在日本,社区矫正与英美传统意义上的社区矫正不一样,其是以罪犯社区处遇的广泛拓展为标志的[3]。社区处遇即更生保护制度,是指实施了犯罪或违法的人在日常生活的社会环境中,作为正常的社会人接受保护观察员和保护司的指导、帮助,实现其更生的制度[4]。日本作为大陆法系的国家,对更生保护的法律规制主要是以成文法的形式,用单独的社区矫正法规来对更生保护进行规制,主要有 1949 年制定的《犯罪者预防更生法》、1958 年修正的《卖春防治法》、1995 年制定的《更生保护事业法》及 2007 年出台的对以上法律整合、完善、一体化的《更生保护法》。

2. 日本更生保护的机构设置

在日本,更生保护的决定主体主要是中央改造保护审查会、地方更生保护委员会、假释委员会、法院,地方更生保护委员会在各地按照高级法院的管辖区域设置,主要负责假释工作;假释委员会设置在社区矫正局之下,主要决定假释在监狱和青少年罪犯管教院里的服刑人员;法院则负责众多社区矫正类型的决定。

日本更生保护的执行一个重要特征就是"官民协作,以民为主",即在官方领导下的以民为主的社区矫正机构[5]。主要包括保护观察官、保护司、更生保护事业法人。保护观察官是法务省的政府官员,日常工作场所在地方假释委员会,隶属于地方更生保护委员会事务局和保护观察所,主要从事保护观察,严格考察犯罪者的更生保护和相关预防犯罪的工作;保护司则是由法务大臣根据各种条件挑选的民间志愿者,主要来帮助犯罪者改善和更生,同时开发引导预防犯罪的社会舆论。对保护司日本政府不支付报酬,但是在预算范围内,保护司可以接受执行职责的全部或部分费用[6];更生事业保护法人则是经过法务大臣允许成立的从事更生保护的民间团体,主要为有必要更生保护的人员提供住宿、饮食、学

---

[1] 刘强:《各国(地区)社区矫正法规选编及评价》,中国人民公安大学出版社,2004 年,第 134-179 页。
[2] 刘晓梅:《英国的社区矫正制度及其对我国刑罚制度改革的启示》,载《犯罪研究》2006 年第 3 期。
[3] 林遐:《日本罪犯社区处遇概况》,载《罪犯与改造研究》2002 年第 7 期。
[4] 张建明:《社区矫正理论与实务》,中国人民公安大学出版社,2008 年,第 433 页。
[5] 翟中东:《自由刑变革:行刑社会化框架下的思考》,群众出版社,2005 年,第 70 页。
[6] 张建明:《社区矫正理论与实务》,中国人民公安大学出版社,2008 年,第 435 页。

习、培训、医疗等。

3. 日本更生保护的适用对象和种类

日本更生保护的适用对象不仅仅适用于已决犯,其已经"向后延伸",将刑满释放人员也纳入了其适用范围,主要包括受保护观察处分者;被刑事判决缓刑者;假释、保释出狱或者保外就医者;刑满释放者或者赦免出狱者;其他法定应予更生保护者。其中保护观察是附加于缓刑者或假释者的一种行刑制度,也可以是专门针对青少年罪犯所适用的一种独立刑事制裁措施[①]。日本的更生保护种类根据日本《刑法典》和其他社区矫正法律法规,主要有缓刑、假释、更生紧急保护、罚金、社区服务令、损害赔偿令、保护观察、恩赦等。

4. 日本更生保护的人员配置和财政保障

日本更生保护的工作人员须具有一定程度的心理学、医学、教育学及其他与更生保护相关的专门知识,从事并指导保护司针对各类社区保护观察对象,进行保护观察、人格考察等犯罪者更生及预防犯罪工作,一般情况下培养一名保护观察官的时间大约为 3 年[②]。对于更生保护的财政支出,日本相关法律规定主要由中央财政和地方财政共同负责。

(四)国外社区矫正立法总结

通过对美国、英国、日本三国社区矫正立法的概述,我们发现这三个国家的社区矫正立法具有以下特点:

1. 现有社区矫正法律体系完善

美英日三国现有的社区矫正相关法律已经进入了不断成熟的时期,都有相关成文法明确对社区矫正的各项程序、事务进行规制,包括决定和执行主体、具体实施程序、保障措施等。在各国都由法律予以明确规定,做到执法有据。如英国的《刑事法庭权力法》、《刑事法院量刑权限法案》等;日本的《刑法典》、《更生保护法》等;美国各州的社区矫正法及相关法律法规。总的来说,三国的法律都比较完善,无论是成文法还是案例法,都对社区矫正的原则、细节问题进行了明确的规定,并随着社区矫正新情况的发生适时予以调整,从这点来说我国可以从中予以借鉴,尽快完善社区矫正的相关法律。

2. 社区矫正的机构设置明确

美英日三国现有的社区矫正相关法律对社区矫正的决定机关和执行机关有着明确而具体的规定。三国的社区矫正决定机关主要是法院、假释委员会这两大类,执行机关则是根据各国具体国情而有所不同:美国主要是矫正局、法院、假释委员会来负责执行管理;英国则是由内政部国家缓刑局及其领导下的地方假释委员会、全国未成年人司法委员会共同负责;日本更生保护的执行一个重要特征就是"官民协作,以民为主",主要包括保护观察官、保护司、更生保护事业法人。三国对于决定机关、执行机关的规定都非常明确,这一点我国现有法律就有所欠缺,特别是我国法律对执行机关并无明文规定,造成无法可依,因此应当尽快立法予以完善。

3. 法律规定的社区矫正适用对象广泛、种类多样化

美英日三国适用社区矫正的对象非常广泛,包括轻刑犯罪者、被判处缓刑假释犯罪者等,甚至还包括刑满释放人员;同时社区矫正在这三个国家的种类除了传统的假释和缓刑

---

① 林遐:《日本罪犯社区处遇概况》,载《犯罪与改造研究》2002 年第 7 期。
② 李明:《国外主要社区矫正模式考察及其借鉴》,载《中国司法》2008 年第 1 期。

外，还存在着多种多样的矫正形式，包括社区服务（公益劳动）、资格权利的限制和剥夺、家中监禁、中途训练所（居住中心）、保安处分、赔偿、罚款等，这些种类不仅可以单独适用，也可以复合适用，用来针对不同的犯罪者，充分体现了刑罚个别化的理念。我国与这三国相比，无论是适用对象范围还是种类数量都处于全面落后状态，急需法律进一步规制。

4. 社区矫正的人员配置和财政保障比较完善

通过对美英日三国社区矫正立法的考察我们不难发现，其现有法律对社区矫正的工作人员的选拔都做了较为严格的规定：美国要求社区矫正工作者必须具有本科以上的学历，而且专业必须是刑事司法执法、犯罪学、社会学、心理学等方面，英国也是要求学历为本科，具有法学、心理学、刑事法学等学位，需要经过专门机构的培训并具有缓刑研究资格证书；日本也是要求工作人员须具有一定程度的心理学、医学、教育学及其他与更生保护相关的专门知识。在严格规范工作人员素质时，三国都通过立法来确保社区矫正的财政来源，鼓励民间团体、私人机构进行捐助，来支持社区矫正工作的顺利开展。

5. 借鉴意义

通过对美、英、日三国的社区矫正立法的考察，我们发现我国社区矫正立法工作还存在着很大的不足之处，对比国外的先进经验，我们有必要结合国内具体国情借鉴吸收，下文中笔者将一一展开。

三、完善我国社区矫正立法的若干建议

通过对社区矫正概念的阐述、我国社区矫正立法的历史及现状的介绍、国外美日两国社区矫正立法的考察，我们发现我国的社区矫正立法工作取得了很大的成绩，特别是《中华人民共和国刑法修正案（八）》和《关于修改〈中华人民共和国刑事诉讼法〉的决定》的通过使社区矫正在法律上得到确认，无法可依的尴尬局面结束了，但我们也应看到我国社区矫正的立法存在着诸多不足之处，急需相应的立法予以完善和改进。笔者将在前文基础上提出对于完善我国社区矫正立法的一些建议，以期能够促进社区矫正工作的发展。

（一）尽快出台《中华人民共和国社区矫正法》

当前我国现有的法律（包括：《最高人民法院关于适用〈中华人民共和国刑事诉讼法〉的解释》、《关于实施刑事诉讼法若干问题的规定》、《人民检察院刑事诉讼规则（试行）》、《公安机关办理刑事案件程序规定》、《社区矫正实施办法》等司法解释和部门规章、文件）对社区矫正的规定都是零零散散，并没有一个系统性、综合性的规定。为了更好地促进社区矫正的发展，我们认为"出台《中华人民共和国社区矫正法》是很有必要的，因为其能体现以人为本、以改造人为宗旨的思想与方针；能体现综合治理犯罪的战略、战术，充分整合各种国家、社会资源；能通过统一立法、统一分工协调解决目前社区矫正关于概念、性质的不同争议，同时也可以将劳动教养纳入其中，解决多年来的重大疑难问题；能将违法者，犯罪者、刑满释放者纳入调整范围，并分不同的矫正人口，落实到统一且有严格分类的监禁与非监禁社区矫正基层工作之中，有效整合行刑资源，形成矫正系统，构筑矫正阶梯，便于提高与保障改造质量。"[①]因此我们应当借鉴国外先进立法经验，尽快出台《中华人民共和国社区矫正法》。我们认为，可在"中华人民共和国社区矫正法（建议稿）"的

---

① 王顺安：《社区矫正理论研究》，中国政法大学博士研究生论文。

基础上，对之予以完善，形成具有中国特色的《中华人民共和国社区矫正法》，来对我国的社区矫正形成系统、全面的法律规制，具体内容如下：

第一章"总则"：主要包括社区矫正的立法目的、概念、适用对象、任务、原则、经费来源、被矫正人员的权利义务等内容。

第二章"社区矫正专门国家机关"：主要包括社区矫正的决定机关、执行机关、其他相关机关的设置和其职责、工作人员的选拔条件和标准等内容。

第三章"社区矫正机构和工作队伍"：主要包括具体的社区矫正机构设置、工作人员（工作者、社会工作者、志愿者）的职责义务等内容。

第四章"社区矫正程序"：主要包括社区矫正工作的具体如何开展（机关衔接、分类、奖惩、教育、应当遵守的义务等）等内容。

第五章："未成年社区服刑人员的教育矫正"，主要包括如何对未成年人进行社区矫正等内容。

第六章："附则"，包括一些补充说明事项。

（二）明确社区矫正的执行主体，构建以司法行政机关为主、社区力量为辅的社区矫正执行体系

"刑八"修正案、新修刑诉和两院相关司法解释都明确规定了社区矫正的相关事宜，但是对社区矫正的执行主体没有涉及，导致现有司法行政机关负责执行工作无法可依、师出无名，这也不利于社区矫正工作的开展，违背了"依法治国"的理念。为此我们认为应当从以下几个方面来对我国社区矫正的执行主体乃至执行体系进行构建：

1. 明确司法行政机关的执行主体地位

"刑八"修正案明确废除了公安机关对"管制、缓刑、假释"的执行主体地位，这是一个进步，因为公安机关职责庞杂，警力有限，难以保证社区矫正的执行质量，但是法律并没有明文规定社区矫正的执行主体，为此我们需要在法律上明确司法行政机关的执行主体地位，因为在当前我国社区矫正的实际执行中，司法行政机关是作为执行主体来开展实施社区矫正的具体工作的，其在工作中积累了许多宝贵的经验，形成了一系列行之有效的管理方法，将之明确为社区矫正的执行主体有利于提高矫正效果。更重要的是，将司法行政机关作为社区矫正的执行机关，有利于实现非监禁刑执行主体与监禁刑执行主体的统一，形成侦查、检察、审判和执行机关分工负责、互相配合、互相制约的工作体制，切实维护刑罚执行的统一性、权威性和严肃性[①]。

2. 构建以司法行政机关为主、社会力量为辅的社区矫正执行体系

从本文对美、英、日三国的社区矫正立法考察发现，这三国的社区矫正执行都非常注重引入社会的力量，包括社区组织的支撑、广大民众的参与、非营利性组织的辅助执行，基本上都是一个以司法行政机关为主、社会力量为辅的社区矫正执行体系，就像日本一样，"官民协作，以民为主"，为此同为东亚国家的我国也可以借鉴吸收日本的经验，通过立法来允许一些非营利性组织来作为社区矫正的辅助执行主体，并对之进行税收优惠等一系列的支持，让其来协助司法行政机关进行社区矫正。结合中国实际情况，我们可以充分发挥红十字会的作用，因为其是一个从事人道主义工作的社会救助团体，让其来辅助执行社区

---

① http://www.legaldaily.com.cn/rdlf/content/2011-08/17/content_2872399.htm?node=20948.

矫正可以说是其职责范围之类，而且它的组织机构、人员配置相当成熟，可以在短时间内帮助司法行政机关执行社区矫正的具体工作；同时应当通过法律、法规积极培育各种社区志愿组织、高校志愿者组织，如通过各个社区居民委员会的领导培育本社区的志愿者组织，充分发挥本土优势、依托高校学生的高素质优势和志愿者群体庞大的优势，真正实现社区矫正的设计初衷——行刑社会化。

（三）扩大我国社区矫正的适用对象范围，增加社区矫正的类型

相对于国外发达国家众多的社区矫正适用对象，我国的社区矫正适用对象范围偏小，仅仅包括被判处假释、缓刑、管制、暂予监外执行的这四类犯罪者，而且修改后的《刑法》抬高了缓刑假释的适用门槛，这将导致本来就很低的缓刑、假释率变得更低；适用对象偏少的同时，我国的社区矫正类型也是少之又少，仅仅包括管制、假释、缓刑和暂予监外执行，因此结合国外经验，我们认为可以从以下几个方面进行改进：

1. 科学动态地把握社区矫正的定性

对于社区矫正的定性直接影响到社区矫正的适用对象范围，在"两院两部"联合发布的《关于开展社区矫正试点工作的通知》和司法部发布的《司法行政机关社区矫正工作暂行办法》这两部规范性文件中，社区矫正被定义为："社区矫正是与监禁矫正相对的行刑方式，是指将符合社区矫正条件的罪犯于社区内，由专门的国家机关在相关社会团体和民间组织以及社会志愿者的协助下，在判决、裁定或决定确定的期限内，矫正其犯罪心理和行为恶习，并促进其顺利回归社会的非监禁刑罚执行活动。"从这个概念可以看出我国将社区矫正定性为"非监禁刑罚执行活动"。

对比国外，社区矫正在美国是一种刑罚，在实践中则更多地体现为一种非监禁执行方式；英国比较重视社区矫正的法律地位，将之定性为主刑刑种的一种，是由以多个单独的社区矫正令构成的针对轻微犯罪的一种刑种；日本则是将社区矫正纳入刑罚执行体系，社区矫正和监狱矫正并列成为矫正的两种方式，将社区矫正定性为刑罚执行方法。

综合国内外对社区矫正的定性，考虑到现有的刑事法律制度、中国社区矫正的试点经验情况、中国市民社会和社区意识的发育程度、普通民众对社区矫正背后的行刑理念的认同程度等情况，我们认为在现阶段我国官方对社区矫正是"非监禁刑罚执行活动"的定性还是科学合理的，但是从整个国际大环境来看，这仅仅是一种过渡性的认定，因为单纯地将社区矫正定性为刑罚执行方式或者像英国那样把它视为刑罚之一种都是比较少见的，大部分国家将社区矫正笼统地称为社区或社会处遇措施，它包括一切在社区环境中对犯罪人（包括审前和因为在当审后甚至是已释放人员）所进行的矫正工作与措施[①]。可以说，在行刑非监禁化、行刑社会化等理念影响下，社区矫正的定性早已突破了原有的制度设计范围，如果随着我国社区矫正工作的发展和进步，还将社区矫正定性为如此狭小的一个范围里面，就会导致概念外延狭小，进而导致社区矫正的适用范围过窄，影响社区矫正的发展，最终也与整个国家的"宽严相济、和谐法治"的法治政策相违背，因此必须在今后我国的立法上构建一个外延宽广、包容性强的社区矫正概念。"一切可以在社区予以开展的行刑与矫正活动，既包括对已决罪犯非监禁刑和非监禁措施的执行与矫正，也包括处于刑事诉讼各个环节的未决犯罪嫌疑人和刑事被告人的社区矫正工作，还包括对刑满释放人员和未达

---

① 刘守芬、王琪、叶慧娟：《社区矫正立法化研究》，载《吉林大学社会科学学报》2005年第2期。

到责任年龄、不具备刑事责任能力的犯罪人的教育、矫正乃至医疗、帮助,甚至还包括轻微违法犯罪的教养人员的矫正活动"[1]的社区矫正定性,就比较适合我国未来的社区矫正发展方向,这样一个包容性的定性将有利于扩展社区矫正的外延范围,进而扩大社区矫正的适用范围,真正体现行刑人道化、恢复性司法的理念,使"宽严相济、和谐法治"的法治政策落到实处。

2. 改进我国的刑罚结构,扩大社区矫正种类

在解决完社区矫正的定性问题后,要想真正扩大我国的社区矫正适用范围和种类,就必须通过立法改进我国的刑罚结构,将"社区服务刑、家庭监禁刑"引入刑罚结构。在我国目前的刑罚结构中,主要分为主刑和附加刑,这种刑罚结构不利于社区矫正工作的开展,在"源头"上就制约了非监禁刑的适用[2]。对比美英日三国,社区服务刑、家庭监禁刑均被纳入其刑罚结构中去了,三国的社区矫正决定机关可以根据犯罪者的不同情况单独运用或者符合运用,通过社区服务、家庭监禁来矫正犯罪者的心理、行为,补偿受害人和社区的损失,修补被破坏的社会关系。为此我国可以借鉴美英日的经验,在现阶段将"社区服务刑、家庭监禁刑"进入刑罚结构,如可以根据司法部预防犯罪研究所的研究建议,在刑法中增设社区服务刑并作为一种主刑,包括 5 年以下有期徒刑的刑法分则条款,都应在这一档法定刑以内规定可以选择适用社区服务刑[3]。当社区矫正进一步发展成熟后可以将资格权利的限制和剥夺、中途训练所(居住中心)、保安处分、赔偿、罚款等纳入刑罚结构中,这样就能扩大社区矫正的适用对象,提高社区矫正的适用率,让社区矫正决定机关根据不同情况有选择地判处不同类型的社区矫正,真正实现刑罚个别化的理念。

3. 改造管制、缓刑、假释,扩大社区矫正适用对象范围

首先,应当扩大管制的适用范围,凡是刑法分则条文有规定的,优先选择适用管制刑,尤其对未成年犯、老年犯、初犯、过失犯等犯罪情节轻微、主观恶性不大的犯罪人,规定法定刑在 3 年以下有期徒刑的都可以选择适用管制[4]。

其次,修改相关法律,提高缓刑的适用率。在《刑法》规定中,适用缓刑的对象主要是"被判处拘役、3 年以下有期徒刑的犯罪分子",这一适用对象范围过于狭窄。从我国司法实践看来,5 年以下有期徒刑都应属于轻刑范围,因此可以将上述条件中的 3 年修改为 5 年,这样就能明显扩大缓刑的适用率,但是目前《中华人民共和国刑法修正案(八)》刚刚通过,短期之内这一规定无法得到修改,因此只能随着社区矫正工作的进一步发展,在今后的立法中对这一规定予以修改。

再次,降低假释的适用门槛。此次"刑八"修正案将适用假释的条件严格化了:修改前的《刑法》第八十一条规定"被判处无期徒刑的犯罪分子实际执行十年以上……可以假释",修改后的第八十一条将"十年"变成了"十三年"。这无形中提高了适用社区矫正的门槛,这将导致本来就很低的缓刑假释率变得更低,这不利于我国社区矫正工作的开展,也与我国"宽严相济"的刑事政策和人道主义的刑罚理念相违背,因此我认为在今后的立法中对这一条规定应当予以修改,来提高假释的适用率。同时,对《刑法》第八十一条规

---

[1] 王顺安:《社区矫正研究》,山东人民出版社,2008 年,第 35 页。
[2] 王顺安:《社区矫正理论研究》,中国政法大学博士研究生论文。
[3] 王顺安:《社区矫正理论研究》,中国政法大学博士研究生论文。
[4] 王顺安:《社区矫正的立法建议》,载《中国司法》2005 年第 2 期。

定"对累犯以及因故意杀人强奸、抢劫、绑架、放火、爆炸、投放危险物质或者有组织的暴力性犯罪被判处十年以上有期徒刑、无期徒刑的犯罪分子,不得假释"。我们认为不应当剥夺这些犯罪人的假释权,而是对这些犯罪人根据不同的犯罪情节、悔罪态度、服刑表现、评测结果等来严格限制其假释的机会。

最后,根据我国社区矫正的发展,适时调整社区矫正的适用对象范围,将轻微犯罪的未决犯、刑满释放人员、劳教人员、少年违法人员、吸毒者等纳入社区矫正的适用范围,实现适用对象的"向前扩张"和"向后扩张"。

（四）完善社区矫正工作人员和财政来源的法律规制

由于社区矫正的特殊性,社区矫正工作人员不仅要求政治素质、业务素质和身体素质达到要求外,还必须具备以下素质要求:一是掌握社区中执法的基本内容和要求;二是把握在社区中对罪犯进行改造和矫正的特点和规律;三是学会社会工作者应该具有的工作能力和工作方法;四是提高在社区矫正工作中的创新意识[1]。而我国目前社区矫正工作主要由司法行政机关工作人员来执行,其专业知识素质不高,大多并没有经过相关培训,这很难保证社区矫正的矫正质量。要改变这一困局,我们可以从以下两个方面着手:首先,我们可以加大对现有工作人员的培训力度,重点对工作人员进行法律、心理学等方面的教育,提高其职业素质,与此同时,通过立法对社区矫正工作人员的任职条件、招聘程序、工作职责和职权等相关内容进行规制,鼓励具有法律、社会学、心理学、犯罪学等知识的社会人员和应届大学生加入社区矫正工作队伍;其次我们应当借鉴英美日的法律规定,建立社区矫正官制度,使社区矫正工作更加专业化、专门化,社区矫正官作为社区矫正工作人员中唯一具有法律地位和身份的社区矫正的专业工作人员,也是社区矫正工作的核心和主要的管理人员。社区矫正官对于社区矫正机构内部而言,是最主要的负责人,负责基层专业矫正机构内部的既有工作。对外而言,则作为社区矫正机构的代表和具有合法执法主体身份的执法人员,参与社区矫正工作有关的对外程序性或者实体性的工作[2]。

社区矫正作为一种刑罚执行方式,与监禁刑一样,国家除了要投入一定的人力资源之外,还需要一定的经费投入,尤其是在社区矫正制度初步建立、尚未完全步入良性运行之际,更需要充足的经费保障,否则便极易陷入"巧妇难为无米之炊"的尴尬境地,因此在社区矫正立法中必须对社区矫正的经费予以明确的规定,来保障社区矫正工作的正常开展。同时,在用法律确保政府财政经费的同时,我们也应当借鉴美国、英国、日本的成功经验,通过相关法律规定允许、鼓励社会力量的参与,特别是借助大量民间社团、营利性组织、非营利性组织的力量,对这些组织予以税收、政策等上的优惠,来鼓励其对社区矫正的资金投入,增加社区矫正的经费来源,这样的话不仅能够解决社区矫正的经费问题,还能提高我国民众的市民意识、责任意识,促进社会与社区矫正的良性互动。

四、结 论

当今全球刑罚的发展趋势就是刑罚人道主义化、行刑社会化、恢复性司法等,在这种刑罚理念背景下,社区矫正在全球得到了极大的发展,特别是英国、美国、加拿大、日本

---

[1] 刘强:《社区矫正的定位及社区矫正工作者的基本素质要求》,载《法治论坛》2003年第2期。
[2] 陈和华:《论社区矫正的管理体制》,载《2006年刑事司法与犯罪控制的新发展国际研讨会论文集》。

及台湾、香港等发达国家和地区。为了顺应国际刑罚新理念的趋势，也是贯彻我国"宽严相济"的刑事政策，我国从2003年正式开始社区矫正的试点工作，到现在已经全面实行社区矫正，在快十年的社区矫正工作中，各省市根据自己地方的特点，探索开创了符合自己的矫正模式和体系，取得了很大的成绩，但是社区矫正却一直处于"无法可依"的状态，这极大地限制了社区矫正的发展。2011年以来通过的《中华人民共和国刑法修正案（八）》、《关于修改〈中华人民共和国刑事诉讼法〉的决定》《最高人民法院关于适用〈中华人民共和国刑事诉讼法〉的解释》、《关于实施刑事诉讼法若干问题的规定》、《人民检察院刑事诉讼规则(试行)》、《公安机关办理刑事案件程序规定》、《社区矫正实施办法》等法律、司法解释、部门规章和规范性文件都在法律上对社区矫正进行了确认和较为详细的规制，但是面对成绩，我们更应看到存在的问题。我国社区矫正的立法与社区矫正发展成熟的国家和地区相比有着太多的不足，譬如社区矫正立法不够完善、系统；社区矫正的适用对象和类型不够宽泛；机构设置不明确；工作人员素质和财政来源缺乏法律规制等等，这些都需要我们在社区矫正实际工作中不断探索和总结经验教训，然后在后续的立法中将之以法律的形式确定下来，以不断促进我国社区矫正工作的开展。

今年正值社区矫正在中国试点工作十年，也是新修刑事诉讼法正式实施的第一年，更是十八大确立的全面推进依法治国，建设法治国家、平安中国开篇布局之年，作为刑罚执行方式与针对非监禁社区服刑人员特殊群体社会管理创新的社区矫正，必须做到有法可依、有法必依、执法必严、违法必究，使中国的社区矫正事业完全纳入法治轨道。为此，笔者呼吁广泛开展社区矫正的立法问题与立法建议的研究，促使《中华人民共和国社区矫正法》尽快出台。

【作者简介】

王顺安，教授、法学博士、博士生导师，中国政法大学犯罪学研究所所长、犯罪与司法研究中心主任。研究方向：刑法、犯罪学、刑事执行法学。社会兼职：中国执行法学会副会长，中国犯罪学研究会常务理事，高级学术顾问（副会长级），中国犯罪与矫正心理学专业委员会副主任委员，中国劳动教养学会理事，中国侨联法律顾问委员会委员，北京市法学会理事，北京市应用法学研究中心特邀研究员，北京首家社区矫正服务中心法律顾问，北京市社区矫正先进工作者。获奖情况：北京市优秀青年骨干教师；北京市高等教育教学成果一等奖；国家级教学成果二等奖；司法部第三届法学教学与科研成果二等奖；第六届北京市哲学社会科学优秀成果一等奖。代表著作主要有《刑事执行法学》、《刑事执行法学通论》、《社区矫正研究》、《社区矫正理论研究》、《社区矫正的理论与实践》、《犯罪学入门》、《中国犯罪原因研究》等20多部。主持完成各类科研项目7项。

周强，中国政法大学法律硕士学院研究生。

中国农业的战略走向和重要目标："两型"农业

陈文胜

中国农业正处在一个历史上发展最好的时期，连续八年的农业丰收，确保了作为全球人口大国的农产品有效供给。但应清醒地看到，粮食和农业增产过度依赖资源和要素投入，付出了巨大的环境和生态代价，如果不加快农业发展方式转变，今后增加粮食和主要农产品供给的难度将会越来越大。因此，加快传统农业向资源节约、环境友好的"两型"农业转变，构建以"两型"农业为导向的农业生产体系，不仅是我国农业可持续发展的需要，更是中国整个经济发展方式转变的迫切要求。

一、"两型"发展是中国农业的时代命题

中国要用占世界不到7%的耕地养活占世界22%的人口，这一特殊的国情决定了农业发展在中国具有远比世界上其他国家更为重要的地位。经过30多年改革开放，中国已进入工业化中期阶段和城镇化快速发展时期，农业也已进入一个新的发展阶段。但毋庸置疑，中国农业发展正面临着前所未有的挑战。第一，随着人口的不断增长，农业发展面临农产品需求不断扩张的挑战。尽管中国粮食产量从2003年的8614亿斤增加到2012年的11424亿斤[1]，但国际进口量却越来越大。相关资料表明，2011年农产品进口就超过了中国总产量的十分之一，其中大豆进口量占全球大豆出口总量的57%。据预测，到2050年，全球人口将增长到93亿，需要增加谷物6.8亿吨；中国人口将增长到15亿左右，超过当时发达国家的人口总和，谷物需求大约7.8亿吨，肉食需求大约1.2亿吨[2]。第二，随着耕地、水资源的数量减少和质量下降，农业发展面临资源要素约束不断强化的挑战。作为无法改变的国情，中国的人均农业资源远远低于世界平均值，如在2008年，人均森林面积、人均淡水资源、人均国土面积、人均可耕地面积等四种关键农业资源，分别仅为世界平均值的26%、33%、36%、40%。而人均农业资源的平均值正在不断下降。[3] 第三，随着工业化、城镇化和经济全球化的不断推进，农业发展面临着资源要素争夺和国内外竞争压力迅速加大的挑战。一方面，随着国内工业化、城镇化的步伐不断加快，农业与工业、农村与城市争夺耕地、水资源等资源和要素的竞争将会日趋激烈。另一方面，劳动生产率较低，严重影

---

[1] 赵洋：《粮食产量"八连增" 稳固经济发展基础》，载《金融时报》2012年8月11日。
[2] 陈锡文：《中国解决粮食问题要有全球视野（在中国农业大学"2012年中国农业发展论坛"上的讲话）》[EB/OL]. 新浪网 http://finance.sina.com.cn/nongye/nyzhxx/20120520/153312104712.shtml. 2012-05-20.
[3] 何传启：《中国现代化报告2012——农业现代化研究》，北京大学出版社，2012年。

响了农业的竞争力。中国谷物、水稻和小麦单产2008年达到了发达国家水平，玉米单产也达到中等发达国家水平，但农业劳动生产率约为同期世界平均值的47%，约为发达国家平均值的2%，仅为美国和日本的约1%，世界排名为91位。[①] 与此同时，全球农业跨国公司"四大粮商"强化全球粮源、物流、贸易、加工、销售"全产业链"布局，不仅已经控制全球80%的粮食贸易，而且还控制了全球70%的油籽贸易。[②] 在跨国公司对国际农产品市场和资源配置的垄断地位日益增强的情况下，中国农业与发达国家竞争更加艰难。第四，以资源要素扩张为支撑的农业发展带来资源破坏、环境污染、水土流失、土地沙漠化等一系列问题，农业发展面临农村生态环境恶化和农产品质量安全的挑战。有关研究显示，目前中国化肥年施用量占世界总量的30%，农药单位面积使用量比发达国家高出一倍，化肥、农药的利用率仅为30%和40%，比发达国家低一半；每年约有50万吨农膜残留在土壤中，残膜率达40%；农业用水的有效利用率也仅为40%左右，远低于欧洲发达国家70%-80%的水平。[③] 当前，"白色污染"已经成为农村的一大灾难，过去的不少青山绿水变成了光山污水，不少地区沙漠化严重，一些江河频发水灾甚至断流，都与农村生态环境的破坏有着直接联系。因此，现有的农业发展方式导致农业发展环境日趋恶劣和农产品质量下降，危及国民生命健康和国民经济持续发展。

每个时代都有它的重大课题，解决了它就把人类社会向前推进一步。全球变暖与能源枯竭对人类生存和发展产生了严峻挑战，建设资源节约型、环境友好型社会（简称"两型社会"）是当今世界经济社会发展的中心问题和国际社会力图解决的问题，代表着全人类的共同理想和未来社会的发展方向，是任何国家都无法置之度外的共同使命。党的十六届五中全会明确提出"建设资源节约型、环境友好型社会"，并首次把建设资源节约型和环境友好型社会确定为国民经济与社会发展中长期规划的一项战略任务。[④] 产业特性决定了农业占用和消耗资源较多、对资源和环境有重大影响，是一个对自然资源和生态环境依赖性很强的产业。统筹人与自然和谐发展，建立资源节约型、环境友好型社会，实现人与自然和谐和可持续发展，就必然要求加快传统农业向"两型"农业转变；这不仅是缓解农业面临的资源环境约束，实现农业生产方式的一个重大变革，更是农业可持续发展和调节生态功能的有效途径。尽管这是个极为艰难的选择，但却是一个势在必行的战略决策。

二、资源节约型、环境友好型农业的基本特征

（一）"两型"农业的内涵

"两型"农业是资源节约型农业与环境友好型农业的简称。资源节约型与环境友好型有机统一，构成了"两型"农业的全部内容。"资源节约型农业"，是以资源节约及高效利用为中心的集约化农业形态，包括发展多熟制种植，提倡立体多层农业，采取先进的灌溉制度和灌溉技术和科学的施肥制度等节时、节地、节水、节能、高效低耗的集约化农业。"环境友好型农业"，是以循环农业为中心的清洁农业生产体系，包括减量使用农药、化肥

---

① 何传启：《中国现代化报告2012——农业现代化研究》，北京大学出版社，2012年。
② 程国强：《加入世贸组织与中国农业发展——中国农业国际化10年》，载《中国经济时报》2011年11月23日。
③ 姜长云：《进一步做好加快转变农业发展方式的大文章》，载《中国发展观察》2012年第5期。
④ 中共中央关于制定"十一五"规划的建议，[EB/OL]. 新华网
http://news.xinhuanet.com/politics/2005-10/18/content_3640318.htm. 2005-10-18。

和地膜,改进种植养殖技术,发展农业生态工程、健康养殖工程、废弃物循环再利用工程,实现农业生产无害化和农业废弃物的资源化。[①] 简言之,"两型"农业是最大限度地节约农业资源要素投入,最大限度地减少农业生产负外部性效应的农业形态。从"两型"农业的本质来看,充分整合资源节约和环境友好的发展模式,能够更好地解决农业发展过程中所面临的资源与环境约束不断加大的问题,能够在充分提高资源投入产出效率和降低对环境的负面影响的同时,实现农产品产出的不断增加和质量的不断提升,最大限度地满足人民的基本需求。这种多元目标的实现,正是实践科学发展观的重要体现。

(二)"两型"农业的特性

资源节约型、环境友好型的"两型"农业,以促进农业和农村可持续发展为目标,展现人文功能、循环功能、经济功能、生态功能和社会功能,产生和谐的人文效益、节源效益、经济效益、生态效益、社会效益。它强调生态循环和全面协调,将人类及其生活纳入农业生态循环之中,而且将农业生产结构与人类社会结构的相互作用看作是一个由各种具有相互内在有机联系的动态系统,具有科技含量高、产品优质安全、资源消耗少、低能耗、低排放、高效益等特征,对抢占世界农业发展制高点具有关键性意义。具体表现在:

1. 生产过程低碳。"两型"农业合理地使用化肥、农药,有效解决了农产品中的化学残留、农药残留、兽药残留以及超低重金属限量难题和环境破坏问题,不仅能够实现生产过程的生态环保,而且能够确保农产品质量安全。

2. 产品品质优良。提高产量不是"两型"农业生产的第一目的,相比注重产量,"两型"农业更加注重产品能否促进人的生命健康和产品的营养价值,因此,不仅是生态产品、绿色食品,而且是高营养价值产品。

3. 发展成本低。"两型"农业的资源消耗少,做到低能耗、低排放,经济成本和社会成本都比较低,既有利于国民经济健康发展,又有利于农业自身的可持续发展。

4. 市场效益高。"两型"农业模式生产的产品,不仅品质好,营养价值高,而且属于技术密集、知识密集型产品,注入了科技含量、文化内涵和地域特色,因而附加值高,具有优越的市场地位和良好的市场效益。

(三)"两型"农业与传统农业

"两型"农业与我国传统农业具有内在一致性,许多传统的农耕技术很好体现了"两型"特征。中国传统农业不采取增加大量资本投入和大量使用化肥农药来增加粮食产量的做法,自觉利用大自然内在的自我修复能力,促进养分循环,协调作物、动植物、土壤和其他生物形成的相互作用,使农业自然资源不断再生利用,以保护土地、作物和人类环境的健康发展,故被誉为世界上"无废弃物的农业"。美国农业部土地管理局局长富兰克林·H·金在1911年考察中国农业后,十分肯定中国传统农业利用人畜粪便、塘泥和一切废弃物来肥田这样一个有利于人类持续发展的技术,称之为有机农业[②]。英国农民出身的真菌学家霍华德受到富兰克林·H·金的影响,主张在提高农业产量的同时提高地力,把增养地力和动植物生产、防治植物的病虫害与人类的健康联系起来考虑,只有肥沃的土壤,才能保证动植物健壮生长而不受害虫危害。霍华德认为,中国之所以能够长期维持大

[①] 彭新宇:《湖南农村"两型社会"建设的路径选择及机制创新》,载《湖南社会科学》2011年第4期。
[②] 富兰克林·H·金著,程存旺、石嫣译:《四千年农夫》,东方出版社,2011年。

量的人口而地力不衰退,与农民把一切废弃物变成肥料回到地里的做法密切相关。[①]几千年来,中国的土地在保持了不断提高的利用率和生产率的同时,地力基本上没有衰竭,不少土地越种越肥,这不能不说是世界农业史上的一个奇迹。正是这"落后"的中国传统农业,基本上满足了从战国时期的二千多万到鸦片战争前的三四亿中国人口的巨大增长的需要,直到今天,我们还为中国以不到世界 7%的耕地养活世界 1/4 的人口而引以为豪。"这个奇迹就是传统农业所创造的,将这一宝贵的传统横加遗弃,无疑会使中国农业发展成为'无源之水'"。[②] 因此,"两型"农业是以吸收传统农业的智慧为基础,借助现代科技的优势来以克服传统农业的发展局限,运用信息技术等现代要素来拓展农业的新功能和新领域,实现传统农业的更新换代和可持续发展农业形态。

(四)"两型"农业与工业化现代农业

发展"两型"农业必然是对现代的工业化农业、"石化农业"的扬弃,但也并非要回归到"刀耕火种农业"或完全"零生态农业"上去,让人们重新回到前现代的农业社会也是不现实的。"两型"农业不是对现代农业的否定,而是站在一个新的高度对它的超越。"两型"农业作为"低投入、低能耗、低污染、高产出"的新型农业,既区别于西方工业化农业现代化道路,又发挥现代科技的优势,赋予农业现代化新的内容。与工业化现代农业把经济发展和 GDP 摆在首位、把迅速致富作为头号目标不同,"两型"农业把人的幸福指数放在首位,重视人与自然的和谐相处,发展的根本目的在于促进人与自然的共同发展和繁荣。如果说现代农业视农耕为一个机械的过程,那么"两型"农业则视农耕为人与自然共同创造的进程。[③]

三、加快建立"两型"农业生产体系

按照加快转变经济发展方式推进"两型社会"建设的客观要求,坚持"两型"引领,以优质、安全、生态为目标导向,以解决农产品质量与生态环境保护为核心,构建"两型"农业生产体系。因此,要多管齐下,把提高农业资源利用率和产出率放在突出地位,强力支持农业发展的资源节约、环境友好,着力提高农业综合生产能力;加强农业标准化建设,提高农产品质量安全意识,在生产过程中合理使用化肥、农药等生产要素,降低农产品被污染风险;减少农药、化肥使用,降低农业生产污染对生态系统的破坏,保护好湿地、林地等生态屏障,改善整个生态环境;推进农田水利设施建设,提升抗灾减灾能力,减少灾害损失;抑制生物物种及遗传资源的丧失和流失,保护生物多样性。

(一)构建以"两型"发展为导向的农业产业体系

"两型"农业作为新型的现代农业产业体系,是集食物保障、原料供给、资源开发、生态保护、经济发展、文化传承、市场服务等产业于一体的综合系统,是多层次、复合型的产业体系,包括三大系统。一是"两型"产品产业体系。包括以节水、节地、节能、节电、节肥、节药为核心,致力"资源节约、环境友好"的粮食、棉花、油料、畜牧、水产、蔬菜、水果等各类农产品产业;节约资源、保护环境的养殖品产业、水产品产业;其他"两型"农产品产业。这些产业在生产过程中,突破传统的资源浪费和环境破坏模式,用"两

---

① 陈声明、陆国权:《有机农业与食品安全》,化学工业出版社,2006年。
② 王治河:《关于农业与农村发展的后现代哲学考量》,载《哲学动态》2010第4期。
③ 王治河、樊美筠:《第二次启蒙》,北京大学出版社,2011年。

型"农业的要求和生产方式对其进行"两型化"改造,生产出符合"两型"要求的农业产品,是"两型"农业导向的农业产业体系的核心。二是"两型"功能产业体系。包括提供生态保护的林业、草地,替代化学肥料的绿肥,提供可再生能源的生物质农业产业以及各种为节约资源、保护环境的特色农业、休闲农业和乡村旅游业。这些产业主要提供"两型"功能,不重在生产农业物质产品(大多在提供两型功能时也生产物质产品,但人类应用和侧重的是两型功能)。"两型"功能的农业产业,是"两型"农业产业体系的重要组成部分,也是"两型"农业的重要内容。三是"两型"服务产业体系。包括农业节水、节电、节肥、节药、节地等的科技产业以及"两型"农业的社会化服务产业、"两型"农产品加工业、"两型"农产品流通产业、"两型"农业信息咨询等为"两型"农业服务的相关产业,通过对农业的"两型"服务,促进农业产业的"两型"发展。为农业提供"两型"服务的支撑产业体系,是"两型"农业产业体系的重要组成部分,也是"两型"农业发展的重要支撑。

(二)构建以农产品质量保障为核心的农业标准化生产体系

一方面,以农产品质量保障为核心的农业标准化生产技术是基于传统农业农业生产方式采用先进管理模式进行生产,因此生产技术便于操作、具有可推广性,既可持续发展农业,同时满足农产品数量保障和质量安全的双重需要。另一方面,农产品标准化生产培育了农业的集约化、组织化,促进了农业规模化生产与市场化运作,有利于改造中国传统农业,加快两型农业的发展。具体而言,可从组织标准化、物料标准化、作业标准化和管理标准化入手,[①]包括产前环节的品种标准化、种苗培育标准化和农业生产环境标准化,产中环节的肥料和农药用量标准化、田间管理标准化和生产技术标准化,产后环节的品级分类标准化、加工标准化和包装标准化,流通环节的运输标准化和存储标准化。

(三)构建以生态环境保护为核心的农业面源污染防治体系

构建包括决策系统、目标系统、对象系统、工程控制系统、管理控制系统、监测系统和评价系统七部分要素的农业面源污染防治结构体系。首先,要强化法规体系建设。一是建立国家清洁生产的技术规范,制定化肥和农药的质量标准,拟定新的化肥和农药管理法律法规;二是建立我国有机废弃物排放法规,有效控制规模化养殖场畜禽粪尿的排放;三是加强农膜使用的环境安全管理,制定农膜污染防治法规和标准,开展农膜污染防治。其次,建立完善技术支撑体系。一是完善农业环境安全的评估体系。重点地区建立监测站,监测土壤、湖泊、河流和地下水含水层中的化肥有机肥和农药的含量,并评估其对环境的影响。二是加强面源污染控制新技术的研究和示范。努力研发和推广生物化肥、物种工程学等替代技术和产品,减少对化肥、农药的依赖。最后,要建立农业优良耕作技术体系。针对作物确定化肥和农药的施用量和施用方法,适当应用长效缓释肥,鼓励使用有机肥。积极开发农膜回收利用技术和可降解技术,严格控制超薄农膜的生产和使用。

(四)构建以农田水利建设为核心的防灾减灾体系

从防灾减灾法规体系、工程体系和能力体系等三个层面,构建以农田水利建设为核心的农村防灾减灾综合能力评估的指标体系。具体而言,一是农田水利和防灾减灾工程建设。加强水利基础设施建设,在继续推进大江大河治理基础上,积极开展重要支流、湖泊和中小河流治理,增强农作物供水和防洪抗旱能力。二是以小水利为重点的山塘小河治理。加

---

① 卢岚等:《中国特色的农业标准化体系研究》,载《中国软科学》2005年第7期。

强山塘小河等小型水利设施的清淤和除险加固，提高小型水利设施的蓄水和排水能力，认真开展山塘小河等小水利的清理登记，科学制定治理和修建规划，加大各级财政投入，整合各方面资源，集中投入，分口实施，着力提升小型水利的防灾抗灾能力。三是以灾害防范为核心的地质与气候监测预报信息覆盖。政府部门要高度重视地质与气象灾害普查工作，全面调查收集区域内气象与地质灾害的种类、分布、频次、强度、损失等，由气象和地质部门建立地质与气象灾害风险数据库。四是以专业人才为关键的水利人才结构优化。制定实施引进大学毕业生到基层水利服务机构工作的优惠政策，创新机制，不拘一格地从水利类专业应、往届毕业生中公开招聘、选拔专业技术、管理人才充实基层水利机构，切实增强水利勘测设计、建设管理和依法行政能力。五是以民生工程为方向的水利投入结构调整。突出"民生水利"的财政取向，加强配套水利资金投入，建立与中央紧密衔接、合作共建的水利投入机制。六是以增进农民利益为出发点的水利资源开发规划。加强农村水电建设，大力推进水电新农村电气化县建设、小水电代燃料工程和农村水电配套改造；综合开发水利资源的灌溉、种养、发电、旅游等多重功能，做到一水多用，一物多能，发挥水资源的最大价值。

（五）构建以种质资源保护为核心的生物物种资源保护体系

以种质资源保护为核心的生物物种资源保护体系由良种繁育和技术推广体系、品种试验评价体系、种子质量保障体系、濒危物种管理体系、生物物种资源信息服务体系五个层面构成。我国以往的生物物种资源政策目标就是保护，而新的政策目标应该瞄准发展。因此，我国生物物种资源保护的目标应由单一的保护目标转变成为可持续发展提供生命支持、生态保障和资源产出的多重、系统目标；这种政策目标定位，既能实现生物物种资源的保护，又能协调保护与经济发展，能在保护中解决发展问题，在发展中实现政策公平、利益和价值的优化配置。

四、结束语

中国是一个农业大国，从原始农业到传统农业，再到现代农业，经过了几千年的历史阶段；中国又是一个发展中国家，拼工业化的现代农业拼不过发达国家，且工业化的现代农业是不可持续农业。因此，最佳的选择是发展"两型"农业。由于中国农业尚未完全工业现代化，这在常人看来是不足，但恰恰是中国的优势所在：既借鉴了现代农业的优势，又可吸纳传统农耕的智慧和方法，这样就可以不重蹈他人的覆辙，不走弯路，反而有了一种后发优势。同时，随着中国的工业化、信息化、城镇化、市场化、国际化的不断推进，中国的发展总体上已全面进入以工促农、以城带乡的新阶段，农业的发展有了前所未有的良好的机遇和现实条件，既有必要也有条件跳越工业化现代农业的发展规范，直接进入现代农业发展的新阶段——"两型"农业的发展阶段，这样就形成了中国的特色，为发展中国家树立了标杆。因此，从中国的具体国情出发，发展超越西方工业化现代农业的"两型"农业，是推进农业发展方式转变、确保经济与社会又好又快发展的必然选择。

【作者简介】

陈文胜，湖南省农村发展研究院院长，湖南省社会科学院科研开发处处长、研究员，政治与公共管理学博士，湖南省新农村建设研究基地首席专家，《中国乡村发现》主编，香港中文大学访问学者。研究方向：乡村治理与农村发展。主持创办的三农通俗读物《中国乡村发现》已经成为湖南唯一定期向全国出版发行的知名品牌，主持创办的三农学术网站"中国乡村发现网"荣获2007年"中国农业网站100强"称号。主持创办的"湖湘三农论坛"已经成为国内享有盛名的三农学术论坛，是全省乃至全国三农问题研究、学术交流、推介的重要平台。应邀到中共中央党校、中国人民大学、南京大学、中共长沙市委中心学习组、湖南省农办、湖南师范大学等地作专题学术报告50余次。主持省级以上课题5项，独立完成著作2部，完成编著31部，在《光明日报》等刊物发表论文50余篇，多篇被中国社会科学文摘和人大复印资料全文转载。2009年，荣获湖南省委、省政府颁发的"省哲学社会科学特别奖"。

侗族大歌的保护与创新发展

龙耀宏

侗族大歌，是流传在中国侗族地区一种多声部、无指挥、无伴奏、自然合声的民间合唱形式，是侗族文化的优秀代表作。1986 年，在法国巴黎金秋艺术节上，侗族大歌被认为是"清泉般闪光的音乐，掠过古梦边缘的旋律"。2005 年侗族大歌被列为国家级第一批非物质文化遗产代表作名录，并作为中国推举世界"人类口头及非物质遗产代表作候选项目"。2009 年，侗族大歌被列入联合国"人类非物质文化遗产代表作名录"，联合国教科文组织保护非物质文化遗产政府兼委员会评委认为，侗族大歌是"一个民族的声音，一种人类的文化"。

侗族大歌无论是音律结构、演唱技艺、传承方式和演唱场合均与一般民间歌曲不同，它是一领众和，分高低音多声部谐唱的合唱种类，属于民间支声复调音乐歌曲，这在中外民间音乐中都极为罕见。侗族大歌不仅仅是一种音乐艺术形式，对于侗族人民文化及其精神的传承和凝聚都起着非常重大的作用，是侗族文化的直接体现。

一、侗族大歌与侗族文化

（一）侗族大歌流行的区域及历史

侗族大歌，是一个特定的歌唱形式的名称，是指侗族民间以歌队演唱的方式演唱的多声部歌谣俗曲的统称。这种歌唱形式主要流行在侗族南部地区的贵州黔东南苗族侗族自治州黎平、从江两县交界被称为"六洞"、"九洞"、"千七"、"千五"、"二千九"、"四脚牛"一带的侗寨以及榕江县属于"九洞"地区的苗兰、宰荡等少数村寨和广西三江侗族自治县与黎平"四脚牛"交界的溶江河流域的一些寨子。以"六洞"、"九洞"最为著名。这一地区正好是侗语南部方言第二土语区的分布区域。侗族大歌的流行范围是否与语言的特点有关，目前还没有这方面的专门研究报告。

大歌，侗语称"嘎老"（gal laox），"嘎"是歌，"老"具有古老和宏大双重意思。"大歌"名称是汉语对侗语的准确意译。在侗族的民歌中，大歌之所以"大"，是因为这一类歌曲除了古老外，还因为这种歌在结构上，演唱方式和演唱场合上均与其他民歌不同。首先，大歌的结构一般都比较长大，一首歌包含有若干个段落，除了表现声音为主的"嘎所"外，一般都有六七个段落。其次，除了平时的练习外，大歌只能在节日或接待外寨的集体来客这种非常隆重的场合才能在鼓楼里演唱。第三，大歌必须由五个人以上组成的歌队或歌班来演唱，不能独唱，因为大歌的演唱至少包含两个以上的声部和声。

侗族大歌起源于什么时代，由于没有可咨判断的史料记载，至今还没有明确的研究。但在千年前的宋代文献中，侗族大歌已经发展到了比较成熟的阶段，南宋诗人陆游在其《老学庵笔记》中记载了"亿伶"（侗人自称）集体做客唱歌的情景：至一二百人为曹，手相握而歌。明末邝露在《赤雅》一书中更明确记载了"侗人善音乐，弹胡琴，吹六管，长歌闭目，顿首摇足"的唱歌情景。可见，侗族大歌在宋代以来就已在侗族部分地区很盛行了。在往后侗族地区的地方志和一些私人著作中，对侗族大歌这种独特的音乐演唱形式也有一些零零星星的记载，对侗族大歌进行大规模的采入和真正意义上的科学研究则是 20 世纪 50 年代以后的事。

（二）侗族大歌演唱的地点及场合

侗歌的种类很多，十分丰富，有大歌、叙事歌、拦路歌、琵琶歌、酒歌、坐夜歌、情歌、河歌、山歌等很多音乐演唱形式，侗族大歌在众多的侗族音乐形式中是一种非常特殊的歌类，由于它的神圣和隆重，因此它只能在侗族特有的地点——侗族鼓楼中演唱，除了平时歌班练习演唱是在歌师家里面以外，侗族鼓楼是大歌唯一的演唱场所。

鼓楼是侗族村寨一种木结构的多层重檐建筑，多建在寨子的中央或寨门的附近。鼓楼以及鼓楼坪与风雨桥、戏楼融为一体，是侗寨公众活动的中心。侗族村寨中有关政治、经济、文化等的群众性活动都在鼓楼里进行。鼓楼是侗族村寨特有的公共建筑。从内部结构来说，大多数为多柱式，个别为独柱式。从里往上一般没有楼层。外廊有密叠的装饰性楼层，飞阁重檐，层层而上。重檐层数均呈单数，三层至十几层不等。形式有四角形、六角形、八角形。屋顶主要有庑殿式和攒尖顶两种。攒尖顶的楼冠与楼身连接处饰有花格棂窗或鳞状斗拱。顶部悬挂牛皮大鼓，用独木梯上下。底层是鼓楼的实际使用部分。中间设有巨大的火塘，四周设置长条木凳。冬天唱歌时，围着火塘进行。史籍上记载的侗族古代还有一种称为罗汉楼建筑。明邝露《赤雅》、雍正《广西通志》和嘉庆李宗昉《黔记》中均有关于"罗汉楼"的记载，说罗汉楼以巨木一枝埋地，作独脚楼，高百尺，上覆五色瓦，青年男子夜宿其上，唱歌饮咙。罗汉为侗语 lagx hank 之音译，意为青年男子，故名罗汉楼。

除了演唱地点讲究外，大歌演唱场合也是特殊的。平时到侗寨是很难听到正式的大歌演唱的，即使有人唱大歌那也只是村寨的歌班在歌师的家里练歌而已。侗族男女歌队平时学习练歌，其场所是不固定的，一般选歌师家或房屋宽敞人口较少又有人学歌的人家。夏秋季节多在通风好的居民房屋走廊或寨中的桥廊练歌，冬天则多在保暖较好的有火塘的屋里训练。侗族大歌正式演唱的场合一般是在有外寨的歌队来访或村寨举行重大的活动时，才有正式的大歌演唱。因此每年的冬季是侗族村寨唱歌的季节，特别是春节期间，侗族村寨间有进行集体的走访唱歌的习俗"为也"（weex yeel），届时乙寨的歌队走访甲寨，主客双方就要集中到甲寨的鼓楼对唱大歌，通宵达旦。

（三）侗族大歌的结构及演唱形式

侗族大歌的歌体结构与其他侗族歌谣音乐形式不同，大歌的结构比较长大，一首歌有的多达数十句，上百句。大歌的结构决定了大歌的演唱方式。大歌一般由"高(套)"(侗语称为 gaos)、"枚(首)"（侗语称为 meix）、"层(段)"（侗语称为 sengc）、"角(句)"（侗语称为 jiogl）四个层次相构成。"高"为一个内容相对集中的话题，下面包括若干"枚"，至少有三"枚"。"枚"的下面有若干"层"，"层"的下面有若干"角"。演唱时并不是每一首歌都要原原本本的唱完，演唱者可以只唱"一高"集中的某"一枚"，唱完"一枚"后，以"艾呀—列呀—艾九"的拉腔标示结束，对方就可以接着歌的话题继续唱下去。由于侗族大歌是以男女对唱的方式进行演唱的，因此每一首歌都有问歌和答歌，歌的内容（特别是鼓楼大歌）分男女，男唱男歌，女唱女歌，绝不混淆。

大歌的演唱场所主要是鼓楼。凡是村寨有歌队来访，对唱大歌一定是安排在鼓楼进行的。大歌对唱一定是在男女歌队双方之间进行的，若客方是女歌队，主方一定由男歌队去接待和对歌；若客方是男歌队，主方则是女歌队去接待和对歌。若客方男女歌队一起来，那就有主方的男歌队与客方的女歌队在鼓楼对歌，而主方的女歌队则与客方的男歌队在鼓楼坪对歌。

侗族地区盛行集体走访的习俗，侗语叫做"月也"（weex yeel）。两寨之间"月也"，事先要约定好日子，日子确定以后，双方都积极做好各种准备，组织歌队练歌。到时客寨结对集体来访，主寨在寨门处用纺车、农具、鸡笼等把道路拦住。主寨唱"拦路歌"，客寨唱"开路歌"，一问一答，直到客寨把栏在路上物件一一唱出去，主方才鸣放铁炮迎接客人进寨。客人进寨后被分到各家各户招待。晚上鼓楼里燃起熊熊大火，双方歌队在各自的歌师的带领下进鼓楼，面对面的分坐在火塘两边的长凳子上，唱高音的坐在歌队的中间，歌师则坐在自己歌队的后面。本寨及客寨的男女老少则围坐在鼓楼的四周。对歌开始，双方要先唱一两首"啊海顶"，这是一种礼俗歌，节奏轻松明快，首先由主寨歌队唱迎客歌，客人回唱赞鼓楼歌。礼节性的"啊海顶"唱完后，男女双方正式进入到对唱阶段，这是鼓楼大歌的主要内容，也是鼓楼大歌最精彩的部分。对歌的内容以情歌为主，以"赶赛"为主腔，一般先由女方起头，男方回唱。一女方唱一首或一套（三首），男方答一首或一套（三首）。"赶赛"根据内容分为不同的阶段，先唱"嘎当瞪"（相会歌），接唱"嘎化"（花歌、相爱相恋歌），相爱相恋又不能结为夫妻就唱"嘎当顿"（相恨歌），因越恨而恋得越深最后就唱"嘎当大"（约逃歌、逃婚歌）。唱到"嘎当大"，往往使在场听歌的中老年过来人情不自禁，陷入青年时代的回忆。

对歌的过程中，特别是到了下半夜，听歌的人感到困乏欲睡时，老人们常常要求歌队双方唱一两首声音歌给大家提提神。这是歌队亮嗓子施展唱歌才能和技巧的时候，双方歌队在这个时候比声音的明亮和协调度，比声部的变化等。这种场合男歌队往往比不上女歌队声音的嘹亮和优美，因此侗族大歌中的"声音歌"绝大多数是女声歌。"声音大歌"在内容上不是对歌中的主要部分，但在音乐上却是侗族大歌的精华。

侗族社会十分尊重女性，无论是主队还是客队，均由女方起唱，女歌队掌握着整个对歌过程的主动权，男歌队则处于被动的状态。对歌的整个过程中都是女问男答。鼓楼对歌，双方交锋，难分难解，唱者越唱越有劲，听者越听越过瘾，通宵达旦不知倦怠，往往第二天老人们出面劝说，男女双方才依依不舍离开鼓楼，离开歌堂。

(四) 侗族大歌的内容及种类

侗族大歌的种类很多，由于其演唱场合、演唱形式和演唱人员性别的不同，侗族大歌可以分为"鼓楼对歌"（gal dees louc），"声音大歌"（gal soh pangp），"叙事大歌"（gal jenh 或 gal jebl），"礼俗大歌"（gal liix xangh），"童声大歌"（gal lagx uns），"戏曲大歌"（gal wagx xangh）。此外还分有"男声大歌"、"女声大歌"、"男女混声大歌"等。侗族大歌还因流行地区的差异而以流行地冠名，如"肇兴大歌"（gal saol），"高增大歌"（gal gaos），"三龙大歌"（gal xaml），"乜洞大歌"（gal mees），"岩洞大歌"（gal ngaemc）等。此外，还有一些内容为宣传伦理的歌谣，多冠以一些特殊的名称，如"父母歌"（gal bux neix），"公婆歌"（gal ongs sax），"单身歌"（gal hank danl），"陆大用歌"（gal dal yongl）等。

鼓楼大歌,是侗族大歌的主要组成部分,它是村寨间青年男女歌队在鼓楼对歌的主要歌种。曲调有"啊海顶"和"赶赛"两种。"啊海顶"是开始对歌时互相问候的部分,"赶赛"是对歌的主要内容。"赶赛"是以抒发少男少女们惜春和男女间互相爱慕、埋怨之类的情歌,著名的歌有《涩梨子》、《老蕨菜》、《板栗歌》、《城墙歌》、《火花歌》、《飞天白鹅》等。

声音大歌,侗语称为"嘎索",也是在鼓楼里唱的歌,但它不是鼓楼对歌的主要歌种,而是对歌过程中的一些精彩插曲,多数情况下是应听众的邀请或听众情绪有波动时歌队以"换嗓子"的方式唱起的拉嗓子歌。这类歌的歌词短小,主要是以展示乐曲的旋律曲调为主,常常模仿虫鸣鸟叫、小河流水。拉腔时轮流换唱高音,此起彼伏,优美动听,最能体现大歌的旋律和发挥歌队的演唱水平,是侗族大歌的音乐精华部分。声音大歌,男女有不同的曲调,演唱时不是比输赢,而是互相谦让。这种歌以女声最为有名,目前舞台演唱的多为此类歌曲。声音大歌常冠以昆虫鸟兽或季节时令的名称,如"蝉之歌"(gal laemc laengh)、"知了歌"(gal jil yodx)、"三月之歌"(gal samp nguedx)、"八月之歌"(gal beds nguedx)等。

叙事大歌,多以展开故事情节和人物对话为主要内容,音乐旋律舒缓、低沉而忧伤,以单人领唱,众人集体低音相衬为主要表现方式,歌词一般较长,歌者要有惊人的记忆和丰富的表情。叙事大歌从体裁上又分为唱故事的"嘎君"(gal jenh)和唱道理的"嘎祥"(gal xangc),常以人名为歌名,如"门龙之歌"(gal menv ljongc)、"金汉之歌"(gal jeml hank)、"元东之歌"(gal yonc dongh)、"娘美之歌"(gal nyangc muih)等。

童声大歌,是儿童做游戏娱乐时所唱的多声部歌曲,这一类歌的歌词短小,节奏欢快,以齐唱为主。这种歌的演唱不受场合的限制。童声大歌的歌名多根据内容而定,如"小山羊"、"探外婆"、"捉螃蟹"、"筑塘歌"等。

(五)侗族大歌的演唱主体与歌班

侗族大歌与其他的民间音乐不同,大歌是一种多声部的支声复调合唱音乐,其基本音乐结构至少包括低声和高声两个声部。低声部是大歌的基本旋律声部,高声部是在低声部的基础上派生部分。由于队中大歌的合唱是通过歌班(歌队)来完成的。演唱时至少要分出低音和高音两个以上的声部,这就要求演唱者在平时必须接受严格的训练,才能达到其和声的效果。

大歌的歌队(侗族民间称为"歌班")一般少的3到5人,多的11到12人,20人以上的歌队民间基本上没有。演唱时有明确的声部分工,每个歌队都要有1到2个唱高声部(领唱)的歌手。高声部侗语称为"塞嘎"(seit gal)、"所塞"(soh seit)或"所棒"(soh pangp),意为雄歌、雄声、高声。低声部侗语称为"梅嘎"(meix gal)、"所梅"(soh meix)、"所登"(soh taemk),意为雌歌、雌声、低音。在演唱过程中,不论歌队有多少人,唱高音的只有一个,其他人都唱低音。如果歌队中有两到三都能唱高音,则轮流担任领唱。

演唱高声部者是歌队中的领头人,侗语称为"高嘎"(gaos gal),在歌队中享有较高的声誉。歌师往往从小开始有目的地进行培养。唱高声者的基本条件:一是声音要好;二是记忆力强,能够熟记很多歌词;三是具有应变的能力,在对歌时能够按歌师的意图进行发挥;四是人才出众,仪表端庄。这四条中,第一条是最主要的。

在侗族大歌流行的地区,歌班组织是按性别组成男声歌队和女声歌队,然后再按年龄分成儿童歌班、少年歌班、青年歌班、壮年歌班和老年歌班。除老年歌班外，其他级别的歌班都有自己的歌师进行训练和指导。青年歌班的队员一般在17至22岁之间，是村寨唱歌的主力歌队，外寨有歌队来访或村寨举行重大活动时他们义不容辞的充当主力接待任务，同时他们也可以代表村寨组队出访客寨。壮年歌队多指已婚的男性歌队，因为女性歌队（特别是唱高声部的）婚后一般就自然解散。壮年男声歌队往往是青年男性歌班力量的补充，他们经验老到，记忆力强，在对歌活动中做本寨青年歌队的后盾。少年歌班一般在13至16岁之间，他们是后备军，村寨有对歌活动时，他们在歌师的带领下前往鼓楼学习观看。儿童歌班的年龄大约在8岁至12岁，在父母或歌师的指导下接受音乐的启蒙教育。老年歌班一般是指50岁以上的老年人，他们基本上不参加村寨间的对歌活动，但他们是村寨唱歌活动的智囊，是本寨其他歌队的歌师，无论是接受外寨歌队的来访还是本寨组队出访，他们除了参与一些策划外，还主要负责指导本寨歌队的练歌。

　　侗族地区的歌班组织虽然是自发的、业余自愿的，但其建置是严密的。歌队一经组合之后，从儿童班、少年班直至青年班，歌队组织是相对稳定的。歌班代表着村寨、代表本鼓楼或本房族参加活动。随着年龄的增长、学识的积累、经验的丰富，他们一代接着一代，永不中断。在与外寨的对歌活动中，唱赢了是村寨的光荣，唱输了是村寨的耻辱。唱歌成了侗族人民情感寄托之所在，赛歌成为村寨间联谊交往的桥梁。侗乡处处是歌场，寨寨是歌堂，不学歌，不会唱歌，不懂歌，在侗族地区是寸步难行。在这样的社会传统下，爱歌善乐不仅是侗族的习惯，小孩从小学歌、青年人鼓楼对歌、父母在家教歌、歌师走寨传歌，更是他们的传统。

二、侗族大歌的艺术影响

　　侗族大歌虽然有近千年的历史，但是这种独具特色的中国民族音乐就像是被隐藏在山林、海洋里的一簇簇鲜艳的奇葩和一串串美丽的珍珠一样，日夜散发出迷人的清香，闪耀着熠熠的光芒，直到新中国成立后全国进行土地改革期间，才为老一辈音乐家肖家驹、郭可谀等发现，并组织音乐工作者深入黎平县侗族山区去收集发掘、记录整理。

　　1953年2月，黎平县岩洞镇岩洞村四洲寨侗族青年女歌手吴培信、吴惜花、吴秀美、吴山花应选参加在贵阳举行的全省民间文艺会演，她们演唱的侗族大歌《Kgal Leengh Leix》（《蝉之歌》）获一等奖。3月，她们又赴北京参加全国首届民间音乐舞蹈会演，并在怀仁堂为国家领导人演唱侗族大歌，她们演唱的女声声音大歌"嘎亮雷"（蝉虫歌）等，以其嗓音清亮、高低声部配合默契而震惊首都舞台。1953年经乡、县、州（地）、省各级文化部门层层选拔，选派了三位黎平县的民间歌手吴培信、吴惜花和吴秀美进京参加汇演，演唱了几首侗族女声大歌和琵琶歌，但因人数少，她们演唱的侗族大歌实际上只像是女声三重唱，未能充分展现侗族大歌的风采和原貌，感染力不太强，影响也较小。这是侗族音乐，也是侗族大歌第一次走出侗乡，登上大雅之堂，向全国进行介绍。中国音协的专家给予了"幕落音犹在，回味有余音"的高度赞誉。

　　1959年10月黎平侗族民间合唱团的进省公演，为人们带来有声有色、原汁原味的侗族大歌，在省城舞台上唱响了，打破侗族大歌长期与世隔绝的封闭状态，其意义非同寻常，显得难能可贵，它引起强烈反响和轰动效应是自然的。这是侗族大歌走出大山、走向全国、走向世界的重要一步，具有开拓性和奠基性的重大意义。1959年10月，为庆祝中华人民共和国建国十周年,贵州省文化局(厅)组织了一个由百名侗族民间歌手组成的合唱团,由时任贵州省歌舞团团长的冀洲率队,离开那山青水秀的侗乡山寨,来到省城贵阳参加庆典演出活动,在贵州舞台上展现了丰富多彩、极富特色的侗族大歌(民间合唱),演唱了《歌颂毛主席》、《永远不忘共产党》、《拖拉机来了》、《深耕歌》、《红太阳照满大地》和《田园组歌》等民间合唱曲目(歌曲谱例详见贵州人民出版1961年出版的《侗族民歌》),内容主要为歌颂党和毛主席、歌颂劳动生产和赞美社会主义新生活,反映人们新的精神面貌等。曲调则是长期流传在侗族地区民间村寨的传统大歌,都是具有代表性和典型意义的民歌音调。如"嘎老"(ga lao)、"嘎玛"(ga ma)、"嘎冷"(ga len)、"嘎滴"(ga die)、"嘎象姆"(ga xiam)等均为大歌在侗乡不同地区村寨的不同称谓),还有"嘎索"(ga so),即声音歌,亮嗓子的歌,以歌声模仿自然音响和一些动物鸣叫声。这类歌曲十分优美动听,例如'嘎吉哟'(g0 ji yo——蝉之歌)、"嘎拉姆亮"(ga lem liang——杨梅虫之歌)、"嘎年"(ga nian——哭娘虫之歌)、"嘎灭"(ga mie——山羊歌)和"嘎尼阿"(ga nia——河水之歌)等。这些曲目均由多位著名的侗族民间老歌师(吴觉先、陆光培、吴世恒等)填词编曲、精心创作并教唱、排练;那优美的旋律、高雅的气韵、纯正的和声、宏大浑厚的气魄、自然和谐的音色、音响,当即引起热烈反响,震撼人们的心灵。各种新闻媒体相继报道,中央人民广播电台录音播放,中国唱片社上海分社灌制唱片,在国内外公开发行。这在介绍宣传、推广传播侗族大歌的音乐史上可谓创举,这是一次具有标志性意义的大动作,它对继承发展侗族大歌乃至整个民间艺术产生了巨大、深远的影响。黎平县侗族民间合唱团组织强大阵容晋京演出,为人们带去有声有色、原汁原味的侗族大歌,在首都舞台上唱响,打破了侗族大歌长期与外界隔绝的封闭状态,引起强烈的反响,当时中国唱片社还为侗族大歌录制了唱片。那是侗族大歌走出大山、走向全国、走向世界迈出的重要一步。

1982年8月,中国少数民族音乐学会第一届年会在贵阳召开,从江县民族文工队应邀为大会演出侗歌侗戏,特别是他们演唱的侗族大歌受到各民族音乐家的青睐。

1986年9月28日至10月12日,黔东南侗族女声合唱团应邀参加在法国巴黎举行的金秋艺术节。她们是:黎平县歌手吴玉莲、吴婢三、吴玉兰、吴随英、吴婢焕、陆俊莲、杨水仙,从江县歌手石明仙、陆德英和侗族音乐家杨琳组成的中国侗族大歌合唱团。这是年轻的侗族姑娘们第一次坐飞机出国。演出地点是位于巴黎市中心的夏乐宫国家剧院。当身着侗族民间盛装,浑身闪动着项圈、手镯、耳环的银色光环,走起路来叮当作响的侗族姑娘们走上舞台时,全场观众报以长时间的掌声。一曲唱完,掌声雷动,经久不息,连报幕员也无法报幕。歌无尽,情无尽,姑娘们的谢幕都感到困难。艺术节执行主席约瑟芬·马格尔维特说:"在东方一个仅有百余万人的少数民族,能够创造和流传这样纯正的艺术、这样闪光的民间合唱,这在世界上实为少见。侗族合唱不仅受到法国观众的欢迎和喜爱,就是全世界人民也会喜爱。"从那以后,侗族大歌便以它神秘和迷人的风采大步地走出侗乡,走向世界。

1988年7月26日至9月8日,以黎平县侗族大歌合唱艺术团6名歌唱演员等组成的"中国贵州民间艺术团"代表国家出访意大利、匈牙利、奥地利等国,参加世界民间艺术盛会——第一届奥地利克拉根福国际民间艺术节。参加这次演出的还有意大利、瑞典、墨西哥、南斯拉夫、葡萄牙、以色列、希腊、土耳其、奥地利、匈牙利、玻利维亚、捷克斯洛伐克、英国、瑞士、乌干达、巴西、苏联等20个国家以及意大利的两个地区的代表团。这次演出先后到达5个国家，近40个城镇，行程12000多公里，共演出54场（其中街头演出12场），观众达167000多人次。侗族大歌在每场演出中都以富有东方乡土气息和独特的艺术魅力而震撼西方观众。西方媒体盛赞侗族大歌多声部合唱音乐形象鲜明，优美动听，极富感染力，是地道、纯正、最具特色的民间音乐，同样受到西方观众的欢迎，成为各国媒体追踪报道的热点。

2006年8月，由黔东南州的吴宇珍、杨丽等侗族姑娘组成的侗族大歌组合参加了CCTV第十二届青年歌手大奖赛，天籁之音打动了全国观众，荣获"最受观众喜爱歌手奖"。

2007年4月12日，来自从江县小黄村少儿侗歌队的9名小歌手随温家宝总理出访日本演出获得巨大成功。13日上午，温家宝总理在他下榻的饭店大厅里接见侨胞代表、留学生代表、中国驻日大使馆全体成员及随他出访日本的非物质文化遗产演出团。当时有几百人等着和总理照相，但总理一进门，就直奔那9个唱侗族大歌的小演员，挨个亲吻她们，像老爷爷一样，非常慈祥。他在亲吻完这9名侗族大歌小演员后，对侗族大歌给予了高度评价。他说："一场成功的演出，胜过一个大的项目。昨晚的演出非常成功，深深地打动了日本观众。非物质文化遗产侗族大歌是原生态唱法，确实非同凡响，这歌不用伴奏，不用乐器，也能唱出这么整齐、这么和谐、这么美好的和声。侗族大歌在世界上享有很大的影响，很高的声誉。"

至此，50多年来，侗族大歌漂洋过海，既在东洋，也在西洋，既在东方国家，也在西方国家，既在社会主义国度，也在资本主义国度的音乐殿堂上留下了永久辉煌的记忆，侗族大歌唱响世界，誉满全球。

三、侗族大歌的传承发展

(一) 侗族人的荣誉与责任

被誉为"天籁之音"的侗族大歌，被列为"人类非物质文化遗产代表作名录"，这是贵州省在湖南、广西的大力支持下申报成功的首个"人类非物质文化遗产代表作名录"，也是侗族第一个进入世界文化遗产的名录。对世世代代生活在贵州、湖南、广西三省（区）的侗族来说具有里程碑的意义。侗族大歌在我们侗族地区传唱了几千年，这种自娱自乐的歌唱方式，千百年来少为外人所知道，今天侗族大歌成为世界文化遗产，那也是侗族老祖宗没有想到的，侗族大歌是侗族人民贡献给人类的文化遗产，是全体侗族人民的荣耀，是全人类对侗族人民文化创造力的一种肯定。

侗族大歌被列为人类文化遗产，我们在举族欢庆的同时，也感觉到了保护好这一文化遗产的责任和弘扬侗族大歌造福于侗族人民的信心。在这里我们必须弄清楚两种侗族大歌的概念和他们之间的关系。一种是侗族大歌作为人类文化遗产的侗族大歌；而另一种是作为侗族地区文化产业开发源泉的侗族大歌。作为人类文化遗产的大歌是根本，我们要保护好她的源生性，本真性。我们要知道侗族大歌千百年来是如何唱的，是如何传下来的，是靠什么传下来的，在侗族的文化结构中，侗族大歌处在什么样的位置，大歌的文化精神是什么，在我们的传统民俗活动中大歌的地位是什么？

今天侗族大歌的传承正在发生变化，这样的变化意味着侗族大歌的生态环境正在发生变化，对这样的变化和它的未来发展，我们有没有预判。比如，外面的很多人认为，侗族大歌只是女生唱的，侗族的男生是不唱大歌的，因为这些年一直走出侗族地区演唱的歌队都是女歌队，这就给人造成了一个错觉，这种重女轻男的对外宣传反过来又影响到了侗族地区男童学歌的越来越少，可以想象，当只有女生唱侗族大歌，男生都不会唱了的时候，侗族大歌还能保护么？当侗族大歌只留下几首蝉歌，其他大量的歌都不会唱的时候，侗族大歌还算是人类的文化遗产么？

从当前的角度看，对侗族大歌我们似乎已经建立起一个完整的保护体系。全国人大通过了《非物质文化遗产保护法》；取得了联合国教科文组织和国家最高级别的名录保护，各级政府都有了家底；不少科研单位和大学设立了侗族大歌的研究，每年都有国家级的研究项目，并能获得来自多方面的科研基金的支持；代表性的大歌传承人可以得到国家的专项补贴；不少地方把侗族大歌进入了当地的中小学课堂，演艺性保护得到政府的大力支持和企业的积极参与，以侗族大歌为基础的民族文化旅游和文化产业发展势头良好。但在应当看到，侗族大歌的保护与开发利用，特别是保护问题越来越显得困难重重。

看似得到良好保护的侗族大歌，也隐含着许多危机。作为人类文化遗产的大歌，我们要很好的制定保护传承方案，我们要进行大量的人文研究，我们要制定切实可行的保护计划，这是政府的责任，也是我们侗族人的责任，也是全人类对侗族人民的委托，自联合国教科文组织非物质文化遗产委员会宣布侗族大歌列为人类文化遗产代表作名录的那一刻起，侗族大歌就已经不纯粹属于侗族，而属于全人类。侗族地区就成了这一文化遗产的保护地，全体侗族人民就成了这一文化遗产的保护者，可见我们的责任之重大。

（二）当前侗族大歌发展的态势

当前侗族大歌的传承发展除了我们一般说的传承人传承，民族文化进校园传承外，其传承发展态势还表现在以下这样几个方面：（1）从世俗走向舞台。自从侗族大歌在中央电视台的节目中亮相受到广大的观众喜爱后，就频频被多家电视媒体在多种节目场合中演出，大歌从民间的习俗演唱走向中央舞台。（2）从乡村走向城市。本世纪以来，随着旅游业的发展和农村人口的流动，侗族地区的青年人源源不断地流入城市，有不少的年轻人就以演唱大歌谋生，不完全统计，国内不少的大中城市，如北京、贵阳、深圳、桂林等的旅游景区、酒楼都有来自侗族乡村的大歌演唱队从事大歌演唱活动。一部分年轻人以演唱大歌作为谋生的手段。（3）从国内走向国外。自从1986年9月28日至10月12日，黔东南侗族女声合唱团应邀参加在法国巴黎举行的金秋艺术节演出获得巨大成功后，每年都有侗族大歌队应邀到国外演出或参加政府事业单位组织到国外做文化交流演出。（4）从单一走向多样。过去侗族大歌一般只在逢年过节村寨迎接客人时在寨子的鼓楼里演唱，平时很少唱大歌。如今这种情况已经发生改变，人们不仅在节日时唱大歌，平时的活动也可以唱大歌，大歌演唱不再是习俗，而变成一种娱乐。（5）从中心向周边扩展。二十年前侗族大歌只在流行的中心区演唱，很少流传到周围村寨，随着侗族大歌影响力的增强，"大歌"已经成为侗族重要的文化符号，如今不仅侗族南部地区演唱大歌，侗族北部地区也能听到大歌的演唱。（6）从口耳传习到媒体传播。过去的侗族大歌的传习只能靠口耳相传，如今现代媒体技术成为大歌转播的重要手段。（7）从学术研究到大众普及。（8）从默默无闻到重要卖点。侗族大歌已经成为政府办节活动的主要节目，也成为提升地方知名度的重要卖点。

（三）侗族大歌发展面临的社会环境

来自社会变迁的影响。现在侗族地区乡村的"空心化"现象十分严重，80%以上的青年人外出打工导致人去歌息，大歌传唱的主要力量受到极大的削弱。由于村寨里中坚力量大都外出打工，少年人承接不上，唱歌活动减少，民间活动正在弱化，大歌的民俗基础正在消解。传统的传歌方式也正在消失，年轻人没有学歌的积极性，即使有学歌的，其功利性也很强，他们愿意学习那种舞台上的大歌，不愿意跟前辈人学习传统的民歌，许多少年歌者已流失到外乡，不再参与本村本寨的侗族大歌的传唱活动。

来自舞台演艺的影响。舞台演艺对侗族大歌这种原生性质的民间艺术是一把双刃剑。由于侗族大歌是以声音和旋律的美获得听众的喜爱，因此在舞台上演艺的每首大歌，往往都经过了音乐导演们根据观众需要进行过改编提炼，进行过一番"断歌取唱"，所以都不是完整意义上的侗族大歌。这种拼凑而成的"大歌"，只有歌声没有内容，只有表演秀没有歌的神韵，歌者与听众也没有心灵上的认同。由于舞台演出的巨大影响力，这种拼凑而成的"大歌"为侗族青少年所喜爱和模仿，正悄然影响着传统的大歌音乐。另外，在舞台上大家看到的大歌演唱都是女声歌者，看不到男声歌者，又给听众造成一种错觉，认为侗族大歌只是由女性传唱，这在另一方面也影响了男童学歌的积极性。

来自旅游活动的影响。侗族大歌是稀缺的地方文化资源，具有不可估量的经济开发利用价值。但在在开发的过程中，由于专家理性指导的缺位，多数情况下是对文化遗产的过度开发。当前对非遗的开发远远热过对它的保护，商业关注远远大于文化关注。这是文化遗产保护当前面临的很大的问题。一方面是由于侗族大歌作为民族文化的象征推动了旅游经济的发展，导致侗族大歌在旅游活动中被局部片面加工演绎，以迎合游客的喜好，逐步剥离了生活基础，成为个人谋生的手段和旅游开发者眼中的谋利资源。在榕江县的宰荡村，传统的对歌演唱活动不存在了，因此传统的大歌也不唱了，不教了，也没有人愿意学了，反反复复演唱的就是那三四首旋律好听的声音歌，因为这三四首歌足以应付来来往往的天下游客。另一个方面是旅游演唱活动中带来的伦理问题。侗族大歌的原始演唱格局是可以通婚的青年男女双方才能对坐对唱，但现在寨子里的青年人大部分都外出打工了，能唱歌的已经没有几个人，为了旅游游客的需要，只好父女同台来唱大歌，或者是年轻女子对着老年男子、同胞兄弟姐妹来唱情歌，这与侗族大歌的伦理要求有所冲突。

（四）侗族大歌传承面临的内在问题

"歌养心"到"歌谋生"的变化。现在，侗族大歌的文化内涵逐渐被弱化，学歌的目的性功利性变得越来越强。在"歌养心"的时代，会唱五六十首歌的青年人如果没有歌师的带领都不好意思出去唱，现在会唱几首就可以出去挣钱了。

大歌的同质化与听觉疲劳。原来不同的地区有不同的大歌，这种差异正是侗族大歌的文化内涵之所在，展现了一个民族文化的多样性和创造力。现在由于受到舞台和网络媒体传媒的影响，大歌共性的元素在弘扬，而地方个性的部分被泯灭了，因此现在我们在各地能听到的侗族大歌都是同质化的大歌。由于大歌本身的表现形式较为单一，没有舞蹈载体，再加上太多的同质化歌曲，已经出现侗族大歌的听觉疲劳。

大歌的表演秀。侗族大歌是一种多声部的支声合唱民曲，不是齐唱歌曲。原生的大歌就是十多个人歌队的对唱，需要练习很久才能唱好一首歌。现在为了吸引眼球，动辄百人千人合唱，甚至万人大合唱，东边歌者听不到西边歌者的声音，失去互动和共鸣，完全失去了大歌支声合唱的特点，成为纯粹的表演秀。

传歌者的困惑。侗族大歌的国家级传承人吴品仙在传歌中感到最为困难的是每当有大型的活动时要去当上百人大歌演唱队的总"导演","人太多,声音不一样,没有交流的基础,唱起来总觉得不协调不好听"。歌师吴志成觉得最困惑的是小孩们不喜欢学他教的歌,说他教的歌不是电视上唱的那种。他自己满肚子的歌找不到人传唱。在另一个传承人胡官美那里,她感觉到传歌变得越来越难,一个歌队要练好几年才能成器,可现在一个歌队都组织不起来,大大小小很难教。

善歌者都老矣。鼓楼大歌是侗族大歌最精华的部分,鼓楼大歌的曲目一般都比较长,是传统对歌活动中的重要歌曲,由于现在传统的对歌活动已经很难开展,唱鼓楼大歌的机会很少了,因此现在的年轻人基本不会唱。会唱鼓楼大歌歌队成员都是六七十岁以上的老年人,有的已经过世,传承难以为继。

大歌的校园传承的困难。受限于课时、师资、教学内容甚至学校领导的喜好等方面的限制,民间文艺进课堂的成效并不显著,有的相关学校一个学期就学一两首歌,与民间传承的效果大不一样。

缺乏与时俱进的大歌创作。据很多歌师回忆,20世纪五六十年代是侗族大歌发展的一个黄金时代,那个年代歌师的创作热情十分高涨,侗族大歌的创作非常繁荣,而且紧扣时代主题。现在已没有那样的创作激情,反映改革开放时代内容的作品非常缺乏,由于老一代的歌师开始退出歌坛,年青一代又没有民族文化的底蕴,侗族的诗歌创作已经停滞不前。

阴盛阳衰。无论是舞台演出还是民间唱歌,男生歌者越来越少,年纪越来越大。学歌的男童也是越来越少了,侗族大歌将变成女生的专利。

(五)对保护侗族大歌的问题

要重新认识侗族大歌的性质与遗产的类别。对侗族大歌这一文化遗产性质的不同理解有可能会影响到大歌的传承。世界遗产专家评价侗族大歌时说的一句话是,侗族大歌"一个民族的声音,一种人类的文化"。侗族大歌我们是作为音乐文化遗产来申报的,但它绝不仅仅只是一种民间音乐形式,侗族大歌更是一种民族文化。这与"昆曲"等遗产的性质是有根本区别的。在侗族社会里,大歌是一种生活方式,是一种习俗礼仪。但在申报文化遗产的过程中,不论是申报国家级的文化遗产,还是申报世界文化遗产,都是作为音乐遗产来申报的,强调的都是大歌演唱形式的"多声部、无伴奏"。由于学术界过度的强调了侗族大歌的音乐文化属性,导致现在大歌的音乐内涵逐渐掩盖了文化内涵和民俗内涵,逐步剥离其民俗文化基础,可能到最后侗族大歌只剩声音没有了文化,这种发展趋势值得我们警惕。

要处理好原生态大歌与次生态大歌双轨发展的关系,不能本末倒置。根据中国社会科学院邓敏文先生在贵州省黎平县岩洞镇岩洞村和竹坪村进行调查,会唱三首侗族大歌以上的中老年人(30岁以上)大概只占这个年龄段总人口的50%左右,会唱三首侗族大歌以上的青年人(16-30岁)大约只占这个年龄段总人口的20%左右。更令人担忧的是,这些所谓会唱侗族大歌的中青年人绝大多数都只会唱那几首近年来极力推广的、短小的"流行大歌",如《蝉之歌》、《知了歌》、《大山真美》等。其实,这些都是侗族大歌的一点点皮毛,更深层次的、长大的侗族大歌的经典作品已经很少有人会唱了,如《Kgodl Bagx》(白雕)、《Jaenl Xingc》(城墙)、《Demh Kgamx》(吊榔果)、《Singc Nyih》(情人)、《Jus Leeuc》(橘之主)、《Duil Bads》(苦涩梨)、《Kgal Yangx Siil》(阳世歌)等都已经被人们遗忘了,只有那些七八十岁的老歌师还能记得其中的一些片段。有的学者把鼓楼坐唱的大歌称为原生态大歌，舞台表演的大歌称为次生态大歌，现在大家都把注意力集中在舞台大歌上，鼓楼大歌较少有人关注，大有舍本逐末之势，如果没有了原真的鼓楼大歌，次生态的大歌能走多远？我们这里是有疑问的。

传统的民间唱歌习俗，是侗族大歌赖以生存的根基。侗族大歌起源和发展，与侗族的丰富多彩的民俗文化是分不开的。侗族是一个爱好和平、讲究团结和谐的民族，他们的各种民俗活动都以集体为主。2010年8月22日，贵州黎平县"十洞"地区17个侗族村寨，在岩洞镇述洞村举行一场"侗族大歌"聚会活动。笔者有幸参加了这次活动。各村寨组织侗族大歌队放歌述洞，通过十三个侗族大歌歌师评委的评分角逐，三龙歌队获得第一名，岩洞歌队、铜关大寨歌队分别以0.02分的微弱差距获得第二和第三名。这次"侗族大歌"聚会，可以说是这些年来侗族地区一次前所未有的空前盛会，仅专门前来参加侗族大歌展演的队员就有650人，涌入述洞来观看侗族大歌演唱的外村"客人"不下三千"客"。一百多名来自世界各地的驴友们见证了这一切。这样的聚会，这样的节日交流活动是侗族大歌传承的一种最好的办法。黎平县的"十洞款会"，每年一次，集结歌手数千，听歌群众数万。这些民俗和民俗精神就是侗族大歌生存的良好土壤。

侗族大歌核心保护区的建设，是大歌原真性保护的根本。根据调查，侗族大歌只流传于贵州省黔东南苗族侗族自治州的东南部及广西三江侗族自治县的西北部，即黎平县的岩洞、口江、双江、肇兴、永从等部分乡镇，从江县的龙图、贯洞、高增、往洞等部分乡镇以及榕江县的宰麻、广西三江侗族自治县的梅林等个别乡镇。流行区总面积大约只有1000来平方公里，流行区总人口大约只有10多万人。应把这一个区域建设成为侗族大歌的核心保护区，恢复传统大歌演唱的民俗活动。

加快加强资料整理和数据库建设，是大歌发展创新的保证。侗族大歌列为世界文化遗产已经4个年头，但至今还没有建立侗族大歌的资料库，侗族大歌究竟有多少歌曲也无人知晓。因此，对侗族大歌重要传承人进行资料采集记录是侗族大歌曲库建设的基础，也是保护的重要基础和传承创新利用的基础，具有重大的实践意义和理论价值。目前分别评出了三批侗族大歌国家级和省级传承人吴志成（黎平）、吴品仙（黎平）、吴仁和（从江）、胡官美（榕江）等。这些传承人分别是黎平、从江、榕江三县目前掌握大歌数量较多的歌手，是侗族大歌的杰出代表，对他们所掌握的大歌进行采集记录是建设大歌数据库的基础。另外，这些传承人有的年事已高，从江高增的吴仁和今年84岁，随时都存在人亡歌息的危险，对他们进行采集记录是当前侗族大歌文化遗产保护的重要任务。

要研究新的奖励制度，以激发传承的活力。传承人奖励制度是一项好的制度，对于提高人们对民族民间文化的认识和对民间艺人的尊重都起到了积极的作用。但是像侗族大歌这样的民间文化遗产，光靠奖励传承人的办法是远远不够的。侗族大歌是一项集体的民俗活动，这与像"银饰"技艺等个体掌握的技能活动完全不同。因此要改变单纯的奖励传承人的办法，要奖励以传承人为中心的传承集体，提高传承对象的积极性。

鼓励新歌创作，奖励作品，培育新人，要创作出一大批与时俱进的人民喜爱的作品，侗族大歌才能真正得到创新发展。

（六）侗族大歌的开发利用

开发利用侗族大歌是一个不可回避的问题。如果侗族大歌列为人类文化遗产后只能保护不能开发利用，在今天经济文化一体化社会的背景下，是没有申报意义的。一种文化要申报世界文化遗产,它的目标很明确,就是要在保护好前提下能得到有序的开发利用,就是要让它产生经济效益。一种文化被列为人类遗产,是文化遗产地莫大的荣誉,我们如何利用这一荣誉造福于这一文化的主人,可能是今天侗族地区各级政府部门考虑的最多的事情,我们从贵州、湖南、广西各县都争做侗族大歌的发源地这一现象就可见一斑。

千百年来,侗族大歌是侗族人民生活中不可分割的一部分,唱歌就是他们的生活,他们的生活就是唱歌,从来没有想到唱歌能挣钱。今天唱大歌终于可以赚钱了。那么侗族大歌值多少钱?有的人说值 100 个亿,有的人说是无价的。究竟值多少钱我们无从评判。那么如何让大歌变成更多的钱呢?这是我们在谈保护之外又要谈到开发的问题。侗族大歌如何从作品变成商品?变成什么样的商品?它的产业链如何建?这是我们必须思考的问题。目前,可以说侗族大歌仅仅停留在演艺产品上,当然也作为旅游产品消费,然而这些产品都还是处于最低端的。我们一定要立足于这块金字招牌,研发出侗族大歌的产品系列,比如说,侗族大歌电影,侗族大歌歌舞剧,侗族大歌电视剧,侗族大歌画册以及侗族大歌命名的地方商品品牌等。要加大侗族大歌汉语演唱歌曲的创作,在产品开发上一定要走出传统,要让歌声传得出去,要培养侗族自己的歌星,要改变侗族大歌好听不好学的这种现状。总之,侗族大歌系列产品的研究还未起步,我们要借助外面文化产业开发成功的经验,立足于侗乡,打造出品牌和特色。例如,对于从江来讲,小黄就是大歌,大歌就是小黄。这块牌子在外面已经有相当大的影响力,特别是 2007 年春节小黄少年女声歌队随温家宝总理出访日本,获得巨大的成功,小黄侗族大歌的影响力就更大了,对从江来说一定要利用好小黄的这块牌子。然而今天小黄的大歌却走到了另一个极端(就是上面讲的商业关注大大超过文化关注),离开其本源越来越远,这种发展模式是相当危险的。也许小黄仅仅是千千万万个侗寨的缩影。

我们认为当下不论是政府还是民间,对侗族大歌保护的研究还很不够,措施也还不是很到位,开发利用也停留在无序的状态。必须加强对侗族大歌保护的理论研究,才能有效地推动侗族大歌的保护与健康有序开发利用,使侗族大歌这块人类文化遗产的金字牌子,代代相传,造福于侗族人民。

参考文献:

[1]龙耀宏编:《侗族大歌琵琶歌》,贵州人民出版社,1997 年。
[2]张中笑等主编:《侗族大歌研究五十年》,贵州民族出版社,2003 年。
[3]雅文:《侗族大歌发展史上的一次辉煌——黎平侗族民间合唱团对侗族大歌发展的历史性贡献》,《贵州大学学报(艺术版)》2003 年第 2 期。
[4]杨晓:《侗族大歌》(非物质文化遗产丛书),浙江人民出版社,2009 年。
[5]张勇:《侗族艺苑探寻》,贵州民族出版社,2010 年。
[6]邓敏文:《侗族大歌走向世界大事记》,侗人网。

【作者简介】

龙耀宏,男,侗族,1961 年 12 月生。中国民主促进会会员。1984 年毕业于中央民族学院政治系哲学专业,2012 年研究生毕业于上海师范大学人文学院,获博士学位。现为贵州民族大学贵州民族文化艺术研究院院长、教授、研究生导师。主要从事侗族语言文化及文化遗产的教学研究工作，主持国家民委项目"中国少数民族古籍总目提要·侗族卷"、中央民族大学"985 项目"《汉族民间故事在少数民族地区的歌谣流传》、国家社科项目《汉字记侗音古本埋岩款词译注研究》等。出版有《侗族大歌琵琶歌》,《The Dong Language in Guizhou Province.China》(贵州侗语)、《侗语研究》、《侗族——贵州黎平县九龙村调查》、《The Kam People of china》(中国侗族)等著作。获国务院"民族团结先进个人"，中国文联授予的中青年"德艺双馨"文艺家、文化部表彰的"全国非物质文化遗产保护先进工作者"荣誉称号。

贵州省公益性文化事业投入研究

索晓霞

一、加大贵州公益性文化事业投入的重要性与紧迫性

党的十七届六中全会通过的《中共中央关于深化文化体制改革、推动社会主义文化大发展大繁荣若干重大问题的决定》（以下简称《决定》），明确提出"满足人民基本文化需求是社会主义文化建设的基本任务"，从建设社会主义文化强国和构建社会主义和谐社会全局的高度，突出强调了发展公益性文化事业的重要性。《决定》对公益性文化事业建设进行了重点阐述，可以看做是公益性文化事业的建设大纲，同时也意味着我国公益性文化事业建设的新一轮热潮正在兴起。人们享有丰富的精神文化生活就是人民群众基本文化权益的实现。要实现好、维护好、发展好人民群众的基本文化权益，就需要大力发展公益性文化事业。[①]

（一）公益性文化事业的概念及意义

文化事业是具有中国特色的称谓。国际上通常用"以盈利为目的的"和"不以盈利为目的"来对文化领域加以界定。所谓公益性文化事业，是指为满足社会的公共需要，促进社会全面进步，提高全民族的思想道德和科学文化素质，为社会成员无偿提供的文化产品和文化服务。[②]

公益性文化事业既然是一种公共服务，且是由政府主要提供的、具有社会福利性的文化事业，它作为民生事业的一部分，必须以人为本，问计于民，以不断满足人民群众日益增长的精神文化需求为出发点和落脚点。其为公众服务、让公众受益的公益性质决定了它是社会主义文化事业的重要组成部分，肩负着传播知识、宣传教育、示范指导，为群众提供优质精神文化产品，提高全民族思想道德素质和科学文化水平的重任，是全面建设小康社会的内在要求，其发展是衡量一个国家文明进步程度的重要标志和象征，是提高国民整体文化素质的重要基础。

（二）加大贵州公益性文化事业投入的重要性

1. 加快公益性文化事业发展是繁荣发展社会主义先进文化的必然要求

大力发展公益性文化事业，是社会主义文化建设的本质要求，是社会主义精神文明建设的重要组成部分。[③]贵州省虽然近年来公益性文化事业取得了长足进步，但仍然存在着体

---

① 张文刚：《科学界定文化建设基本任务 大力发展公益性文化事业》，载《潍坊日报》2011年12月4日。
② 罗争玉：《文化事业的改革与发展》，人民出版社，2006年。
③ 光明日报评论员：《大力发展公益性文化事业——五谈推动社会主义文化大发展大繁荣》，光明网.2011年10月23日。

制不顺、地区发展不平衡、基础设施落后、文化队伍总量不足、服务不到位、文化活动相对单一等问题，这与繁荣发展社会主义先进文化的要求、与党中央、国务院提出的建设社会主义新农村、创建和谐社会的要求极不相适应。全省发展公益性文化事业依然任重而道远，加大投入成为加快公益性文化事业发展的当务之急。

2. 加大公益性文化事业投入是落实公民各项基本文化权益的重要举措

文化权益是人民群众的基本权益之一，是支撑和满足"人的自由全面发展"的基本指标。为保障公民的基本文化权益，近年来贵州省各地各有关部门按照公益性、基本性、均等性和便利性的原则要求，坚持以政府为主导、以公共财政为支撑、以基层特别是农村为重点，大力发展公益性文化事业，已经和正在实施的一系列惠民工程都在扎实推进：覆盖城乡的公共文化服务体系框架基本建立、服务设施网络基本形成、乡镇综合文化站建设、文化信息资源共享工程等，都是实现这一目标的有效举措。但是贵州省公益性文化事业的发展，距离上述要求还有一些差距。据有关调查显示，全省农村公共文化服务设施的供给存在服务设施数量不足、真正反映老百姓需求的偏少、功能发挥不到位、文化服务设施被移作他用等问题，使得群众对文化供给的满意度虽然总体呈现向好态势，但具体到对于政府组织力度、服务设施和活动形式等方面的不满意程度仍然较高。

3. 加大公益性文化事业投入是贵州经济社会发展的迫切要求

贵州全省公益性文化事业的地位近年不断提升，公共文化服务体系日趋完善，人民群众的精神生活极大丰富，为贵州进一步发展公益性文化事业打下了坚实的基础。在政策的层面，党的十七届六中全会对深化我国文化体制改革发展，建设文化强国提出了目标和要求，贵州省委十届十二次全会也对推动贵州省多民族文化大发展大繁荣提出明确要求，做了安排部署。

二、贵州省公益性文化事业投入现状

贵州历年来在公益性文化事业方面的投入不断加大，才取得公益性文化事业投入方面的重大成就——公共文化服务设施建设力度加强；群众精神文化生活丰富多彩；文艺创作与生产不断繁荣；物质文化遗产保护与利用成绩突出；非物质文化遗产得到有效保护。[①] 贵州省在公益性文化事业项目的经费的解决方式上是多元的，当然，主要还是政府投入（投入层级有差别）和政府投入加机构（含剧团等）自筹的形式。

改革开放以来，尤其是近几年来，贵州省文化事业费在投入上增长较快，投入结构也有一定程度优化，截至2010年，贵州省在公益性文化事业方面的投入达5.3676亿元。五年来，在全省文化事业费的增长上可以说增长幅度大，人均文化事业费与"十一五"开始相比，增加了2倍多。在全国的排名也有一定的提升。2010年，贵州省在文化事业费上的投入与1980年相比，在总量上增加了59.77倍，人均文化事业费增长了26.2倍。总的来说呈现以下的特色。

（一）整体的文化事业经费大幅度提高

贵州省的文化事业费从1985年的0.3364亿元逐年增长至2010年的5.3676亿元，"十

---

① 参见《贵州省"十二五"文化事业和文化产业发展规划（征求意见稿）》，http://www.ssfcn.com/detailed_gh.asp?id=26634

一五"的五年间，总计达到 19.8814 亿元，人均文化事业费从 1985 年的 0.59 元，增长至 2010 年的 15.45 元，25 年间增长了约 26.2 倍。人均文化事业费在全国排名上，徘徊于倒数后六名之内，但总的趋势却是在不断提升。

贵州省在文化事业上的投入，从 1980 年的 898 万元[①]，增长至 2010 年的 5.3676 亿元，30 年间增加了 59.77 倍。自 2004 年以来，贵州省的文化事业费增幅较大且较为持续（详见表1），这与贵州省对公共文化服务体系建设的重视有较大的关系。

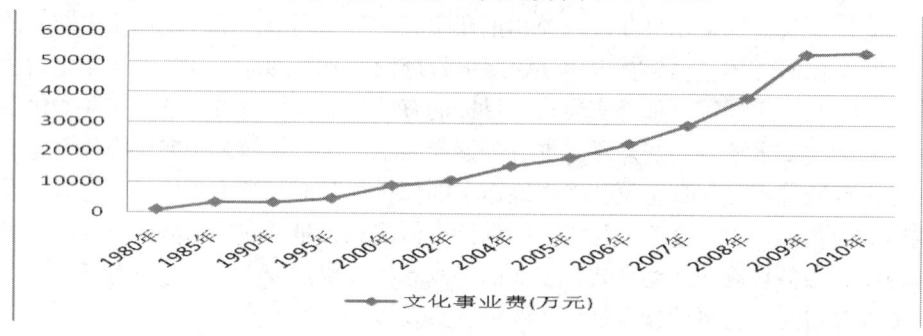

表 1　贵州省文化事业费趋势图 1980-2010

（二）人均文化事业费增长明显

人均文化事业费增幅明显。人均文化事业费从 1980 年[②]的 0.32 元，增加到 2010 年的 15.45 元，20 年间增长了 48.23 倍。抛开人口增长数，贵州省人均文化事业费的增长确实实现了质的飞跃。（详见表2）

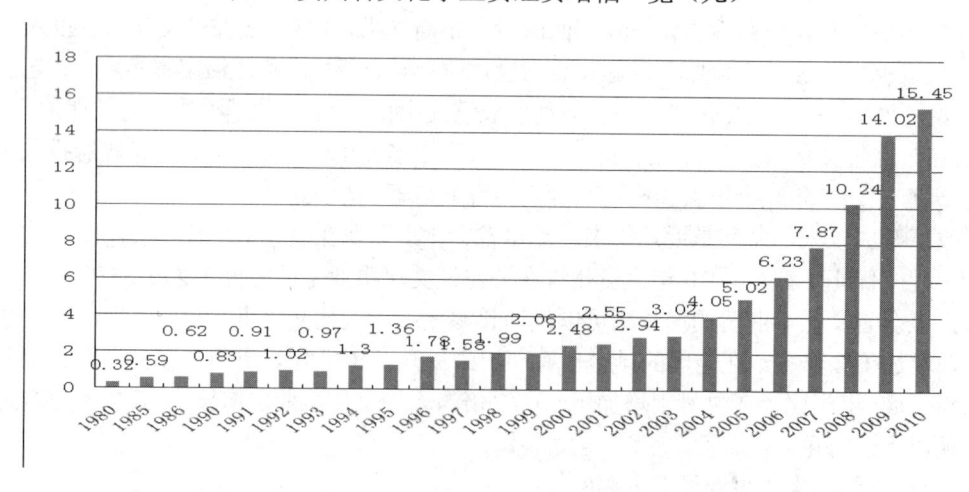

表 2　贵州省文化事业费经费增幅一览（元）

---

① 数据来源于《中国文化文物统计年鉴》，但因 1980 年至 1984 年之间的数据缺失，故在制作表格时只收录了 1985 年至 2010 年的数据。但在制作趋势图时，仍以 1980 年为起点，目的是较好地反映贵州省在公益性文化事业方面 30 年来投入的变迁的大的趋势。

② 此处从 1980 年收录，原因同前。

③ 文化体育与传媒：指政府在文化、文物、体育、广播影视、新闻出版等方面的支出。

如前所述，在此选择文化体育与传媒类目为指标考察，与前面的文化事业费为指标的考察并不冲突，它们只不过是不同统计口径和方式形成的指标差异。前面的文化事业费不包括相关的基础建设费，文物经费以及文化主管部门的行政经费投入。财政收支统计口径下的文化、体育与传媒类目，则包含了文化、文物等方面的支出[①]。2010年贵州省的一般预算收入为533.73亿元，一般预算支出为1631.48亿元，其中文化体育与传媒的支出为23.98亿元。（详见表3）[②]

表3 贵州省历年财政一般预算支出及文化体育与传媒情况及（亿元）

年份	财政总收入	财政一般预算收入	历年增幅%	财政一般预算支出	历年增幅%	文化体育与传媒	历年增幅%
2007	556.98	285.14	13.93%	795.4	30.26%	15.71	——
2008	674.58	349.55	21.11%	1055.39	32.69%	17.84	13.56%
2009	779.59	416.48	15.57%	1372.27	30.02%	23.62	32.40%
2010	969.57	533.73	24.37%	1631.48	18.89%	23.98	1.52%

从上表可以看出，随着贵州省经济实力的逐步提高，在文化体育与传媒方向上的投入也逐年递增。总的来说呈现以下几个趋势：

1. 文化、体育与传媒方面的支出持续增长

以2007年-2010年数据为例，贵州省全省财政一般预算支出中的文化体育与传媒支出，从2007年的15.71亿元增加至2010年的23.98亿元（详见表4），四年间共支出81.15亿元，占四年来贵州省财政一般预算支出的5.12%。

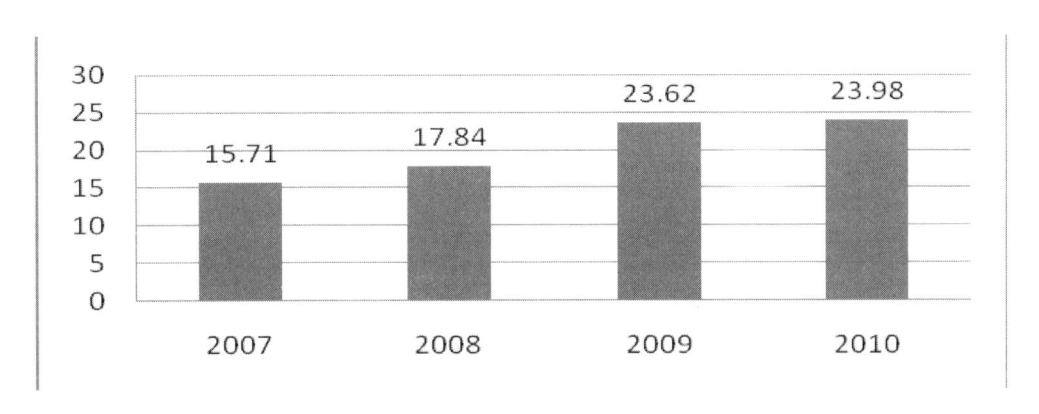

表4 财政一般预算支出中文化体育与媒体支出情况（2007-2010） 单位：亿元

2. 各市（州、地）文化体育与传媒支出均呈持续增长的良好态势

分区域看，贵州省各市（州、地）财政一般支出中的文化体育与传媒支出均持良好的增长态势。其中贵阳市从2007年的1.9344亿元增长到2010年的3.71亿元，四年间共增

---

① 当然，这个数字又会大于公益性文化事业投入方面的相关的数据，但总的趋势并没有改变。
② 数据来源于《中国财政年鉴》，2011年，第284页。

加了 1.7756 亿元。为各市（州、地）在相关投入增长上的翘楚，紧随其后的是遵义市，四年间增长了 1.1707 亿元；在支出的增加上增幅较小、基数最低的为六盘水市，四年间仅增长了 0.1312 亿元。（详见表 5）

表 5　各市（州、地）文化体育与传媒支出　　单位：亿元

名　称	2007	2008	2009	2010
全　省	15.71	17.84	23.62	23.98
贵阳市	1.9344	2.362	2.803	3.71
六盘水市	0.6688	0.7463	0.6359	0.8
遵义市	1.4193	1.7827	2.4504	2.59
安顺市	0.5995	0.6635	0.8976	0.97
铜仁地区	0.7439	0.7826	0.9879	1.58
黔西南州	0.6449	0.7905	1.0044	1.19
毕节地区	1.0233	1.0862	1.4562	1.91
黔东南州	1.0461	1.5742	1.662	1.89
黔南州	0.9531	0.9024	1.1913	1.3

尽管如此，但贵州省各市（州、地）财政一般支出中的文化体育与传媒支出均呈现出持续增长的良好态势。

（四）分行业①财政拨款收入考察

无论国家以何种形式对公益性文化事业进行资金上的扶持，其最终形式都表现为各具体行业所获得的财政拨款。从表 6 我们可以看到：

表 6　贵州省公益性文化事业各行业财政拨款收入一览　　单位：万元

时间	图书馆	博物馆	文化馆群艺馆	文化站	艺术表演团体	艺术表演场馆(事业)
2004	2892	515	3869	1540	4453	81
2005	3401	572	4797	2152	5716	74
2006	4407	1174	5743	2797	6876	69
2007	4714	987	8922	5179	8512	70
2008	4970	6457	10164	5917	9375	75
2009	5383	9490	14164	8492	11267	160
2010	5938	9804	15612	9012	10281	163
累计	31705	28999	63271	35089	56480	692

---

① 分行业考察中因资料数据限制未能将新闻出版、城市社区文化活动等投入情况列入此考察。但在《贵州省"十二五"期间公共文化服务体系建设工程项目表》中，有关于城市社区综合文化室的规划即，150 平，90 万/个，每年建成 328 个，5 年间共建 1640 个。

贵州省公共图书馆自2004年以来所获得的财政拨款从2892万元增加至2010年的5938万元，累计获得财政拨款31705万元；博物馆所获得的财政拨款有一定的波动，但是2010年博物馆所获得的财政拨款为2004年的19.03倍，累计获得财政拨款28999万元；而文化馆、群艺馆在6年间累计获得财政拨款数为63271万元；文化站（含乡镇文化站），累计获得财政拨款35089万元；艺术表演团体，7年间所获得的财政拨款从2004年的4453万元增长至2010年的10281万元，累计获得财政拨款56480万元；而艺术表演场馆（事业）7年来也累计获得了692万元的财政拨款。

三、贵州省发展公益性文化事业投入面临的挑战

要真正地实现贵州省公益性文化事业方面的跨越性发展，必须认清当前的不足，而首要的，就是厘清贵州省在公益性文化事业投入方面的不足和困难所在。

（一）公益性文化事业投入总量较低

1.投入虽有较大的增长，但投入的总体水平仍然偏低

（1）总的文化事业费低于其他省份

贵州省在公益性文化事业方面的投入尽管有大幅度的增长但在全国范围内仍属于较低水平。2010年全国文化事业费投入总额达3230646万元，其中中央为152787万元，地方共计3077858万元，但就排名来看，贵州位列倒数第五位，为53676万元，排名第一的是广东文化事业费达到了269940万元。处于第一位的广东所有的文化事业费为贵州省所获的文化事业费的11.02倍。

（2）人均文化事业费低于其他省份

如前所述，贵州省的人均文化事业一直持续增长，但从全国范围来看，仍处于较低的水平。以2010年为例为15.45元，仅为全国人均文化事业费的三分之二（约64%），而与全国人均文化事业费排名第一的北京（82.44元）相比，则仅为其五分之一不到（约18.7%）。

2.文化投入虽然大幅度增长，但占财政支出比例不高

（1）文化事业费占财政支出比重不高，低于全国水平，且呈下降趋势

照此看来，贵州省文化事业费投入，尽管在30年间增长了59.77倍。[1] 但是增幅却远低于财政总收入增幅及财政一般预算支出增幅。如表7所示，贵州省的文化事业费，占财政支出比重不大，所占比例均未高过0.7%，2009年投入所占比例为2004-2010年最高，为0.68%。

表7 贵州省文化事业费与财政收支比例

年份	人均生产总值（元）	历年增幅(%)	财政总收入（亿元）	历年增幅(%)	财政一般预算支出（亿元）	历年增幅(%)	文化事业费（亿元）	历年增幅(%)	占财政总收入比例	占一般预算支出比例(%)
2004	4371	18.10	296.48	25.29	418.42	25.90	1.5808		0.53%	0.38
2005	5394	23.40	366.16	23.50	520.73	24.45	1.8731	18.49	0.51%	0.36
2006	6305	16.89	488.88	33.52	610.64	17.27	2.3419	25.03	0.48%	0.38

---

[1] 1980年贵州省的文化事业费为898万元。

2007	7878	24.95	556.98	13.93	795.4	30.26	2.9614	26.45	0.53%	0.37
2008	9855	25.10	674.58	21.11	1055.39	32.69	3.884	31.15	0.58%	0.37
2009	10971	11.32	779.59	15.57	1372.27	30.02	5.3265	37.14	0.68%	0.39
2010	13119	19.58	969.57	24.37	1631.48	18.89	5.3676	0.77	0.55%	0.33

（2）文化体育与传媒支出占财政一般预算支出比例过低

如表8所示，贵州省一般预算支出中的文化、体育与传媒所占比例不超过2%，所占贵州省当年财政总收入的比例在2%—3.03%之间。以2010年为例，贵州省的财政总收入虽然达到了969.57亿元，其中用于文化体育与传媒的相关支出仅为23.98亿元。

贵州省2010年的一般财政总支出为1631.48亿元，其中支出最多的是教育类支出，292.06亿元，占支出比例中的21.12%；其次是农林水事务支出为246.76亿元，占支出比例中的17.84%；排名第三的是一般公共事务支出，为212.69亿元，占支出比重的15.38%；其中文化体育与传媒类支出，为23.98亿元，仅占所有支出比重的1.73%，为支出比重较低的第三名。

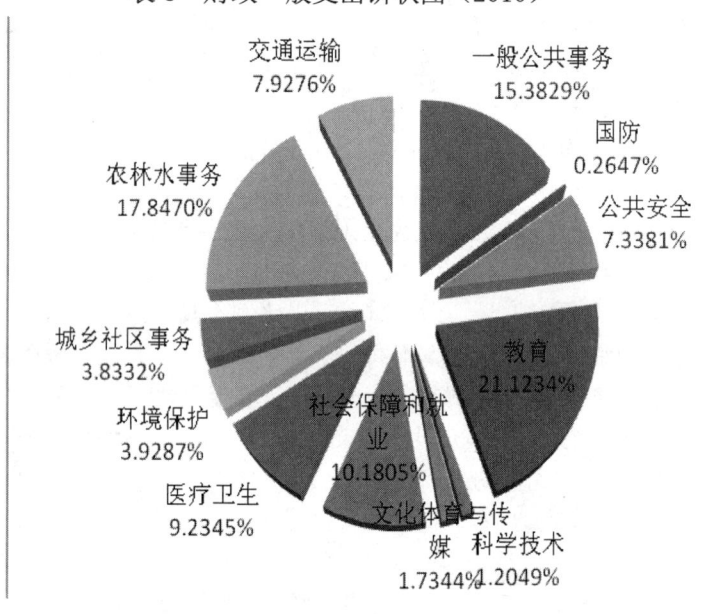

表8 财政一般支出饼状图（2010）

交通运输 7.9276%
一般公共事务 15.3829%
农林水事务 17.8470%
国防 0.2647%
公共安全 7.3381%
城乡社区事务 3.8332%
环境保护 3.9287%
教育 21.1234%
社会保障和就业 10.1805%
医疗卫生 9.2345%
文化体育与传媒 1.7344%
科学技术 4.2049%

3. 公益性文化事业投入增速与财政收入增长幅度不匹配

《中共中央关于深化文化体制改革，推动社会主义文化大发展大繁荣若干重大问题的决定》规定，"保证公共财政对文化建设投入的增长幅度高于财政经常性收入增长幅度，提高文化支出占财政支出比例。"如表9所示，2006年以前，贵州省的文化事业费增幅低于财政历年收入的增幅，2007年贵州省文化事业费的增幅首度超过财政收入的历年增幅，但在2010年，又远低于当年的财政收入增幅。可见，公益性文化事业投入增速与财政收入增长幅度不相匹配的问题，在贵州较为严重。

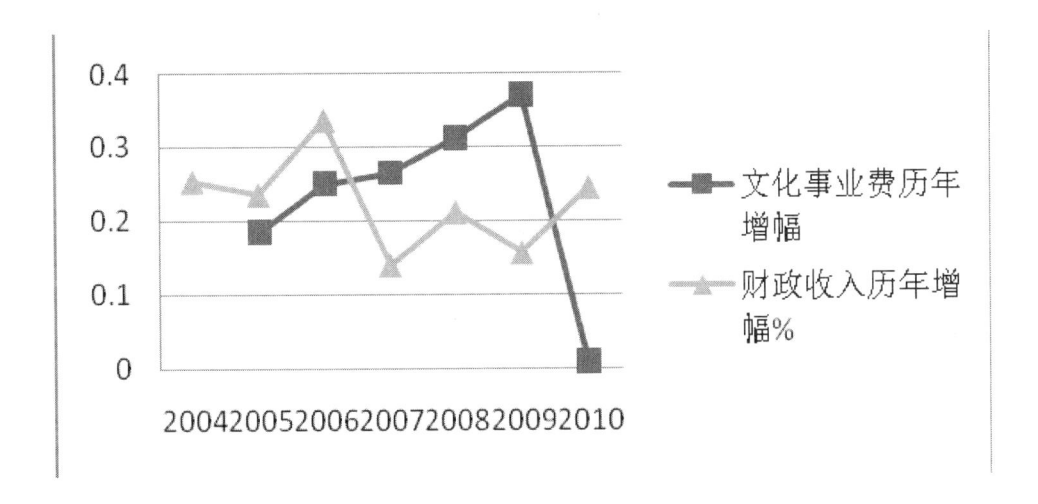

表9 文化事业费与财政收入增幅对比

(二) 公益性文化事业投入结构不合理①

1. 城乡差距大：城市与农村

在我国，农村与城市的界定，随着城市化进程的推进开始不断变得模糊，而这一过程中，伴随的问题却是：一方面是，进城务工农民、"城镇化"以后的农民成为城市夹心层。另一方面，农村"空巢"现象出现，留守的老人与儿童正在逐步成为农村的主力人群。因此，当我们在查找相关的统计数据时，将省、地、县三级的一般预算支出合并为城市，而将村镇这一级的相关数据统辖于乡村之下。从表10可以明显地看出，不管在哪一个类目上，城市所获得的投入及其支出都远远高于乡村，这也正是多年乡村反哺城市所造成的历史欠账，以文化体育与传媒类目的支出为例，城市支出为农村支出的21倍。

表10 城乡支出对比（2010）

指 标	城 市	乡 村
一般预算支出	1517.18	114.3
一般公共事务	161.22	51.47
教 育	280.43	11.63
文化体育与传媒	22.89	1.09
社会保障和就业	135.55	5.21
医疗卫生	123.78	3.91

而在文化体育与娱乐业的固定资产投资的城乡差异对比中，这种数十倍的差距显得更为明显。2010年，文化、体育与娱乐业方面的固定资产投资城乡比为9:1。（详见表11）

---

① 目前为止，未查到任何相关的县市所获文化事业费方面的具体数据，因此，只能用文化体育与传媒支出表现其大体的趋势。

表 11 城乡固定资产投资差异（2010）[1]

固定资产投资（亿元）	城市 总额	城市 中央	城市 地方	农村 总额	农村 非农	施工项目（个）	全部建成投产（个）	基本建设投资额（万元）
居民服务和其他服务业	4.8		4.8	1.88	0.61	34	21	41645
卫生、社会保障和社会福利事业	21.87	0.57	21.3	1.86	1.86	291	182	189477
卫　生	19.84	0.57	19.27	1.37	1.37			
文化、体育和娱乐业	21.33		21.33	2.37	2.37	127	84	197978
文化艺术业	5.32		5.32	0.6	0.6			
公共管理和社会组织	42.78	4.28	38.5	12.44	12.44	344	221	362149

2. 区域结构不平衡

各地区县市之间，由于经济的发展程度不一，由此导致各区县市在文化体育与传媒方面的支出情况并不均衡。如，最多的贵阳市，2010年在文化体育与传媒方面的支出就达到3.71亿元，而最少的为六盘水市仅0.8亿元。（详见表12）

表 12　各市（州、地）文化体育与传媒支出　　单位：亿元

地　区	2007	2008	2009	2010
全　省	15.71	17.84	23.62	23.98
贵阳市	1.9344	2.362	2.803	3.71
六盘水市	0.6688	0.7463	0.6359	0.8
遵义市	1.4193	1.7827	2.4504	2.59
安顺市	0.5995	0.6635	0.8976	0.97
铜仁地区	0.7439	0.7826	0.9879	1.58
黔西南州	0.6449	0.7905	1.0044	1.19
毕节地区	1.0233	1.0862	1.4562	1.91
黔东南州	1.0461	1.5742	1.662	1.89
黔南州	0.9531	0.9024	1.1913	1.3

3. 分项支出差距较大：四大项目、图书馆、群艺馆、文化馆、群众体育等投入比例

历年各行业所获得财政拨款数额逐年递增，但行业间增幅差距较大。我们从表13可以看到，贵州省公益性文化事业分行业累计拨款额最高的是文化馆、群艺馆，共计63271万元，最少的是艺术表演场馆，仅692万元。

---

[1] 相关数据来源于《贵州统计年鉴2011》。

表13 贵州省公益性文化事业各行业财政拨款收入一览（2004-2010） 单位：万元

时间	艺术表演场馆(事业)	图书馆	文化站	博物馆	艺术表演团体	文化馆群艺馆	累　计
累计	692	31705	35089	28999	56480	63271	431125

7年累计投入431125万元：其中文化馆、群艺馆所获得的财政拨款达到29.26%，艺术表演团体所获得的财政拨款达16.12%。

（三）原因探析

如果说文化的"事业"与"产业"的分家，深刻地影响了我国文化发展的方向的话，那么分税制的实施，则深刻地影响了整个国家的财富支配方式。那么，同时以经费保障为前提的文化事业，尤其是公益性文化事业的发展也深刻地受到了它们的影响。从各省市的公益性文化事业发展排名看，可以得出一个简单的结论：经济基础较好的地域，在惠及大众的公益性文化服务方面的确有较大的优势。

但是，贵州省在公益性文化事业投入方面存在的问题，却并不能简单地归咎于经济因素。因为，贵州省在总投入上与其他省市的差距，既有经济发展较为落后的因素，也有公益性文化事业发展投入成本过高所致，还有公益性文化事业投入的财政支持结构不合理等方面的因素。

1. 发展公益性文化事业的成本高，收效少，缺乏后期维护的相关经费

贵州由于其地理环境、人文历史以及多山多民族特征决定在贵州，尤其是在偏远农村，开展公益性文化活动的相关经费与平原地区的省份成本是不一样的。

仅以"2131"农村电影放映工程为例，课题组在铜仁江口县调研时了解到，按照国家相关规定，农村放映员放映一场电影可以得到100元的补贴，其中80元，由国家财政直接划拨，20元由地方财政解决。但在当地由于山高路远，新的数字放映设备不同于以往的16毫米胶片机，其重量必须靠摩托车才能拉动，放映员到偏远地方放映一场电影，所得补贴还不足以弥补其所消耗的油费及人力、物力。而数字放映设备所要求交纳的高额押金，也导致放映员不愿意更新设备和机械，甚至不愿意到偏远的乡村开展放映工作。

2. 公益性文化事业投入的财政支持结构不合理

（1）中央转移支付的支持结构不合理

中央转移支付是公共财政的一个重要内容，也是政府保持地区均衡、实现社会公平的一个最重要的财政手段。当前中国的转移支付稳定为三种：税收返还、一般性转移支付以及专项转移支付。"对中央转移支付资金审计表明，转移支付分配和管理中存在结构不够合理，部分专项转移支付设立时间长、分配数额相对固定等问题。"①

首先，税收返还的根本目的在于维护地方的既得利益，因而，越是经济发达地区税收返还越多。而专项转移支付也与各省"要钱"的能力相关，发达地区能够获得的专项转移支付金额也不在少数。其次，用于均衡地区财力的一般性转移支付比例小于税收返还和专项转移支付的规模，因此导致财政困难和欠发达地区难以得到财力保障。再次，在2011年的39899.96亿元的财政转移支付中，大规模资金的使用无法可依，在使用效率和分配的

---

① 崔清新、周婷玉：《中央转移支付资金结构不够合理》，新华网。

均衡性上,更是有待提高。最后,分税制改革以来,18年间中央财政收入所占比重大幅度增加,2011年中央财政收入42488亿元,地方财政收入为40613亿元,中央和地方收入比为51:49,而中央和地方的实际事权①划分比约为30:70,与财力相比呈严重倒挂趋势。②

这是贵州省在公益性文化事业投入方面缺乏资金的宏观原因。值得欣喜的是,在中共十七大的政治报告中,已就正确处理好政府间财政关系问题提出了进一步改革的方向和原则:从强调"财权与事权相匹配"转到"财力与事权相匹配"上来。这是基于中国国情的一个正确判断和选择。若是在每一级政府都实现了财力与事权相匹配,则我国政府间财政关系的改革也就到位了。

(2) 现行的公益性文化事业投入的财政配套政策是短板

在我国现阶段基本支出项目中,文化事业为中央到地方级级承担,这样的经费来源构成在所有支出项目中较为少见。具体而言,两馆一站等文化事业单位纳入本级财政预算,重大文化项目按一定比例从中央到地方进行分担。而一般转移支付的相关经费一般成为各项专项补助资金。

过去基于"财权与事权"相匹配原则所设立的中央、省地市经费配套政策,对于经济较好的地区而言不失为一个较好地解决经费问题的办法,但是相对于一些贫困地区,则常常出现地方政府拿不出相关的配套经费,而无法开展相应工作的情况。

以乡镇文化站为例,2010年贵州有些地方,由于地方政府无法拿出建站所需的8万元配套资金,导致文化站建设一拖再拖。③而有的乡镇综合文化站所获得的建设经费,在部分经济发展较好的乡镇仅够购买到建设乡镇综合文化站的土地。这也是大多数乡镇综合文化站无法做到有独立场地,而多借用乡政府场地设立的原因。

应该说,中央、省、市县三级配套的财政政策,构建起各级政府在公益性文化事业方面的投入比例,这对于经济发展各区域较为均衡的省市或者说经济较为发达地区在公益性文化事业的投入方面起到了积极的促进和推动作用,但对于城乡差距较大、经济欠发达地区而言,则成了当地公益性文化事业发展的短板。因而,如果能在考虑成本差异的前提下,合理确定中央与地方的负担比例,这样才能引导地方政府将公共资源配置到社会管理和基本公共服务领域。

(3) 公益性文化事业行政机构的倒三角结构

贵州省的行政区划中共有:地级单位9个,其中地级市4个;县级单位88个,其中有56个县,11个自治县,9个县级市,10个市辖区,2个特区;689个镇,114个街道办事处;757个乡(其中有252个民族乡),1654个居民委员会和17672村民委员会。④但是公益性文化事业单位在设置上却呈现倒三角结构,其中,省市县乡一级都设立了相应的公益性文化事业单位,而庞大的基层,即,乡以下的公益性文化事业机构则合并为街道文化站和乡镇综合文化站,社区文化活动室和村级文化活动室。

---

① 事权:一般而言政府事权就是通过法律授予的,政府管理国家是因为的权力,是对行政权的细化和分类,政府事权是管理相应事务的责任。
② 参见张永涛:《关于构建我国财力与事权相匹配的财政体制思考》,载《东方企业文化》2010年第6期。
③ 中国民盟:《贵州省乡镇文化站建设现状及对策分析》,[DB/OL]. http://n.chinafilm.com/xcl/xiangcunwenhua/201011/16-18111.html.[2010-11-16]
④ 数据为《贵州统计年鉴2011》最新数据。

具体到贵州省的基层文化机构建设而言，村级文化活动室又被农家书屋及农民文化家园千村计划所覆盖，常常出现一套班子多块牌子的情况。尽管这并不是贵州省独有的情况。但是，这样的行政结构和设置，其实在某种程度上导致了投入资源向城市集中。以公共文化服务体系的两馆建设为例，省级及地市级两馆，数量远低于相应的县级两馆数量，但在所获得的财政投入上，却远高于县级两馆，比例分别为，1.65:1 和 2.75:1。（详见表14）

表14 2010年"两馆"按级别所获财政拨款数额

指　标	图书馆	各级比例	文化馆	各级比例
财政拨款（千元）	59386		147703	
省级及地市级	37026	1.65:1	108357	2.75:1
县　级	22360		39346	

而更深远的影响在于，基层的公益性文化事业功能叠加、事权不明，相关的经费常常被挪作他用。农民文化家园"千村计划"建设的相关经费，即每村3万元的经费（由贵州省精神文明办负责拨款下达）则与农家书屋的每村2万元专项经费（由新闻出版局负责拨款下达）两者无法根据相关统计结果分清具体的钱款投入去向。因而，若能够适当地进行公益性文化服务机构的结构性调整、整合资源，在经费投入上适当地向基层倾斜，以流动的公益文化服务供给形式（如图书漂流活动、文化大篷车）等为补充，或可实现资源的较大化运用。

（4）相关经费的划拨和使用缺乏相关的管理和监督机制

目前为止，贵州省在公益性文化事业相关经费的划拨和使用上并没有出台明确的办法或者意见，而具体在经费的运行中，也缺乏监管机制。以图书馆为例，按《省（自治区、市）图书馆工作条例》（1982年12月）的规定，"保障省馆必要的经费，并根据图书资料不断积累的特点，图书购置和业务活动经费应逐年有所增加。购书费在总经费中的比例，一般不应低于40%。"《贵州省县级图书馆工作条例》（1985年）更是明确"规定县馆要进行独立核算。县馆经费要纳入县财政预算，争取尽早达到每年按全县总人口人均1角钱的原则安排。少数民族地区图书馆的经费应略高于这个标准。随着经济和科学文化的发展，图书馆经费应逐年有所增加。县馆购书经费不得少于总经费的40%，要专款专用，不得挪用。"但课题组在通过贵州省图书馆向其下各级图书馆所发放的问卷调查的回馈中，约有9个县级图书馆就缺乏专门的购书经费[①]。

如前所述，首先，各级图书馆所获得的财政拨款额度城乡差距较大。其次，在问卷调查的44家图书馆中，仅有22家能够保证一定数额的购书专项经费，而还有5家能够保证不定期的购书经费投入，可见"专项不专"也是两馆建设中一个较为严重的问题；再次，其中所透露出的最大问题在于，相关经费在使用上并没有足够的监管，尽管已出台现成

[①] 其中正安县图书馆、紫云县图书馆未回填数据，瓮安县图书馆停馆十余年，2008年底才恢复使用；松桃、印江、赫章、纳雍、黔西、威宁等无专门的购书经费。

的管理办法，但其经费在具体运营中，既缺乏数量也缺乏质量。其根本原因在于，有相关条例、无资金支持；有资金支持的，又没有合理的考评机制。

四、贵州公益性文化事业投入体制机制创新

在文化大发展大繁荣的特殊历史机遇期，贵州的公益性文化事业建设应改变以往公益性文化事业投入由政府大包大揽的做法，建立政府主导与社会多元化投入相结合的投融资机制，制定规划以整合各方资源，完善法规以保障规划的有序进行，出台相关政策以吸引社会资本，创新监督管理运营机制以保障投入的社会效益和经济效益，是进行公益性文化事业投入体制和机制创新的重点。

（一）建立政府主导与社会多元化投入相结合的投融资机制

公益性文化事业的投入是保障人民基本文化权益的重要途径，必须坚持以政府为主导。引导和鼓励社会力量以多种形式参与公共文化服务，是加快构建公共文化服务体系的重要举措和经济社会发展的客观要求，对于发展公益性文化事业，满足人民群众日益增长的文化需求具有重要意义。在坚持政府主导的前提下，要改变以往文化设施建设完全由财政出资的做法，大胆进行融投资机制的创新，放宽公益性文化事业的准入政策，鼓励和支持社会资本和外资参与公益性文化事业，吸引和鼓励社会力量投资兴办公共文化实体、建设公共文化设施、提供公共文化服务，支持和促进各种所有制的公益性文化单位的发展。推行公共文化活动公开招标和政府采购，引入市场竞争机制，调动社会力量参与公共文化服务的积极性。拓宽资金投入渠道，形成以政府投入为主、社会力量积极参与的稳定的公共文化服务投入机制。

转变观念，形成公益性文化事业投入政府为主导与社会多元化投入相结合的共识；另一方面，出台相关政策以吸引社会资本共同参与公益性文化事业建设。例如，鼓励企业投资或捐资建设省级重大公共文化设施，同时采取给予投资文化设施企业相应的优惠政策或给予周边土地开发权等予以支持，对重大公益性文化设施配套的商业性或有收益的文化设施项目，采取招商引资的方式，以政府支持、企业投资、社会参与的方式进行建设。推进投资建设模式的多元化，针对不同项目可以分别采取独建、联建、共建和BOT、TOT、BT、ABS（资产支持证券化）、PPP（公私合伙或合营）等多种模式进行建设。

（二）制定规划以整合各方资源

制定全省文化事业发展的规划。满足人民群众精神文化需求、保障人民群众基本文化权益，是制定规划的出发点和落脚点。积极争取中央财政增加对我省省级博物馆、文化馆、美术馆、图书馆、大剧院等重大文化设施建设的项目资金支持，将一些在西部地区或西南地区有代表性的重大文化设施争取落地贵州。二是争取省级财政分期分批对重大文化设施项目建设的投入。三是整合各有关部门项目资金，避免分散建设和重复建设。四是吸引社会资本和慈善事业对贵州公共文化服务的投入和支持。

（三）完善法规以保障规划的有序进行

好的规划必须有完善的法规予以保障，没有完善的法规，规划就只能在墙上挂挂，发挥不了在文化建设中引导、规范的作用。贵州公共文化服务体系建设相关政策法规体系的完善，是在实践层面上构建贵州特色公共文化服务体系的重要基石。因此，在如何保证公共文化服务的投入、如何加强对文化建设资金的管理、如何加强城建及土地方面的政策支

持、如何鼓励社会力量参与公共文化服务体系建设、如何实现公共文化服务供给主体的多元化和供给方式的多样化等方面都需要有相应的政策或法规作保障。目前，有的方面有政策，但执行有难度，有的没有相关的政策规定。国内外大量的文化建设实践表明，好的规划和完善的法规是公益性文化建设的两只腿，缺一不可。目前贵州公共文化服务建色方面缺乏长远战略规划，缺乏围绕规划制定的一系列政策措施，缺乏相应的项目支撑体系的现状也不利于在这一重大历史机遇期抢抓机遇，赶超发展。

（四）创新监督管理运营机制保障投入的社会效益和经济效益双丰收

在社会主义市场经济条件下，文化产品既具有教育人民、引导社会的意识形态属性，也有通过市场交换获取经济利益、实现再生产的商品属性。坚持把社会效益放在首位、坚持社会效益和经济效益有机统一，是社会主义市场经济条件下文化产品的意识形态属性和商品属性所决定的，是文化产业实现持续健康发展的重要保证。公益性重大文化设施建设、管理、营运要遵循文化发展规律，适应社会主义市场经济发展要求，在内容设置和功能设置上注重社会效益，在服务手段和服务方式上积极创新，积极发挥文化产业的作用，实现公益性文化设施建设、管理、营运与文化产业的联动发展，实现社会效益和经济效益的有机统一。为此，要创新监督管理运营机制以保障投入的社会效益和经济效益双丰收。

（五）吸收国内外公益性文化建设好的经验和做法

公益性文化事业需要大量的投入，如何在政府投入不足的情况下寻找更多的投入方式，国内外都有一些成功的经验，这些经验可以为我省公益性文化事业投入机制的建立提供一些借鉴和参考。天津市在进行重大公共文化设施建设方面对政府主导与社会多元化投入方面进行了有益的尝试，对图书馆、博物馆、美术馆、大剧院、文化广场等重大公益性文化设施进行集中建设，既解决了公益性文化设施建设投入不足的问题，也带动了周边经济社会的发展。

【作者简介】

索晓霞，《贵州社会科学》编辑部主任、执行主编，三级编审，贵州大学、贵州财经大学硕士生导师，澳大利亚墨尔本大学访问学者。国务院政府特殊津贴专家、贵州省管专家，全国宣传文化系统"四个一批"人才，贵州省宣传文化系统"四个一批"人才。贵州省非物质文化遗产保护工作专家委员会委员，贵州省委政策研究室决策咨询专家，全国青联委员、中国西南民族研究会理事、贵州省布依学会副会长、贵州民族研究会理事、贵州民族文化研究会理事。主要著作有《无形的链结——贵州少数民族文化传承与现代化》、《并非两难的选择——云贵少数民族文化保护与开发研究》、《贵州：永远的财富是文化》、《中国西部民族民间文化知识产权保护研究》、《贵州公共文化服务体系构建研究》等。发表论文30余篇，其中多篇在全国中文核心期刊、CSSCI来源期刊上发表。主持完成国家、省部级科研课题5项，12项研究成果获得省部级奖励。

学习国发 2 号文件：我的初步理解与体会

刘庆和

2012 年 1 月 12 日，国务院发布《国务院关于进一步促进贵州经济社会又好又快发展的若干意见》（国发[2012]2 号，以下简称国发 2 号文件）。深入学习、全面把握并在实际工作中创造性地贯彻落实好国发 2 号文件，对于贵州努力走出一条符合自身实际和时代要求的后发赶超之路，确保与全国同步建成全面小康社会，具有十分重要的意义。本人有幸参与了国发 2 号文件的起草工作，在此不揣浅薄，愿跟大家分享我学习文件的点滴心得，希望能够抛砖引玉。我主要讲三个问题：一是简要介绍国发 2 号文件的出台经过；二是选择文件涉及的部分重大问题，谈一谈我的初步理解；三是从如何争取政策支持的角度，谈一谈我参加国发 2 号文件起草工作的体会。

一、国发 2 号文件出台的经过

（一）好事多磨

至迟自 2008 年以来，贵州一直在为争取中央早日出台支持贵州发展的政策性文件进行着不懈努力。2008 年底 2009 年初，在省委省政府的统一安排部署下，省发改委牵头组织省内有关专家学者出谋划策，提出请求中央出台支持贵州发展的政策性文件的理由以及政策框架。围绕贵州在中央打什么牌的问题，也就是寻找切入点的问题，当时大家讨论非常热烈。[1] 有人说贵州少数民族人口数量居全国第三位，应该打"民族牌"；有人说，贵州是长江、珠江上游生态安全屏障，应该打"生态牌"；也有人说贵州是全国贫困问题最突出的省份，应该打"贫困牌"。最后综合大家意见，省委省政府于 2009 年 6 月给中共中央、国务院打了一个请示报告，请求国家支持贵州推广毕节试验区科学发展经验、建设生态文明示范区。在这份请示报告的附件的第五部分，省委省政府明确提出"请求国务院出台支持贵州加快经济社会发展的政策性文件"。2009 年下半年，国家发改委复函贵州，以毕节试验区经验尚需进一步总结提升等为由，没有同意贵州的请求。2009 年第四季度至 2010 年 2 月，根据国家发改委要求，贵州组织相关力量对复函中所提的有关问题进行了认真梳理，于 3 月全国"两会"期间再次向国家发改委作了汇报。[2] 但就在这个时候，贵州发生了百年不遇的特大旱灾，温家宝总理亲临贵州视察灾情，他大力倡导"不怕困难、艰苦奋斗、攻坚克难、永不退缩"的贵州精神，同时确定给贵州出台水利建设生态建设和石漠化

---

[1] 当时笔者参加做了一些基础性工作。
[2] 笔者是汇报材料的主要执笔人之一。汇报材料主要包括四个方面的内容：（一）2000 年以来贵州经济社会发展的主要成就；（二）毕节试验区的经验；（三）贵州的战略定位、发展目标和发展重点；（四）请求国家给予贵州的支持政策。

治理综合实施规划（俗称"三位一体规划"）。救灾如救火，全省一边集中力量抗旱救灾，一边加紧编制"三位一体规划"，争取中央出台支持贵州发展的政策性文件的工作重点暂时有所调整。

另外，当时有一种说法，据说中央原则上不再针对单个省区出台支持文件。鉴于这种情况，贵州的领导就在想，如果说争取中央针对全省出一个支持文件有困难，那么能不能搞一个区域发展规划，把我们想要的东西装进去呢？于是编制黔中经济区规划的设想应运而生。黔中经济区是列入全国主体功能区规划的 18 个重点开发区域之一，也是国家实施新一轮西部大开发布局中的 12 个重点经济区之一。新形势下推进黔中经济区率先发展，有利于探索内陆欠发达地区后发赶超、实现跨越的新途径，有利于保障区域能源安全和经济安全，有利于进一步优化国家生产力布局，有利于带动贵州民族地区共同发展，实现贵州与全国同步建成小康社会宏伟目标。根据省委省政府的指示，2010 年 10 月至 2011 年 7 月，省发改委组织省社科院、贵州大学等单位的专家[①]，编制完成了《黔中经济区发展规划》，并经省委常委会和省政府常务会议通过后，上报国家发改委审批。

到 2010 年底，尽管贵州努力争取，做了大量的工作，但由于多方面原因，文件还是没有出来。国家层面至少出台了十几个区域发展规划或政策性文件，西南地区唯独把贵州排除在外；因此贵州被北京的一些学者称作国家优惠政策的"塌陷地"，事实上被边缘化了，大多数经济社会发展指标在全国均处于挂末位置，虽然个别指标与全国的相对差距在实施西部大开发战略以后有所缩小，但绝对差距仍在持续扩大。

（二）好梦成真

正当大家感觉到贵州要争取到中央的综合性政策支持一时还比较困难，甚至为此多少有些沮丧的时候，转机开始出现。2010 年底，温家宝总理、贾庆林主席、李克强副总理、回良玉副总理分别在国家民委《关于报送贵州民族地区发展存在的问题及建议的报告》上作出批示，要求国家发改委会同有关部门统筹研究并提出支持贵州民族地区发展的建议。2011 年初，省发改委成立了"争取国务院出台支持贵州民族地区加快发展的若干意见基础研究"课题组[②]，为正式向中央提出相关政策要求做了大量准备。

2011 年 5 月 31 日至 6 月 4 日，全国政协副主席王刚率全国政协常委视察团到贵州视察调研。视察团在随后提交的视察报告中就支持贵州发展向党中央、国务院提出了四条重要建议：一是制定一个全面支持贵州加快发展的政策性文件，二是指导贵州编制好黔中经济区发展规划、产业发展规划、毕节试验区规划等重要规划，三是加大对贵州教育事业发展的支持力度，四是帮助解决交通、水利、生态建设和环境保护等当前制约贵州经济社会加快发展的几个突出问题。

2011 年 6 月 21 日，省委书记栗战书、省长赵克志向温家宝总理汇报、请示，请求国务院出台支持贵州民族地区经济社会发展的意见。温总理指示，由国家发改委牵头，帮助制定促进贵州经济社会又好又快发展的文件。由此，拟出台文件的覆盖范围由贵州部分区域（黔中经济区和民族地区）扩大到了全省，相关工作全面提速。

7 月初，国家发改委向国务院上报《关于研究制定进一步促进贵州经济社会又好又快

[①] 参加《黔中经济区规划》编制的专家主要有省社科院刘庆和、贵州大学洪名勇、李晓红等。
[②] 除省发改委相关外室的人员外，课题组的核心成员包括：省社科院刘庆和、贵州大学洪名勇、李晓红、省政府发展研究中心杨志伟、省委政策研究室李庆滑等。

发展意见的请示》，温家宝、李克强、马凯同志圈阅同意。

7月中旬，省发改委组织省社科院刘庆和、省委政策研究室李庆滑等同志，到国家发改委汇报贵州关于文件起草工作的想法，并与其共同敲定了文件的初步提纲，研究制定了文件的起草工作方案，成立了工作班子。国家发改委要求贵州在8月中旬拿出初稿。

7月下旬，根据省委省政府的安排部署，省发改委成立了由省委政策研究室、省发改委、省政府研究室（发展研究中心）、省工信委、省民委、省社科院、贵州大学等单位的相关领导和专家组成的起草小组。受有关领导委托，省社科院刘庆和研究员担任起草小组统稿人。起草小组在某地"封闭"，至8月13日，历经10余稿，形成了贵州版的"2号文件"，经有关领导审定后，于8月14日上报国家发改委。

9月中旬至下旬，由国家发改委牵头、杜鹰副主任带队，组织41个国家部委组成联合调研组，到贵州进行了为期8天的实地调研，形成了12个专题调研报告。

10月9日至10月底，国家发改委与贵州的相关部门和研究机构的领导、专家一起，研究形成了国家版的"2号文件"初稿。11月14日，形成征求意见稿并分送有关部委及贵州征求意见。

12月初，根据收集到的240条反馈意见，起草小组对征求意见稿进行了修改完善。经反复沟通协商，于12月24日形成送审稿，随即由国家发改委正式上报国务院。

2012年1月12日，国务院正式下发国发2号文件。从我们到北京去研究写作提纲到文件的正式公布，历时刚好半年。

国发2号文件是国家为我省量身定做的一个含金量很高的综合性政策文件，是指导当前和今后一个时期我省经济社会发展的纲领性文件，是党中央、国务院在我省发展的关键时期作出的重大战略决策，凝聚着党中央、国务院和中央领导同志的关怀和心血，凝聚着国家有关部门的智慧和劳动，凝聚着全省各级各部门和广大人民群众的不懈努力。围绕促进贵州又好又快发展，文件共提出了176项重大项目、119项重大政策、13项重大专项规划、30项重要试点、示范，如此多的"干货"，在其他类似文件中是罕见的。在参加文件起草过程中，我曾深入思考；在文件出台后，我又反复学习，越来越感觉到：对我省而言，这份文件具有划时代的里程碑意义，必将对我省经济社会发展产生重大而深远的影响。

二、对若干重大问题的初步理解

国发2号文件包括11个部分、54节，涵盖了贵州经济社会发展的各主要方面。在这里，我主要就总体要求、"三大能力"建设和支持政策谈一谈我的初步理解。

（一）关于战略定位、发展目标与空间布局

在"总体要求"这一部分，国发2号文件提出了贵州经济社会又好又快发展的重要意义、指导思想、基本原则、战略定位、发展目标和空间布局。这里我重点谈谈战略定位、发展目标和空间布局。

1. 关于战略定位

国发2号文件明确了贵州在全国发展格局中"四基地一枢纽"和"三区一屏障"的战略定位，即：国家重要的能源基地、资源深加工基地、特色轻工业基地、以航空航天为重点的装备制造基地和西南重要陆路交通枢纽，扶贫开发攻坚示范区、文化旅游发展创新区、民族团结进步繁荣发展示范区、长江珠江上游重要生态安全屏障。

国发 2 号文件对贵州的战略定位是在准确判断贵州经济社会发展所处的阶段、面临的主要矛盾和主要任务，深入分析贵州所具有的资源优势、区位特点、基础条件和发展潜力的基础上，从实现全面建设小康社会目标、促进区域协调发展、实现民族团结、社会和谐和可持续发展的战略全局出发做出的重大战略决策。

贵州是我国西部多民族聚居的省份，也是贫困问题最突出的欠发达省份，正处在实现历史性跨越的关键时期。贫困和落后是贵州的主要矛盾，加快发展是贵州的主要任务。贵州地处西南腹地，是西北、西南联系华南及大湄公河流域地区的桥梁和战略通道，是长江、珠江上游重要生态安全屏障。贵州能源、矿产资源富集，生物多样性良好，极具开发潜力；水火互济的能源工业，以煤及煤化工、磷及磷化工、铝及铝加工等为代表的资源深加工业，以烟酒、特色食品、民族医药等为主的特色轻工业和以航空航天为重点的装备制造业优势较明显，发展潜力巨大。贵州自然风光绚丽秀美，四季气候清新宜人，民族传统文化多姿多彩，红色文化影响深远，具有实现文化和旅游产业大发展的突出优势。建设"四基地一枢纽"和"三区一屏障"，进一步促进贵州经济社会又好又快发展，使贵州尽快实现富裕，是西部和欠发达地区与全国缩小差距的一个重要象征，是国家兴旺发达的一个重要标志。

2. 关于发展目标

国发 2 号文件明确要求，到 2015 年，贵州全面建设小康社会实现程度要接近西部地区平均水平，2020 年实现全面建设小康社会奋斗目标。

国发 2 号文件提出的发展具体目标涵盖基础设施建设、产业结构调整、"三化"协调发展、节能减排、生态建设和环境治理、社会事业与扶贫攻坚等领域，全面体现了科学发展、统筹协调、以人为本、改革创新的原则思路和"又好又快"、"既赶又转"的具体要求；虽然只提出了森林覆盖率这一项定量目标，但各类目标实际隐含的量化内容却十分丰富。国发 2 号文件所提出的发展目标中，最核心、综合和根本性的是全面建设小康社会。2010 年，贵州全面建设小康社会实现程度首次突破了 60%，但与全国的 80.1%相比仍落后 8 年，与西部平均的 71.4%相比至少落后了 2~3 年。贵州要确保完成国发 2 号文件提出的全面建设小康社会的目标任务，发展必须大幅提速。根据《全面建设小康社会统计监测方案》，全面建设小康社会指标体系由经济发展、社会和谐、生活质量、民主法制、文化教育、资源环境6 个方面 23 项指标组成，其中权重最大和最具标志性的指标是人均生产总值。2010 年，贵州人均生产总值 13119 元，仅及全国平均水平的 43.74%、西部平均水平的 58.37%。仅就这一项指标而言，要完成国发 2 号文件提出的目标任务，未来几年贵州经济增长速度就需要达到 14%，考虑到贵州历史欠账较多的实际情况，实际增速还需要更快。

3. 关于空间布局

国发 2 号文件提出：按照"黔中带动、黔北提升、两翼跨越、协调推进"的原则，充分发挥黔中经济区辐射带动作用，加快建设黔北经济协作区，积极推动毕水兴能源资源富集区可持续发展，大力支持"三州"等民族地区跨越发展，构建区域协调发展新格局。

我认为，这是一个既实事求是，又独具战略眼光的科学而有创意的空间布局。黔中经济区是引领贵州经济社会发展的发动机和火车头。以贵阳—安顺为核心，以遵义、毕节、都匀、凯里等城市为支撑，着力打造黔中经济区。推进贵阳—安顺经济一体化发展，加快建设贵安新区。重点发展装备制造、资源深加工、战略性新兴产业和现代服务业。黔北经济协作区是提升贵州经济社会发展的助推器。以遵义、铜仁为节点城市，以黔北、黔东北为腹地,积极构建连结成渝经济区和黔中经济区的经济走廊。重点发展航空航天等装备制造、金属冶炼及深加工、化工、特色轻工、旅游等产业。推进武陵山地区经济协作和扶贫攻坚。毕水兴能源资源富集区和"三州"等民族地区是推动贵州经济社会崛起腾飞的两条翅膀。以毕节、六盘水、兴义为节点城市,充分发挥能源矿产资源优势,建设我国南方重要的战略资源支撑基地。重点发展煤电煤化工、钢铁有色、汽车及装备制造、新能源等产业。深入推进毕节试验区建设。加快推进黔东南州、黔南州、黔西南州及其他民族自治地方跨越发展。重点发展文化旅游、磷煤化工、新型建材、民族医药和农林产品加工业,打造具有国际影响的原生态民族文化旅游区。四大经济区域并不是截然分开,而是你中有我、我中有你、相互联系、相互配合、相互促进;资源禀赋各具特色,产业分工各有侧重,形成各区域有机协调、共同推动贵州实现历史性跨越的良好格局。

(二)关于"三大能力"建设

国发2号文件全面阐述了贵州"三大能力"建设,即:加强交通基础设施建设,提高发展支撑能力;全面实施"三位一体"规划,增强可持续发展能力;壮大特色优势产业,增强自我发展能力。

1.关于发展支撑能力建设

国发2号文件指出:坚持把交通基础设施建设放在优先位置,按照统筹兼顾、合理布局、适度超前的原则,加快构建现代综合交通运输体系,打破交通瓶颈制约。

大交通包括陆路交通、航空、水运、管道运输和网路交通等。这里我重点谈谈陆路交通、民航和水运。

关于陆路交通,国发2号文件提出,要建设西南地区重要的陆路交通枢纽。加强贯通东西、连接南北的铁路大通道建设,提高运输能力,扩大路网覆盖面;加快干线铁路建设,打通与外部区域的快速通道;完善路网结构,逐步形成新的对外通道;继续实施铁路电气化改造,形成布局完善、功能协调的区域综合交通枢纽。加快建设国家高速公路网贵州境内路段,打通连接周边地区的公路通道;完善省内干线公路网络,力争相邻市(州)通高速公路;扩大国省道路网覆盖范围,基本实现具备条件的县城通二级及以上标准公路;到2020年基本实现村村通油路。配套提出了众多的建设项目。

国发2号文件将我省定位为西南重要陆路交通枢纽,突破了国家既有的《中长期铁路网规划》、《国家高速公路网规划》等各专项交通发展规划,在交通路网布局、项目规模等方面对我省给予了很大倾斜支持。根据省发改委有关部门的初步计算,国发2号文件拟支持我省建设的铁路达4500公里左右,超过现有铁路里程2倍;高速公路2500公里左右,超过现有高速公路里程1倍。"十二五"和"十三五"时期,我省将贯通大量干线铁路、干线公路,建成贵阳、六盘水、毕节、安顺等一批铁路枢纽和贵阳、遵义、六盘水、毕节、都匀等公路运输枢纽,路网结构日趋完善,路网质量将得到大幅提升。到2015年,基本实现县县通高速公路目标。到2020年,全省高速公路网规划目标基本实现;铁路、公路交通网络四通八达,更加凸现我省作为西南地区重要的陆路交通枢纽的战略地位。

关于民航和水运,国发2号文件提出,要推进贵阳龙洞堡西部地区重要枢纽机场建设,发展临空经济,适时建设三期扩建工程,新增和加密直达日韩、东南亚及国内大型枢纽机场的客货运航线航班,并加快支线机场建设;积极发展水路运输,规划研究打通西南地区连接长三角、珠三角地区水运通道,重点推进红水河龙滩、乌江构皮滩等水电枢纽通航设施建设，支持都柳江干流航电结合梯级开发，因地制宜发展库区航运特别是旅游客运。

省发改委有关领导和专家认为：国发2号文件突破了《全国民用机场布局规划》的原有布局，将贵阳龙洞堡机场定位为西部地区重要的枢纽空港加以重点发展，全省机场布局在国家原规划"一干十支"的基础上新增规划3个支线机场，形成"一干十三支"格局，航空客货运输也将在国家支持下得到加速发展。同时，文件的出台还将大大促进我省水运资源的更加充分的开发利用，有助于实现我省打通北上长江、南下珠江的水运主航道的水路运输规划重要目标。

2.关于可持续发展能力建设

国发2号文件指出：坚持把实施《贵州省水利建设生态建设石漠化治理综合规划》放在重要位置，努力消除工程性缺水和生态脆弱的瓶颈制约，促进经济社会可持续发展。

贵州人均水资源占有量高于全国平均水平，但水资源开发利用成本相对较高，骨干水源工程少、抗灾能力弱，工程性缺水矛盾十分突出。贵州地处两江上游，生态地位十分重要，但生态环境极其脆弱，特别是石漠化问题严重。这些问题与贫困问题相交织，大大阻碍了贵州建设全面小康社会的进程。为此，国发2号文件提出要加大水利建设力度，扎实推进生态保护与建设，突出抓好石漠化综合治理，加强环境保护；配套提出了一系列工程项目；明确了到2020年全省工程供水能力达到159.4亿立方米、灌溉供水保证率达到75%、新增有效灌溉面积515万亩、改善和恢复有效灌溉面积715万亩、石漠化综合治理工程全面覆盖工程小区等目标任务。把水利建设从基础设施建设中剥离出来，并将其与生态建设和石漠化治理统筹考虑，这是国发2号文件的一大特色，找准了制约贵州长远发展的困难因素，相关部署合乎贵州的实际，有利于全省上下真正形成"既要金山银山，也要绿水青山"的重要共识；相关项目的实施，将大大增强水利保障力，有效遏制石漠化不断扩大的趋势，有效提升生态环境承载力，促进贵州经济社会的可持续发展，也有利于我国两大经济引擎——"长三角"、"珠三角"的生态安全和经济社会的可持续发展。

3.关于自我发展能力建设

国发2号文件提出，要按照市场需求导向、发挥资源优势、优化空间布局、促进转型升级的要求，坚定不移地走新型工业化道路，加快构建现代产业体系。做大做强能源产业，大力发展资源深加工，加快装备制造业，积极发展特色轻工业，培育发展战略性新兴产业，大力发展现代服务业，提高科技创新支撑能力。配套明确了重点产业发展方向。

贵州能源矿产资源、农业生物资源、文化和旅游资源富集，交通、水利和信息基础设施近几年来正以前所未有的速度得到改善，三次产业大发展的有利条件越来越突出。然而遗憾的是，就在这个节骨眼上，反对贵州工业化的声音开始高亢起来。这个声音不仅在贵州内部较大，在北京也相当响亮。一些人把工业发展和现代服务业发展对立起来，有的人（如北京大学吴必虎教授）甚至公开呼吁"贵州应坚定不移地放弃工业化"。我认为，这样的主张不仅有悖于经济学常识，对贵州的发展也没有好处。

联合国工业发展组织《2009年工业发展报告》指出：工业化是经济发展的根基；只有那些拥有极其丰富的土地和资源的国家，才能够不通过工业化而获得了成功的发展。贵州土地稀缺，能矿资源和其他资源相对丰富，如果不对资源进行深度开发，不通过工业化打牢经济发展的根基，就不可能将资源的相对优势转化为经济优势，实现全面小康和现代化就只能是一句空话。

我曾经就贵州的煤炭资源粗略地算过一笔账：贵州煤炭资源保有储量500多亿吨，按现行国际市场价格计算约合35万亿元人民币，每个贵州常住居民大约可以摊上100万元！这意味着，如果我们能够用好我们的煤炭资源，对其进行深度的开发利用，理论上我们每个贵州人都可以成为百万富豪！但是如果不搞工业，不开发，这35万亿就只能是埋在地下，变不成现实的收益；要将它变成现实的收益，唯有开发，唯有搞工业。

其实，我省的资源优势又何止表现为煤炭这一项！据国土资源部门的统计，我省有48种矿产资源位居全国总量的前十位，除煤以外，磷、铝、金、锰、重晶石等也都是贵州的优势矿种。不仅如此，我省的农业生物资源、文化旅游资源也十分丰富。上天青睐贵州，赋予贵州丰富的能矿资源、文化旅游资源和农业生物资源，就是希望我们利用好这些资源来发展工业、旅游文化产业和特色农业；就像上天赋予我们每个健全的人两条腿，是希望我们用两条腿来走路一样，我们为什么因为要发展旅游文化产业而自觉不自觉地将其与发展工业对立起来呢？为什么要"自废武功"只用一条腿来走路呢？

所以，问题不在于我们要不要搞工业、要不要走工业化道路，而在于怎样搞工业和走什么样的工业化道路。关于这一点，国发2号文件作了明确回答，这就是：坚定不移地走新型工业化道路，加快构建现代产业体系。我认为，只要按国发2号文件关于我省产业发展的相关部署去做、去落实相关的产业项目，贵州就完全能够夯实发展的根基，确保与全国同步实现全面建成小康社会的宏伟目标。

（三）关于政策支持

针对贵州实际，国发2号文件从财税、投资、金融、产业、土地、人才、对口支援等七个方面提出了119项支持我省加快发展的重大政策。

1. 关于财税政策

国发2号文件提出加大财政支持力度、推进资源税改革、完善水电税收、对符合条件的战略性新兴产业企业实行加速折旧和加大中央集中彩票公益金支持力度等项政策，明确指出：充分考虑贵州的支出成本差异，进一步加大中央财政均衡性转移支付力度，逐步缩小地方标准财政收支缺口，中央财政在现有资金渠道内加大对交通、水利、教育等领域支持力度。进一步推进资源税改革，适当提高部分黑色金属矿原矿、有色金属矿原矿和其他非金属矿原矿的税率标准。研究完善水电税收政策，进一步使当地分享开发成果。航空航天、电子信息、装备制造、生物医药、新能源等产业企业符合规定条件的，其固定资产可实行加速折旧。适当加大中央集中彩票公益金支持力度，促进贵州社会公益事业协调发展。

贵州财政是典型的"吃饭财政"、"要饭财政"。经济不发达，财税收入少。受石漠化面积广、地表起伏度大、自然灾害多、民生艰苦等因素的刚性约束，财政支出成本高，因此长期以来存在较大的收支缺口。2011年，全省一般预算收入773.18亿元（其中税收收入517.89亿元），一般预算支出2244.32亿元，支出超过收入1.9倍，收支缺口达1471.14亿元。贵州煤炭资源相对富集，煤种齐全、煤质优良，煤炭资源保有储量超过南方12省（区、市）的总和，居全国第5位；同时，黑色金属、有色金属等矿产资源种类繁多，分布广泛，储量较大。但是，由于目前煤炭、黑色金属、有色金属以及其他非金属矿资源税均实行从量计征且税额偏低，随着近几年资源价格不断上涨，其调节资源级差收入以及促进资源节约和合理开发利用的职能日趋弱化。

国发2号文件提出的有关财税政策的实施，将有利于弥补贵州财政收支缺口，增强一般预算收支平衡能力；有利于能源矿产优势资源的节约集约开发利用，并进一步使本地真正分享优势资源开发的利益；有利于增强相关产业企业特别是航空航天、电子信息、装备制造、生物医药、新能源等产业企业的未来竞争力，进一步开拓财源；有利于提升贵州财政的自我持续能力。

2. 关于投资政策

国发2号文件明确指出：国家有关部门专项建设资金要提高对贵州公路、铁路、民航、水利、市政公用等建设项目的投资补助标准和资本金注入比例。中央安排的公益性建设项目，取消县以下（含县）以及集中连片特殊困难地区市地级配套，明确地方政府责任，强化项目监督检查。

受"吃饭财政"、"要饭财政"的制约，贵州不但自主投资能力很弱，投资配套能力也十分有限，加之自然地理条件差、建设成本高等原因，很多想办也急需办的事情没有办法办成，很多想建也急需建的项目没有办法开建，即使勉强开建也难以保证工期和质量，结果导致交通、水利、市政公用设施等基础设施建设严重滞后，极大地制约了当地的生产发展和人民生活水平的提高。2010年，贵州人均全社会固定资产投资8851元，仅为全国平均水平的42.67%；人均生产总值13119元，仅为全国平均水平的43.74%。

国发2号文件提出的相关政策的实施，将在很大程度上提升贵州交通、水利、市政公用等设施建设项目的资金保障水平，极大地减轻各县及县以下以及绝大部分市州建设资金配套压力，增强地方融资能力，保证交通、水利、教育等重点领域的项目建设有序推进，提高项目建设的质量，为我省加速发展、加快转型、推动跨越打下坚实基础。

3. 关于金融政策

国发2号文件明确指出：要进一步加大对贵州的信贷支持力度。增加再贷款、再贴现限额，对当地法人金融机构实施较低的存款准备金率。加大扶贫贴息贷款支持力度。进一步完善农村金融机构定向费用补贴政策。增加农业保险保费补贴范围。鼓励国内外金融机构在贵州发起设立新型农村金融机构。鼓励保险资金探索参与贵州交通、能源、水利、市政公用及电网改造等基础设施和重点产业项目建设。加强地方政府和金融监管部门的沟通协调，鼓励银行业金融机构加强合作，支持贵州设立创业投资引导基金，扶持发展创业投资，规范发展股权投资。推进市政公用事业市场化进程，开放基础设施投资领域，实现投资主体多元化。

贵州金融发展滞后。一方面是金融机构和网点不足，金融资产在全国的占比很小，另一方面对金融工具的综合应用也很不充分，金融机构信贷余额与生产总值的比率偏低，难以形成对当地经济社会发展的持续有力支撑。特别是在执行国家紧缩性货币政策的过程中，信贷收缩，往往卡住了贵州企业的脖子，这是以往贵州每经历一次紧缩性宏观调控与全国的发展差距就拉大一次的重要原因之一。此外，贵州地方法人金融机构普遍存在资金来源渠道狭窄、信贷投放能力不强等问题，农村金融供求矛盾也十分突出。

在资本市场体系建设发展还很欠缺的情况下，国发2号文件提出的相关金融政策的实施，一方面将有助于为贵州实施工业强省、城镇化带动战略和加快农业现代化进程提供较为稳定的金融支持；另一方面也将有助于完善地方金融机构体系，并为金融资金进入基础设施投资和重点产业建设领域指明了方向、开辟了道路。

4. 关于产业政策

国发2号文件明确指出：实行差别化产业政策，在国家产业政策允许范围内，适当放宽贵州具备资源优势、有市场需求的部分行业准入限制。对有条件在贵州加工转化的能源、资源开发利用项目，予以优先规划布局并优先审批核准。合理确定贵州节能减排指标。加大中央财政对淘汰落后生产能力的支持力度。支持开展煤炭矿业权审批改革试点，积极指导贵州加快煤炭矿区矿业权设置方案的编制和修编工作，合理布局和有序投放矿业权。重点煤炭资源开发项目，使用中央地勘基金、省财政出资的煤炭勘查项目，国家规划明确的煤炭资源开发配套勘查项目以及已设煤炭采矿权的资源枯竭大中型矿山企业周边和深部不宜单独设置采矿权的零星分散煤炭资源勘查项目，优先审批设置探矿权。对页岩气、煤层气等非常规油气，优先保障当地居民用气和在当地转化利用。

我省具有明显的能源、矿产、生物资源优势，且资源组合态势良好，但相关产业发展却存在着速度慢、规模小、产业链短、产业幅窄、加工度和附加值低等突出问题，又面临节能减排压力巨大、转型升级任务繁重等特殊困难，不仅没能把资源优势真正转化为经济优势，反而逐渐陷入了一方面廉价外售能源和初加工产品，另一方面又高价购买本可在本地生产的精深加工产品的尴尬处境，导致本地经济"失血"严重，振兴产业困难加大。

与国发2号文件第四部分提出的产业政策措施相比，这里提出的产业政策主要着眼于给贵州的产业发展松绑、减压、止血和增强造血功能；相关政策的顺利实施，将有效促进煤电钢、煤电铝、煤电化、煤电磷等一体化和资源深加工业加快发展，提高资源就地转化率，切实把资源优势转化为经济优势。

5. 关于土地政策

国发2号文件明确提出：全面完成新一轮土地利用总体规划的编制工作，在不突破规划的约束性指标的前提下，支持贵州建立和完善土地利用总体规划严格管控、动态评估与适时修改机制。在贵州开展国土规划编制试点。在安排土地利用年度计划、城乡建设用地增减挂钩周转指标等方面加大对贵州的倾斜力度。支持贵州健全并落实严格的节约集约用地制度。支持创新土地利用方式。将贵州确定为全国开发未利用低丘缓坡实施工业和城镇建设试点地区，相关指标单列管理。支持探索通过土地整理提高耕地质量等级、折抵新增耕地占补平衡指标的途径。在毕节试验区推进国土资源管理制度配套改革试点。

贵州是全国唯一没有平原支撑的喀斯特山区省份，建设用地823.19万亩，仅占全省土地总面积的3.12%，未利用地3320.12万亩，占总面积的12.57%。随着"加速发展、加快转型、推动跨越"主基调的确立和工业强省、城镇化带动两大战略的实施，全省各地对建设用地的刚性增量需求呈"井喷式"爆发，供需矛盾十分突出，保障发展和保护土地资源的"双重压力"前所未有，形势十分严峻，必须以创新思维来思考和对待。

国发2号文件提出的土地政策最突出的亮点体现在试点探索内容多、创新力度大。"三试点一探索"所预留的政策空间较广阔，如果能深入把握其精髓并创造性地落实在试点探索工作中，则不仅能有效破解我省发展所面临的日益严峻的土地瓶颈问题，还能相应带动相关投资项目落地，实现土地资源更加科学合理配置，切实解决保障发展与保护土地资源的矛盾。

6. 关于人才政策

国发2号文件明确指出：支持贵州进一步优化人才发展环境，健全引进、培养、使用人才的激励机制。加大东部地区、中央国家机关、中央企业与贵州开展干部双向挂职、任职交流工作的力度。依托国家重大人才工程，支持贵州各类人才队伍建设。国家"千人计划"、"百人计划"、"西部之光"、"博士服务团"和"新世纪百千万人才工程"等人才和引智项目向贵州倾斜。实施"贵州专门人才培训工程"和"院士专家援黔计划"。支持建设遵义干部学院。逐步提高贵州机关事业单位职工工资水平，落实艰苦边远地区津贴动态调整机制，中央财政按规定给予补助。

按户籍人口计算，2011年，全省各类人才总量214.7万人，仅占人口总数的5.09%，占比比全国低4.6个百分点，比四川、重庆低2.48和7.26个百分点；全省工程技术人员占专业技术人员的比重为10.3%，研发人员占专业技术人员的比重为2.95%，均低于全国平均水平；有数十万农村实用人才和其他各类人才在外省就业。现有人才资源无论在数量上还是质量和结构上，都与我省实施工业强省、城镇化带动战略和同步推进农业现代化的要求不相适应。

国发2号文件提出的人才政策体现了"双向结合、强基互动"开放式优化人才发展环境、促进人才成长和激励人才在贵州建功立业的政策思路。贵州要发展，人才是关键。切实落实相关政策，有利于为贵州发展集聚人才、培养人才，有利于进一步增强各类人才服务贵州、发展贵州的决心和信心，为实现全省经济社会的历史性跨越提供可靠的人才支撑。

7.关于对口支援政策

国发2号文件明确提出：鼓励东部发达城市对口支援贵州欠发达地区，确定"一对一"结对关系和主要任务，制定对口支援实施方案。编制相关专项规划。创新对口支援方式，支持支援方和受援方共建产业园区，推动招商引资、企业合作和利益共享。完善中央国家机关和企事业单位定点扶贫机制，实现对国家扶贫开发工作重点县全覆盖。发挥毕节试验区示范带动作用，鼓励和支持统一战线参与扶贫开发。引导社会力量开展多种形式的公益性活动，参与和支持贵州经济社会发展。

贵州是贫困面最广、贫困人口最多、贫困程度最深的省份。按2300元扶贫标准计算，贵州有1521万贫困人口；按1274元扶贫标准计算，贵州有418万极贫人口。武陵山区、乌蒙山区、滇黔桂石漠化区三大集中连片特殊困难地区覆盖了全省80.3%的国土面积和85.4%的贫困人口，涉及全省73.86%的县区、87.6%的贫困乡镇、82.5%的民族乡镇和84.3%的贫困村，这些地区扶贫攻坚的任务尤其繁重。

促进贵州加快发展是一项长期而艰巨的任务，动员和鼓励全国上下社会各界积极参与和支持贵州经济社会发展，特别是鼓励东部发达地区对口支援贵州欠发达地区，是非常必要的。这里着重谈谈"一对一"对口支援政策。笔者认为，国发2号文件提出的"一对一"对口支援、支援方和受援方共建产业园区、推动招商引资、企业合作和利益共享的这种对口支援模式，是一种双赢的模式，既可以真正帮助贵州发展，又可以让支援方在贵州的发展中拓展自己的发展空间，有效避免使对口支援流于形式，确保对口支援不会虎头蛇尾、半途而废，增强对口支援的实效。如果像过去那样，只是一味地要求支援方向受援方单方面提供"救济"或"输血"，而不能让其从支援行动中获得利益，那么这种支援的持续性和有效性就可能要大打折扣。

三、如何争取政策支持：参加国发2号文件起草工作的几点体会

接下来我再从如何争取政策支持的角度，简单谈一谈我参加国发2号文件起草工作的

几点体会。

在我国,"跑部"长期以来被当作一项重要的工作,"跑部"的效果一定程度上决定着我们工作的成效(所谓"跑部钱进")。那么,在"跑部"的过程中,除了做好必要的公关以外,我们还应该做好哪些"功课",才有可能以最小的成本争取到上面(国家)最大的支持呢?我觉得,至少还需要做好以下三项基础性工作。

(一)找准定位

国家凭什么支持你?国家要支持你,是因为你在全国的格局里很重要,是因为缺了你国家就没有办法实现某些预定的目标,是因为你虽然重要且前途远大但目前困难重重、单靠自身的努力无法完成国家赋予的重要任务……

找出自己目前和未来在国家及区域发展格局里的地位,这就是定位。但是要找准定位,必须深入分析自己具备的相对优势和相对劣势;只有找准了相对优势和相对劣势,才能扬长避短,或者扬长补短,确立自身的定位。在参加国发2号文件的过程中,我们反复问自己这样的一些问题:贵州的优势在哪里?劣势又在哪里?我们到底应该怎样给贵州定位?经过对大量数据资料的分析研究,我们总结出贵州的优势主要在于资源富集、区位重要、民族团结,劣势主要在于开发开放度低、基础薄弱、贫困问题突出。因此,按照"扬长补短"的思路,我们在贵州版的"2号文件"里提出了贵州在全国和区域发展格局中的战略定位,即:国家重要的能源、资源深加工、装备制造和特色轻工产业基地和国际知名旅游目的地,全国生态文明建设试验区(长江珠江上游生态安全屏障),全国扶贫开发攻坚示范区,内陆开放型经济战略新高地,民族团结富裕和谐示范区。从与国务院正式出台的国发2号文件的相关内容的比较可以明显看出,我们提出的这些东西基本上都得到了国家的采纳。

上级有关领导和专家一般都太忙,不一定完全清楚我们的相对优势和相对劣势,因此,我们不能把给自己定位的事情完全委托给上级有关人士来做。就拿前面提到的"四大基地"来说,对于我们将贵州定位为国家重要的"能源基地",北京的相关领导和专家基本上没有什么意见,对于"轻工产业基地"意见也不太大,但对于"资源深加工基地"和"装备制造基地"意见就很大。他们中的一些人认为,贵州生产的一般都是"傻、大、黑、粗"的东西,因此不适合在贵州布局资源深加工项目;又说贵州装备制造业规模小、实力弱,即使是贵州引以为豪的航空航天也只是为"神七"、"神八"等生产一些零配件(且"神舟"飞船也不是天天发射),因此在贵州建不成装备制造基地。但我们通过深入研究,找到了反驳他们的可靠证据:根据国家统计局、国家信息中心等的权威数据分析,1999年以来,贵州制造业质量竞争力指数持续高于西部平均水平;不仅如此,除了在煤炭、电力、优质白酒等领域,贵州在磷、铝等资源性产业和以航空航天为主的装备制造业等领域也都具有比较优势或竞争优势。这就有力地证明,我们关于贵州作为国家重要的资源深加工基地和装备制造基地的战略定位是站得住脚的。

(二)吃透政策

所谓吃透政策,就是要通过深入细致的研究分析,搞清楚政策条目的含义,特别是要搞清楚政策的效应,即政策可能产生的经济社会影响(包括对政府、企业、家庭、社会的短期影响和长期影响)。只有吃透了政策,我们才会明白我们到底需要国家给予我们哪些政策支持。

在国发 2 号文件的起草过程中，我们收集了几万字的政策条目。对其中的一些重要的政策，特别是对那些效应一时还看不清楚因而要不要写入文件还存在很大争议的政策条目，我们专门建立了计量模型来模拟分析它的效应，最后再根据研究结果做出决定。比如说，要不要将资源税改革的内容写入文件，在贵州内部就有很大的争议：一部分人认为，从新疆等地的试点情况看，资源税改革有利于地方发展，特别是有利于增强地方财政能力，因而主张将其写入文件；另一部分人则认为，资源税改革虽然短期内可能会增加地方财政收入，但从长期看将有损于资源性产业的竞争力，因而反对将资源税改革写入文件。对此，我们建立了一个计量模型来模拟煤炭资源税改革对地方政府、用煤企业、用煤家庭的影响，结果发现：煤炭资源税改革无论从长期还是短期看都对地方政府有利；对用煤企业和用煤家庭来说短期内的确会有一定的负面影响，但如果政府能够用增加的收入的一部分来弥补企业和家庭的损失，则这些负面影响可以得到有效控制；从长期看，煤炭资源税改革不仅不会损害用煤企业的竞争力，相反还会增强其竞争力。根据这些结论，我们把资源税改革的内容写入了文件。

在通过政策研究弄清楚了各项重大政策的效应以后，我们根据政策的净效应（等于正效应减去负效应）的大小对政策条目进行了分类排序；然后，将那些对国家、贵州（包括政府、企业、家庭、社会）净效应较大的政策条目纳入了我们的政策需求清单；最后再通过与有关方面的"博弈"，努力把对净效应最大的那些政策条目纳入到了文件之中。

（三）找准项目

在现今，要把上级的支持落到实处，最直接的方式之一就是落在具体的项目上。正因为如此，我们在起草文件的过程中十分重视寻找项目，多次通过发改委系统以及各地区各部门，收集了大量的备选项目。从实际效果看，项目并不是越多越好，也不是越大越好，而是越"恰当"越好。所谓"恰当"，就是所选项目要合乎战略定位和相关政策，并且预期拉动效果和联系效应较大，因而实施这些项目有助于战略目标的实现。

大家可能已经看到，与其他同类文件相比，国发 2 号文件的篇幅几乎长了三分之一左右。之所以有这么长的篇幅，一个重要原因就是它包括了很多的项目。这些项目都是根据国家对贵州的战略定位和有关支持政策设计的，有很强的针对性。

特别值得指出的是，前面提到要做的这些"功课"，其实都是在为寻求支持找理由和抓手。我认为，在寻找理由和抓手的时候至少要做到四个"说服"，才能提高相关工作的成功率：

第一，要能说服自己。如果自己都说服不了，说明我们存心忽悠，不要指望有什么好的结果。

第二，要能说服专家。在一个越来越讲究科学决策、民主决策的时代，专家的意见很重要。因此我们寻找到的理由和抓手要合乎学理，经得起专家的质疑；过不了专家这一关，一切都白搭。

第三，要能说服领导。领导是做决策的；因此我们要搞清楚领导所处的决策环境、所面临的约束条件和所关注的决策目标，只有那些合乎领导的决策环境、满足领导决策约束条件及决策目标的理由和抓手，才能真正打动领导并为其采纳。这不是投其所好，而是量体裁衣、对症取药。

第四，要能替领导说服他人。领导们总是很忙，但经常又不得不搞平衡；我们想得到的东西，别人多半也想得到，因此我们要替领导想好理由，去说服那些与我们的情况差不多的人。

【作者简介】

刘庆和，贵州省社会科学院院长助理、三级研究员、经济学博士，贵州省省管重点专家、贵州省宣传文化系统首批"四个一批"人才、贵州省十届政协委员。研究方向为：国民经济理论与政策分析、产业经济、经济增长与农业发展等。研究成果包括：专著《贵州经济年度模型与若干政策分析》、《中国农业——宏观经济联系研究》、《贵州经济运行分析与预测》等。论文《中国产业结构的宏观层次变动与经济增长的结构影响》、《经济增长、结构变化与人口城镇化》、《减免农业税的宏观经济效应：一个动态政策模拟实验》、《农业增长因素的总量生产函数分析:贵州的模型》、《APositive Study on the Structural Change in the Chinese Economy:1978-1997》、《欠发达地区的财政投入与城市化进程》、《西部农村合作医疗的资金供给为何不足——理论、证据与政策含义》、《农村人力资本损失与合作医疗资金供给机制之重构》等。获奖成果：《中国农业的宏观经济联系》获西南财经大学优秀博士论文"光华奖"（最高奖）；《贵州省十一五经济社会发展主要预期目标预测与分析研究》获贵州省哲学社会科学优秀成果二等奖；《贵州农业增长因素分析与对策》获贵州省哲学社会科学优秀成果三等奖；《中国农业——宏观经济联系研究》获贵州省哲学社会科学优秀成果三等奖。

中国西部农村改善民生提升农民"幸福指数"的创新之路

——习水县实施"三关"工程的调查与思考

雷厚礼

关注民生、重视民生,保障民生、改善民生,是党的宗旨的根本体现,也是中国特色社会主义的本质要求,是科学发展观的核心内容,是全面建成小康社会的基本任务,更是构建社会主义和谐社会的中心环节。为全面贯彻落实党的十六大以来保障和改善民生的重要精神,习水县从2007年7月开始,根据该县经济社会发展的新形势新特点、广大人民群众对改善物质文化生活的新关切新期待,在全县广泛组织实施了"关心外出民工、关爱留守儿童、关怀空巢老人"为主题的"三关"工程活动。这一活动对稳定农村社会秩序、推进社会主义新农村建设、加强和创新农村社会管理、着力保障和改善农村基层民众民生、提高基层服务型党组织建设的科学化水平,进行了积极而富有成效的创新性探索,走出了一条"党委领导、政府负责、社会参与、乡邻互助、家庭为主"的具有中国西部农村保障民生,提升农民"幸福指数"的创新之路。

一、习水县实施"三关"工程的重要意义

习水县从2007年开始的"三关"工程,已历经5年有余。五年来,县、乡、村三级持之以恒地开展的这项深受农民群众欢迎的民心工程、德政工程,确保农村长治久安、确保农民民生改善、确保党执政基础牢固的功能和作用日益明显,现实与历史的意义日见鲜明。

(一)一项确保农村长治久安的德政工程

毛泽东曾一再强调:农民问题是中国革命的基本问题;中国革命的实质是农民革命;农民的力量是中国革命的主要力量。新中国成立后,毛泽东还一再提醒全党,农民情况如何,对于我国经济的发展和政权的巩固,关系极大;革命靠了农民的援助才取得了胜利,国家工业化又要靠农民的援助才能成功。邓小平更是强调,农业是根本,不要忘掉;农业上如果有一个曲折,三五年转不过来。江泽民也指出:农民问题始终是我国革命、建设、改革的根本问题。十六大后,胡锦涛进一步要求把解决好"三农"问题作为全党工作的重中之重,明确指出"三农"问题始终是关系党和人民事业发展的全局性和根本性问题。习水县的"三关"工程,是对马克思主义重视"三农"工作思想的科学运用,解决的是农民最希望党和政府帮助解决的民生问题。因此,它是一项确保农村长治久安的"政保工程"。马克思主义的道理,千条万绪,归根到底就是一句话,"代表最广大人民的根本利益",不

断提高人民的幸福指数，让人民过得幸福、舒心和高兴。到今天，农民仍占我国人口的绝大多数。代表最广大人民的利益，让人民幸福、舒心和高兴，首先就要代表农民的利益，让农民幸福、舒心和高兴。因此，必须高度重视农民急需解决的问题，必须切实保障和改善农民民生。中国稳定的重点在农村，农村稳，天下安。农村稳的关键又在于农民的民生问题得到了真正的保障和改善。

站在中国历史的大背景下观察，中国的历史，在一定程度上就是一个不断满足农民民生要求的历史。尽管我们党在全国执政以后，一直把稳定农村作为国家安、天下稳的基石。但中国农民一直走着起义——皇朝政府——再起义这样一种治乱循环的道路。在现实的中国，农民也容易从反对走向抗争。对于这一现象，我们一定要作出相应的政策和制度上的调整，要依法满足农民的合理要求。

新中国成立以后的历史，在一定程度上也是一个不断保障农民民生、满足农民民生要求，调动农民积极性和创造性的历史。改革开放以来，中国各方面都有长足发展，成就举世瞩目。但农村问题和矛盾仍较突出，农民民生彻底改善难度仍然较大。解决好当今中国的问题，必须解决好农民民生问题。抓住农民民生问题，就是抓住了解决中国一切问题的牛鼻子。如果农民民生问题得不到有效改善，农村的稳定就会受到考验。没有农村的稳定就没有全国的稳定。农村稳定是全国稳定的基础。农村的安定和谐，是实现国家长治久安的最广泛最深厚的基础。外出民工的问题解决不好，农村留守儿童的问题解决不好，农村空巢老人的问题解决不好，农村就难以形成安定和谐、健康向上的良好氛围，农村的长治久安就可能是一句空话。要想国家安，社会稳，就必须着力改善农民的民生。

十六大以来，胡锦涛在很多讲话中都要求看问题、办事情要从巩固执政地位、完成执政使命的高度去思考。站在巩固执政地位的高度去观察，习水县委县政府领导、习水县委组织部牵头组织实施的"三关"工程，是巩固党的执政地位、实现党的执政使命的重要举措。把生活在农村的绝大多数农民的民生解决好，把农民的生存和发展处理好，是党的执政地位得以巩固的根本条件。没有一个富裕文明现代化的农村，就没有一个富裕文明现代化的中国；没有一个安定有序的农村，就不可能有一个安定有序的中国；没有农民民生的保障和改善，就不可能有真正的中国人民的幸福和快乐。解决好外出民工、留守儿童和空巢老人的一系列问题，真心实意地为他们办实事、做好事、解难事，是最大限度地减少农村不和谐因素、最大限度地增加农村和谐因素，促进全社会民生改善，实现社会公平正义，形成充满活力、安定有序的社会局面的有效手段，也是尽最大努力解决农民群众最直接、最现实、最紧迫的民生问题。因此，它是一项确保农村长治久安的德政工程。

（二）一项保障和改善民生的民心工程

早在2300多年前，孟子就曾说过，百姓最为重要，代表国家的土神谷神其次，国君为轻。所以，得到民心的做天子，得到天子欢心的做国君，得到国君欢心的做大夫。国君危害到土神谷神——国家，就改立国君。祭品丰盛，祭品洁净，祭扫按时举行，但仍然遭受旱灾水灾，那就改立土神谷神。孟子说出了一个天大的道理，为官者必须为百姓，再大的官——天子也要为百姓，只有得民心的人才能做天子。当今中国，更应将为民、民心放在发展的核心价值和终极目标的高度。不管什么工作，都要服从于"民生"，任何忽略、损害老百姓根本利益的行为，都是对共产党"以人为本、执政为民"执政理念的偏离与悖拗。习水县实施的"三关"工程，是对农村"三大人群"基本生存和生活状态以及基本发展机会、基本发展能力和基本权益的保护，它是一项保障和改善农民民生的民心工程。

马克思主义的社会历史观认为，人民群众是创造历史的根本动力。抓住民生问题，就抓住了发展依靠谁、为了谁，抓住了发展的动力、发展的关键，抓住了一个国家和社会的根本。改革开放30多年来，中国经济有了翻天覆地的变化。然而，经济指标的增长与发展，并不意味着农民民生也得到了全面根本的解决。因为不同的时期，农民对民生问题有不同的要求，农民对民生的要求与时代的发展具有同步性，其内涵和外延都会随着时代的发展而变化。改革开放的前30年，我们解决的主要是初级阶段的初级民生问题，即解决绝大多数农民的温饱问题。改革开放的后时代，农民的教育、就业、社保、收入分配、贫富问题等，将逐渐成为他们新的关注点。农民民生正在由单纯的物质要求转向全面化。仅从物质要求看，我们也必须看到，一部分农民群众对过上更好生活的要求在增强，对加快解决民生领域突出问题的期盼在提高；更应看到，还有一部分农民群众，基本的生存和生活都存在一定困难。他们应是各级党委和政府重视和解决民生问题时首先应该想到和给予帮助的人群。在坚持以民生为先、以民生为本、以民生为重时，应该以他们为先、以他们为本、以他们为重。习水县从2007年开始在全县普遍实施以"关心外出民工，关爱留守儿童，关怀空巢老人"为主要内容的"三关"工程，就是以帮助农村基本生存和生活都还存在一定困难的人群为先、为本、为重之举。

关心外出民工、关爱留守儿童、关怀空巢老人，就要为他们多谋民生之利，多解民生之忧，解决好他们最关心最直接最现实的生存与发展要求，使改革发展的成果同样惠及他们，同样保证他们也过上好生活。在社会变革、经济转型、矛盾易发多发的情况下，要始终坚持群众路线，站稳群众立场，愿做、敢做、善做困难群体的工作；就要愿做、敢做、善做外出民工、留守儿童、空巢老人"三大"人群的工作。"愿做"，就要增强群众观点，心甘情愿做"三大"人群的工作；"敢做"，就要敢于直面矛盾，不畏困难做好"三大"人群的工作；"善做"，就要讲究方式方法，积极主动做好"三大"人群的工作。在保障和改善外出民工、留守儿童、空巢老人的民生时，既注重抓大事，更注重从解决具体问题入手，把一件件小事办好；既注重普遍惠及他们，切实做好关心他们生产生活的工作，更注重他们之中特殊群体的特殊需求，做好关心、关怀无依无靠的留守儿童和空巢老人的工作，千方百计帮助他们排忧解难，努力把"三关"工程办成以人为本的利民工程、推动发展的基础工程、促进和谐的民心工程。

稳定是民生之盾，也是改善民生的重要内容。国泰才能民安，太平才会有盛世，社会和谐稳定历来是民心所向，众望所归。没有稳定，人民群众就会失去安全感。没有稳定，发展就无从谈起。没有发展，民生就没有保障。因此稳定是经济社会发展和民生最可靠的保障、最坚强的后盾、最基本的条件和最重要的内容。只有在稳定环境下，人民才能安居，安居才能发展经济，人民的聪明才智才有用武之地。稳定是福，动乱是祸。社会不稳定最受伤最无辜的，始终是农民；最受影响最受拖累的，也是农民；民生最没有保障最容易掉入火炕的，还是农民。纵观古今中外，环顾当今世界，动荡不安的国家和地区的人民总是生活在水深火热之中，而最受苦最受难的却总是农民。农民如果连最基本的生存权利都难以保障，还谈什么发展，还有什么民生。历史经验一再证明：唯有稳定，才能搞好经济建设；唯有稳定，人民群众才能和谐共处；唯有稳定，才能解决好民生；唯有稳定，才能实现社会的进步和发展。习水县的"三关"工程，无疑是维护农村稳定的一项治本之策，因此理所当然的是一项保障和改善民生的民心工程。

（三）一项巩固执政地位的固本强基工程

执政基础是执政党在执政过程中赖以掌握政权、巩固政权，保证事业成功所必备的根本条件和前提，是执政党赖以生存和发展的基本立足点。中国共产党的执政基础是一个庞大的系统，包括中国共产党执政的经济基础、政治基础和思想文化基础、社会基础、阶级基础、群众基础等诸多方面，是各方面基础的总和。随着中国共产党所处历史方位的重大变化，其执政基础也相应地发生了和发生着变化。

中国共产党在全国执政已经64年，执政基础发生了十分明显的变化。一是世界范围内经济结构的调整和国内改革开放的深入发展，使中国共产党执政的物质基础发生着重大变化；二是经济全球化的深入发展与世界政治的剧烈震荡，使中国共产党执政的政治基础发生着变化；三是社会分工的全球化与利益格局的重新调整，使执政的群众基础发生着变化；四是西方价值观念的渗透与网络文化的发展，使执政的文化基础发生着激烈变化；五是苏联解体、东欧剧变，社会主义仍处低潮，使党内的一些人，甚至使一些高级干部的理想信念发生着变化；六是随着中国经济、政治、文化的大变化，特别是"五个多样化"的进一步演变，使党执政的阶级基础发生着巨大变化。在这些重大变化中，有两点值得高度关注。一是被称为"老百姓"的那部分群众对当今中国社会阶层的划分：在他们的看来，当今中国社会，只有四个基本阶层：有权阶层、有钱阶层、有知识阶层、三无（无权、无钱、无知识）阶层。二是他们对三个阶层代际传递的担忧：权力的代际传递、贫富的代际传递、知识的代际传递。

这些重大变化，客观上要求党必须把巩固执政基础放在十分重要的位置。基础不牢，地动山摇。巩固执政基础，必须巩固其执政的物质基础——执政条件下社会生产关系和所形成的现实的物质力量的总和。巩固其执政的政治基础——执政的政治上层建筑，包括军队、法庭、警察、监狱等物质的政治力量基础，也包括政治思想、政治原则等非物质的政治力量。巩固其执政的思想基础——占统治地位的思想理论，理想信念，价值体系，道德体系等等精神力量基础。巩固其执政的组织基础——企业、农村、机关、学校、科研院所、街道社区、社会团体、社会中介组织、人民解放军连队和其他基层单位设立的党的基层委员会、总支部委员会、支部委员会。巩固其执政的社会基础——人民群众对党执政的政治秩序、政治制度、政权形式的信任、支持和认同。

在社会主义市场经济深入发展，改革开放不断扩大的条件下，巩固党的执政基础，要特别重视巩固执政的社会基础，即特别重视人民群众对党执政的政治秩序、政治制度、政权形式的信任、支持和认同。这里的人民群众，最主要的是广大的工人、农民、知识分子、机关干部、解放军。他们构成了党的执政的阶级基础。其中至为关键的又是农民，因为他们仍是当今中国最大的群体。

执政党在巩固自己的阶级基础的同时，又要不断扩大自己的群众基础。由于受现代社会政治生活复杂性的决定，政党在执政过程中总会面临着各种各样的矛盾：一方面，政党是一定阶级的组织，它必须代表特定阶层或集团的利益，具有明显的阶级倾向性，它要争取实现和维护特定阶级的利益；另一方面，政党所执掌的国家权力又是公共的，代表着全社会的权利。国家权力机关作为表面上凌驾于社会各种利益之上的力量，必须维护和实现全社会各个不同利益群体的利益。执政党要巩固自己的执政地位，就必须在一定程度上超越其所代表阶级、阶层利益的局限，尽可能地使自己的代表具有广泛性。巩固执政地位，其执政的群众基础越广泛越牢靠。

习水县在全县普遍实施"三关"工程，着力解决最大人群——农民中急需帮助的"三大"人群的民生问题，是巩固党执政的阶级基础和群众基础，特别是巩固党执政的社会基础（重视人民群众对党执政的政治秩序、政治制度、政权形式的信任、支持和认同）的重要之举。在习水的人群中，90%的还是农民，关心、关怀、关注他们中的"三大"人群，就是对自己的阶级基础和群众基础的关心、关怀和关注，对自己执政的社会基础的关心、关怀和关注。他们对党执政的政治秩序、政治制度、政权形式的信任、支持和认同，就形成了党在这个地方执政的最深厚、最广泛的社会基础。

从牢固和扩大党执政的民心民意资源看，习水县的"三关"工程，对牢固和扩大党执政的民心民意资源——人民对执政党执政的认同、信仰、忠诚和服从，同样发挥着重要作用。在现代社会，执政党的认同度和支持率既来自于"经济增长"，也来自于完善的社会认同系统，即民众在任何情况下都"满意"和支持执政党的执政主张。我们经常说的民心向背，是一个政权兴衰成败的关键的道理就在这里。改革开放以来，中国社会的一大变化，就是社会利益的多样化。"农民"不再是一个简单的"整体"，"农民"之间已经出现了利益上的这样那样的差别，并产生了某些矛盾。在这种情况下，准确把握"民心民意"，是一个十分重要而又十分复杂的问题。要高度重视社会大变革中农民群众中困难群体的利益诉求，防止社会张力的主体人群因利益损伤而诱发社会不稳定现象。要用动态的、发展的、与时俱进的眼光来分析"民心民意"。

执政学从"执政"的逻辑起点出发，认为任何政党在掌握国家政权后，必须在国家和社会之间寻求自己执政的合理空间，使人们产生和形成对现存的政治制度不是最好，但也是现实社会最适宜的制度的信仰，只有这种"信仰"才能使社会及其人民群众对现存的政治系统从心里认同、支持和忠诚。中共十六届三中全会以及以后的历次全会都一再要求一切工作要"以人为本"，就是要求执政者必须通过关心人、关怀人、尊重人、发展人等实实在在的关怀，生成人民群众对执政的认同，使人民群众在得到实实在在的好处、在这种制度下生活得舒心、顺心、安心的实际体验中，认同共产党的领导，认同社会主义，使党的执政获得源源不断的"民心民意"资源，形成牢不可破的民心民意基础。习水县的"三关"工程，不论是客观上还是主观上，都发挥了巩固党的执政基础的重要功效，起到了扩大执政的社会资源，牢固执政的阶级基础和群众基础的重要作用。

二、习水县实施"三关"工程的基本实践

从20世纪80年代中期开始，中国农村劳动力开始大规模由贫困落后的西部农村向城市或东、南部发达地区流动，其数量比世界上任何一个发达国家、发展中国家都庞大。中国特有的城乡分割的二元经济社会结构和与之相联系的户籍制度，使上亿（目前已有2亿多）农村外出务工人员只能"城乡两栖"、"无根飘零"。随着城市化、工业化的加速发展，农村青壮年人口外出数量继续攀升，进入婚育年龄人群继续增大，农村留守儿童、空巢老人的数量持续扩大，在日常生活中作为父母角色和子女角色的缺位现象更加明显。父母角色的缺位，使留守儿童生活环境不稳定，父母双亲关爱缺乏，生活、教育与发展受到明显影响；子女角色的缺位，则使年老体衰的空巢老人需要自己去应对生产、生活中的各种困

难，还要承受繁重的劳动负担和教养孙辈所带来的各种压力，引发了空巢老人经济贫困、照料缺失、精神孤独、安全隐患大、劳动负担重、家庭养老功能动摇等一系列问题。农村留守儿童和农村空巢老人承受着一系列本不该有的困境，而外出民工也生活在两头牵挂之中，为此而造成的工伤事故也屡见不鲜。

面对农村发展中出现的一系列问题，2005年10月的十六届五中全会提出，要按照"生产发展、生活宽裕、乡风文明、村容整洁、管理民主"的要求，扎实推进社会主义新农村建设。这五句话二十字的要求，涵盖了农村的经济建设、政治建设、文化建设、社会建设、环境建设的方方面面。实质是通过农村经济、政治、文化全面发展和全面进步，解决好以工促农、以城带乡发展新阶段面临的诸多农民民生问题。因为通过社会主义新农村建设，可以加快农村经济发展，增加农民收入，同时也减少农民流动，减轻因此而使国家潜藏着的诸多风险，更使亿万农民的潜在购买意愿转化为巨大的现实消费需求，拉动整个经济的持续增长。特别是通过加强农村道路、住房、能源、水利、通信等建设，既可以改善与农民民生直接相关的生产生活条件和消费环境，又可以消化当前部分行业的过剩生产能力，促进相关产业的发展。

在农村社会保障体系还很不完善的状况下，无论是外出民工，还是留守儿童、空巢老人，都需要关心、关爱、关怀。习水县实施的"三关"工程，正是源于中共十六届五中全会建设社会主义新农村的大背景。2006年3月，习水县委、县政府提出，必须解决好外出民工的系列问题。同年10月，开始在习水县二郎乡进行系统解决外出民工问题的探索。2007年3月，"关心外出民工，关爱留守儿童，关怀空巢老人"，即"三关"工程试点正式在二郎乡实施。2007年7月，中共习水县委、习水县人民政府下发《关于实施"关心外出民工、关爱留守儿童、关怀空巢老人"工程的意见》。《意见》对实施"三关"工程的重要性和必要性、总体要求和工作目标、具体工作和任务、组织领导和保障监督等作出了明确规定和要求。2011年，县委县政府又进一步提出"关心外出民工，以解家庭之困，破发展难题；关爱留守儿童，以解家庭之忧，促健康成长；关怀空巢老人，以解家庭之孝，促道德传承"的工作宗旨，要求努力实现"外出民工技能有提高、输出有组织、创业有平台、维权有保障；留守儿童心理有依赖、学习有进步、成长有关注、生命有阳光；空巢老人生活有照料、寂寞能排遣、生病能医治、困难有帮助"。全县各地各部门各单位以推进"三关"工程规范化、制度化建设为重点，着力加强和创新社会管理，着力提高党组织和党员干部服务农民的能力和服务水平，围绕保障和改善农民民生，提升农民"幸福指数"，开展了一系列创新性探索。

（一）多种服务关心外出民工

中共习水县委、习水县人民政府《关于实施"关心外出民工、关爱留守儿童、关怀空巢老人"工程的意见》提出，要创新思路、搭建平台，不断优化外出民工就业环境。习水在关心外出民工，优化外出民工就业环境时，主要搭建了三个平台。

1. 为外出民工搭建了技能培训和经费筹措平台

全县以培养新型农民为目标，充分利用"阳光工程"、"雨露工程"、"再就业工程"、"送温暖工程"等培训项目，分层次、分类别，多渠道开展"农业实用技术培训、农村劳动力非农技能培训、民工返乡创业培训、乡土能人培训"，不断做好外出民工培训就业和新增农村劳动力的技能培训工作，不断提高劳动力职业技能素质，增强竞争力。

——为了提高农村劳动力素质，习水县整合县职高、县农广校、县卫生学校、县劳动就业培训中心的师资、场地、设备等，多渠道、多途径开展职业技能培训，提高县内职业教育水平。还积极采用校企联合、校镇联合、校校联合等办法，开展与发达地区厂家和职业教育水平较高地区合作，不断加强对习水外出民工的职业道德教育和素质提升，打造劳务输出品牌。

——在珠三角、长三角建立了两个劳务输出基地，由输入地的用工单位出设备、出师资到习水开展培训，培训后直接输送到用人单位。既解决了参训学员的转移就业问题，又提高了培训的针对性。

——大胆探索"9+2"[①]和"12+1"[②]教育模式和在九年级部分学生中开展技能培训的教学改革，鼓励未升入高一级学校的初、高中毕业生到职业院校进行技能培训。

——利用每年春节外出民工返乡过节之机召开返乡民工座谈会，发放《农民务工培训读本》、《"三关"工程服务手册》等资料，对民工进行非农技能、农业实用技术、法律法规和职业道德等培训，提升民工综合素质和进城务工基本知识。

——习水县按照"渠道不乱、用途不变、捆绑使用、各记其功"的原则，统筹"阳光工程"、"贫困地区农村劳动力技能培训"等培训资金，积极探索培训费用政府补助、农民筹集、工厂垫资的模式，扩大培训覆盖面。

二郎乡在搭建外出民工技能培训平台时，坚持对有外出务工需求的劳动力，由乡劳保所牵头，农业站、林业站、农机站、畜牧站、中学等单位参与，有针对性地开设一些实用性强的课程和专业，开展多形式的劳动技能、心理健康、安全防范等培训；对未升入高一级学校的初、高中毕业生，鼓励其到职业院校进行技能培训。他们还印发了《外出民工就业维权服务指南》，并将外出民工就业技能、安全防范、食品卫生、法律援助、心理咨询、计划生育、性教育等方面的知识，汇编成册，分发给外出民工。2011年，全县组织培训外出民工达211次，参训民工有10443人，有针对性的创业培训400人，其中18人实现了创业。

2. 为外出民工搭建了用工信息和维权服务平台

在就业方面，习水县逐步建立和完善了县乡联网的劳动就业信息网络和劳动用工信息发布平台，建立健全了劳务市场信息网络。

——不断建立健全劳务市场服务体系。县农村劳动力转移办公室、就业办等相关部门加强与经济发达地区劳务合作，积极主动与用工企业联系、沟通、争取务工岗位，寻求用工订单；不断加大与各类用工企业和中介组织的联系合作，及时掌握各地用工信息，推荐就业岗位；先后引进了361度中国有限公司、广东佳能公司等20余家企业来习水招工，先后达成就业意向3000余人。

——通过春风送岗位、就业援助周、举办返乡民工招聘会等形式，搭建招工平台，千方百计为外出民工再就业创造条件。从2008年开始，全县每年印发招工信息宣传资料7800多份，搜集用工信息50多条；最少组织2次返乡外出民工专场招聘会，使一大批人达成了意向性就业协议。仅2009年，通过招聘会就转移农村富余劳动力10600人，其中有组织的

---

① 指对初中毕业后未升学的农村未来劳动力再进行2年职业培训。
② 指对高中毕业后未升学的农村未来劳动力再进行1年职业培训。

劳务输出 3974 人；通过就业援助，提供就业岗位 1500 余个。

——通过网络、电视、广播等载体，定期向社会公布劳务需求信息，向打算外出务工的农民群众及时、便捷地提供准确、可靠的劳务信息和就业信息，保证外出民工外出能就业，有工做。

——在各村选配劳务输出联络员。在外出时间长、活动能力强的外出务工人员中聘请劳务输出联络员。通过他们引导未出去的农民群众到外地务工。

——为外出民工提供维权服务。通过聘请维权联络员，建立维权联络QQ群等，切实为外出民工提供维权服务。县委组织部还牵头整合了工会、司法、劳动等部门的维权职能，建立多个部门联动的维权工作机制，完善维权工作网络，通过行政协调，司法援助等形式，为外出务工人员提供法律咨询、委托代理、司法救助等服务。2011年，习水县司法局开通了"12348"维权热线，制订了具体的法律援助实施方案，仅县劳动监察大队就为民工追讨拖欠工资 765.8 万元。仅 2009 年，全县各地就接到求助电话 984 个，解答和办理 982 个，开展法律咨询 1214 人/次，调解劳动纠纷 121 起，提供法律援助 15 件，累计为民工挽回损失 1000 余万元，帮助外出民工调剂岗位 5600 余人次，月增薪 200 元，培训外出民工 592人，582 人如意走上电工、驾驶员等岗位。据二郎乡的不完全统计，2007 到 2010 的三年，乡里共接到外出民工法律援助等各类来电 588 件，仅派干部调解处理外出民工在工地死亡事件一项就有 16 件。[①]二郎乡还针对外出民工工作强度大、容易产生精神焦虑的现象，开展心理疏导服务，开通了心理咨询服务热线，为外出民工提供免费咨询，帮助外出民工解决心理上的归属感和身份认同感问题，探讨子女教育和赡养老人等问题。

——组织外出民工开展自助和互助维权。习水县有关部门在外出民工集中地建立了工会组织，积极引导外出民工建立维权基金开展自助互助维权。与此同时，还积极推动外出民工建立互助组织和流动党小组，实现自我管理、自我服务。在条件成熟的外出民工相对集中的重点城市设立了办事处，负责这一经济圈内外出民工的服务工作。在云南、广东、福建、北京、江苏、上海建立了 6 个外出务工外出民工工会小组和维权协会，外出民工自发筹集维权资金 14000 余元。2011 年，习水县总工会、卫生药监局还先后在习水县外出民工相对集中的广东东莞市、四川泸州市、重庆市相关公立医院建立了习水县新农合联系点 14 个，尽力简化外出民工住院费报销程序，使外出民工报销比例由原来的 35%提高到 50%—70%，缩短报销时间 30 天，切实解决了外出民工看病贵、报销难的问题。

2010 年 9 月，习水县委、县政府组织乡镇"三关"工程负责人，到广东惠州开展关爱万里行活动。时值中秋、国庆两节同庆，民工们为表达对家乡领导的欢迎，自己出资筹办了"贵州·习水民工中秋国庆座谈会"。在广东惠州务工的习水籍民工不但组织了 100 多辆车到高速路下道口迎接，还组织了 1000 多人到宾馆门前迎候。在座谈会上，有个民工激动地说："一直以来，我们漂流在外，在别人看来很荣耀，其实没有人知道我们心里的苦，离家在外，生命安全不保，每次看到河里、街边的那些无名尸体，就会担心自己会丧生远方。自己离家在外，家里的父母、儿女无法照顾，也知道他们的苦，但又没有办法。你们的到来，让我们感觉很温暖，工作起来也会踏实多了。"坭坝、二郎、双龙及部分县"三关"成员单位还先后赴北京、上海、浙江、广东、重庆等地，为外出民工服务 2000 多人次。在这

---

① 《"三关"工程——和谐新农村建设的有益探索和实践》，新华网，2010 年 3 月 6 日。

期间,关爱人员还深入民工生活、工作的环境中,真实地感受他们在外的不易。这些活动,让县乡领导进一步了解了外出民工的苦,坚定了更好地为外出民工服务的决心。

3. 为外出民工搭建了返乡创业和建设家乡的平台

习水县不仅全力做好对外出民工的服务工作,还积极做好外出民工返乡建设社会主义新农村、发展乡村旅游、发展规模种植养殖、发展非公经济、进城定居兴业等服务工作。县委、县政府在有关文件中明确要求相关部门在工商登记、创业培训、政策咨询、项目信息等方面搞好服务,在税收优惠、小额担保贷款、贷款贴息、资金补贴、场地安排等方面给予扶持;对在县城创业的民工,在户籍管理、子女上学等方面给予照顾,大力支持返乡外出民工以创业带动就业。县里还选聘了一批诚实守信、合法经营、有经济实力的人员为"招商使者",积极为家乡发展寻求智力、物力和财力支持。

——引导鼓励外出民工返乡创业。积极创造条件,放宽市场准入,简化办事程序,认真落实登记费、管理费减免政策,注册资金分步到位,融资担保和税收减免等政策,切实做好各方面的服务,多项举措促进民间资金向社会资本的转化,为外出民工返乡创造良好的创业环境。

——不断加快小城镇建设。依托现有乡镇企业,发展农产品加工业,吸引更多外出民工到小城镇定居兴业,促进城镇化和农村劳动力就地转移的良性互动。县农办、扶贫办、农业局、畜牧局、红粮办[①]围绕全县农业产业发展,加大返乡民工种养殖业实用技术培训。

——加大乡土人才培训力度。县委组织部通过外请专家,加强养殖大户、农民协会与专业合作组织负责人、村企负责人、农民返乡创业人员、经营能手等乡土人才培训,切实加强农村基层人才的储备。2010年,全县累计召开返乡民工座谈会210次,外出民工8000余人参会。全县还组织各类培训55次,投入经费40余万元,培训返乡外出民工7675人次。其中,开展有针对性的创业培训5期,培训外出返乡农民490人。

(二)多项举措关爱农村留守儿童

习水县近15万农民外出务工留下了约1.7万多农村留守儿童,这些儿童在人生最美丽的童年就失去了父母关爱,失去了最不应缺少的家庭亲情,失去了最天然最本真的亲情呵护,几乎失去了不该失去的一切。针对这一实际,习水县委、县政府在全县组织开展"代理家长"、亲情电话、QQ亲情视频、亲情信箱等活动,架起留守儿童与父母和社会的桥梁,缓解了留守儿童的思亲之苦。

1. 坚持以学校课堂为主阵地关爱留守儿童

坚持发挥校园主课堂、主阵地、主渠道的作用是习水县关爱留守儿童时的首选。

——各镇乡和教育部门不断改善寄宿制学校的食宿条件、合理确定食宿费用、切实提高食宿质量;多渠道筹措资金,积极寻求社会捐助,在各学校逐步开通"留守儿童热线",逐步建成设施配套、功能齐全的"留守儿童之家",逐步扩大镇中心小学和九年一贯制学校寄宿工程试点,实现小学阶段留守儿童寄宿制教育,积极探索面向留守儿童的学前教育。

——进一步整合资源,大力完善学校图书室、电教室等设施。一些镇乡还在学生人数相对稳定、留守儿童相对集中的学校建立了留守儿童之家。留守儿童之家以"三园"(学园、乐园、家园)创建为载体,不断拓展"三服务"(服务学习、服务身心、服务生活);普遍

---

① 红粮办:茅台酒和习酒两厂种植高粱的协调机构。

购置了适合儿童阅读的书籍，设置图书角，开展"亲子阅读"等活动；设置了留守儿童活动室，配备桌椅、电话、电视、电脑、娱乐用品（棋类、球类）等；建立了音乐、书画、篮球、乒乓球、羽毛球、棋类等兴趣小组，开展形式多样的课外兴趣小组活动。

——针对留守儿童成长规律，精心设计开展各种主题班会、团队活动、兴趣小组，开展形式多样的文化艺术活动，培养学生兴趣爱好，陶冶学生情操；不少学校还设立了师生悄悄话室，配备心理辅导教师，帮助学生释疑解惑，疏导心理；有的学校在班级推选"知心大姐"，设立知心姐姐信箱，帮助留守儿童健康成长；有的学校还开展了"留守儿童互助组"、留守学生与非留守学生"雏鹰比翼，结伴成长"活动，让学生在同一片蓝天下健康快乐成长。

——充分运用红色资源，开展"唱红歌"、"育红人"等活动。将红色文化引入中小学课堂，对留守儿童进行传统美德教育，营造健康向上的校园文化环境，丰富留守儿童的精神生活，增强学校对留守儿童的吸引力，让学生在学习历史中热爱习水。有的学校还利用端午、重阳等传统节日，组织留守儿童给空巢老人洗衣做饭、打扫庭院，培养学生感恩之心，在学会做事的同时学会做人。

——落实好贫困儿童"两免一补"政策，建立贫困留守儿童资助制度和助学金制度，同等条件下将社会助学金等向留守儿童倾斜。积极探索义务教育阶段为家庭困难的留守儿童免费提供教科书，免除杂费，解决留守儿童实际困难。

2. 整治校园周边环境关爱留守儿童

青少年的成长，学校教育是关键，环境影响至关重要。对于留守儿童，环境的影响有时比学校教育的作用还大。

——相关部门建立了学校环境整治的长效机制，加大对校园周边网吧、游戏室、台球室的专项治理力度，明确规定严禁向中小学生营业。对校园内外及周边地区乱搭乱建、乱摆摊设点、占道经营的个体经营户和业主进行认真劝说和清理，还学校一个安宁。

——教育、工商、文化、公安、卫生等部门联合开展校园周边环境集中整治、安全进校园活动。加大校园周边社会治安综合治理和学生校外安全管理力度，加大各类疾病的预防和控制力度，确保留守儿童生命安全、食品卫生安全与财产安全。2011年，教育、工商、文化等15个部门联手出动，对校园周边的游戏厅、网吧、台球室等进行了全面清理，取缔游戏厅30多家，黑网吧4间，销毁非法出版物、书刊、黄色音像制品10071件和24台游戏机。实现了全县中小学200米范围内无网吧、游戏厅和歌舞厅等娱乐场所。

——开展法律进校园活动。坚持每月开展一次法律讲座，并列入教学计划，同时举办多样化的法制知识比赛。2009年，全县公安、司法、综治等部门抽出专人组织5个宣讲组，乡镇组建了48个宣讲组，在全县270多所中小学开展大规模宣讲，为学生普及《未成年人保护法》、《预防未成年人犯罪法》等法律法规，教育局、团县委、依法治县领导小组办公室联合举办了中小学生法制故事演讲比赛，提高学生法制意识和自护意识。[1]

——在全县24间寄宿制学校，建立各学校领导班子牵头、教师组成的校园巡逻队。在作息时间外，坚持实行轮流巡逻守护，保障留守儿童人身安全，有条件的学校还配备了1-2名保安，安装了监控设施。法制教育机制、部门联动机制、校园护卫机制的建立，为留守

---

[1] 《和谐新农村建设的有益探索和实践》，新华网，2010年3月6日。

儿童创造了一个安全健康的校园环境。

3. 动员全社会力量关爱与帮助留守儿童

在坚持以学校为主阵地的同时，习水县委、县政府还十分重视社会的作用。全县以乡镇党委、政府及村级基层组织为主体，督促留守儿童家长和现有监护人履行抚养义务和监护义务。

——以亲邻为主体，为留守儿童提供生活学习上的关爱与帮助。了解留守儿童校外的生活学习情况，并及时与学校进行沟通。

——为家庭贫困、品学兼优的留守儿童面向社会公开招募条件较好的志愿家庭，配对"爱心家长"。建立长期深入联系，给他们以温暖与呵护。

——以正在接受九年义务教育的机关干部子女为主体，推行"牵手成长"活动。让留守儿童结交一个家庭健全、气氛融洽的"手拉手"小伙伴，引导他们互助互学，共同成长和进步。

——以关心下一代工作委员会为主体，面向社会招募以"五老"人员为主的"亲情志愿者"。加强对留守儿童校外管理；以团委、妇联、关工委为主体，招募在校大学生、"爱心妈妈"服务队，基本做到在学校不易管和管不到的校外时段有人管理；利用农闲和春节期间组织教师送达《入学通知书》并与家长（监护人）签订《保学控辍责任书》。

从2007年底开始，习水县委、县政府在全县广泛开展了代理家长制活动。每个代理家长对留守儿童都坚持做到"三知三多三沟通"（即知道留守儿童的基本情况，知道代管人的基本情况，知道留守儿童父母外出务工的联系方式；多与留守儿童交心谈心，多开展一些人文关怀活动，多到留守儿童家里家访；定期与留守儿童的父母沟通，定期与留守儿童的监护人沟通，定期与留守儿童班主任沟通）。每到节假日，代理家长们都亲自去看望自己所代管的留守儿童，都会送上一支钢笔、一个笔记本或者一个书包。这些小小的礼物给留守儿童的不仅是物质上的帮助，更重要的是体现着社会对留守儿童的关爱。二郎乡在开展代理家长制活动中，要求每一个代理家长都要做到"十个一"，即：一张联系卡，将代理家长的基本情况，联系方式制成联系卡，与留守儿童各持一份便于互相联系；一次交流沟通，每月至少要与留守儿童班主任和亲人沟通一次；一次与留守儿童谈心活动，至少检查督促一次留守儿童家庭作业；一次亲情活动，以户外活动或共进晚餐等多种形式，拉近代理家长与留守儿童的距离；一次家庭访问，与现监护人交流沟通；每学期指导督促留守儿童给父母写一封书信；力争教给他们1—2门实用技术；每学期要参加留守儿童的一次家长会；一本工作记录，作好留守儿童的结对工作记录和填写留守儿童成长记录册。到2011年8月，全县有8671名党员干部成为留守儿童的代理家长，建立功能完善的留守儿童之家8个，安装亲情电话198门、亲情QQ视频78个，整合办公场地48间、活动阵地52个，转化问题留学生232人。较好地解决了父母外出务工后留守儿童的监护问题，强化了对留守儿童的人文关怀，使留守儿童沐浴在爱的阳光雨露下。

各种实实在在的留守儿童关爱活动，有效地把家庭、社会、学校三种教育形式有机结合起来，学生迟到、旷课等现象得到有效遏制，学习积极性普遍有了提高，使外出务工者安心，留守儿童开心，"代理家长"舒心。习水县良村镇大安小学的留守儿童之家，还得到了省市有关领导的高度认可，获得了中央组织部干教局的对口帮扶，中组部干部教育局有关领导还亲临大安小学，为学校捐赠了4.5万元钱和大量图书。

（三）实实在在关怀空巢老人

著名社会学家拉尔斯·索克勒斯特洛姆在《社会保险》一书的序言中写道："……如果几代人生活在一起，那么家庭就特别适合于保障安全，在这种情况下，这个联合体就是一个灵活的组织，它使一个人顺利地度过其生命周期的各个阶段，如儿童期、工作期和老年期。"社会老年学家戴给. L. 德克尔在《老年社会学》"老年与家庭"一章中强调"没有一个领域跟我们命运的关系比我们与家庭关系更密切……我们可以不做工作退休，却不能退离家庭"。[①]家庭是温馨的港湾，也是中国传统的养老方式。但随着城市化进程的加快，越来越多的空巢家庭打破了这种温馨和谐的养老方式。关怀空巢老人已不是一句空话，而是实实在在的课题。习水县现有空巢老人1.3万多人。习水县在关怀空巢老人工程中，在坚持家庭养老和政府、社会帮助养老两条腿走路的同时，坚持以空巢老人安享晚年为根本，紧紧抓住老有所养、老有所医、老有所学、老有所为、老有所乐几个关键，逐步建立和形成了生活赡养、生病救助、自治管理、人文关怀制度，空巢老人的养老环境有了较大改善。

1. 政府救助关怀空巢老人

全县各地坚持家庭赡养和政府、社会帮助并举，仅2008年一年就与外出民工签订"家庭赡养协议书"7093份。同时充分发挥低保、社会救济金的作用，2009年通过低保救助3026人，民政渠道救济2985人，为贫困老人及民工发放救济金29.8万元，帮助解决了空巢老人的基本生活问题。与此同时，还广泛动员空巢老人参与新农合（残疾空巢老人由残联帮助解决参合资金），基本实现了应保尽保。目前，全县空巢老人参合率达99.7%，医院免费为空巢老人体检2030人，减免诊疗费33.4万元。对情况特殊的空巢老人则通过民政二次补助，进一步解决他们看病难的问题。

为进一步促进外出民工自觉履行赡养义务，习水各地将关怀空巢老人与精神文明创建和推进村民自治有机结合，每年开展一次孝子孝媳、好公婆、星级文明户等评比，进一步加强家庭美德教育，弘扬爱老敬老的良好风尚，对拒不履行赡养义务的外出民工，采取司法行政手段进行干预。二郎乡一年就调解和处理子女不孝敬老人案例28例，树立和谐家庭典型46家，动员社会各界筹资28.4万元。

在日常生活方面，各乡镇不断创新关怀空巢老人的措施和制度。如永安镇卫生院为空巢老人开通就诊绿色通道，指定专人陪诊，每年免费为空巢老人体检一次，使空巢老人生病能得到及时医治；二郎乡供电所为乡里600余户空巢老人义务检修电路，并更换陈旧或破损的电路材料，确保他们的用电安全；沙坝小学定期组织学生为空巢老人办实事，并将其列入学生成长记录，增强了学生爱老敬老意识。

2. 社会帮扶关怀空巢老人

为充分发挥社会互助养老的作用，习水县积极动员社会捐款捐物，帮助家庭特别困难的空巢老人解决基本生活问题。一方面结合农业产业结构调整，推进空巢老人家庭土地流转，切实减轻空巢老人劳动负担；另一方面建立健全村规民约，落实村组干部职责，调动广大群众互帮互助的积极性，引导邻居主动关心空巢老人的日常饮食起居。全县各地以自然村为单位，建立"党团员爱老小组"等互助组织，帮助空巢老人解决生产生活中的实际

---

① 《建立社会养老、家庭养老与社区助老服务相结合的养老保障体系》，中国劳动咨询网.http://www.51Labour.com

困难；各乡镇还以自然村为单位，严格按照"四个一"[①]要求，建立了"老年互助协会"。组织空巢老人互助互帮，促进空巢老人自我管理、自我服务、自我保护、自我教育。全县目前已建立老年人互助协会180个，协会普遍设立了维权小组、关心下一代小组、学习宣传小组、文化体育小组、老年人互助小组等，丰富空巢老人的精神文化生活；有的村还结合远程教育播放点建立老年人烦心事诉说室，帮助空巢老人排解心理郁闷。

为鼓励社会互助，更好地关怀"空巢老人"，部分乡镇还针对生活不能自理的"空巢老人"，建立了监护联络制度。主要由村组干部、农村党员及其近亲属为监护联络人；镇村卫生人员对"空巢老人"建立健康信息卡；对生活特别困难的"空巢老人"实施民政救济和低保；对生活不能自理的"空巢老人"安排住进敬老院；年老多病行走不便的"空巢老人"，镇村卫生人员实行上门就诊或接诊服务等，在全社会营造了人人关怀空巢老人的良好氛围。

3. 结对帮扶关怀空巢老人

为了使关怀空巢老人工作落到实处，习水县还在全县推行了干部、党员结对帮扶空巢老人制度。各乡镇组建了以领导干部、驻村干部、村组干部、无职党员为主体的服务队伍，深入开展"牵手夕阳"活动，与鳏寡孤独老年群体结成对子，对空巢老人进行结对帮扶；各乡镇领导干部、驻村干部等坚持定期、不定期到空巢老人家中，与他们话家常，了解他们的生产生活状况，及时帮助他们解决困难；有的镇乡还实施了帮扶人员每天进空巢老人屋一次、问需一次、聊天一次的"三个一"工作制度，在开展"四联四帮"[②]、"万名干部下基层"活动中，各乡镇组织党员广泛走访空巢老人，利用重阳、中秋等节假日为空巢老人送去节日的关怀与温暖。2012年，全县先后开展送温暖活动90多次，召开空巢老人座谈会100多场次，慰问空巢老人2467人次，送出慰问金14.58万元。还通过开展"亲情牵手"活动动员机关干部、驻习部队官兵、社会志愿者、留守儿童的"爱心家长"、空巢老人爱心邻居等与空巢老人结对子进行帮扶。

4. 用情温暖关怀空巢老人

针对空巢老人"白天一把锁，晚上一盏灯"的现状，习水县从着力解决空巢老人孤独、无助入手，用情温暖关怀空巢老人。习水各乡镇以老年互助协会为依托，积极推动农村老年人文艺宣传队建设，深入开展送文化下乡活动，丰富空巢老人精神文化生活。还拨专款开办了老年学校，乡镇主要领导亲自到老年学校上党课，选择年富力强的老同志担任乡老年学校领导班子和经常性工作干部，选派党委中工作能力强的班子成员担任老年学校校长，选派知识面广的年轻大中专生兼职担任学校教务管理人员，并把老年学校的经费纳入乡财政年度预算，确保老年学校的正常运转。老年学校开设了《党的政策》、《国家法律法规》、《老年养生》、《老年医疗》、《老年文艺》、《老年体育》、《老年调查研究》、《教育子女、孙子女方法》等课程，并根据地域分为学习小组，每月集中辅导一天，两月举行一次大型活动。每月还开展一次时政讨论、热点报告等。各镇乡老年大学均由镇乡党委和政府班子领导、县老年大学教师、卫生战线、教育战线的专家授课，校务委员会领导班子成员轮流主持授课。

各地还积极开展适合老年人特点的各类怡情养性、愉悦身心的文体活动，让空巢老人

[①] 指选好一个会长、制定一个章程、落实一个场地、健全一套管理制度。
[②] "联农村，帮发展；联支部，帮创建；联党员，帮提高；联农户，帮致富"。

活动有场所、特长能展示。如二郎乡组建老年互助协会和老年体育协会28个,开办乡老年学校,举办老年腰鼓技艺班和老年太极拳班、柔力球班,全乡近千名空巢老人成了老年学校的学员,有效地丰富了空巢老人的精神生活。

习水各地还充分发挥老年人经验丰富的长处,开展"爱我家庭、爱我邻里、爱我家乡"的三爱活动、"三关"工程贡献比赛、调处矛盾纠纷比赛、为村(支)两委、乡党委、人大、政府献计献策比赛,讲故事、编演小品比赛等。在老年学校中涌现出了大批"十佳好公婆"、"十佳义务调解员"、"十佳人民代表"、"道德模范"等,充分发挥了老年人的作用。并让老年人老有所学、学有所用、学用结合,使老年人充分感觉到社会对他们的需要。81岁老人、道德模范钟金灿深有感触地说:"我们人老了,我们心不老,只有开怀乐起来,才能越活越年轻。"

三、习水县实施"三关"工程的成效与经验

习水县从2007年开始的"三关"工程,已经持之以恒地进行了五年多的努力。2009年,中国人民大学毛寿龙教授在习水调研后认为:"三关"工程实施以来,各方群众反映良好,解决了"维权难"、"教育管理难"和"赡养难"的问题。党群、干群关系进一步密切,形成了好的社会风气和公序良德的道德秩序。[①] 一件成功的实践,一项得到群众拥护的政策的实施,其意义是多方面的,其成效也是多方面的。从不同的视角去观察,其意义和效果会有所不同,但从总体上看,它们呈现出的,都是正效应。毛先生站在乡村治理的视角,对习水县"三关"工程得出了上述评价。在我们看来,中国共产党在广大农村的执政,更多的应是服务。在中国贫穷落后的西部农村的服务,应把农村外出民工、留守儿童、空巢老人的民生放在十分突出的位置,不断探索和形成具有中国西部特色的农民民生保障之路。如果从这样的视角去考量,习水县实施了五年的"三关"工程,则具有以下几方面的效果和影响。

一是为保障和改善农民民生提供了物质条件。习水县五年来持之以恒地对外出民工在政策咨询、职业培训、职业介绍、劳动保障、权益维护上的帮助,是对外出民工生存和发展民生的最实在关怀。它使外出民工就业门路明显拓宽,自我保护意识明显增强,无助时有了强大的依靠。大批外出民工的担心、害怕明显减少,敢出去,会挣钱的外出民工逐渐增多。随着农村劳动力稳定、可靠、有效转移的增多,掌握新技能,开阔新视野,转变旧观念的农民也在增多。如今,"困守五分地,不如外出打工去。打工挣了钱,回家过大年。有了富足钱,培养子女中状元。有了富足钱,住房亮丽,子女孝顺,父母长寿笑开颜"的顺口溜在习水农村广为流传。这些外出务工的农民,在带回观念的同时,也带回了大量的资金,有的甚至完成了原始积累。五年来,习水外出民工年均创造劳务收入9亿元,累计减少贫困人口5.7万人。2011年,全县外出民工劳务收入近12亿元,占全县农民收入比重的60%以上;全县农村新建的房屋、新增的家用电器,多数得益于农民外出务工的收入,农民民生有了明显的改善。

二是为保障和改善农民民生探索了新路。习水五年"三关"工程的开展,为大批外出

---

① 毛寿龙、蔡晶晶:《中国城市化进程中乡村治理的变迁问题——基于贵州省习水县二郎乡实施"三关工程"的思考》,载《华东经济管理》2009年第2期。

民工、留守儿童、空巢老人提供了多样的人文关怀和心理疏导,最大限度地激发了社会活力,最大限度地增加了和谐因素,最大限度地减少了不和谐因素,最大限度地解决了农村"三大人群"最直接、最现实、最迫切的利益问题。2011年,全县有18105名外出民工、4078名留守儿童和4926名空巢老人存在的民生方面的现实问题得到及时解决,特别需要关注的391名外出民工、402名留守儿童、505名空巢老人得到重点帮扶。1210名外出民工的就业问题和劳务纠纷问题得到解决,297名留守儿童的心理问题得到有效矫正,189名空巢老人的生活困难得到较好解决。全县18910名"三关"特困群体优先纳入低保,在外出民工集中的东莞市、惠州市等地建立了4间定点医院,外出民工在外看病就医享受到了县内的同等优惠。全县新建了4间设施齐备、功能齐全的留守儿童之家,组织了6次"关爱万里行"、"走红路、感党恩"、"城乡孩子手牵手"等活动。形成了一条"党委领导、政府负责、社会参与、乡邻互助、家庭为主"的具有中国西部贫困地区特色的农村保障和改善民生,提升农民"幸福指数"的创新之路。

三是为加强农民民生提供了基层组织保障。实施"三关"工程,是习水县保障和改善农民民生的重要探索,也是习水县加强各级党组织和基层党员服务群众做好群众工作的重要创新,更是习水县着力提高农民"幸福指数",形成具有中国西部贫困地区特色的保障农民民生之路的创新探索。服务群众做好群众工作是基层党组织和基层党员的核心任务和基本职责,也是基层党组织推动发展、凝聚人心、促进和谐的根本方法和主要抓手,更是保障和改善民生,提升农民"幸福指数"的基层基础保障。习水五年多"三关"工程的实施,提高了党对农民群众的影响力、号召力、凝聚力,牢固了党的执政基础。2011年,全年有1064名农村青壮年向党组织递交了申请书,648人被培养为入党积极分子,330人被吸收为预备党员。"三关"工程作为加强和创新社会管理的工作载体,被写入《中共贵州省委关于新形势下加强和创新社会管理工作的意见》。多家新闻媒体对"三关"工程多次进行深度报道。凤凰卫视"走读大中华"栏目组专程赴习水采访,并制作了近37分钟的专题片《留守儿童的新年》;2012年3月16日,《新华每日电讯》头版二条对"三关"工程做了题为《记者下乡,巧遇留守儿童空巢老人体检》的报道;新华网贵州频道做了题为《有人关心,我们安心——贵州习水县"留守儿童"和"空巢老人"的幸福生活》的报道;同一天《劳动时报》头版头条对"三关"工程的"心"级管理做了题为《"心"级管理实打实》的报道。

四是促进了民风的向善转变。2012年11月,习水县大坡乡外出民工王冬在成都崇州市金鸡乡打工骑电瓶车撞伤了李光全,他没跑,受伤的老人都说没事,他还是坚决送医院;到了医院做了包扎,老人多次催他走,他选择留下来等老人子女。经诊断为外伤性蛛网膜下腔出血,颅内出血,他仍没有一点想走的意思。他的行为被网友亲切的称为贵州"仁义哥",王冬是清泉,王冬是力量,王冬是感动,王冬是榜样!2012年底,王冬被评为2012感动贵州十大人物。同样是大坡乡外出民工的李伦芳,几年前也演绎过类似感人的故事。2006年,李伦芳虽年过古稀,但却数年如一日在重庆志愿给瘫痪雇主龙泽秀当保姆,视雇主为亲人,悉心照顾,不离不弃。在雇主因家庭变故无法支付她工资的情况下,不但没离去,相反还自己挣钱补贴雇主家用。她的先进事迹、大爱品质在网络、报刊上热传,被称为"重庆最牛保姆",2009年被评为"感动重庆优秀人物";二郎乡中学留守儿童钟利,原来是一个调皮的学生,在代理家长悉心关心和教育中,他学习进步、生活热情,在班级里,他是同学们喜欢的"班大哥",在生活中,他热心帮助有困难的人,在家里,他是孝顺的孙子，2011年被评为全国美德少年；二郎乡"五老人员"冯帝国，从教师岗位上退休后，坚持每天早出晚归，参与当地"三关"工程，不记个人得失，2010年被评为全国关心下一代先进个人。

回眸习水县五年多的"三关"工程，有四条主要经验必须继续坚持与珍惜：

（一）真正站在农民的立场思考农民的民生

马克思主义始终强调对人民大众的情感，强调要站在人民的立场想问题。梅林在《马克思传》中写道："卡尔·马克思对最高认识的不倦的追求，是发源于他内心的最深厚的情感的。正像他有一次率直地说过的，他的'皮肤不够厚'，不能把背向着'苦难的人间'。"[①]马克思主义从来不是为社会精英的学说，不是价值中立的抽象观念，它的立足点始终是社会化的人类，它自觉地、坚定地站在人民大众的立场上，代表着人民大众的根本利益，是人民大众变革社会实践、实现人类解放的精神武器。在社会利益多样化、价值观念多元化的今天，坚持人民大众的立场对马克思主义政党显得尤为重要。站在人民大众的立场，就要关心人民疾苦，倾听人民呼声，关注最广大人民群众的根本利益；就要坚持以人民利益标准去思考和回答问题，为人民群众的不断解放和全面发展寻找现实的道路。在一个农民仍占人口多数的国家，坚持人民大众的立场，就要站在最广大的农民的立场上想问题、办事情，而且所想的问题、所办的事情，都必须是农民真正想的、农民需要办的事情，是真心实意的为了农民。对民生问题的思考和决策，都应站在最需要解决问题的农民的立场。

始终站在农民的立场，真心实意为农民解决问题，就要以扎实的工作作风、饱满的精神状态，进家入户了解村情民意，积极当好农村发展的"指导员"、为农民解难的"服务员"、上承下达的"办事员"，帮助农民解决最急需解决的问题。习水县"三关"工程从提出到实施，每一步都体现着县委、县政府的农民立场、农民情结，每一步都体现着对农民的真心，体现着对农民的实意。能不能站在农民的立场，是不是真心实意地为农民服务，这是农村工作成败的关键。

（二）从农民真实的需要出发解决农民民生

随着农村社会转型和工业化、信息化、城镇化步伐的加快，农村边缘化、空心化以及农民急需解决的问题日益增多，农村社会矛盾、社会稳定的压力有日益增多和加大的趋势。从农民真实的需要出发，从农民最急需解决的问题入手，抓住、抓准农民民生的重点、难点，将民生问题的解决真正向农村最基层下沉，以一系列创新举措，探索打通社会民生的"最后一公里"，这是一个新课题。习水县运用"三关"工程这一新模式去解决农民最急需解决的问题，无疑是一个创新，一种创造。其成功之处就在于他们在帮助农民解决民生问题时，是从农民最真实的需要出发，而不是从相关工作者的主观想法出发，解决的是农民最急需、最希望解决的民生问题，因而从一开始就抓住了农村"三大人群"的心。

抓住、抓准、并解决好农民最急需、最希望解决的民生问题，这不只需要勇气，需要胆识，需要智慧，更需要有一颗真诚地为外出民工、留守儿童、空巢老人服务的心。外出民工最关心、最需要解决的民生问题，主要是工钱能不能及时拿到、留守子女在家过得怎样、在外打工万一出点事后谁负责医疗、男女双方一方异地会不会出现什么问题、老人在家会不会生病等最基本、最细微、最实际的问题。习水县实施"三关"工程所解决的问题，

---

① [德]弗·梅林：《马克思传》，樊集译，人民出版社，1965年，第22页.

正是外出民工最需要帮助解决的这些民生问题。这些问题，是习水县委、县政府的领导们迈开自己的双腿，放下架子，到农村去、到农民中去不耻下问得出的正确结论。

从习水县"三关"工程的成功举一反三，我们感到所有的农村工作都有一个不耻下问的问题。你想真正帮助农民解决问题吗？你就到农民的田间地头去，就到农民的小屋甚至是茅棚去，如此，你就一定会知道农民最急需解决的是什么。你根据农民的要求作出的决策就一定会受到农民的欢迎，得到农民的拥护。随着贵州工业化、城镇化进程的加快，三五年后，现在在外打工的600多万农民，将有一大批返乡就业。那时，农民需要解决的民生问题也将发生根本性的变化。这种变化从根本上说是农民的需求和政府供给关系的变化。农民需求这一变量的变化，必然要求政府的供给方式、供给产品也相应地发生变化。这种变化的滞后或不对路，都将形成新的矛盾，并将使政府工作陷入被动。对此，各级党委和政府都应尽早思考，早作准备，早拿对策。

（三）为农民提供最满意的服务保障农民民生

为人民服务本来曾是共产党人的专用语，但时下已成为一个时髦话，连台湾民进党创始人之一的谢长廷来大陆走一遭回台后，也大谈为人民服务。这说明，为人民服务是个好东西，共产党人把为人民服务作为自己的宗旨是选对了政党的主题。为人民服务，在农村就要为农民服务。在某种意义上，今日之中国讲为人民服务，最重要的也是为农民服务。因为农民仍是当今中国人数最多的人，而且与其他人群相比，农民更需要服务。中国之广大，农民分布之广泛，决定着需要服务的方式和内容具有多样性、复杂性的特征，同时也决定了对农民的服务必须是农民真正需要的服务，是农民真正希望的服务。中国发展到今天，有的人还认为，农民最大的愿望就是给点钱。的确，农民可能是当今中国最缺钱最希望政府给钱的阶层，但并不是拿到钱就是农民最大的愿望，也不一定发点钱就是农民最需要的服务。

在很多时候，农民的确希望政府能够在经济上给予必要和及时的帮助。但政府真正应该给农民的是及时提供所需要的公共政策的服务。习水县原二郎乡党委书记陈灿在接受毛寿龙等的专访时曾说过这样一段发人深省的话："一旦农民发现：是政府、国家体制（政策）不能使我存活（迫使我背井离乡，游离于城市的边缘），那后果将会怎样？这简直不敢想象！该是政府为农民做点什么的时候了！"[①] 解决民生是需要花钱的，但这个钱不一定需要政府全部包下来。习水县实施"三关"工程，政府每年为此拿出了一大笔钱，但更重要的是政府为习水农村的"三大人群"提供了良好的公共政策。正是这种政策调动了社会各界对"三大人群"的关心、关爱和关怀。

习水县"三关"工程给我们的一个重要启示，就是我们的服务在农村能不能受到农民欢迎，关键在于服务是不是农民真正急需的帮助，在于我们是雪中送炭，还是锦上添花。对于雪中送炭式的帮助和服务，哪怕只是滴水之恩，农民也会涌泉相报；如果是锦上添花式的帮助和服务，农民就会认为那是你在完成你的任务，你要他做时，他就会给你讲市场法则——"拿钱来"。

随着农业现代化步伐的加快，如何在解决农民民生最基本的生存的同时，引导农民发

[①] 毛寿龙、蔡晶晶：《中国城市化进程中乡村治理的变迁问题——基于贵州省习水县二郎乡实施"三关工程"的思考》，载《华东经济管理》2009年第2期。

展，根据农民的需求，围绕农业增效、农民增收、农村稳定三大目标，从信息、科技、流通、政策法律等方面入手，做好农民急需的服务，做到引导不误导，帮办不包办，参谋不决策，热情不强迫，引导农民调、指导农民种、帮助农民销、带动农民富，引导农民从重视农产品生产向重视产业发展转变，全面提高农业的市场竞争力；从提高农业生产能力向重视提高农民的就业能力转变，促进农村经济协调发展；从重视当前发展向重视兼顾当前，考虑未来发展转变，实现农业的可持续发展。这仍然是解决好农民民生的一个大课题。

（四）在为农民解决长远问题中改善农民民生

随着改革开放的深入，社会主义市场经济的发展，中国经济社会的发展都出现了许多新的阶段性特征：两个转变同步，社会结构转型反推经济体制变革；三个阶段并存，造成社会问题时空压缩；工业化初期的资本积累阶段、工业化中期的产业升级阶段和工业化后期的结构转型阶段并存；两个焦点凸现：从平均主义到收入差距过大，从商品短缺到公共产品和服务供给不足；三种机制失衡：民主政治（政府干预）、市场配置（市场经济）、社会协调（公民社会）。当一个社会处于急剧的转型期，经济容易失调、社会容易失序、心理容易失衡、社会伦理容易改道、不稳定因素容易增多。这一时期，也是各种社会民生问题多样多元齐集众生的时期。

习水县在实施"三关"工程的过程中，坚持在为农民解决近期民生问题和长远民生问题中化解农村社会矛盾，获得了化解矛盾的主动权；在健全基本公共服务政策中，形成了多方参与化解农民民生的合力。这一实践告诉我们，必须在走访群众、下访基层、体察民情中了解和掌握老百姓的"最盼"、"最需"、"最怨"、"最急"，把群众呼声当第一信号，突出保障和改善民生、破解社会反响强烈的民生问题，确保群众呼声有回应、需求能落实、难题快解决。服务农民，解决农民民生问题，要结合新形势下农村工作的新情况、新特点，积极创新保障和改善农民民生的方式与方法，建立健全服务农民和保障农民民生的长效机制。

四、习水县实施"三关"工程中的建议

习水县"三关"工程五年的实践，对中国西部贫困农村如何改善民生，提升农民"幸福指数"进行了创新性探索，并初步形成了"党委领导、政府负责、社会参与、乡邻互助、家庭为主"的农民民生保障体系。这一体系还很不完善，需要继续探索、继续丰富和发展。对进一步加强和创新"三关"工程，保障和改善农村"三大人群"的民生，提升农民的"幸福指数"，提出如下建议：

（一）把发展作为保障和改善农民民生的根本之策

不论是习水还是贵州全省，农村出现大量剩余劳动力，都是一种相对的过剩现象。而与之相伴而出现的民生问题，是农村生产力水平不高、农村经济不发展的必然。解决的办法和出路都只能是发展当地农村生产力。用当地经济的发展、生产力水平的提高来吸引外出农民的回流，建设自己的家乡。只有当地经济的发展，才能从根本上解决发展了别人，搞穷了自己的现象。也只有发展当地经济，才是保障和改善农民民生的根本之策。社会主义新农村建设的一个重要目的，就是要让农村自身的发展来解决农民民生问题，用农村现代农业，特别是农村工业和城镇的发展来减少农民。

在社会主义市场经济深入发展的今天，发展农村生产力，重点应在"四化"（工业化、

信息化、城镇化、农业现代化）同步中建设现代农业。要通过现代农业的发展，使农民尽快尽多地变为工人或市民，尽快地减少农民。不减少农民，农民的民生问题就得不到根本的解决，甚至会更加严重，在中国西部，农民民生问题将更加突出。现代农业的发展，靠目前仍留在农村的"三八六一"部队（指妇女、儿童）和空巢老人是不行的，让大量外出民工在地方经济不发展的状况下回来也不可能（在这种状况下让他们回来只会进一步增加地方社会矛盾）。只有当地经济的发展，让乡镇以下的农村居民也过上和城镇居民差别不大的"幸福生活"，才能留住已有一定文化的（未来十年，高中也会在农村得到普及）青壮年农民真正安心发展农村经济。

（二）把政府作为保障和改善农民民生的责任主体

加大政府投入的引导力度。政府既要在政策、舆论、导向加强引导，更要在资金投入加强引导。政府资金投入不在多（中国西部贫困地区县、乡的财政也多不起来），而在于投入的引导作用和示范功效。作为民生工程的"三关"工程，政府必须有一定的投入。不论是工作经费还是必须的救助资金，县、乡政府都应按上年"三大人群"基数按人均一定额度列入预算，以保证基本的支出和正常的运转。

加大政府奖励的引导力度。政府奖励什么，民众就会倾向什么。政府奖励，就是政府提倡，它具有标杆性作用。县乡政府都应制定积极的财政奖励政策，对重视"三关"工程，及时化解民生问题而零上访的乡、村组织和相关人员进行让人心动的奖励。用奖励代替惩罚，将发挥事半功倍的作用，也会使一分钱产生数倍或更大的作用。

加大舆论宣传的引导力度。舆论具有天生的引导或误导作用，所以舆论正确是福，舆论错误是祸。要大张旗鼓地宣传"三关"工程的"三大"作用，在全社会形成做"三关"工作光荣、做"三关"工作就是为农民群众做善事、行善举的共识。

加大干部任用的引导力度。用人导向是最根本的导向。一级党委、一届政府在一个时代用什么样的人，就会让这一时代的人向什么方向努力。这是当今社会正反案例一再证明着的真理。因此，要鼓励和提倡干部沉下基层从事"三关"工作。对那些在"三关"工作中作出重要贡献的干部要重用，要提拔到重要领导岗位上去。以此引导全社会对"三关"工作的关心，对农民民生的关注。

（三）把社会参与作为改善农民民生的重要举措

在贫困地区农村改善民生，单靠政府现有的力量是难以做好的。它需要聚合全社会各方面的力量，需要全社会一切有爱心的人共同参与。首先应发挥好各级领导干部参与的示范、带动、引领作用。要继续号召并鼓励各级领导干部积极参与"三关"工作，力求每个国家公职人员每年都向农村"三大"人群做一件好事，献一份爱心。

继续引导各类企业和社会组织参与"三关"工程。社会主义条件下的各类企业和社会组织，都应承担一定的社会责任。在习水这种目前仍处贫困状态的县，积极参与"三关"工程，是积极承担社会责任的重要表现和形式。要通过引导各类企业和社会组织参与"三关"工程，逐步形成和建立长期对"三大"人群开展帮助的帮扶机制。鼓励和引导企业、组织、个人等以物质形式直接捐赠，或到农村兴办托幼、文化补习、暑期托管、文化娱乐、外出民工专业化培训等服务。

继续向社会招募亲情志愿者。继续招募有责任心、有一定文化基础、在当地口牌好的成年人担任"代理家长"，进一步完善"代理家长"制度。鼓励全社会有爱心、有条件的贤达人士参与"三关"工程、资助"三关"工程。每年应对积极参与"三关"工程的社会贤达人士进行表彰和鼓励。尽快建立对县内外积极参与"三关"工程,并捐资捐物者授予各种荣誉称号,对不同额度的捐助者在不同范围树碑立传;对大额、特大额捐助者应在县城入口或县界入口由捐助者另出资树巨碑昭示后人,让后人牢记这些对习水"三关"工程(本质上是对现阶段习水农村"三大"人群的民生)作出贡献的爱心使者。

继续开展和完善城乡学生"手拉手"活动。在习水在外工作的人群中招募志愿"爱心大使",鼓励和支持他们为"三关"工程发挥牵线搭桥作用。鼓励县内外城里学校与习水农村学校建立帮扶与合作关系,为农村学校捐赠图书、教学设备等设施;组织城市孩子和留守儿童开展"一帮一"活动;鼓励和争取习水在外大学生、并通过他们招募其他大学生每年假期到习水参加"三关"工程自愿者活动,为留守儿童提供"心理干预"、心理咨询、课程辅导,参与对习水农村"三大"人群的关爱活动。对在"三关"工程自愿者活动中作出贡献的大学生,凡愿来习水工作就业者,在政策允可、同等条件下优先录用。

逐步建立习水"三关"工程爱心资金。通过财政投入、社会募集、外出民工捐助、引入中国红十字会、中国民促会、中国妇女发展基金会、福特基金会、亚洲开发银行、联合国儿童基金会等国际、国内机构和组织共同关注农村留守儿童、农村空巢老人的生存状况,建立习水"三关"工程爱心基金,形成"三类"人群民生保障的长效机制。

(四)把农民家庭作为保障农民民生的主要阵地

实施"三关"工程,农民是唯一的、根本的受益者,应是其建设活动的主体。在这个过程中,政府要有一定的投入,社会也应高度关注,并给予能力许可的资助和参与。但是,"三关"工程的持久动力和不竭源泉是农民。只有农民才最知道自身的需求,只有让农民能够以更加积极的方式进入到这项影响他们自身民生的政策设计中,才能够保证"三关"工程产生最大化的政策效果。

在城市化和市场化的冲击下,邻里关系的淡薄、人际情感的疏离化、乡村居民参与不足、乡村共同体内尚未建立起以契约为基础的信任,乡村居民之间、居民与组织之间的关系网络尚未建立等问题已经在一定程度上呈现出来。而"三关"工程的实施,物质也许只是个手段和过程,更为重要的是,它为农村重新植入一种关爱的精神,促进了农村社区形成一种睦邻、友好、和谐的精神心态,成为一个舒适的生活社区,这无疑是"三关"工程的一项伟大而又重要成就。

在发挥农民主体功能的同时,各级政府要继续探索完善农村最低生活保障制度。在已经将农村鳏寡孤独等贫困老人纳入最低生活保障的同时,还应进一度探索农村社会养老保险办法,鼓励农村青年尽早参与社会养老保险,从根本上解决将来老有所养的问题。地方政府应随着财政收入的增长,增加农村老年活动设施建设,让老年人老有所乐。鼓励社会力量投资参与农村老年公寓建设,逐步推动居家养老向家庭、社会养老相结合的转变。

(五)把健全完善体制机制作为"三关"工程的根本保障

进一步健全"三关"工程领导体制。进一步完善党委领导、政府负责的领导体制。进一步完善由县委、人大、政府、政协有关领导牵头,具体负责对全县"三关"工程进行领导和指导的制度。成立相对独立、常设、有编制的领导小组办公室(三关办),具体负责协调解决外出民工、留守儿童、空巢老人的民生问题。各乡镇、社区也应建立相应机构或明确相关机构负责"三关"工作,形成党委统一领导,政府具体负责的领导机制。

进一步完善协调配合、齐抓共管的运行机制。组织部门应继续加强基层组织建设，更好地发挥村级组织在帮扶空巢老人和留守儿童方面的作用，为"三关"工程提供坚强的组织保障。宣传部门应组织好理论研究力量，进行长期、适时、经常性跟踪调查研究，为"三关"工程提供理论指导；应组织好各种媒体的舆论宣传，引导全社会参与"三关"工程，形成参与"三关"工程，参与改善农民民生光荣的舆论氛围。财政部门应加强全县财政收支的统筹安排，尽力为"三关"工程的顺利开展提供必需的经费保障。教育部门要继续把关爱留守儿童作为重要的教研课题，引导教师进行研讨，坚持发挥关爱留守儿童主阵地作用，充分调动广大教职员工投身参与留守儿童工作的积极性，形成关爱留守儿童的长效机制。工会、团委、妇联、关工委等群团组织应充分发挥联系广泛的优势，引导和鼓励更多社会力量投身"三关"工程。人劳社保、政法等部门要形成合力，进一步完善对农民工培训、输出、维权和保障人身安全等方面的相关政策。民政、扶贫、卫生等部门应进一步研究和完善农村低保、农村新型合作医疗、贫困救济、扶贫开发等政策，进一步发挥各类资金效益，为农村留守儿童和空巢老人解决好各种实际困难。全社会都应结合实际，创新观念、创新思路、创新方法、创新体制，积极开展对农村"三大"人群的帮扶，为进一步改善农民民生作出应有的贡献。

进一步完善督促检查，严格考核的工作机制。把"三关"工程纳入各级党委政府年度工作安排和目标考核内容，建立健全"三关"工程日常督促检查、专项检查和民情调查机制，发现问题及时处理，确保"三关"工程相关任务目标落到实处。

【作者简介】

雷厚礼，研究员、省管专家、硕士生导师。主持和参与完成国家社科基金课题、省社科基金课题、省领导圈定课题近20项，其中《提高贵州地方县（市、区）级党委领导班子建设科学化水平研究》和《始终把服务群众，做群众工作作为核心任务——遵义市服务型党组织建设研究》获省委主要领导的高度评价，并进入决策。发表学术论文100多篇，其中多篇被中国人民大学报刊复印资料《哲学原理》、《中国共产党》、《社会主义论丛》、《社会主义经济理论与实践》等转载。先后在人民出版社出版《中国共产党执政学》、《十六大以来党的执政实践与理论研究》、《中国共产党执政六十年》，在贵州人民出版社出版《新世纪党建的伟大纲领》、《三个代表对唯物史观的创新与发展》等多部专著。《中国共产党执政学》获贵州省第八届哲学社会科学著作类优秀成果二等奖，《十六大以来党的执政实践与理论研究》获贵州省第九届哲学社会科学著作类优秀成果二等奖，论文《加强执政理论研究构建党的执政学原理》获贵州省第七届哲学社会科学论文类优秀成果三等奖。

社会管理创新的贵州实践

王兴骥

一、社会管理创新的理念更新

社会管理是指政府与社会组织为促进社会系统协调运转，对社会系统组成部分、社会生活的不同领域以及社会发展的各个环节进行组织、协调、服务、监督和控制的过程。

基本任务：协调社会关系、规范社会行为、解决社会问题、化解社会矛盾、促进社会公正、应对社会风险、保持社会稳定。

（一）社会管理创新提出的背景

改革开放30多年，我国经济取得了令人瞩目的成绩，成为全球第二大经济体，但社会发展滞后于经济发展的情况却使得和谐社会的建设有那么一点不和谐。据著名社会学家陆学艺研究，我国的社会发展落后于经济发展大约15年左右。要建立和谐社会，必然要求经济与社会的协调发展。我国进入人均GDP3000美元的"中等收入陷阱"阶段，社会矛盾凸显，政府公信力的下降、仇官、仇富心理，收入差距的拉大等。必须加强社会建设，进行社会管理的创新。

2011年2月19日，胡锦涛总书记在省部级主要领导干部社会管理及其创新专题研讨班开班仪式上发表重要讲话。社会管理，说到底是对人的管理和服务，涉及广大人民群众切身利益，必须始终坚持以人为本、执政为民，切实贯彻党的全心全意为人民服务的根本宗旨，不断实现好、维护好、发展好最广大人民根本利益。要把群众满意不满意作为加强和创新社会管理的出发点和落脚点。要以人民群众利益为重、以人民群众期盼为念，着力解决好人民最关心最直接最现实的利益问题，始终保持党同人民群众的血肉联系。

2011年5月25日，中共贵州省委十届十一次全会通过了《新形势下加强和创新社会管理工作的意见》。

（二）理念更新——民生问题的解决

创新社会管理无疑是一项庞大的系统工程，在创新过程中，思想的高度决定行动的力度，社会管理创新还得要先从理念更新开始。

各级政府要把加强和创新社会管理，把保障改善民生作为最大公务。贵州省最核心的民生是城乡居民收入，最突出的民生是脱贫，最急迫的民生是农村危房改造，最长远的民生是教育，最普遍的民生是社保，最根本的民生是就业。

（三）"政府是为弱势群体而设的"

政府的职能是进行社会管理，提供公共服务，政府职能的转变是建立服务型政府。

三板块理论：政府组织、企业组织、社会组织，构成现代社会的三大板块组织。政府是社会的中枢系统，政府组织是整个社会的管理组织，其行为原则是社会利益最大化，即追求整个社会的全面发展和社会稳定。政府组织的主要职能是搞好市场监管、经济调节、社会管理和公共服务。企业是社会的驱动系统，企业属营利性组织，其行为原则是追求自身经济利益的最大化、效率优先，促进经济增长和物质财富的不断扩大。企业是市场领域的主体，主要社会功能是促进经济发展。社会组织、基层自治组织等非政府非营利组织是社会的平衡协调组织，其行为原则是民主自治、安居乐业、公平优先、关注弱者、奉献爱心。公民社会组织的主要功能不是直接促进经济发展，而是维护城乡居民生活的稳定，实现安居乐业，为企业发展营造良好的发展环境。

以"三板块理论"分析，当前，我国社会管理领域面临着以下三个方面的突出问题：一是社会管理基本上是沿用计划经济体制，以行政化为主要特征，政府主导社会管理的一切领域；二是第三板块组织发育不充分，一定程度上还只是第一板块的附属物；三是社会管理中各类组织的越位、错位和缺位现象严重。

第一，市场越位。主要体现在公共服务领域，特别是公共卫生事业、公共教育的过度市场化。第二，政府错位。包括政府和自治组织的关系错位，政府往往把基层自治组织当作政府的延伸，使基层承担了太多的政府职能；政府和企业的关系错位，对企业干预过多，管了许多不该管、管不了，也管不好的事情；政府自身价值观错位，如乱收费就是把自己混同为一个企业组织。第三，公共服务组织缺位。无论从数量上、质量上讲，都难以适应社会各阶层的利益需求。

因此，适应新形势发展的需要，必须改革社会管理体制，逐步建立起社会化的社会管理格局，即是建立与市场经济体制相适应的，由政府主导、企业和社会第三部门广泛参与的社会化社会管理体制。具体说，在我国就是要建立健全党委领导、政府负责、社会协同、公众参与的社会管理格局。当前工作的重点在于积极培育第三板块，培育发展社区自治组织和社会组织。

二、贵州省社会管理创新存在的问题

（一）部分群众生活比较困难、民生问题突出

特别是农村贫困人口多（1520万人）、贫困面大、贫困程度深，到去年，全省还有505万贫困人口。就业形势严峻，"十二五"时期，我省青年就业、农村富余劳动力和失业人员"三峰叠加"，全省城乡新增劳动力供给总量累计将达到930万人，其中劳动力供大于求将达到600余万人。上学难、看病难、住房难等问题还未根本解决。

（二）社会矛盾纠纷多样多发

2011年1月至10月，全省共发生群体性事件968件，同比下降12.7%，参与人数53929人次，同比下降4.3%。发生了安顺"7·26"、黔西"8·11"等具有重大影响的群体性事件。呈现一些新的特点。主要是：矛盾产生的领域比较集中，主要在工资福利、农村土地征用、城镇房屋拆迁、企业改制、移民安置、矿群矛盾等方面；矛盾涉及各行业各阶层，有农民、城镇居民、职工、离退休人员、出租车司机和军队退役人员等；关联性增强，直接利益群体与无直接利益人员相互交织，群众自发行为与敌对势力插手利用相互交织；矛盾纠纷化解和处置难度增大，一些矛盾纠纷涉及人数多，反映诉求方式激烈。

(三) 社会治安问题仍较突出

2006年到2010年，全省刑事立案从7.29万起逐年上升到17.32万起，其中2010年比上年增长11.5%。2011年1月至10月，全省共立刑事案件145140件，同比上升2.3%；共破刑事案件41169起，同比上升1.1%；批准逮捕23668人，同比下降7.9%；提起公诉24628人，同比下降9.6%；判处罪犯30431人，同比下降3.31%，重刑率21.63%；新收押犯12059人，同比下降2.6%；新收容教养1243人，同比下降0.32%。暴力犯罪和"两抢一盗"犯罪所占比重较大，仅2010年全省就立"两抢一盗"案件14.45万起，占立案总数的83.3%。

(四) 公共安全事故频发

2011年1-9月份，全省共发生各类事故1479起（不含消防火灾事故），死亡1189人，同比分别下降10.5%和14.6%。其中：较大事故73起，死亡306人，同比事故起数下降1.4%；重大事故3起，死亡42人，事故起数同比持平，死亡人数下降16%。假酒、假药和各种假冒伪劣产品时有出现，传染病、慢性病、地方病多发，食物中毒事件时有发生。

(五) 对流动人口和特殊人群的管理与服务滞后

特别是流动人口管理服务的压力较大。我省现有流动人口约700万人，而相关部门对流动人口的管理还没有形成合力，一些地方对农民工等流动人口管理与服务还处于"真空"状态。一些流入人口违法犯罪情况日益突出，仅2010年省内流入暂住人口被刑事处罚1.28万人，占年度被刑事处罚总人数的56.8%。

(六) 对非公有制经济组织、社会组织和信息网络管理仍较薄弱

目前，全省有非公经济组织70多万个，但一些地方及相关部门的管理与服务还不到位，导致有的非公企业合法权益没有得到有效保护。一些非公经济组织中党组织和工青妇组织不健全，忽视员工合法权益，没有承担起管理和服务员工的社会责任。对社会组织、互联网的管理亟待加强。

(七) 一些党政机关和干部作风不实、素质不高、能力不强

一些地方和部门仍然不重视社会建设和管理，特别是少数党政干部中存在的腐败行为严重损害群众利益。

三、社会管理创新的贵州实践

(一) 以服务型党组织创建为载体加强和创新社会管理——遵义市服务型党组织创建的实践与探索

遵义市服务型党组织创建实践，得到了中央领导同志的充分肯定，习近平同志2009年11月16日在《内部参考》86期《遵义市创建"服务型"党组织建设调查》上作出批示："贵州省遵义市创建'服务型'党组织，颇有新意，为履行党的宗旨意识探索建立了创新载体。"随后，《人民日报》、《学习与研究》、《党建导刊》、《人民网》、《中国共产党新闻网》、中央电视台等20多家新闻媒体先后对创建工作成效进行了刊载和报道。2010年，遵义市服务型党组织创建荣获"全国基层党建创新最佳案例"奖，成为遵义市继"四在农家"之后的又一实践创新品牌，不仅为加强基层党组织建设探出了一条路子，而且为加强和创新社会管理找到了一个有效载体。

1. 狠抓组织建设，党委在社会管理中总揽全局、协调各方的领导作用明显增强

服务型党组织创建，通过搭建"四级平台"、构建"五个体系"，把党的建设与经济建设、社会建设、政治建设有机结合起来，把党组织与党员、干部、群众有机链接起来，把党务资源、政务资源和社会资源有机融为一体，优化了党内外资源配置，发挥了党员主体作用，夯实了党的基层基础，形成了社会管理合力，较好地解决了以往社会管理主体分散、载体过多、资源整合难、组织协调难等问题，党委的领导核心作用明显增强。

通过服务型党组织创建，形成了一批服务基层、服务群众、服务发展的各具特色的经济社会管理一体化模式。一是西部片区（仁怀市、习水县、赤水市）开展了以服务发展为切入点的特色党建，推进了集基层党建、新农村建设、农村特色经济产业为一体的综合示范创建。二是东部片区（湄潭县、凤冈县、余庆县）开展了以基层民主政治建设为突破口的特色党建，成立村民代表会议（民主决策）、村监事会（民主监督）、村民委员会（民主管理）、群众会（民主选举）、村议事会（民主议事），变替民做主为人民群众自己做主。三是北部片区（务川县、正安县、道真县）开展了以扶贫攻坚、服务民生为立足点的特色党建，以"三中心一协会"为平台，加大服务民生的力度，推行精细化管理。四是中部片区（遵义县、绥阳县、桐梓县）开展了以基层党建信息化建设为着力点的特色党建，强化党建信息化建设，形成"党建工作一键通、党员管理一网通、学习培训一站通、服务信息一信通、群众办事一点通"的基层党建新格局。五是中心城区（红花岗区、汇川区、新蒲新区）开展了以"推动社区网格化和信息化服务，促进城乡党建一体化发展"为结合点的特色党建，将城区细化为若干个网格，实行社区网格式的精细化管理。

2.强化服务理念，政府在社会管理中的公共服务职能明显增强

服务型党组织创建，通过突出"三个服务"，变控制为服务、协调、沟通，变遥控指挥为深入基层服务为民，变被动服务为主动服务，把管理寓于服务之中，基层党员干部主动服务、上门服务正在常态化和规范化，有效解决了党员、群众办事"门难进、人难找、事难办、脸难看"等老大难问题。一是在服务内容上，不仅整合了党务服务，而且涵盖了政府的社会事务、生产经营、公共服务、行政审批、法律咨询、社情民意等公共事务。二是在服务方式上，通过下放管理权限、减少中间环节、简化审批程序、限时办结、代理代办等措施，搭建为民服务快捷通道，提高办事效率。三是在服务手段上，充分应用现代信息技术，全力构筑为民服务全覆盖的巨大网络。

目前，全市14个县（区、市）均建立了党务服务中心，所有乡镇（街道）建起了党务政务综合服务中心、全部村（社区）都搭建了党员群众综合服务站，7000多个村民（居民）组建立了党员群众服务点。据统计，2010年全市四级服务网络为党员群众代办事项55万多件，解决纠纷1.7万多件，办实事好事3万余件，帮扶困难党员群众3.8万余人次，开展各类政策、法律和实用技术咨询180万余人次，基本做到了"小事不出村、大事不出镇、难事不出县、矛盾不上交"。如桐梓县建立集"工作、学习、管理、监督、服务"为一体的信息化管理平台，群众办理各类社会事务，从申请到审批全程实现网上作业，大大缩短了办事时间，仅此一项每年为群众节约资金就达300余万元。

3.凝聚社会资源，各类组织在社会管理中的协同作用明显增强

服务型党组织创建，通过发挥党组织的政治优势，广聚各类社会资源，培育各类社会组织，提高社会管理组织化程度。一是注重发挥群团组织的作用。以"组织共建、队伍共建、阵地共建"为切入点，着力实现组织、工会、团委、妇联"四位一体"工作新格局，

形成做好群众工作的合力。二是培育发展各类社会组织。鼓励组建各类农村合作经济组织，积极发动党员牵头建立生产互助服务组、红白理事会、公益事业理事会等党员群众互帮互助组织，大力推行"支部+协会+农民"、"涉农部门党组织+村党组织+协会+农民"等模式，社会组织在服务发展、自律治理中作用开始凸显。三是广泛组建各类志愿者组织。依托各级党团组织，层层建立义务巡逻、爱心服务、卫生整治、家政服务、抗灾救灾等志愿者队伍，充分发挥了各类志愿者在社会管理与服务中协同作用。

通过培育、发展和凝聚各类社会组织，吸纳了更多党员和群众加入到社会组织中来、加入到社会管理与服务中来，实现了社会管理由单一的"政府行政管理"向多元的"政府、各类社会组织共同参与的社会化管理"转变。如遵义县将"三关工程"（关心外出农民工、关爱留守儿童、关怀空巢老人）服务项目全部纳入服务型党组织"四级平台"，各级党组织和工会组织已累计培训农民工2.4万人，推荐近2000名农民工就业，发展代理家长近万名、代管留守儿童1.3万人，建立老年人互助协会237个、党群干部与空巢老人结对1.1万对，有效解决了社会问题，化解了社会矛盾；习水县土城镇黄金湾村党员群众综合服务站充分利用农村乡土人才优势，成立蔬菜产供销为一体的蔬菜协会，形成蔬菜规模种植820多亩，每年纯收入新增310万元，户均增收3.4万元以上，带动了县内外蔬菜产业的迅猛发展。

4. 发展基层民主，公众参与社会管理的积极性、主动性和自觉性明显增强

服务型党组织创建，通过"四级平台"宣传党的政策、公开党务政务、传播技术信息，通过建立完善党员评议干部、党员议事会、党内点题公开等制度，保障了广大党员群众的知情权、参与权、监督权，推进了党内民主政治建设，实现了党内民主带动人民民主，激活了广大党员群众参与社会事务管理的内在动力。一是建立健全党内关怀制度，激发党员活力。建立健全了党员议事会、党内点题公开、工作保障等一系列党内关怀激励机制，增强了党组织的凝聚力和战斗力，激发了党员参与社会管理的源头活力。如赤水市、红花岗区等大力推行"党员患病受伤时必访、党员亡故时必访、党员家庭遭灾时必访、党员生产发展有困难时必访"的四必访工作制，让党员切实感受到党组织的温暖。二是建立健全人民民主制度，激发群众热情。以议事会、点题公开等多种形式，组织基层群众围绕涉及基层利益的重要工作民主决策、民主管理与民主监督。如凤冈县田坝村结合基层治理改革，在村设立监事会、村民组设议事会，对本村范围内低保对象的确定、通村公路的修建、产业的发展等重大事项实行议事会提议，全体成员代表举手表决，超过半数以上成员同意，方可予以落实，把"替民做主"变为"让民做主"。

制度的建立和完善，极大地调动了党员群众参与各项社会事务的积极性和主动性，基层党员群众参与各项社会事务的热情空前高涨，公众参与社会管理由"自发"到"自觉"质的转变正在实现。如汇川区开设社区网上论坛、留言板、我的E家等不同类别的公示栏目，得到了社区党员群众的一致好评，也引来众多社区居民参与讨论和决定社区各项事务；余庆县敖溪镇官仓村70多名党员凭自身的信誉度，主动为900户养殖户担保贷款640多万元，并提供市场、技术指导服务，使该村成为远近闻名的养殖专业村；湄潭县兴隆镇龙凤村田家沟农民自编自演的花灯戏《十谢共产党》，火遍乡村，在民间广为传唱。

（二）富在农家收入增、学在农家本领长、乐在农家精神爽、美在农家面貌新——新农村建设"四在农家"经验

1. "四在农家"创建活动的发端、发展及基本内涵

"四在农家"创建活动发端于余庆县，历经了创新、提炼、总结和在全省推广、全面发展的过程。2001年初，在"三个代表"学教活动中，余庆县提出了"富在农家、学在农家、乐在农家、美在农家"的"四在农家"创建活动，并在全县示范推广。党的十六大提出全面建设小康社会的新理念后，市委通过深入调查研究和总结提炼，下发了《关于在全市农村广泛开展"四在农家"创建活动的实施意见》，并从增加农民收入、提高农民素质、改善农民生活质量、提升农村社会文明程度等关键环节入手，以"富"推动发展，以"学"提升素质，以"乐"倡导民风，以"美"展示文明。十七大提出统筹城乡发展、建设社会主义新农村的新要求后，遵义进一步提出"富在农家收入增，学在农家本领长，乐在农家精神爽，美在农家面貌新"，深化"四在农家"创建活动，从已经解决温饱并向全面小康迈进的遵义农村实际出发，以引导农民增收致富为前提，以农村一家一户得实惠为根本，以"四有五通三改三建"为切入点，引导农村走创造文明、发展文明、享受文明的小康之路。并把"四在农家"创建活动的基本内涵定义为："富在农家"就是引导农民立足优势、突出特色，依靠科技、发展生产，培育产业、开拓市场，做大做强、增加收入，过上殷实生活；"学在农家"就是引导农民学科技、学文化、学经济、学政策、学法律，提素质、长本领，使之成为有文化、懂技术、会经营的新型农民；"乐在农家"就是引导农民开展丰富多彩的文化、体育活动，让农民自己当家做主，参与基层民主政治建设，做创造文明、享受文明的主人；"美在农家"就是引导农民通过"四有五通三改三建"，改善生产生活环境，大力开展"整脏治乱"，追求心灵美和环境美，建设富裕文明的新农村。富是核心，学是根本，乐是动力，美是目标。

2. 坚持以人为本，顺应群众要求开展"四在农家"创建

遵义市贯彻落实科学发展观，坚持以人为本，顺应农民群众的要求开展"四在农家"创建活动。一是以"富"为核心，打牢发展基础。遵义市认真贯彻落实"多予、少取、放活"等一系列惠农政策，按照"东茶西竹南药北菜中辣椒"的思路，强力推进"七个一百"工程（一百万亩新造竹林、一百万亩茶叶、一百万亩商品蔬菜、一百万亩中药材、一百万口生态沼气池、一百亿元畜牧产值、一百万亩高粱），大力发展现代农业。二是以"学"为根本，培养新型农民。坚持教育优先，狠抓"两基"攻坚，从源头上提高新一代农民的综合素质；紧紧围绕社会主义核心价值体系，加强农民思想道德教育；紧紧围绕培育新型农民加强技能培训。三是以"乐"为动力，提高幸福指数。大力繁荣农村文化，丰富群众精神生活。以"讲文明、树新风"为主要内容，开展文明村镇、文明集市、文明家庭、志愿服务等群众性农村精神文明创建活动。加强农村公共文化服务体系建设，拨出专项经费建立较为稳定的农村文化投入保障机制，推进广播电视村村通、文化信息资源共享、乡镇综合文化站和农民文化家园、农村电影放映、农家书屋、万村书库等重点文化惠民工程建设和综合利用。加强农村文化宣传队伍建设，深入挖掘了农村花灯、傩戏、薅秧歌、金钱杆等民间艺术，着力培养一批农村文艺骨干。

加强农村社会事业建设。全市目前有544万农民参加新型农村合作医疗，参合率达93.6%；提高了农村困难群众最低生活保障标准，14.5万户近33万困难群众实现了应保尽保；低生育水平继续巩固，农村计划生育利益导向机制不断完善；"平安村寨"建设深入开展，安全文明、和谐平安的社区、村寨、乡镇不断涌现，农民群众幸福指数不断攀升。四是以"美"为目标，构建和谐家园。在环境美方面，以"四有五通三改三建"为突破口，

不断改善农业农村基础设施，实现了乡乡通油路，94%的行政村通公路；1600多个村用上自来水和清洁卫生饮用水；基本完成了农村电网改造，实现了城乡同网同价；积极推进沼气池建设，农村能源结构发生了较大变化，为农村生态保护和建设创造了有利条件；实施多年的退耕还林、荒山造林和封山育林等造林绿化措施显现成效，全市森林覆盖率达到49%；通信事业发展快速，通讯网络覆盖所有乡镇1600多个村；加强村庄规划整治，近5万栋错落有致的黔北新民居在青山绿水掩映下成为遵义"四在农家"创建的一大亮点；"整脏治乱"专项行动延伸到村寨，农民群众植树、种花、排污水、清垃圾、治环境，昔日"脏乱差"的村寨变成了村容整洁的新农村，优化了人居环境，改变了生活陋习，提高了生活质量。开展了"把忠心献给祖国，把孝心献给父母，把爱心献给社会，把诚心献给他人，把信心留给自己"的"五心"教育活动和"关爱留守儿童、关怀空巢老人、关心务工农民"的"三关工程"，加强了农村精神文明建设，"文明村镇"、"平安村寨"星罗棋布，"遵纪守法户"、"五好家庭户"、"青年文明户"、"和谐家庭户"、"科技示范户"、"卫生光荣户"比比皆是，各类评比活动催生了文明乡风，农民群众精神面貌焕然一新。

3.坚持以服务为重点，不断创新"四在农家"创建机制

遵义市在"四在农家"创建活动中，强化服务意识，不断创新体制机制。一是坚持"党政引导、村组自治、部门联动、资源整合"运行机制。党政引导，就是在充分发挥农民主体作用的同时，组织各级各部门出政策、抓规划、做协调、搞调研，积极支持创建活动。村组自治，就是依靠农村基层组织、村组干部和村民代表，建立健全民主管理制度，发挥农民的创造能力。部门联动，就是充分发挥各部门工作优势。资源整合，就是在引导、挂帮过程中，整合人财物资源，形成合力，形成"千斤重担人人挑，人人身上有指标"的工作格局。二是坚持"科学规划、分类指导、尊重意愿、循序推进"工作机制。因地制宜，规划先行。在贫困地区，以"四有五通三改三建"为重点，加强农业发展基础，促进农民增收，改善群众基本生产生活条件，引导转变发展观念，培育自强精神，培养健康文明生活习惯。在生活基本殷实的地区，重点围绕"富、学、乐、美"内涵，做好巩固提升工作，加强对创建点基础设施的管理和维护，对已破损基础设施进行完善。在生活相对富裕的地区，结合推进城乡一体化和村庄整治、小集镇建设，进行小康示范型创建，进一步调整结构、做大产业、做优品牌、做强企业，新建、改建别墅式的黔北民居，追求更加宽裕的生活。按照"村民主动申请，村组提出方案，乡镇集中申报，市县编制规划"的程序进行创建，每个创建点的投资投劳、土地调整、财务管理、关系协调等，都采用"一事一议"的民主办法运作，依靠群众的力量和智慧开展创建。三是坚持"财政补助、单位帮助、群众自助、社会资助"投入机制。以受益群众为主体，采取各级财政投一点、帮扶单位助一点、社会各界捐一点、政策优惠省一点的办法筹措资金。2001年以来，各级政府投入财政资金约5亿元，各级部门帮扶5600多万元，社会捐助5200多万元，为创建活动提供了有力的资金保障。四是坚持"领导挂点、单位包村、干部入户、群众自主"推进机制。实行挂牌创建。市领导每人每年挂帮1—3个创建点，每个点20万元的创建补助经费（今年增加到25万元）；市直机关每年包一个村，建立部门挂帮制度，实行责任、工作、任务、目标四捆绑。2008年，由"分散挂帮"转向"连片打造"，市四家班子和军分区分别牵头打造一条"四在农家"创建示范带，做好高规格示范带动。创建中以农民为投入主体和建设主体，广大基层干部"来自农村为农村，服务农民为农民"，工作重心进一步下移，县乡机关干部

不断充实到村，建立了"干部工作在村、生活在村、考核在村"的"三在村"机制。在一些创建示范点上，县创建办公室就设在村里，"领着农民干，帮着农民算，一同搞创建"，真正转变了工作作风，密切了党群干群关系，达到了群众满意，组织放心，为"四在农家"创建活动的深入开展提供了坚强的组织保障。

4. 坚持共建共享，"四在农家"创建取得丰硕成果

近年来，遵义市"四在农家"创建活动不断向纵深发展，取得了令人瞩目的成果：一是百万农民享受到了创建成果。通过九年多坚持不懈的努力，到2009年年底，已有82万户，345万农民受益，覆盖全市农村人口达63.42%。2009年，各创建点农民人均纯收入普遍高于全市平均水平300多元，达到4000元左右；广大农村基础设施和居住条件得到明显改善，用农民们自己的话说就是"走路不湿鞋，吃水不用抬，烧饭不用柴，村寨靓起来"，农村面貌焕然一新；农村文化、体育设施的不断完善，使农民有了自己的文化体育活动阵地，各种形式的科技、文化、法律、政策学习活动和群众性文艺演出、体育健身、竞赛活动在农村蓬勃兴起，"文化墙"、"美术街"、"诗词碑"、"格言牌"等成为农村新的文化景观，展示了农村欣欣向荣的景象和健康向上的精神风貌；收入增加和素质提高，农民的自立意识、遵纪守法意识和维护村组治安意识明显增强，各创建点治安状况普遍良好，"路不拾遗，夜不闭户"的景象随处可见，真是"仓廪实而知礼节，衣食足而知荣辱"。二是拉动了内需。据不完全统计，九年来，各级财政以近5亿元的投入，带动农民投资投劳达到45亿元左右，起到了"政府投一、农民投十"有力拉动农村内需的作用，加快了乡村旅游业发展，为扩大内需、摆脱金融危机影响、促进经济社会又好又快发展做出了贡献。三是改善了党群干群关系，巩固了执政基础。由于创建活动坚持从农民群众最直接、最迫切、最关心的问题抓起，让群众感受到了实实在在的好处，一开始就得到了群众的拥护。特别是在创建活动中，各级干部真正带着责任、带着感情、带着资金、带着点子，积极提思路、想办法、出主意，真诚为群众服务，设身处地为群众着想，充分尊重农民意愿，采取宣传引导、政策鼓励、"一事一议"等办法，使创建活动成为群众的自觉行动，深受群众欢迎，不但化解了多年来许多难以解决的矛盾和问题，明显改善了党群干群关系，而且培养锻炼了一大批干部，增强了农村基层党组织的战斗力、凝聚力、创造力，创新了新时期农村群众工作路子。四是加快了农村城镇化步伐，推进了城乡一体化。立足山区居住较为分散的实际，对新村建设本着"聚散相宜"的原则，尽可能相对集中规划，推动形成了一批各具特色的小集镇，有力推动了农村城镇化进程；按照统筹城乡发展的思路，通过高标准抓好示范点道路、通讯、水电等基础设施和文化、体育、数字电视、排污、路灯等配套设施建设，推动城镇基础设施向农村延伸，既让农民享受到了和城镇基本相当的公共服务设施，又增强了农村吸引力，有效促进了城市资金、信息、人才等要素资源向农村流动，为更好地实现城乡互动、优势互补，加速城乡经济融合，推动城乡一体化发展奠定了基础。五是提高了文明程度，促进了农村和谐发展。通过深入开展各种主题鲜明的思想道德教育活动，使农民形成了自觉遵守社会公德、家庭美德的良好风尚，活动中群众表现出了协作劳动的集体观念、出资投劳的创建意识、摒弃琐碎恩怨的宽广胸怀和健康欢乐的精神面貌，构建了和谐人际关系，提高了乡村文明程度。建立了人口计生"十大工作机制"，率先在全国推行了农村"两户"养老保障制度，并催生了国务院农村部分计划生育家庭奖励扶助政策的出台。破除了农民"多子多福"的旧观念，形成了"少生快富"的新共识，有效控制了人口增长。构建了"以

防为主，打防控管一体化"的社会治安综合治理网络体系，群众安全感明显增强。积极打造秀美山川，生态环境得到有效保护和改善，全市森林覆盖率达49%。大力发展先进文化，农民精神文化生活得到了极大丰富。

（三）坚持三位一体实施六法联动，积极探索违法青少年帮教工作新路子——违法青少年帮教挽救的"瓮安经验"

在省委、州委的正确决策和高度重视下，在省、州政法部门的有力指导下，瓮安县把帮教挽救违法青少年作为学习实践科学发展观的创新之举，作为社会管理创新的具体探索，作为一项民心工程、德政工程和平安工程来抓，以帮教挽救瓮安"6·28"事件中的违法青少年为重点，坚持"三位一体"，实施"六法联动"，积极探索新形势下违法青少年帮教挽救工作新路子，取得了良好政治效果、社会效果和法律效果。

1. 坚持"三位一体"，建立和完善违法青少年帮教工作格局和机制

（1）加强帮教机构建设，发挥统筹协调作用。早在2008年10月开展帮教之初，瓮安县成立了由县委常委、政法委书记为组长的帮教工作领导小组，统筹协调全县帮教工作，领导小组办公室设在县教育局，从县委政法委、司法局、关工委、教育局等部门抽调专人具体办公。之后为延伸和拓展帮教成果，构建覆盖全面、常态运行的青少年"大帮教"工作体系，2009年5月，县委将帮教工作领导小组组长调整为县委副书记担任，并将县帮教办明确为常设机构，解决了6个编制。全县23个乡（镇）均建立了由党委书记任组长、相关部门主要负责人为成员的帮教工作领导小组，落实办公地点，正常开展工作。

（2）加强帮教格局建设，发挥整体联动作用。一是完善齐抓共管的帮教格局。在县青少年帮教工作领导小组的统一领导下，宣传、教育、民政、关协、妇联、团委等相关部门各司其职，各负其责，密切配合，一手狠抓以"打黑除恶"为龙头的严打整治斗争，大力整治校园周边治安秩序，净化育人环境；一手狠抓违法青少年帮教工作，充分发挥各部门整体联动作用。二是健全"三位一体"的帮教体系。以家庭帮教为基础，以学校帮教为主阵地，以社会帮教为依托，按照"1+1+1"的结对帮教模式，构建了家庭、学校、社会"三位一体"，县、乡（镇）、村（社区）、学校、班级和家庭"六级联动"的帮教工作体系。三是完善责任和督查机制。县综治委把帮教工作纳入社会治安综合治理年度目标考核。县帮教办不定期组织人员到各乡（镇）、学校检查帮教工作落实情况，与乡（镇）、学校共同研究，分析帮教学生的变化情况，提出解决问题的办法。四是落实对未成年人犯罪依法从宽政策。政法各部门认真贯彻宽严相济的刑事政策，对主观恶性不大、危害后果较小、悔罪态度较好的未成年人犯罪，依法从宽处理，尽可能通过社会帮教转化改好。积极推行未成年人刑事案件"圆桌审判"方式，营造宽松和谐的法庭氛围，体现对违法未成年人的司法人文关怀。

（3）加强师资队伍建设，发挥帮教主阵地作用。一是狠抓师德师风建设。把造就一支教育教学过硬、师德师风优良的教师队伍，作为办好教育、抓好帮教工作的根本性、关键性措施来抓，县委、县政府出台了《关于进一步加强师德师风建设的意见》，规定了"六不准"的师德师风规范，即：不准无准备上课；不准酒后或衣着不整进入课堂；不准歧视、侮辱、体罚或变相体罚学生；不准在课堂上接、打电话；不准参与任何形式的赌博活动；不准违规收取学生费用和未经批准从事有偿教学活动。对照"六不准"，组织全县教师认真查找和整改自身在师德师风方面存在的问题和不足。二是加大对教师的培训力度。2008年

以来，教育部门采取"走出去、请进来"的方式，共组织教师、教导主任、校长培训40期4778人次，着力提升教师的整体素质和教学水平，夯实师德基础。三是组织开展"千名教师大家访"活动。全面了解学生思想、学习、生活、家庭等情况，引导教师深入了解学生、更加关爱学生，用崇高师爱提升教育形象。

（4）加强保障机制建设，发挥坚强后盾作用。为解决大班额和学生租房问题，县委、县政府进一步加大教育投入，改善办学条件。2008年县财政安排资金5200万元用于农村初中校舍、薄弱学校改造等工程，筹集资金1.7亿元（其中贷款7000万元）在城区新建雍阳中学。积极实施优才计划，每年划拨专项资金160万元对全县优秀学生和教师实行奖励。为确保帮教工作顺利开展，县政府将帮教经费列入了财政预算，并为全县各级帮教办配置办公室28间550平方米、电脑29台、打印机24台，文柜18个、办公桌椅38套。

2. 实施"六法联动"，全面落实违法青少年帮教工作措施

（1）采取"结对帮教"法，层层落实帮教工作责任。对回归家庭、学校、社会的"瓮安事件"违法青少年，由县帮教办代表县委、县政府与涉及的20个乡（镇）、8所学校签订帮教责任状，再由乡（镇）与村（社区）、村（社区）与家长、学校与班主任签订包保责任书，层层落实帮教责任。对所有帮教对象，按照3个"1+1+1"的模式分类落实结对帮教措施：对回归社会的违法青少年实行"1名党政领导+1个基层组织+1名帮教对象"的帮教模式；对回归学校的违法青少年实行"1名学校负责人+1名教师+1名帮教对象"的帮教模式；在各班级还实行"1名教师+1名优秀学生+1名帮教对象"的帮教模式，形成了"2帮1"乃至"3帮1"的结对帮教机制。

（2）采取"因人施策"法，切实增强帮教工作实效。县帮教办对"瓮安事件"中涉案的104名青少年进行了全面摸底和造册登记，逐一明确了对接单位和责任人，做到无缝对接；逐一建立了帮教档案，按照"一人一策"开展帮教。特别是对其中的87名在校学生，积极帮助其落实就读班级，对先期取保的学生由其自行联系学校班级，联系不上的由县帮教办协调安排；对后期取保的学生按照"非毕业班生跟原班，毕业班生进职校，先落实、后调整"的原则，让他们全部顺利回归了校园。针对高中、初中毕业班帮教对象的文化成绩普遍较差的问题，各学校成立了文化课辅导小组，制订了帮教方案，明确由一名帮教老师对一名帮教对象加强辅导，安排一名成绩优秀的学生与一名帮教对象同桌，由其在学习上给帮教对象以诚恳帮助。此外，各校帮教老师还牺牲假期时间，对帮教对象进行课程辅导和假期作业检查，给予特殊关怀和特别关爱。通过重点帮教，2009年参加高考的14名帮教学生中有9人升入专科以上学习（其中二本1人，三本1人，专科7人）；参加中考的14名帮教对象中有9人分别升入普高、职高、中等专业学校学习。2010年参加高考的22名帮教对象中有21人上专科以上分数线（其中二本8人，三本2人，专科院校11人）。

（3）采取"整体联动"法，积极构建"大帮教"工作网络。一是积极搭建动态化的"大帮教"信息网络。由县帮教办牵头，各乡镇和县直各有关部门密切配合，建立了包括"6·28"事件中的违法青少年、被政法机关教育处理过的青少年以及中小学"问题生"、"后进生"等重点青少年群体信息库，实施动态管理。二是积极搭建社会化的帮教力量网络。充分发挥家庭教育与学校帮教互动功能，组织开展"优秀学生家长"评选活动，通过举办家长学校、法制讲座等形式，积极开展青少年学生家长培训，提高家长自身素质和家教水平。邀请了中国关工委公益文化中心《激发孩子持续的学习动力》宣讲团到我县举行家长培训会，

培训家长 2 万余人次。充分发挥基层组织的协调、指导作用,积极帮助帮教对象解决好落户、居住、入学、就医、培训、就业等方面的实际困难。三是积极开展励志和对比教育活动。协调瓮安监狱、北斗山监狱开展"现身说法"进校园活动,对全县 16 所学校共 3.5 万余名师生进行了警示教育。2009 年和 2010 年暑假期间,组织由帮教对象代表和优秀学生代表参加的"美梦成真、我心飞翔"法制教育暨爱国主义教育夏令营活动,参观北京奥运场馆、上海世博园等景点,激发青少年学生的爱国热情和感恩意识,树立正确的人生理想和抱负。

（4）采取"心理矫治"法,走进违法青少年心灵深处。一是坚持"两个必谈"。即：回归前必谈,在帮教对象入校、入班、回乡前,由县、乡(镇)帮教领导、帮教办工作人员、学校领导、班主任出面逐一进行思想政治教育、心理辅导、法制教育；发现帮教对象有突出表现或不良苗头时必谈,及时表扬鼓励进步,纠正错误缺点,培养帮教对象乐观自信、积极向上、奋发进取的精神,鼓励他们走出阴影,重树信心,走向新生。二是开展心理健康教育和疏导。在帮教启动之初,县帮教办邀请心理辅导老师对即将取保释放的违法青少年进行了专门心理辅导。有帮教任务的学校均建立了学生心理健康档案系统,开通了心理咨询网和心理热线电话,自编了心理教育校本教材,并在教学日程中安排了青春期心理健康、生命教育、感恩教育等课程。2008 年 12 月,县帮教办邀请西南大学两名心理学教授专程到瓮安,对全县 140 名骨干班主任进行为期两天的心理健康教育知识培训,并组织 30 名班主任到西南大学参加了为期 3 天的心理健康教育专题培训学习。三是推进青少年心理健康教育常态化。县委、县政府为城乡学校配备了心理健康教育专(兼)职教师,县帮教办建立了帮教网站,各帮教学校设立了心理咨询场所。自帮教工作开展以来,共为帮教对象和家长提供了 200 多次心理咨询服务。

（5）采取"跟踪帮教"法,动态掌握帮教转化情况。一是实施跟踪帮教。在日常帮教工作中,由帮教干部、帮教老师按照"三联四知五包"的要求,落实对结对帮教对象的跟踪帮教。"三联"即：周联人、月联家庭、学校或单位,季联所或社区；"四知"即：知基本情况、知活动交往、知现实表现、知心理状况；"五包"即：包思想教育、包生活关怀、包关系协调、包就业指导、包陋习矫正。二是开展假期帮教。为使帮教工作不因放假而脱节,县帮教办对寒暑假期间的帮教工作进行了周密安排,各帮教干部、帮教老师充分利用假期,结合"千名教师大家访"活动,深入帮教对象家中了解情况,帮助其辅导功课,组织参加社会实践活动。三是加强回访调查。对在外就学、务工的帮教对象,充分利用假期或传统节日帮教对象返乡之机,以学校名义举行校友座谈会,了解其思想动态和行为表现,有针对性地进行继续帮教。

（6）采取"前科消除"法,帮助违法青少年彻底甩掉历史包袱。为帮助违法青少年完全走出"瓮安事件"阴影,彻底打消帮教对象及其家长的思想顾虑和担忧,瓮安县根据中央关于"有条件地建立未成年人犯罪记录消灭制度"的改革精神,在省、州党委的领导下,在省委政法委、省司改办、省直政法各部门的具体指导下,积极开展了"6·28"事件涉案未成年人违法及轻罪记录消除试点工作。经过深入调研和充分论证,2009 年 5 月,瓮安县委出台了《关于对"6·28"事件涉案未成年人违法及轻罪犯罪记录消除的指导意见》。县委政法委会同政法各部门下发了《瓮安县"6·28"事件涉案未成年人违法及轻罪犯罪记录消除试行办法》,规定了犯罪记录消除的适用原则和对象、消除条件及程序、消除记录的法律后果及档案管理等问题。通过实施两年，已对 54 名帮教对象的违法及轻罪记录予以消除，兑现了其升学、参军、就业不受影响的承诺，从根本上消除了他们的心理阴影，极大地推动了帮教转化工作。这一改革试点得到了社会各界的普遍认同，在全国引起了积极反响，省委政法委在全省进行了推广。

（四）改革管理体制，提升服务水平——贵阳市积极探索城市基层新型管理体制改革

近年来，随着经济体制改革的不断深化，城市化进程快速推进，但是，城市基层社会管理体制依然沿用"老一套"，特别是街道办事处以抓经济为主，为实现工作目标，将对居委会的"指导"变为"领导"，"机关化"、"衙门化"倾向严重，使居委会成为办事处的"一条腿"，"自治"功能弱化，"行政化"倾向严重。如果把社会管理、公共服务的着力点放在街道办事处，工作任务不能完全"落地"；把着力点放在居委会，往往"有名无实"。为了解决这些问题、加强基层基础管理与服务，贵阳市在小河区、金阳新区开展城市基层管理体制改革试点，按照"精简管理层级，实行区域化管理，优化整合资源，加强党的基层组织"的思路，探索建立城市基层新型管理体制和运行机制，有效解决街道办事处职能"错位"、居委会职能"越位"、政府公共管理与服务"缺位"的问题，提高试点区域社会管理服务水平。由于改革是一项复杂的系统工程，试点中积累的做法需要进一步探索，总结的经验需要通过实践进一步证明，存在的重点难点问题需要进一步研究解决，因此，从 2011 年 2 月开始，贵阳市在全市各区（市、县）开展扩大改革试点工作，共涉及 11 个街道办事处、3 个镇、64 个居委会、23 个村委会，约 57.3 万人，继续探索具有"中心城区、城市郊区、农村社区"特色的管理体制和运行机制，建立适合贵阳市情的基层社会管理体系。

1. 主要做法

（1）改革城市基层社会管理体制。主要采取 4 项措施，建立新型城市基层管理体制。

一是精简管理层级，实现领导体制扁平化。撤销街道党工委和街道办事处，成立 6 个社区党委和社区服务中心，变"市—区—街道—社区"四级管理为"市—区—社区"三级管理，实行"区直管社区"。社区服务中心为副科级事业单位，直接面对群众提供公共管理服务，推动领导体制扁平化。

二是构建"一委一会一中心"组织构架，增强社区的服务、管理、凝聚、维稳功能。推行"一委一会一中心"（社区党委、居民议事会、社区服务中心）社区治理模式，构建"党委领导、政府负责、社区协同、公众参与"的社会治理格局。社区党委实行"大党委制"，选聘社区内有影响力的驻区单位党组织负责人兼任社区党委副书记或委员，将辖区内居委会（小区）党组织、非公有制经济组织和新社会组织党组织等纳入管理范围。居民议事会为社区议事协商机构，在社区党委领导下，代表居民群众和驻区单位对社区的各项事务进行民主决策、民主管理、民主监督，引导群众有序参与社区事务。社区服务中心为政府在社区实施服务和管理的平台，将区政府及相关职能部门对居民的事务性社会管理和公共服务直接延伸到社区，采取直接管理或派员进驻社区服务中心的方式开展工作；将原来由街道办事处承担的民政、计生、卫生等各类事务性管理职能划转社区服务中心；将原来居委会承担的行政职能"剥离"出来，由社区服务中心承担。改革之后，社区党委和社区服务中心不承担经济工作职责，统筹区域内党务、政务工作，实行区域化管理。

三是实行"一社多居"，使更多的公共管理和服务资源聚集到社区。在改革试点区域，以地域面积和服务半径为主要依据，兼顾人口数量、治安管理、公共服务资源配置等因素，

重新划定社区管理服务范围，每个社区地域面积2—3平方公里，人口数量2—4万人。改革"一社一居"设置方式，在一个社区管理服务范围内设置3—4个居委会。这样的社区划分，与原来的街道办事相比，更加贴近居民群众，专注于便民利民；与原来的居委会相比，拥有更多的资源和较强的统筹能力，有财政投入，有专业化社会工作者队伍，有工作场所和公共服务平台，能够更好地实现"三有一化"。

四是推行"居政分离"，促使居民自治回归。居委会协助社区服务中心开展工作，不承担行政管理性事务，按照有关法律法规进行自治。居委会工作人员采取自愿服务，实行弹性工作制，政府不再按人头发放补贴，对政府需要居委会协助完成的工作，通过"政府购买服务"的方式开展，实现"费随事转"、"养事不养人"。

（2）建立健全规范运行机制。主要采取5项措施，建立健全与新型体制相适应的运行机制。

一是开展公推直选，配强领导班子。采取公推直选方式选举社区党委书记和社区服务中心主任。2010年5月至6月，6个试点社区采取个人自荐、党员群众联名举荐、组织推荐的方式产生报名人选，通过差额推荐、差额票决、差额考察、差额分别选举产生了社区党委书记和服务中心主任。

二是通过"三个纳入"，推进资源整合。通过"三个纳入"，使人力、物力及服务资源向社区聚集，为社区充分发挥服务、凝聚、管理和维稳功能提供保障。将社区工作人员纳入正式编制，6个社区服务中心共有在编人员107人，具有大专、本科文化的有95人，硕士研究生3名，40岁以下的92人，在较高层次上实现了"有人理事"。将社区工作经费纳入区级财政预算，试点区在保障社区人头费和办公经费的同时，每年安排100万至200万元公益事业专项经费，在较高层次上实现了"有钱办事"。将社区办公和服务场所建设纳入城市建设规划，6个试点社区办公用房、活动场所最大的达1万平方米，最小的也有300多平方米，在较高层次上实现了"有场所议事"。

三是实行"三会一评"，扩大基层民主。成立"居民议事会"，实行"三会一评"，以方便居民、操作简单、效果直接的方式扩大城市基层民主。通过召开群众意见收集会，议事会成员充分听取党员、群众的意见建议，收集社区建设、管理、服务需要解决的问题。一年多来，6个试点社区召开意见收集会220余次，收集各类意见建议260余条。召开议题讨论会，议事会及时商讨急需办理的事项，将建议意见提交社区党委。召开议事决策会，社区党委对议事会提出的意见进行研究，形成决策，交由社区服务中心实施。召开述职评议会，社区党委书记、服务中心主任、议事会负责人每年公开述职，接受社区党员、驻区单位代表、居民群众代表现场评议。

四是发挥党员作用，开展志愿服务。深入开展创先争优活动，以"我是共产党员·我为贵阳增光"为载体，开展"服务基层先锋行"活动，亮身份、作表率、办实事。对住在社区的机关、企事业单位党员进行登记造册，通过认领社区义务岗位、承诺服务等方式，使他们"工作在单位、活动在社区、奉献双岗位"。对社区无职党员实行"设岗定责"，根据个人专长，设立文体活动宣传岗、环境卫生监督岗等，党员个人进行承诺服务，发挥党员在社区建设、管理和服务中的积极作用。同时，试点社区建立了由2300余名志愿者组成的义工队伍，广泛开展关爱空巢老人、救助特殊困难群体等活动，弥补社工队伍力量的不足。试点以来开展志愿活动8600余人次，服务社区居民3.3万人次。

五是实行"一站办结",优化管理服务。着眼于满足居民群众多层次、多样化的服务需求,建立健全辖区内各类组织和驻区单位相结合、无偿与低偿相结合、社会化与产业化相结合的社会服务体系,认真做好便民利民、扶贫帮困、社会保障、就业创业等工作,确保辖区服务全覆盖。积极创新服务方式和手段,规范并公开服务内容、服务程序,推行党务、政务"一站式"服务,不断提高服务居民群众的质量。2010年小河区黔江社区共受理服务事项近3000件,办结率达99.9%;碧海社区共接待群众5000多人次,受理居民各类服务需求4000多件,办结率99.7%。

2. 初步成效

一是社区党建工作得到加强。初步形成以社区党组织为核心、辖区党组织为基础、驻区单位党组织共同参与、联建共建的城市基层区域化党建工作格局。6个试点社区党委有兼职副书记、委员18名。通过"大党委"协商解决了500多项社区事务,实现了党的组织和党的工作全覆盖,提高了区域化党建水平。

二是社区服务功能得到提升。新成立的社区服务中心不再承担经济任务,全部精力用在社区管理服务工作上。通过下沉公共资源、聚集社会资源、激活群众资源,构建"公共服务、社会服务、自我服务"相结合的新型城市社区服务体系,打造"15分钟服务圈",提高服务效率和服务质量。

三是社区凝聚功能得到增强。实行区域化治理,突破社区和驻社区单位隶属关系和行业局限,畅通沟通渠道,增强了社区对驻社区单位的凝聚力。开展公推直选,发扬基层民主,提升群众对社区组织和干部的公认度。建立社区议事机制,增强了居委会自治功能,发挥群众主体地位,增强社区的感召力和影响力。开展丰富多彩的文体活动,把群众凝聚起来,增强对社区的认同感和归属感。

四是社区管理水平得到提高。社区实行扁平化管理和服务,让管理"触角"直接扎根基层,"嗅觉"更灵敏,反映更快捷,及时解决基层存在的各种矛盾和问题。社区党委加强对各类组织的领导、组织和协调,使党的方针政策以最快速度传达到基层群众,工作在第一时间得到推动和落实,变单向管理为互动式管理和主动式服务,提高了管理水平。

五是社区和谐稳定得到保障。通过改革,加强了社区干部队伍,与过去的居委会相比,社区干部维护稳定的意识更好、能力更强,维稳工作更有力。通过居民议事会,积极引导居民理性表达诉求,自觉依法办事,各种利益纠纷得到妥善处理。加强社区内社会治安综合治理各项措施,通过构建人防、物防、技防相结合的社区防范机制和防控网络,切实维护社区和谐稳定。试点工作开展以来,群众安全感明显上升。

通过改革试点,探索建立城市基层新型管理体制和运行机制,有效解决了街道办事处职责"错位"、居委会职责"越位"、政府公共管理服务"缺位"等问题,构建了"党委领导、政府负责、社区协调、公众参与"的社会管理格局,提升了城市基层社会管理和服务水平,社区管理更有序,服务群众更有效,维护稳定更有力,基层社会更和谐。中组部《基层党建工作研究文稿》和《全国基层组织建设工作情况通报》、新华通讯社《国内动态清样》、《内部参考》、《人民日报》、《贵州日报》等多次对此作了专题报道。

(五)风险评估先行、防范化解联动、建设与调解并进、发展与稳定统筹——社会稳定风险评估的"铜仁模式"

近年来,铜仁地区抢抓国家实施西部大开发战略的机遇,大力推进以交通、水利为重点的基础设施建设，一批国家级重点项目相继开工，工业化和城镇化步伐明显加快，这在为该区跨越式发展打下了坚实基础的同时，也使征地拆迁、移民安置等领域的矛盾纠纷大量凸显。为从源头上减少不稳定因素，2008年11月，该区在贵州省较早出台了《关于开展社会稳定风险评估工作的意见》。但由于少数领导干部认识和理解上的偏差，片面地认为社会稳定风险评估就是否定决策、否定项目、牵制发展，在具体执行中变形走样，要么不开展评估，要么评估走形式、走过场，以至于因决策不当、风险防范化解不力引发了一些群体性事件。为了吸取深刻教训，该区把开展社会稳定风险评估作为统筹发展与稳定关系的重要结合点，作为超前防范化解风险的重要手段，引入了重大事项决策领域，在全区全面组织实施。特别是在推进重点工程建设过程中，围绕"项目要推进、风险要防范、矛盾要化解、群众得实惠"的目标，探索建立了"风险评估先行、防范化解联动、建设与调解并进、发展与稳定统筹"的社会稳定风险评估与矛盾纠纷排查调处联动工作模式，较好地防范和化解了工程建设领域的不稳定风险，减少了对社会稳定的冲击，保障了群众的切身利益，破解了征地拆迁难题，实现了重点工程建设与社会稳定工作统筹推进。

1.坚持发展与稳定统筹，把开展社会稳定风险评估作为项目审批的前置条件

在推进重点工程建设中，该区坚持发展与稳定统筹，把社会稳定风险评估做在项目立项之前，深入调查研究，广泛征求意见，预测风险隐患，科学评估论证，依法审慎决策，既考虑项目建设的经济效益，又考虑其社会效益、民生效益、生态效益和稳定效益特别是客观存在的稳定风险；既不因风险存在而简单地否定项目，又不因草率立项忽视稳定风险。为此，该区再次下发了《关于认真开展重大事项社会稳定风险评估工作的通知》，明确要求把开展社会稳定风险评估作为重大决策重大工程立项审批的前置条件，做到"四个坚决"：对没有开展风险评估的重大决策和项目，坚决不予申报；对没有将风险评估的结论纳入决策和项目审查的，坚决不予审批；对没有超前考虑群众切身利益、落实防范化解措施的，坚决不予实施；对不开展或不认真开展风险评估的，坚决落实责任查究。同时，制定完善了《重大事项社会稳定风险评估办法》、《风险评估工作管理规定》等规范性文件，健全了社会稳定风险评估工作的执行机制、责任机制和监督机制，保证了执行过程中不偏向、不走样、不打折扣、不走过场。2009年以来，全区共对1200多个重大事项（其中130个重点项目）进行了风险评估，通过评估，决定暂不实施的项目3个、暂缓实施的9个、分步实施的56个；对不按要求开展社会稳定风险评估、引发群体性事件等不稳定问题的31名领导干部进行了诫勉谈话、调离或免职处理，其中县级干部9人。

2.坚持风险评估先行，把社会稳定风险评估结果作为项目审查决策的重要内容

在项目立项之前，该区坚持风险评估紧跟项目走，把风险评估作为项目立项的前置条件，把风险评估结论作为项目审查决策的重要内容，认真组织开展社会稳定风险评估。以大兴科技工业园区和川硐教育园区两个区属重点工程（以下简称"两个园区"）为例，主要遵循以下程序进行：一是明确风险评估牵头单位和责任主体。鉴于园区项目是由发改部门立项、审批，2009年6月，铜仁地区确定由地区发改委牵头组织开展两个园区项目的风险评估工作。同时，按照"谁主管、谁负责、谁评估"的原则，确定由国土、建设、林业、水利、社保、环保、安监、政法、维稳等部门负责，就园区建设可能遇到的风险分头组织开展风险评估工作。二是深入开展摸底排查。地区发改委将两个园区项目规划的选址、占地面积等内容进行公示公告，广泛征求群众意见。同时派出80多名干部深入园区开展摸底

排查，了解群众的反映和诉求，为预测风险提供第一手资料。三是预测评估潜在风险。结合征集到的意见和建议，由各评估责任主体分类整理，并进行预测和综合评估，共评估出可能遇到的六大风险：(1) 农民失地风险。两个园区的建设将直接导致415户1852人全部失去土地，可能因部分农民固有的土地情结、对未来担忧而不愿征地，也可能因对失地农民长远生计事前考虑不周、事后保障不力，留下不稳定隐患。(2) 拆迁安置风险。该项目涉及555户拆迁，需安置2340人，拆迁面积10.4万平方米。可能因不能如期顺利拆迁影响工程进度，也可能因安置房建设滞后让群众流离失所。(3) 资金链断裂风险。可能因资金链断裂形成半拉子工程，以致引发不稳定因素。(4) 干部能力风险。可能因干部素质、能力、作风、廉洁等方面出现问题引发矛盾。(5) 施工安全风险。可能因施工安全事故，造成财产损失和人员伤亡，影响工程进度和施工形象，甚至引发工人停工或群体性闹事事件。(6) 诱发性风险。可能因前五项风险升级演变成越级上访、堵工、群体性械斗、地方恶势力等问题。这六大风险，无论哪个落地，都可能对园区项目实施带来严重冲击。因此逐一落实对这些风险的防范化解措施就显得非常关键。四是制订风险防范化解方案。针对预测到的六大风险，由评估责任主体分类提出防范化解措施、制订防范化解方案。如对农民失地、拆迁安置风险，明确由国土、建设、林业、社保等部门对土地补偿、建房安置、就业转移等提出具体标准，拿出具体方案。五是论证风险防范化解方案。各评估主体将风险防范化解方案送交发改部门汇总后，2009年9月，铜仁地区发改委组织召开了两个园区项目风险评估听证会，充分听取了相关专家、人大代表、政协委员、群众代表的意见和建议，并对防范化解方案进行修改、补充、完善后，形成风险评估报告。六是作出风险评估结论。评估报告出来后，紧接着由地区维护稳定工作领导小组进行审查，通过综合权衡园区建设中潜在风险类别、等级及防范化解方案，认为方案可行，可以进行项目申报。七是运用风险评估结论。最后由地区发改委将风险评估的最终结论纳入项目审查。通过审查认为，园区建设虽然存在六大风险，但防范化解考虑周全、措施可行，只要落到实处，风险完全可防可控。2009年11月，地区发改委决定准予立项。由于做到了风险评估先行，并把评估结论及风险防范化解措施与项目建设挂钩，发改部门并没有因风险的存在而否定立项，相反通过超前评估做到了心中有数，使项目得以顺利通过审批。

3. 坚持防范化解联动，把风险防范化解措施纳入项目规划建设统筹考虑

在工程项目实施前，该区始终坚持防范紧跟风险走，根据评估预测到的风险，按照"属地管理"和"谁主管、谁负责"原则，采取防范化解联动的方法，把防范控制化解责任落实在项目实施之前，把风险防范化解措施纳入项目规划通盘考虑，统筹安排。一是分解防范化解责任。明确农民失地和拆迁安置风险防范化解由市、乡镇两级党委政府及发改委、国土、建设、房产等部门负责；施工安全风险防范化解由项目施工单位负责；资金链断裂风险由项目单位、业主单位负责；干部能力风险防范化解由地方党委、政府负责；诱发性风险防范化解由政法、公安、维稳、综治等部门负责。二是落实防范化解措施。针对评估到的各类风险，由各责任主体分类制订防范化解方案，把防范化解措施落到实处。如针对农民失地和拆迁安置风险，通过把风险防范措施落实到项目立项、选址规划、土地丈量、征地补偿、拆迁安置、产业发展、技能培训、就业转移、劳务用工、社会保障等各个环节，实现防范化解联动；针对施工安全风险，通过严格安全生产规程、强化施工安全管理、完善安全事故应对预案予以防范；针对资金链断裂风险，通过充分利用政府投融资平台、制

订资金筹措方案、加大资金筹措力度等进行防范；针对干部能力风险，通过依法规范征地拆迁、严格干部教育管理和监督进行防范；针对诱发性风险，通过加强矛盾纠纷排查调处、加强工区及周边社会治安防范和专项整治、加强群体性事件预警、预防和处置工作实现防范化解联动。三是加强政策法规宣传和舆论引导。在"中国铜仁综合门户网"开设"互动社区"论坛，广泛征集社情民意。围绕群众的担忧和疑虑，有针对性地加强政策法规宣传，帮助群众算大账、算长远账，让群众看到项目建设带来的实惠，看到项目建成后的发展希望。四是把事关被征地拆迁群众切身利益的事项纳入园区建设规划统筹考虑。土地是农民的命根子，房屋是群众的安身地。在园区建设过程中，该区把解决好群众切身利益放在第一位，作为防范化解风险的核心内容来抓，把解决被征地拆迁户的现实利益和长远生计问题纳入了园区建设规划，做到了"四个同步考虑"：（1）项目选址与征地拆迁同步考虑。尽量把项目选址在农用地相对较少、拆迁量小、交通便利、资源配置较好、群众积极性较高的区域，以减少征地拆迁难度和成本。（2）项目规划与人员安置同步考虑。在园区内专门规划商业区、安置区、服务区，确保被征地农民生计有着落、拆后有房住、致富有门路。（3）产业布局与促进就业同步考虑。通过制度设计和政策协调，引导农民依托项目或企业从事商业、种养殖和服务业，促进就业创收。（4）城镇化推进与社会保障同步考虑。按照就高不就低原则，由失地农民自愿选择城镇居民社会保障统筹或农民社会保障统筹，原所享有的国家强农惠农政策照常享有。由于各项政策考虑周全，群众权益保障到位，让失地农民真正从园区建设中得到了实惠、看到了希望，经历了从故土难离到平和接受拆迁安置的情感变化过程，经历了从担忧、迟疑到拥护、赞成园区建设的思想转变过程。在园区项目实施前，川硐镇尖岩村群众积极支持园区建设，自发与党委、政府签署了矛盾纠纷化解承诺书。

4. 坚持建设与调解并进，把矛盾纠纷排查调解贯穿工程建设的始终

在园区建设实施过程中，该区始终坚持调解紧跟进度走，深入开展"平安和谐工区"创建活动，把矛盾纠纷排查调解工作贯穿到园区建设的始终，切实将矛盾和风险防范在未发之前、化解在萌芽状态、降低在最小限度。一是维稳工作组进驻园区。以政法部门为主，成立了维稳工作组，下设矛盾化解、治安整治、法律宣传、信访接待、后勤保障5个小组，进驻园区开展矛盾纠纷排查化解工作。二是落实排查调处责任。按照"项目建设不完工、联系领导不换点、包村单位不脱钩、包组干部不撤离"原则，建立"领导＋单位＋干部"的责任体系，对排查出的矛盾纠纷分门别类逐一落实包保责任，做到事事有人管，件件有着落。三是推动矛盾纠纷联动联调。以人民调解为主体、行政调解和警民联调为补充，按照"归口负责、分级调处、企地联动"的原则，明确企地矛盾由园区指挥部、市工作组与乡镇党委政府协调解决；村与村之间的由乡镇调解；组与组之间的矛盾纠纷由村级调解；户与户之间的矛盾纠纷由组内调解，尽量把矛盾纠纷控制在最小范围、化解在最低层级，防止矛盾叠加。四是"小中心"发挥了大作用。以乡镇综治工作中心为主体，充分整合政法、公安、综治、司法、国土、林业、水利、村管、社保等各站所及村居组织的资源和力量，积极开展矛盾纠纷排查调处工作。园区建设中70%以上的矛盾纠纷系由所在乡镇的综治工作中心予以化解。五是创新矛盾纠纷调解思路。针对大量的农村山林土地权属纠纷，采取"调解为主、裁决为辅、化整为零"的方法，尽量不走行政确权程序，绕开权属争议，把焦点从权属确认转移到补偿费的分配上来。共成功调处土地权属纠纷663起，仅3起通

过政府确权裁决，没有一起进入诉讼程序。针对工程建设过程中的水源污染、房屋炮损、超红线施工等矛盾纠纷，由村委会组织村民按照"一事一议"的原则提出建议，报请党委政府协调施工方予以解决。六是企地共建"平安和谐工区"。积极推进警务进工区，维护工区社会治安，组织开展企地共建"平安和谐工区"活动。园区施工方积极配合地方化解矛盾，主动让利，出资100余万元为当地群众做了大量好事、实事，并在劳务用工、房屋出租、公益性岗位设置等方面优先考虑当地群众。当地群众以实际行动支持园区建设。"平安和谐工区"创建有力地促进了矛盾纠纷化解，保障了工程建设的顺利进行。

通过开展社会稳定风险评估，群众利益切实得到了维护，重大项目得以顺利推进，发展步伐明显加快，社会保持和谐稳定。2009年以来全区共实施重点项目130个，项目建设征地45740亩，房屋拆迁6775户，妥善安置水库移民5.7万人（占全省水库移民总数的80以上），均未发生重大群体性事件。全区生产总值、财政收入、农民人均纯收入、居民人均可支配收入均实现了在"十五"基础上的翻番目标。在近四年全省群众安全感测评中，该区2007年、2008年排名全省第二位，2009年、2010年排名全省第一位，为加速发展、加快转型、推动跨越创造了良好的社会环境。

【作者简介】

王兴骥，贵州省社会科学院科研处处长、研究员，省委宣传部"四个一批"人才，贵州大学、贵州师范大学、贵州民族大学硕士生导师。主持国家社会科学基金课题《民族贫困地区建设社会主义新农村的制度统筹研究——以贵州为典型个案分析》、《西部地区黑社会性质组织生成机制及防控对策研究》、《中国百县市经济社会追踪调查·遵义》（红花岗区卷）、《中国百县市经济社会追踪调查·遵义》（汇川区卷）及省部级课题《贵州省城乡一体化的制度统筹研究》等课题20多个。在《贵州社会科学》、《中央民族学院学报》、《贵州文史丛刊》、《中国乡村发现》等刊物发表《贵州社会养老保障体系研究》、《南宋抗蒙(元)战争中的播州少数民族》、《贵州省农民专业经济组织发展研究》、《明代西南少数民族地区的茶马贸易——以贵州为例》、《播州土司与水西土司关系之研究》、《贵州省城市社区建设调查与对策思考》、《播州杨氏族属探研》、《乡村民主管理制度的有益探索》、《西藏蒙古早期关系研究》等文章30多篇。出版专著《长征路上的新长征》、《红花映遵义》、《贵州社会发展报告》等6部，获省部级二、三等奖四项。

梵净山佛教文化旅游的价值

王路平

当前旅游业发展的一个突出特点是旅游文化性竞争日益激烈，利用文化来发展旅游，繁荣经济，提升人们的生活质量，已成为旅游发展的大趋势和主潮流。为此中央高度关注贵州旅游的发展，贵州省委、省政府也相应提出了贵州要大力发展文化旅游的思路。今年年初国务院制定下发了2012年2号文件《关于进一步促进贵州经济社会又好又快发展的若干意见》，这首次从国家层面把文化旅游创新区纳入贵州发展的五大战略定位当中，其战略目标是把贵州建设成世界知名、国内一流的旅游目的地、休闲度假胜地和文化交流的重要平台。贵州文化旅游创新区的开发建设，必将突破过去以观光旅游为主题的单一模式，实现以体验贵州地域文化为深度内核的文化旅游，从而为贵州区域经济发展带来新的增长点。为了又好又快、更好更快的发展，为与全国同步建成全面小康、实现经济社会发展历史性跨越，为抓住中央高度重视贵州大发展的历史性机遇，为在新一轮西部大开发的竞争中占据主动，贵州文化旅游的发展应突出自身特点，发挥自身优势，挖掘自身内涵，打造自己的世界级文化旅游品牌，为此我们提出大力开发贵州梵净山佛教文化旅游的战略构想。要描绘这一战略构想，首先就要厘清梵净山佛教文化旅游的价值。而要厘清梵净山佛教文化旅游的价值，就必须讨论这一论题中的几个关键词，即文化、文化旅游、佛教文化、价值等，最后再谈梵净山佛教文化旅游有哪些价值。下面依次讨论。

一、文化的含义和功能

文化是民族的血脉，是国家的根本，是旅游的灵魂。当代美国学者约瑟夫·奈提出的"软实力"，其占首要地位的，就是文化的吸引力和感染力。何谓文化？文化是一个非常广泛的概念，给它下一个严格和精确的定义是一件非常困难的事情。迄今为止仍没有获得一个公认的、令人满意的定义。据统计，有关"文化"的各种不同的定义至少有二百多种。笼统地说，文化是一种社会现象，是人类在社会历史发展过程中所创造的物质财富和精神财富的总和，是人们长期创造形成的产物。

文化的含义有广义与狭义之分。广义的文化，着眼于人类与一般动物，人类社会与自然界的本质区别，着眼于人类卓立于自然的独特的生存方式，其涵盖面非常广泛，所以又被称为大文化。从内容看，大文化既指人类征服自然、改造自然、人化自然的实践活动、实践过程，又指人类通过物质和精神生产实践所创造的一切物质财富和精神财富。狭义的文化，排除人类社会历史生活中关于物质创造活动及其结果的部分，专注于精神创造活动及其结果，主要包括宗教信仰、风俗习惯、道德情操、学术思想、文学艺术、科学技术、各种制度等，所以又称为小文化。1871年，英国文化学家泰勒在《原始文化》一书中提出了狭义文化的早期经典界说，即文化是包括知识、信仰、艺术、道德、法律、习俗和任何人作为一名社会成员而获得的能力和习惯在内的复杂整体。一定的文化（当作观念形态的文化）是一定社会的政治和经济的反映，又给予巨大影响和作用于一定社会的政治和经济。

关于文化的结构，学界有两分说，即分为物质文化和精神文化；有三层次说，即分为物质、制度、精神三层次；有四层次说，即分为物态、制度、行为、心态。物态文化层是人类的物质生产活动方式和产品的总和，是可触知的具有物质实体的文化事物。制度文化层是人类在社会实践中组建的各种社会行为规范。行为文化层是人际交往中约定俗成的以礼俗、民俗、风俗等形态表现出来的行为模式。心态文化是人类在社会意识活动中孕育出来的价值观念、审美情趣、思维方式等主观因素，相当于通常所说的精神文化、社会意识等概念。总之，精神财富的创造，这是文化的核心。

再说文化的功能。古汉语中"文化"源自《周易·贲卦·象传》"观乎人文，以化成天下"这句话的缩语。到西汉刘向《说苑·指武》开始正式有了"文化"一词："凡武之兴，为不服也；文化不改，然后加诛。"指的是文治（制度）和教化（教育）。现代意义的"文化"一词是20世纪初由欧洲经日本传入中国的。"文化"译自拉丁文中的Colere一词，本义指耕种土地和植物培育，后来引申成为一个广泛的概念，用以指称人类在社会发展过程中所创造的一切物质财富和精神财富的总和。结合这两个方面来说，文化的本质含义和功能是自然的人化和人文的化人，是人和社会的存在方式，人通过实践活动，不仅改变了客观世界，同时也改变了人自身。"人化"是指按人的方式改造世界，使外界事物带上人文的性质；"化人"是指反过来，即再用这些改造世界的人文成果来提升人的精神，开启人的智慧，陶冶人的情操，净化人的心灵，提高人的素质，并内化为人的品格，使人的发展更文明，更全面，更自由。用今天十八大报告的话来说就是"引领风尚、教育人民、服务社会、推动发展"。在西藏佛教寺庙中，我们经常会看到一种神像，其结构由三部分组成，下面是兽，中间是人，上面是神（佛菩萨）。例如大威德金刚神像，是藏传佛教格鲁派的护法神，藏语称为"雅曼达嘎"。常见的形象有九个头，下面是大水牛形，张着血盆大口，有34只手，16条腿，中间是人形，最上面一个头是如来形，象征他是阿弥陀佛化身而来。他为了教令法界，变化成威武愤怒的模样，也就是说以威猛力降伏恶魔，这就是"威"，以智慧力摧破烦恼业障，使众生从无明中解脱出来谓之"德"，合称大威德金刚或大威德明王。这就是大威德金刚以文化化人。人从动物而来，有动物性，如果停留在这个层面，就是野兽，所以以文化之，使之上升为人，具有人性，成为人。因为一切众生都有佛（神）性，故再教化之，使人从无明中解脱出来达到最上层的佛菩萨（神）的境界。《圣经》说"要在这个世界之中，但不要属于这个世界"，与这个世界保持必要的张力。中国先秦时期的哲学大师荀子也说过对人要"化性起伪"。"伪"就是人为的意思，是人创造的礼法文化，"伪者，文理隆盛也"[1]，通过长期的教化，学习文化，人就会形成善与美的品格，"人之性恶，其善者伪也"[2]，"无性，则伪之无所加；无伪，则性不能自美"[3]。由此可见，文化化人的力量是何等的重要。广义的文化映视着在历史发展过程中人类的物质和精神力量所达到的

---

[1]《荀子·礼论》。
[2]《荀子·性恶》。
[3]《荀子·礼论》。

程度、方式和成果。从产生看，是以区域世界的文化形态出现的，不同区域有不同的文化特色，对人类文化作出了各自的贡献。从发展看，人类文化是历史地发展着的，是人类进化能力不断提高的体现。

二、文化旅游

旅游业是"无烟产业"，是随着人类社会发展而兴盛起来的"朝阳产业"。自上世纪90年代以来，旅游业的发展已经在世界经济的发展中占据了相当重要的地位。1992年世界旅游的收入首次超过石油、汽车工业而成为世界上的第一大产业。在旅游业日益成为一个国家或一个地区的一项重要经济支柱产业的今天，文化在旅游业中的经济意义已经越来越凸显其魅力，特别是富有深厚底蕴和历史积淀的区域性特征的文化，对旅游业可持续性发展的深层影响已经越来越引起国内外各级政府以及业内人士的关注。同时，现代旅游业的发展趋势，仅以自然景观和人造景点作为吸引游客的手段已经不能满足广大游客的需求，而对一个区域的历史文化的寻访与感悟则成了现代人旅游的热点。根据世界旅游及旅行理事会（WTTC）2004年对旅游者的旅游动机进行的有关统计，在商务、度假、购物、探险以及文化体验五种旅游动机中，文化体验居于首位[①]。21世纪是人类进入知识经济的时代，伴随着知识经济的发展，文化旅游以其丰富的形式、深刻的内涵和独特的方式而成为当代世界旅游业发展的新潮流，文化旅游在当前全球旅游市场中已越来越占据重要份额，从而成为推动旅游产业高速发展的新的经济增长点。因此，每个地区要想把旅游业推上一个新的台阶，使之成为当地一个新的经济增长点，必须关注和推出具有影响力的本土文化及本土文化旅游。

"文化旅游"是指旅游者通过对旅游资源文化内涵的特殊体验，获得精神愉悦和文化享受的一种旅游活动和行为。它既是一种文化生活，又是一种综合性的社会经济活动。它包括历史文化旅游、建筑文化旅游、宗教文化旅游、园林文化旅游、民俗文化旅游、饮食文化旅游等，因而文化旅游是集文化、经济、科技、教育、旅游于一体的大旅游，具有开放性、多元性、综合性、动态性、功能性和创造性六大特色，具备吃、住、行、游、购、娱六大要素。文化旅游包括三个内涵：一是文化是旅游者旅游活动的本质属性，即专指与文化成果有关的人文景观的旅游活动。二是文化是旅游者旅游活动的动机和动力，即旅游者出于感知、了解、体察异地或异质文化的动机而经历的旅游活动，寻访"文化"、了解"文化"、享受"文化"、消费"文化"是旅游者旅游活动的出发点和归宿点。三是文化是旅游资源的魅力所在，即指在生态旅游中含有人文元素的旅游活动。从生态旅游而论，许多自然资源虽然本身不具有文化属性，没有历史文化色彩，但自然美无疑需要从文化层面来鉴赏，需要历史文化和科学知识来解释，需要靠文化才能提升其品位，丰富其内容，增加其色彩，这样才会使生态旅游资源具有无穷的魅力。由此可见，文化是旅游的灵魂，以人为本是现代文化旅游业的核心。文化旅游开发的实质就是以人为本，按照旅游市场要素开发和配置历史文化、社会文化等人文因素的资源，拉动旅游者文化旅游的消费需求，在终端形成文化旅游产业体系。文化旅游的开发，可以避免走单向过度地开发自然景区、过度开发生态旅游资源的歧途，从而使旅游业走上可持续发展道路。

---

① 参见平文艺《四川文化旅游发展理论与实证研究》，四川出版集团·巴蜀书社，2007年，第10页。

三、文化旅游在当代旅游业中日益占据主导地位

作为一种社会现象，旅游在一定的社会时期表现为不同的形式，现代社会决定了旅游已不再仅仅表现为一种休闲方式、一种度假行为、一种观光活动，而是表现为一种深层次的文化体验。在现代社会中，随着现代工商业浪潮冲击全球，出现了世界范围内的三大现代社会病，即人与自然的异化、人与社会的异化和人与自我的异化。由这"三大异化"而构成的日常生活世界，或使人感到生活的无聊、沉闷、枯燥、乏味，以至出现"现代性焦虑"，或令人产生灰暗感、忧郁感、虚无感、荒诞感，以至出现"生命不能承受之轻"，于是人们渴望克服和消除这种"现代病"，而通过文化旅游则能获得相对的和暂时的克服和消除。文化旅游世界是不同于日常生活世界的一个崭新世界，人们能够借助这种旅游发现意义，获得新生。"我们之所以能够经受得住漫长的日常生活中的这一切，原因在于我们的梦想中还怀有一个假期，还怀有一个到远方旅行的承诺。旅游的作用，就仿佛一个美丽的点缀，是灰暗的日常生活中的亮点。它意味着康复，意味着新生。只有经过这样的旅游（行），我们的存在才能得到证明。"[①]我们要去旅游，因为远方有故事，因为有不同的文化体验，可以激发自身的荷尔蒙。最壮观的景色我们已饱览，最险恶的风景我们已穿越，最艰苦的航程我们已一寸寸挪过，最苍凉的海天一色我们已一分分领略，当我们离开这个世界之时，或许不会感到遗憾！因此通过文化旅游可以相对的和暂时的克服和消除"三大异化"：[②]

一是克服和消除人与自然的异化。在现代社会中，人在功利主义的驱使下，总是以自我为中心，对自然界，人们主要考虑的是如何征服自然、战胜自然，甚至竭泽而渔，破坏自然。结果人与自然发生异化，使自然遭到空前的污染和破坏，由此导致了全球性的人类生存危机。于是人们迫切要求寻找到真正的自然而回到自然，回归生命的中心，感受切实的存在，于是返璞归真、天人合一，回到自然的生态旅游和纯真的民族文化旅游便成为当代人类的时尚。实际上，这是当代人类的净土意识在旅游活动中的反映。而贵州的苗侗等少数民族文化旅游、夜郎文化旅游成为当代人旅游的热点，便是这种要求的反映。

二是克服和消除人与社会的异化。由于今天社会一切向钱看的商品经济带来的负面影响，使人与人的关系变成了物与物的关系，唯利是图、金钱交易成了人际交往的价值准则，人与人之间、人与社会之间遭到了空前的异化。于是人们迫切需要人与人之间的真诚友爱，迫切要求社会的和谐。这时候，人们的精神世界特别需要得到本土文化的抚慰，需要从传统文化中吸取力量，而中国古代儒家的"仁者爱人"、"和而不同"的哲学理念得到了当代人的认同。当代中国人热衷于中国文化旅游，其中包括儒家文化旅游，这实际上是当代人类的寻根意识（包括寻找身根和寻找灵根）在旅游活动中的反映。目前在国内以及贵州日益兴起的阳明文化旅游潮，正是这种意识的反映。

三是克服和消除人与自我的异化。人在现代社会中生活，不断地被物化、机械化、商品化、零件化、工具化、平板化，人日益成为非人，成为物质的奴隶、金钱的走狗、经济的动物，人日益发现自己的生活变得没有目标，人生没有意义，人丧失了自我，人没有理

---

① 谢彦君：《现象世界的旅游体验：旅游世界与生活世界》，载《旅游学刊》2006年第4期。
② 这种文化旅游很大程度上只能是相对的和暂时的。例如著名作家三毛（陈昌平），一生到处旅游流浪，走过59个国家和地区，出版过23部作品，但仍然找不到人生的归宿和心灵的安顿。她的爱人何西之死，更让她绝望，于1991年1月4日在台北自杀，享年48岁。

想、没有信念、没有希望，在精神上处于无家可归状态中，生命处于极度的焦虑之中。人们往往发出这种感叹：人在江湖，身不由己；人在婚姻，爱不由己；人在官场，话不由己；人在单位，事不由己；人在世上，命不由己，人生无奈，有何归己？于是越是科学技术、工商业发达的地区，它的宗教文化就越是兴盛，人们的宗教文化旅游活动就越是高涨。这实际上是当代人类的终极关怀意识在旅游活动中的反映。人生活在这个世界上，不仅仅是为了吃穿住，还要寻找生活的意义。所以康德说人是一个形而上学的怪物，所以他的哲学最终要为宗教信仰留下地盘。人不是单纯地活着，它还要追问活着的意义。尼采说人生真正的痛苦不在于痛苦本身，而在于为了没有解决存在意义这个难题而感到痛苦。人如果始终处于假丑恶的境遇，人就不能成为终极意义上的人。人需要真善美，人需要生活有意义。宗教文化终极关怀的深刻性和前瞻性，符合当代人追求思辨和探索未来的特性，因而宗教文化旅游才能在当今世界范围内掀起一个长久的热潮。正是基于此，贵州的梵净山佛教文化旅游将会有一个美好的未来。

根据以上分析，可以预言文化旅游将成21世纪人类旅游的主题，并在旅游业中占据主导地位。以今天的贵州为例也说明了这一点，由于文化与旅游的深度融合发展，推动了贵州旅游业的大发展。2011年，全省旅游总收入1429.48亿元，是2004年的8.53倍，年均增长36.77%；接待旅游总人数1.7亿人次，是2004年的6.8倍，年均增长32.03%；旅游总收入在全国排名由2004年第23位上升为第15位，接待总人数由2004年的第24位上升为第19位；旅游总收入和接待总人数为34.7%、31.8%，分别排全国第7位、第5位。旅游业增加值410亿元，占全省GDP的7.1%，旅游业增加值在全省第三产业增加值中所占比例达15.5%，为全省经济增长和促进就业做出了重要贡献。2005年至2011年，全省A级旅游景区由9个增加到79个，其中5A级从无到2个，4A级由1个增加到22个；旅行社由168家增至284家；星级饭店由177家增至347家。逐步形成了旅游产品的多元化、旅游线路的精品化。[①] 而随着互联网的高速发展，贵州文化旅游亦将越来越风生水起。

四、佛教和佛教文化

佛教文化的含义亦有广义与狭义之分。从广义来说，佛教文化是人类物质生活和社会实践中，一切反映佛教思维、认知模式、价值观念、人生态度等精神财富（凝聚的，流动的）和物质财富的总和。从狭义来说，佛教文化即作为文化的佛教。按其形态它大致可分为佛教的教团、教义、活动、设施四个部分。教团包括各级僧团组织的管理、服务机关；教义包括博大精深的佛教思想体系和名目繁多的戒律仪轨内容；佛教活动包括佛教界一切代表宗教的活动；佛教设施不仅包括佛教的建筑和门庭设施，还包括法物、法器以及佛教典籍等。佛教文化是典型的东方文化，是世界文化的重要组成部分，在当今世界各国的文化交流中，佛教文化仍是交流的一个重要方面。佛教在逻辑、语言、技术、医学、哲学、文学、绘画、雕塑、建筑、音乐、天文等方面创造出了举世瞩目的文化成就，为人类留下了无比丰厚的精神宝藏和文化遗产。就中国而言，佛教传入两千年以来，它对中国人的思想形态、政治经济、人生观念、美术、书法、音乐、建筑等各个领域都曾产生深远影响，正

[①]《旅游·文化·三农工作助推贵州与全国同步实现全面小康——专访省委副书记王富玉》，载《当代贵州》2012年第9期。

是这些影响，构成了中华民族集儒、佛、道为一体的精神气质，它是我国社会变化发展的重要根源所在，也是东方文化独具魅力的重要根源所在。

佛教一般有广义和狭义之分。就广义而言，佛教是依佛法僧三宝而建立的宗教，包括佛陀以来的教义教理，宗教修行解脱之道，共同的宗教信念与生活方式及其特有的宗教文化（文学艺术、伦理道德等）；就狭义而论，佛教乃是佛陀的本来教义以及依此发展而成的大小乘各宗各派教理，即与三宝中的"法"宝相应，故又可称之为佛法。它包括教（佛教的典籍）、理（佛教的义理）、行（佛教修行，主要是戒定慧三行或三学）、果（佛教证得的结果）四法，"佛学"一词就代表狭义的佛教，而与佛法的涵义相同。佛学与佛教的关系是：佛教是佛学的生活与信仰，佛学是佛教的思想与内涵，二者既相互区别又相互联系。

从佛学本身而言，亦有广义和狭义之分。就广义而言，如上所述，即包括佛法的教理行证四法，包括戒定慧三学；就狭义来说，即是指佛教哲学，佛教哲学则主要是指佛法戒定慧三学中的慧学，即专指佛法的学理、学说而言，是佛法乃至佛教全部教义的思想基础，范围比通常意义上的佛学要窄一些，它是佛学中的思想核心部分，因此，佛法就其广义言，是佛学，就其狭义言，是哲学。进而言之，佛教就其广义言，是宗教，就其狭义言，是哲学。因此，佛教兼具了宗教与哲学的双重功能，是哲学的宗教，又是宗教的哲学。故《大智度论》云："佛法大海，信为能入，智为能度。"它是在智慧（哲学）的基础上建立的正信（宗教）。因此佛教既反对任何形式的算命相面、抽签问卦、风水堪舆、跪拜天地、敬神信鬼、巫婆神汉、设坛扶乩等迷信活动，又反对上帝崇拜、灵魂不死的神学观念，在世界各大宗教中，它经典最为丰富，体系最为庞大，哲学意味最为深刻，同时亦最具有智慧的魅力和现代的意义。

佛教特别是大乘佛教所关怀的是生命存在本身的终极意义的问题，即生命的终极存在和终极意义何在的问题。在现代工业社会中，人日益被物化，成了工具化、零件化、技术化的人，整个世界亦越来越成为一架巨大的控制人的机器，生存于其中的"单相度的人"（马尔库塞语）的行为，是一种以功利为目的"剧场化行为"（哈贝马斯语）。人们处在自我与他人之间的游离状态中，与世沉浮，随波逐流，人云亦云，鹦鹉学舌，没有灵性，没有创造性，是平均化和平板化的人，是在贪嗔痴的物欲中，充当着"生活世界的殖民化"（哈贝马斯语）的"在者"（海德格尔语）。在这种历史背景下，大乘佛教所表达的终极关怀及其对生命存在意义觉悟的大智慧，日益成为人们关注的话题，思考的焦点，亦日益得到越来越多的人的认同。

大乘佛教的精神，是希望以最直接的方式，传达最深刻的生死智慧，这种精神不但显示出其无上的慧见，也显示出其身体力行的实践要求。因为大乘佛教的般若智慧不是一种神秘的灵光一闪，也不是一种自以为是的玩弄光景，这必须有深刻的修正与实践才能真正觉悟，亦唯有自身有更深刻的生命体验与实践，才有更深刻的大彻大悟。大乘佛教这种解决终极关怀的大智慧，对寻求终极觉悟的现代人具有深刻的启示。吾师肖萐父先生曾说过："目前在世界上有并行、对流的两大文化思潮，一是'全球意识'，二是'寻根意识'。一方面现代化是世界思潮，现代化文化基本是国际性的；另一方面每一民族的独立发展又必须探寻自己民族文化的根基，这就构成了本世纪文化发展在对立两级中必要的张力。人们在重新评估'五四'的反传统主义时，又提出了重建中国文化的'奇里斯玛（Charisma）'的问题。'Charisma'这个借用的词，所指示的是从有生机的传统中转化出稳定而不僵化的，对于社会中普遍信仰和价值中心具有重大意义的权威范式。这种权威在整个社会生活中具有原创力,成为传统能够创造性转化文化的'根'。"[1] 以肖先生此言用于评估大乘佛教,当可见大乘佛教对现代人类而言日益具有这种"奇理斯玛"的效应。

五、价值与价值多元

所谓价值,简单地说,就是某个事物对另一个事物的肯定意义和积极作用,某个事物对另一个事物有意义,便有价值,价值的大小取决于意义的大小及关联程度。价值的本意是"某个东西之所值",后来分别应用到经济学、哲学、伦理学和社会学等领域中,成为衡量事物在社会中的意义和作用(用途)的一般概念。马克思曾经指出:"'价值'这个普遍的概念是从人们对待满足他们需要的外界物的关系中产生的。"[2] 因而"价值"是一个人(主体)与外物(客体)的关系范畴,客体是价值产生和存在的源泉;主体、主客体关系是客体产生和存在价值的条件,二者缺一不可。而所谓价值观,是我们关于价值的性质、构成、标准和评价的看法,它主要是从主体的需要(需要的满足)的角度,去考察和评价一切物质和精神的现象以及人们的行为对个人、阶级、社会的意义,对世界和人生的意义,它不是去进行认知判断,而是如何去评价它的价值。简言之,价值观表示主体对客体的一种态度。价值观主要是由复杂的历史、地理、心理、文化和社会经济等因素所决定的,它一经形成就很难改变。价值观在深层次上影响着人们的信念和选择,规定着人们的生活方式和生活态度,表现为人们"做人处事"的原则,是人们乃至一个民族、一个国家的精神支柱。因此对于我们进行科研活动具有重大影响。因为它与我们的科研行为有着密切的关联。第一,价值观表示我们(科研主体)的情感、愿望、理想和追求。第二,价值观对我们的科研行为有导向作用。第三,价值观的功能作用,即对我们的科研行为有动力作用,为我们的科研行为提供理由。

正是由于我们的心理、文化和社会经济地位等因素是各不相同的,我们的思想觉悟、需要层次是各不相同的,因而使我们的价值的性质、构成和评价的标准即价值观是各不相同的。一般来说,人们有多少种需要便有多少种价值观和价值标准。当今时代,价值差异、价值多元的存在是一个不争的事实,正如马克斯·韦伯所说,我们处在一个祛魅后的诸神不和的时代,但这并不是说我们不可能达到价值共识。因为其一,人类作为一个共同的种类,决定了文化的共通性。其二,各民族所面对的自然环境和历史发展大致相同,这一点也决定了价值共识的可能性。其三,当代全球化导致的种种普遍经验为价值共识提供了可能。其四,作为意识的价值观念归根结底是对存在的反映,人类反映存在的文化有一个"世界文化的公分母",这种文化是人类共同具有的意义之网,这需要价值的澄明,即人只要反求诸己,回到生活世界,就可以使共识的价值去蔽澄明。正如现在有些学者所倡导的"全球伦理"就是如此。

人们常说,性格决定命运,习惯决定健康,思路决定出路,观念决定方向,境界决定眼界,需要决定行动。价值观在某种意义上可以说决定了人们的性格、习惯、思路、观念、境界、需要等等。

---

[1] 肖萐父:《吹沙集》,巴蜀书社,1991年,第82页。
[2]《马克思恩格斯全集》第19卷,人民出版社,1963年,第406页。

美国现代"人本主义心理学之父"马斯洛在其名著《动机与人格》中提出生命需要的五层次论，从下至上依次为：①生理需要；②安全与保障需要；③爱与归宿需要；④尊重（自我尊重和他人尊重）需要；⑤自我实现（真善美、正义、有意义等）需要。认为自我实现是生命地位、生命成就和生命价值的最高体现。这五大需要排列为一个由低级向高级逐级上升的层次，只有较低级的需要满足后，较高级的需要才会出现。实际上这五种需要也是五种价值观的体现。

当代著名儒学大师冯友兰先生在《新原人》一书中把人生境界由低至高划分为四种境界：①自然；②功利；③道德；④天地。由于这四种不同的境界也形成了人们在价值选择上的多元性。《论语·先进》载孔子与弟子言志，子路说我要当大将军，冉求说我要当大官，公西华说我想做祭司。而曾点却与他们三个人都不一样，他说："暮春者，春服既成，冠者五六人，童子六七人，浴乎沂，风乎舞雩，咏而归。"夫子喟然叹曰："吾与点也！"朱熹在《四书章句集注·论语集注》评曰："其胸次悠然，直与天地万物上下同流，各得其所之妙。"有此天地境界的胸次，则孔子能达到"饭疏食饮水，曲肱而枕之，乐亦在其中矣。不义而富且贵，于我如浮云"[①]。故此《论语·雍也》载孔子赞颜回说："贤哉，回也！一箪食，一瓢饮，在陋巷，人不堪其忧，回也不改其乐。贤哉，回也！"此即"孔颜乐处"的境界。有此境界则能"尊德行而道问学，致广大而致精微，极高明而道中庸"[②]。有此境界，则能"富贵不能淫，贫贱不能移，威武不能屈"[③]。

丹麦存在主义哲学家郭尔凯郭尔认为人生可以有三种境界或三种价值观的自由选择：①审美阶级（感觉主义、享乐主义）；②伦理生活方式；③宗教的人生。

国学大师王国维，字静安，号观堂，在其《人间词话》中提出"古今成大学问，大事业之三境界说"：第一是预期境界，晏殊《蝶恋花》云："昨夜西风凋碧树，独上高楼，望尽天涯路。"准备阶段（起步阶段），登高望远，探寻方向，以高标准、大目标要求自己。第二是勤奋境界，柳永《凤栖梧》云："衣带渐宽终不悔，为伊消得人憔悴。"探索阶段，历尽千辛万苦，找出种种代价，却百折不回，无怨无悔，彻底奉献。第三是成功境界，辛弃疾《青玉案》云："众里寻他千百度，蓦然回首，那人却在灯火阑珊处。"成功阶段，踏破铁鞋无觅处，得来全不费工夫。是量的发展变化的结果，是质的飞跃，这是最高境界，是有新发现、有新创新的境界。

有人说知识分子要有三个境界：一是学识，二是见识，三是胆识（保持独立的精神和自由的思想），才算真正的知识分子。

由此可见，境界有高低之分，选择有优劣之异，而价值也就有神圣与世俗之别。德国哲学家马克斯·舍勒在其名著《伦理学中的形式主义与质料的价值伦理学》（此书与胡塞尔的《逻辑研究》、海德格尔的《存在与时间》一同被列为20世纪现象学运动的三部开山之作）中说，价值等级秩序共有四层：①感性价值（舒适—难受），是一种感性感受；②生命价值（高尚—庸俗），生命感受；③精神价值（善恶、美丑、真假），心灵感受；④神圣价值（神圣—世俗），精神感受。在这里主宰的本质法则是：价值越高，越是难以达到；价值越低，越是容易达到。

[①]《论语·述而》。
[②]《中庸》。
[③]《孟子·滕文公下》。

六、梵净山佛教文化旅游的价值

贵州历史悠久，文化丰富多彩，具有很多世界级的文化旅游资源。我们生活在贵州应该对我们的文化有自知之明，并对其发展历程和未来走向有充分的认识，要有文化自觉。有了文化自觉才会有文化自信，即我们要对贵州自身的文化价值要充分肯定，对贵州自身文化生命力要有坚定信念。只有具备了文化自信的气度，我们才有文化的自信心和自豪感，才能在历史长河中保持自己、吸纳外来，从而形成独具特色、丰富多彩的贵州区域文化。提升文化自觉，增强文化自信，目的是要实现文化自强。即立足自身的实际、依靠自己的力量、突出自己的特色，走出一条创新型的文化发展道路。

梵净山系中国武陵山脉（横跨湘、鄂、渝、黔四地）主峰，位于今贵州省铜仁地区，不仅为国家级自然保护区和联合国"人与生物圈保护网"（MAB）成员，而且在历史上是西南佛教圣地，为著名的弥勒菩萨道场，与四大名山并列为第五大名山。在贵州文化中，梵净山佛教文化具有鲜明的地方民族特色、悠久的历史积淀和博大精深的文化内涵。梵净山独特的佛教文化旅游价值，概括言之约有以下八个方面。

价值一：装点关山——人与生物圈保护的神圣净土

梵净山在地球上的位置是北纬27°49′50″—28°1′30″，东经108°45′55″—108°48′30″，其最高峰凤凰山海拔为2572米，处于贵州高原东部向湘西丘陵过渡之间。其东起江口县快场的顺水坝，西至印江县永义乡的团龙，南至江口县太平的月亮坝，北抵印江县木黄镇的打磨沟。东西宽21公里，南北长27公里，总面积567平方公里。据地质学家考证，在地球造山运动中，梵净山是我国黄河以南最先露出海面的古老台地，至今约14亿年。梵净山生态原始，生物多样保留完好，是西南物种发源中心之一，为地球同纬度上唯一的绿洲。梵净山的自然景观非常丰富，具有古老、奇特、多样和丰厚的特点。梵净山集峨嵋之秀、黄山之奇、华山之险、泰山之威于一体，聚怪石、奇树、天风、云海、妙泉、珍禽、异兽、佛光、古寺、高台之奇妙景观于一山，自古就有"众名岳之宗"的美誉。

一是奇峰异石。梵净山随处可见造型奇特的山峰怪石，山随路转，移步换景，呈现不同的观感。梵净山最能体现这一特点的要算红云金顶。金顶高约百米，海拔2493米，中部裂缝名为金刀峡，其峡将金顶一分为二，上有一座仿佛岌岌可危的天桥独兀相连两山。山上各建有一庙，左面供奉释迦、右面供奉弥勒。红云瑞气常绕四周，人称红云金顶，谐"鸿运金顶"。红云金顶状若飞天游龙，又似佛手二指禅，同时还像人类的生命图腾。根据其形而又称"天下第一峰"。金顶周围奇峰异石，造型奇特，万卷书、蘑菇石、老鹰岩、翻天印、龙头石、太子石、晒经台等山石形象逼真，栩栩如生，意蕴深刻。

二是云海波涛。梵净山风云变幻，云雾滚滚，气候变化莫测。所谓一山有四季在此得到了充分的体现。一天之中，梵净山山上山腰山下的气候都有所差别，其主要原因是山体海拔落差较大，由此而形成植被以及气候带分布的不同，而梵净云海就是其具体表征。哪怕是在炎热的夏日，人在山脚时还是晴空万里，走到山腰可能就会烟雨蒙蒙，雾霭升腾。而到达金顶，可能就会烟消云散又或者是云遮雾绕。真是有移步换景的奇妙，同时体验四季的不同。从金顶远望，梵净山云海极其壮观，白云无际，浓密处如堆积的新絮，稀疏时像薄洗的轻纱。

三是佛光幻影。在梵净山上，每逢雨后初晴的上午9时前或下午4时后，在金顶或金顶附近，在与太阳相对的云雾中将会出现巨大的七彩光环，光环中嵌有人影，人动影动，见到幻化的佛像，神奇至极，这就是梵净山著名的佛光。来到梵净山的人，无论是游历山水的游人，还是朝山拜佛的香客，内心都有一个愿望，那就是能够看见梵净山的佛光，从而得到佛的赐福，获得平安吉祥。

四是山花红叶。梵净山植物极为丰富，奇花异草比比皆是，红花绿叶四季不败。一年四季，总看得见各种各样美丽鲜艳的花儿，有号称"花中西施"的杜鹃，有雪白飘逸的鸽子树珙桐，有纯洁娇艳的玉兰，等等。这些美丽脱俗的花儿在茫茫林海中亭亭玉立，一年四季轮番开放，置身其中，仿佛徜徉在花的海洋，花香氤氲，令人心醉神迷。花儿虽美艳绝伦然而却绝不羸弱，它们不择地势，不择环境，随遇而安。无论是在低洼的溪谷，还是在贫瘠的山脊，抑或在陡峭的悬崖，乃至迎着劲风的山梁，一样的绽放，一样的灿烂，一样的充溢着生命饱满的活力和昂扬的斗志。冬去春来，四季轮回，花开花谢，然而梵净山却没有完全寂寥的时刻，总会有各种美丽的山化装点着佛山胜地。

五是横桥溪涧。梵净山中，到处遍布着山泉溪涧，随处可见各样石木桥横跨溪流上。山风微微，流水淙淙，飞鸟鸣啾，人行桥上，兴味盎然。桥是贯通交通之所在，桥是沟通阴阳的连接，桥是人们对于未知世界的试探性触摸，桥是心灵与现实的一种梦幻般的嫁接，桥代表了太多的意象。因此桥让人们如此倾心，如此信赖，如此向往。而梵净山众多的桥中，有小巧精致的独木桥，有横跨山崖、雄踞两山、令人惊若天工的石拱桥。而最为典型的要算联结红云金顶两座佛殿的石拱天桥，天桥架于险峻的金刀峡之上，桥面宽 1.86 米，长 5.41 米，高 3.9 米，拱跨 5 米，凌空千尺，蔚为壮观。

六是洞穴天成。梵净山上有很多天然的洞穴，且造型奇特，形状怪异，其中较为著名的有观音洞和九皇洞。观音洞位于红云金顶的半山腰，是绝壁上的一处石穴，依山悬空建成石屋，石屋下面是万丈深谷，石屋内供奉观音菩萨。在民间，观音洞又叫做"打儿洞"，传说长期未生育子女的善男信女向金顶磕三个响头，再带一小石头丢入金顶半腰这个洞中，必得菩萨赐予子女并健康成长。九皇洞位于红云金顶北约 1 公里处，为一天然石洞，面积 100 多平方米，洞内供奉有九皇娘娘（九皇娘娘传说是明朝的一李姓皇后，虔心信佛，后在梵净山九皇洞修炼佛道，最后成道而白日飞升）。传说这里是九皇娘娘修炼之处，洞门为块石砌成，洞内有皇娘梳妆井和磨簪石等。

价值二：名山之宗——五大名山中的弥勒道场

梵净山不仅为国家级自然保护区和联合国"人与自然生物圈保护网"（MAB）成员，而且在历史上是西南佛教圣地，是著名的弥勒菩萨道场，为第五大佛教名山，无论是从面积、高度、寺庙规模、数量，梵净山都可与四大佛教名山比肩齐名。明《敕赐梵净山重建金顶序》说它为"众名岳之宗"，即中岳河南嵩山、东岳山东泰山、西岳陕西华山、北岳山西恒山，南岳湖南衡山，而梵净山则为五岳之宗，名振四海。如果说浙江普陀山是大悲菩萨观音的道场、山西五台山是大智菩萨文殊的道场、四川峨眉山是大行菩萨普贤的道场、安徽九华山是大愿菩萨地藏的道场，那么贵州梵净山则是大慈菩萨弥勒的道场。

梵净山作为弥勒菩萨道场之说渊源有自，而非纯粹的空穴来风。其一，据民间传说，唐代高僧玄奘即与梵净山有密切关系。据《唯识三字经》记载，玄奘是弥勒信仰传承体系的第六代，其前五代都是印度人，玄奘大师实为中土第一代弥勒信仰的传嗣祖师。据说当年玄奘大师西天取经返回中土过程中，所乘白马一路穿云破雾，当白马前蹄正好缘融梵净山时，玄奘大师顺手从马上撒下一迭经书，佛经落地，因缘得当，随即扎根显定，构成如今梵净山的"万卷书"神迹。相传若有人读得通这"万卷书"，深明佛理，便可直升兜率天，亲聆弥勒说法。由此可见，梵净山与弥勒因缘非同一般。其二，据明万历间户部郎中李芝彦撰刻的《敕赐梵净山重建金顶序碑》称"立天地而不毁、冠古今而独隆者，无如四大名山，而不知此黔中间之胜地有古佛道场，名曰梵净山者，则又天下众名岳之宗也！""旧说者以弥勒、释迦二祖，分管世界，用金刀劈破红云顶，于是一山分为二山"，左属释迦，右归弥勒。人们便称这条被劈破的裂缝为"金刀峡"，分别在"红云金顶"上修建了释迦、弥勒二殿。不仅让弥勒与释迦并列，而且拜佛者在拜释迦后，要跨越天桥才能去拜弥勒。这就突出了弥勒的至尊地位。此外，在老金顶前的原建通明殿主位仍是供奉弥勒佛，意谓兜率天教主弥勒居此，通体光明，照耀世界，故名通明殿。弥勒是未来佛，要在释迦之后才来人间，故现世仍以菩萨相示人，故古佛道场乃是指弥勒菩萨道场。可见，梵净山自古确为弥勒净土道场。所以梵净山《敕赐碑》载："所谓大地乾坤，无边法界，极乐天宫乎？"正是对弥勒道场的描述。而且梵净山乃天然大佛，从凤凰山观老金顶，俨然弥勒应现而变的巨大坐像；从老金顶观新金顶，恰又是法相庄严的金身弥勒。若从棉絮岭远眺，金顶山系连成一体，身首分明，神态逼真，确系随地安卧的弥勒大佛。尤其是，梵净山巍峨博大，佛缘深广，风卷云来，云卷佛来，瑞气回环，变化莫测，其景观为天下名山之少有，使亲临者无不感叹古佛道场神秘而恢弘之气派。特别是，梵净山作为弥勒菩萨道场信仰自明朝万历皇帝、清朝康熙皇帝先后为之敕封以来，逐步发展为以红云金顶为中心，象征须弥山和兜率陀天的符合佛教世界构成观的基本模式，并逐渐形成以山顶主寺为镇山印号、四条进山大道上的四大皇庵和周边合理分布四十八脚庵的辉煌寺院建筑框架。其三，《九皇洞碑》位于九皇洞附近，建于嘉庆五年（1800年），记述了释迦、弥勒在此山修因："山灵地杰，圣地者必载圣人也。故释迦、弥勒二佛在此修因，行满而登无上大觉，至尊……人事毕矣。僧赖佛而修，或焚香火，或讽诵，或持密咒，摄念山林，亿千万载，精进持净戒，由如获明珠美……流玉一蓑，僧或在岩穴，或在古洞，餐疏饮水，或饥馁数日，如重耳在宋，子在陈，伯夷居首阳山无异也。"由此民间更是约定俗成，逐渐便把梵净山视为弥勒道场。

　　明清以来，梵净山与四大名山并列而被人视之为第五大名山。山西五台山，长约100公里，环基250公里，面积336平方公里，最高峰北台山海拔3061米，素有"华北屋脊"之称，山中寺庙开建于汉代（今显通寺前身，即汉明帝敕建的大孚灵鹫寺），最盛时，山中寺庙达300余座。浙江普陀山，南北长8.6公里，东西宽3.5公里，面积12.5平方公里，最高峰286.3米，开建于唐代，明代以来，山中有80余寺庵，120余处茅蓬。四川峨眉山，面积300多平方公里，主峰万佛顶海拔3079米，高差2600米，从山麓至顶有50余公里，开建于晋代，最盛时，山中寺庙达150余座。安徽九华山，面积120余平方公里，主峰十王峰，海拔1344米[①]，始建于唐代，最盛时，山中寺庙达150余座。而贵州梵净山，东西宽21公里，南北长27公里，总面积达567平方公里，从山脚至山顶垂直高差2000米左右，方圆800余里，以凤凰山、老金顶、红云金顶为主峰，最高峰凤凰山海拔2572米，开建于明初，历代所建寺庙先后有近百座，其中的五大皇庵（承恩寺、天庆寺、朝天寺、坝梅寺、护国寺）及其四十八座脚庵为最著名。梵净山有十大奇绝景观：怪石、奇树、天风、云海、

---

① 以上四大名山的最高程根据来源于国家测绘局和建设部2007年4月27日公布的《我国19座名山的高程数据》。

妙泉、珍禽、异兽、佛光、古寺和高台。故无论是从面积、高度、佛教寺庙规模、数量，都可与四大名山比肩齐名。故云梵净山是第五大佛教名山，是全国名山中著名的弥勒菩萨道场，诚非虚言。

梵净山大金佛寺内的金殿供奉着世界最大的"金玉弥勒"圣像。"金玉弥勒"圣像为天冠弥勒像，根据经典传承的弥勒形象敬造而成，圣像高达 5 米，由金身、佛光、白玉莲花台、须弥底座四部分组成，共耗用 250 多公斤黄金，采用中国传统宫廷手工绝技敬造而成。2012 年被上海大世界基尼斯授予"大世界基尼斯之最"。金玉弥勒与梵净山交相辉映，形成了金顶、金殿、金佛的壮丽景观，梵天净土的佛教圣境。

价值三：禅净合一——禅宗文化的地域现象

梵净山临济禅宗法脉正宗，源远流长：释迦拈花，迦叶破颜，迦叶乃成禅门初祖，经 28 代至菩提达摩。达摩东来，遂成东土初祖，以后二祖慧可，三祖僧璨，四祖道信，五祖弘忍，六祖慧能，衣钵代代相传。再后六祖传南岳怀让，怀让传马祖道一，道一传百丈怀海，怀海传黄檗希运，希运传临济义玄（？—867）。义玄乃临济禅宗的开创者，为第一世，其传承为：兴化存奖—南院慧颙—风穴延沼—首山省念—汾阳善昭—石霜楚圆。石霜楚圆门下分化出两派：黄龙派和杨岐派。黄龙慧南在隆兴黄龙山称宗，成黄龙派，不数传而绝。杨岐方会（992—1049）在袁州杨岐山称宗，后又恢复临济旧称，弘盛天下。梵净山破山系，从杨岐方会始，经过 23 代传承至破山，其传承系统如下：

杨岐方会—白云守端（九世）—五祖法演（十世）—昭觉克勤（十一世）—虎丘绍隆（十二世）—应庵昙华（十三世）—密庵咸杰（十四世）—破庵祖先（十五世）—无准师范（十六世）—雪岩祖钦（十七世）—高峰原妙（十八世）—中峰明本（十九世）—千岩元长（二十世）—万峰时蔚（二十一世）—宝藏普持（二十二世）—虚白慧昇（二十三世）—海舟永慈（二十四世）—宝峰智瑄（二十五世）—天奇本瑞（二十六世）—无闻明聪（二十七世）—月心德宝（二十八世）—幻有正传（二十九世）—密云圆悟（三十世）—破山海明（三十一世）。

破山海明再下传敏树如相、两生真从、半云如慧，此三人皆为临济三十二世，敏树传天隐道崇和圣符道越二人，半如传天恒性佛，皆为三十三世，此三人直接开法于梵净山；两生传藏天明宣，是为三十三世，藏天传证觉修，是为三十四世，证觉三十四世，证觉开法梵净山坝梅寺，由此四系（天隐系、圣符系、两生系、半云系），梵净山传得破山临济法脉。之后梵净山临济宗法脉，代代相继不断，传承有人，晚清以后，仍绵延不绝，直到民国后期。由此可见梵净山临济禅宗法脉之流长，影响之深远。

当代台湾禅学专家圣严法师在评价明末佛教的历史地位和时代特色时指出："明末佛教，在中国近代的佛教思想史上有其重要的地位，上承宋元，下启清民，由宗派分张，而汇为全面的统一，不仅对教内主张'性相融会'、'禅教合一'以及禅净律密的不可分割，也对教外的儒道二教，采取融通的疏导态度。诸家所传的佛教本出同源，渐渐流布而开出大小、性相、显密、禅净、宗教的局面，到了明末的诸大师，都有敞开的胸襟，容受一切佛法，等视各宗各派的伟大心量。姑不论性相能否融会，显密是否同源，台贤可否合流，儒释道三教宜否同解，而时代潮流之要求彼此容忍，相互尊重，乃是事实。"[①] 梵净山禅宗

[①] 圣严：《明末佛教研究·自序》，台湾东初出版社，1987 年。

多从破山禅法而来,破山禅法一方面继承了古代临济宗棒喝齐施的峻烈家风,另方面又把禅净教律协调为一,同时又提倡佛儒融通,佛道儒三教合一,从而在禅学思想上反映出鲜明的调和色彩,表现了明末以来禅宗演变的时代特色。梵净山临济禅宗破山子孙的禅法风格大致应不出破山禅法的这种范围,带有"容受一切佛法,等视各宗各派"的调和融通特色。正唯有此持色,故梵净山佛教表现为上扬与下行两个方向,上扬的方向,参禅悟道,修学佛学,以理性的精神开拓梵净山佛教的生命空间,由此梵净山吸引了大量的文人学者来寻求生命关怀;下行的方向,朝山拜佛,念佛放生,以信仰的要求来表达梵净山佛教的象征力量,由此梵净山吸引了大批的普通民众来寻求心灵的慰藉。通过上扬门与下行门两个方向的辩证发展,良性互动,维系了梵净山佛教数百年的繁荣,在明清时期形成了兴盛不衰的香火道场。

价值四:多元共振——佛道儒巫混杂的文化景观

明清时期,贵州佛教已形成佛道儒巫混杂合流的格局,而贵州佛教名山大多在明清之间成名,故多有佛道儒巫诸教并存于一山之中。梵净山从明清以来,先后在山中建有近百座寺庙,以四大皇庵四十八座脚庙最为著名,除佛教寺庵外,还有行司庙、镇山庙、大兴庙、白神庙、净王庙、火神庙、关帝庙、水府庙、文昌阁、万寿宫、太阳庙、三府庙、龙王庙、玉皇庙、向(相)王庙、白虎庙、三王殿、石方庙、水塘庙、黑神庙、土王庙、三清观、城隍庙、炎帝庙、真武观、山王庙、武圣宫、东岳庙、祖师庙、崇德庙、斗姥阁、轩辕庙、禹王庙、司王庙、梓潼阁、阎官庙等。这些寺庙中,除供奉有佛菩萨像,还奉祀有孔圣、玉皇大帝、真武大帝、东岳大帝、炎帝、关帝、药王、轩辕、阎王、禹王、方昌、斗姥、雷公、圣母、龙王、城隍、土地、土王、火神、水神、黑神、飞山公、二郎神、白虎(山王)、三王、许真君、武威菩萨、总管菩萨(李显忠)、四官菩萨(严、罗、唐、冉)等。不过这些神祇在梵净山整个信仰格局中扮演的是辅助性的角色。这主要表现在三个方面:一是在梵净山佛教信仰体系中,以某一专门方面的功能神身份作为佛教的附庸和配角。如白虎庙中奉祀的白虎神,又称山王或向(相)王,梵净山土家族认为白虎是他们的祖先廪君,为梵净山护山大神,主安宁康乐,故崇拜之。但它与关帝、药王、阎王、黑神、龙王、城隍等神祇一样是梵净山佛教的护法神。二是这些神祇变成了佛教传播的载体,因而在当地民间一般都把他们称为菩萨,如土王菩萨、土地菩萨、相王菩萨等。三是这些神庙的管理,一般都由僧人管理,属于梵净山佛教的脚庙。这在佛教传入梵净山之前是不可能有的,这一方面反映了佛教深入到了民间,民间诸神多依附佛教,成了佛教与民众联系的又一纽带;然而另一方面,这类祠庙存在于梵净山的佛教信仰体系中,又模糊了它们与正规佛教寺院之间的界限,因为祠庙主供的是各类杂神,而非单纯的佛像。于是梵净山就常常出现了佛仙鬼神同庙共祀的现象,神系庞大驳杂,各族皆有,各教杂处,其神祇几乎无所不包,应有尽有;山中的佛教庙会可谓五花八门,有农历正月初一的弥勒会(弥勒诞辰日),正月初九的玉皇会,二、六、九三个月的观音会,其他还有龙王会、关帝会、土母会等等,名目繁多,因之表现出佛道儒巫混杂的特征。

佛道儒巫众多的文化类型,灿烂的佛教文化,盛大的宗教节日,构成了梵净山佛教文化旅游资源的显著特色。在这样的佛教文化圈中,由于各民族相对集中的交错杂居,使各民族文化自然能够互补共振,相得益彰,多元一体,由此可使游客在有限的空间里和较短的时间内,体验到如此众多的民族构成的多姿多彩的地域文化、民族文化和佛教文化。

价值五：洞天佛地——西南岩洞文化的典型形态

我国西南地区是喀斯特地貌分布的主要地区，面积共达55万平方公里，而贵州17.61万平方公里中喀斯特面积达到13万平方公里，是我国最大的喀斯特地貌分布区，有"喀斯特王国"之誉，是西南喀斯特地貌（岩洞）文化的典型地区。其地崇山峻岭，悬崖峭壁，石岩洞崖众多，素来号称"万洞之省"。故贵州僧徒士民辟建佛教寺院道场多利用天然洞崖，依山而建，据崖而立，入洞而构，以至贵州佛教洞穴石崖之多，几为西南之冠。清乾隆年间云贵总督福安康在《新葺飞云洞殿阁记》中亦曾指出："黔，古牂牁地……夫浮屠之说，清静无为，而世所称洞天福地，大都处于荒远奥僻桑麻不树之区，故宜佛焉。"[①]而梵净山地区僧徒士民辟建的佛教洞穴石崖则遍布梵净山中。

梵净山的红云金顶（新金顶）高近百米，周围仅20—30米，从山顶拔地而起，立于武陵山脉之巅，一柱擎天，风雷不动。峰顶至山腰，裂隙为二，两峰间相距最窄处不足一米，而深沟却达三四十米，这就是著名的金刀峡。清康熙《贵州通志·山川》有一段文字描述当时的梵净山：

梵净山，一名月镜山，在乌罗司北六十里。群山耸峙，分为九支。中拥一峰，周围仅数丈，突兀陡绝，其高千仞，中如斧划，麓缔而颠连，划处隔五六尺许，名曰金刀峡，峡有飞桥相连。左右皆立梵宇，广阔可容数十人。寺侧各有石，名曰说法台。陟者攀铁絙以上下，如蹈空而行，鲜不骇目惊心。寺在极顶，风峭不可瓦，冶以铁。来游之客，千里风烟一览而尽。又山傍石出如笋者数四，悉穿窿拔峭，有曰拜佛台，曰香炉峰，曰棉絮崖，曰炼丹台，曰藏经崖。井曰定心水。山后有池，曰九龙池。又有辟支佛遗迹。山下九十九溪，环绕纡折而通楚蜀。黔中胜概，无踰于此。访之中州名山，亦未多得。[②]

在新金顶半山腰的观音洞，洞门是一个石缝，仅尺余宽，依绝壁而立，壁上有几个圆形的石窗，从窗口可远眺梵净山万里风光。另在老金顶上的九皇洞是两崖间的一处石穴，在石穴前后，垒石为壁，上覆以石板为瓦，石穴上方石壁上刻有"洞天佛地"四个大字，下方就以石坎为龛，供奉九皇娘娘。

红云金顶、老金顶、观音洞、九皇洞等，是梵净山洞穴岩文化的典型代表，使梵净山不愧为西南著名的洞天佛地。

价值六：凌空据险——山地寺庙的建筑艺术

中国佛教文化博大精深，佛教寺庙建筑更是精深佛教文化的物质载体。中国古代一般寺庙的建筑布局，大多是以中轴线正面中路为山门，山门内左右分别为钟鼓二楼，沿中轴线第一重为天王殿，殿内供弥勒及四大金刚塑像；第二重即为大雄宝殿，供佛祖释迦牟尼；第三重为观音殿或本寺主供的菩萨殿，主供观音菩萨或其他菩萨；第四重为法堂，这是演说佛法、皈戒集会之处；最后一重是藏经楼。配殿、僧房、斋堂则分列正中路左右两侧。这种南北纵深中轴线组织的寺庙空间对称稳重且整伤严谨，前后建筑起承转合，前后呼应。然而梵净山上金顶的寺庙却多因处于万山群集之地，只能因山循势而建，合雄、奇、险、危为一体，具有山地建筑的特色。例如红云金顶的释迦殿和弥勒殿，都是四面临万丈悬崖，凌空据险，分列金顶左右，两殿格局基本相同，面宽5.4米，进深5.5米，中隔金刀峡，

---

① 清嘉庆《黄平州志·艺文志》。
② 清康熙·曹申吉主修，潘驯、吴中蕃主撰：《贵州通志·山川》，贵州省图书馆复印本，第250页。

中间仅有一石天桥横跨，因处金顶之颠，风峭雨厉，只能覆盖铁瓦。位于金顶半山凹处的观音殿（观音洞），面积仅20余平方米，亦是两面临悬崖，其险无比。

此另，梵净山以四大皇庵四十八脚庵分布全山，以金顶"敕赐圣旨承恩寺"为金顶正殿，号令全山，以四大皇庵分据四大朝山道路，以四十八脚庵星罗棋布于山上山下，体现了历代建筑大师独具匠心的艺术风格。

承恩寺，四大皇庵之首，承恩寺分为山上金顶寺院和山下脚庵承恩堂坝梅寺（天林寺）。因梵净山一到冬季，金顶周围便大雪封山，僧众难以生活，必须到山下脚庵越冬，开春以后才上山，故山上山下寺院联成一个整体。山上寺院明代称"金顶正殿"，又名承恩殿，俗名上茶殿，始建于明万历初年，万历四十六（1618年）年钦令重建同年敕建全山四大"天"字号寺院：天林寺、天庆寺、朝天寺、天池寺，人称四大皇庵。清康熙十五年又重建。承恩寺位于新老金顶之间鞍部，雄据梵净山中心，为山中诸寺之宗，为梵净山上最大寺庙。

坝梅寺，后归属为承恩寺山下脚庵，原名天林寺，又名承恩堂，位于梵净山西麓，扼西南朝山道，因在坝溪、梅溪之间，故俗名坝梅寺。始建于明初，明万历四十六年，敕封皇庵，画栋雕梁，规模宏大，占地约4亩。

天庆寺，四大皇庵之一，位于今印江县木黄镇建厂乡金厂村九台山腰，扼北朝山道，始建于明初，重建于万历初年和四十六年，受敕封为皇庵。至清康熙元年（1662年）思南营都督府总镇王平捐银360两，住持僧深持扩建。殿宇宏大，有佛殿僧房九重共117间，占地约3亩余，为梵净山寺产最多的寺庙。

护国寺，四大皇庵之一，原名天池寺，明末改为天池院，清代名护国寺，位于印江县朗溪镇张家坝大园子村，扼西朝山道，始建于明万历初年，重建于明万历四十六年，敕封皇庵。

朝天寺，四大皇庵之一，又名天冲寺，位于梵净山东北麓的三角桩山顶，有梵净山南天门之称，始建于明万历四十六年。清咸同年间毁于兵燹。道光六年（1826年）由隆参和尚重建，光绪五年（1879年）又毁于兵燹。旧时朝天寺有山林万亩，田产200余亩，是梵净山最富裕的寺庙之一，故有"朝天寺的银子"的美称。

这四大皇庵，大都居于梵净山的风水宝地，即寺庙建筑基址背后有座山"来龙"，其北有连绵高山群峰为屏障；左右有低岭岗阜"青龙白虎"环抱围护；前有池塘或河流婉转经过，水前又有远山近丘对景呼应。寺庙建筑恰好处于这个山水环抱中央，背山而面水，虽前临危箐，后倚险峰，却有护寺之幽而无逼迫之势，有朝阳之垲而无其孤，深得地脉之正。四大皇庵选址的妙处在于对所处的山地进行了巧妙的运用，使山石环立的不利因素变成了有利因素，在寺庙周围形成了自然的山门屏障，因势利导，将整个寺庙建筑与周围环境和谐地统一起来，使寺庙建筑具有了独特的山地特色，由此而使这四大皇庵之风景成为一方之冠。

梵净山寺庙建筑作为梵净山佛教文化旅游的重要旅游资源，其开发与利用为游客了解中国佛教文化提供了良好的契机。在人们进行旅游鉴赏时，应通过梵净山丰富多彩的寺庙建筑，了解梵净山的佛教文化，认识佛教寺庙建筑结构，有方向有目标地去体会梵净山佛教文化乃至中国传统文化的博大精深。

价值七：历史积淀——发思古幽情的名山文化

梵净山是中国第五大佛教名山，著名的弥勒菩萨道场，千百年来佛教文化的历史积淀，成就了"梵天净土,弥勒道场"的美誉。今人畅游梵净山,看到山中的寺庙、遗迹及许多高僧大德的碑文,对于过往的历史和人物,对于曾经盛极一时的佛法,不禁生发思古之幽情。

例如,梵净山著名的一座比丘尼庵,名太平寺,位于今印江木黄镇昔平村金厂河畔,风景优美。寺前有盛产黄金的金厂河萦绕而过,三面群山环抱,左右两侧林木葱郁,土家村寨隐约可见,鸣鸣狗吠相闻。上有小桥流水,下有水车转动。在清初破山系著名禅师天隐道崇、大凡昌宗等皆住锡该寺,临济宗佛教曾极一时之盛。清末以来,太平寺由女尼住持,先后有传月、万炳、策福、达园、秉坤、净参等尼师。20 世纪 80 年代初仅存观音堂三间,厢房二间,为印江县佛教协会所在地,寺中有比丘尼 5 人。1985 年住持尼慧松法师(1926—1997,俗名陈代儒,贵州松桃人,5 岁出家,拜净参尼师为师)致信原全国政协副主席、中国佛教协会会长赵朴初先生,要求复修该寺,得到赵朴初先生的大力支持。1988 年贵州省政府拨款 19 万元重建大佛殿。现全寺占地面积 1300 平方米。太平寺自清末以来均为比丘尼住持,寺尼擅长女红,尤工于织线毯,绣工精细,远近闻名,故有"太平寺的女子"的雅称。

朝阳寺,位于梵净山东南麓的江口县德旺乡德旺村朝阳山上,因山得名,始建于明代。朝阳寺是 20 世纪 80 年代初梵净山中仅存的两座寺庙之一(另一座是太平寺),全寺为四合院,占地 400 余平方米,正殿 5 间,左右厢房各 2 间,寺内佛像造型生动,颇见功力。寺四周 3 公里内土地,20 世纪 50 年代以前皆为寺产。森林保护较好,虽曾遭乱砍滥伐,仍古木参天,宜于避暑。

天马寺,位于梵净山东麓松桃苗族自治县乌罗镇毛溪村双凤山下,原名永兴寺、永兴堂。始建于明朝洪武六年(1373 年)。永乐十一年(1413 年),废除思州、思南二宣慰司建乌罗府时,寺庙曾一度毁于兵火。万历四十六年(1618 年)重修。清朝康熙年间,寺庙香火十分旺盛,成为当地和邻近府、县善男信女的朝拜之地。道光《松桃厅志》记载:"寺在双凤山脚,古树槎枒,绿云一片,时有钟声破烟而出。"

吕大器,字俨若,四川遂宁人,南明兵部尚书兼东阁大学士。南明永历元年(1647 年)归蜀,永历帝以经略督川滇黔兵马职,屯于川东石柱司。同年五月,其与孙可望的国史检讨方于宣,于梵净山建水月亭(又名水月庵),与黔中名士作新亭之会。据道光《松桃府志·古迹》载:

水月庵,距城六十五里,在乌罗司小寨地,修竹茂林,山环水抱,庵左石壁高约十丈,阔如之。上有故明逸臣遂宁吕大器题云:"丁亥暮春,予自闽粤奉二亲家此。时同行为国史简(检)讨方君于宣。相与临流陟峻,选胜挹幽,终日不倦,遂开此亭之胜。岂曰曲水修禊,亦犹白下新亭之会也。夏五月朔日,亭成,与诸名士落之,以待来者。"

吕大器石刻,镌刻在水月庵亭阁旁的崖壁上,整幅石刻长 1.1 米,宽 0.9 米,至今完好。临见此景此物,联想当年吕大器抗清逃禅之事,不禁使人感慨系之!

价值八:激扬文字——名人文士吟咏的诗文楹联

梵净山是一个文化宝库,至今还留下无数古代名人文士吟咏的诗文楹联。在悠久的历史过程中,梵净山作为佛教圣地,其瑰丽奇绝的景色,山中僧人神秘的生活,高耸云端的寺院,佛法兴衰的历史等等无不展现在古代名人文士的笔下。大体而言,主要包括三个方面:

其一为歌咏梵净山自然人文美景。例如景清代雍正年间举人，曾官都匀教谕的沿河县人李连璧登临梵净山，感觉身处仙境。其《题梵净山》诗云："名山崛起净无尘，立地参天亘古今。说法台前红日霭，讲经石上白云横。清江雨露千秋润，金顶光明万象新。人道黔南名胜景，谁知即此是蓬瀛。"

其二为描绘梵净山中僧人日常生活。清代道光年间举人，松桃县人刘光宗为雨所阻，在梵净山水月庵小住，写有《水月庵为雨所阻》诗云："风雨漫天殢笋舆，丛林小住意萧疏。重寻旧日留题处，正值高僧出定初。野鹤窥人崖竹动，涧松摇影水窗虚。凭栏我已尘机静，笑结清缘悟六如。"诗人因风雨漫天，暂住于山上的水月庵，百无聊赖之际，重寻旧日题诗之处，恰逢寺内高僧禅定结束，两人谈禅论道，崖间翠竹上野鹤也似在听闻，山涧幽松，涧边僧舍也倒影涧水之中，凭栏而望，虚室生白，了无俗念，顿悟佛家六如（人生如梦、如幻、如泡、如影、如露、如电）之喻。

其三为透过梵天净土来回顾历史、叩问心灵。例如清光绪时先任贵东道道员，后任贵州按察使的易佩绅题护国寺联云："护国镇威灵，回忆十数年前，蛮障纷披，狼烟竞起，犹幸帷幄暂驻，拾蚕丛，开鸟道，化草木以回春，从此梵贝宣和，万家长隶慈悲域；黔山资保障，纵横千百里外，澧沅横带，衡岳相望，深惭履屦未临，扶天心，窥月窟，感风云而变色，谨记危言献瑞，一派齐歌雅颂声。"

围绕梵净山进行的散文创作的内容则主要集中在写景抒情、议论、叙事三个方面。其中最有价值的当数著名的《敕赐梵净山重建金顶序》碑文（简称《敕赐碑》，此碑建于明万历四十六年（1618年），碑文竖排，楷书1349字，其中序文833字，附文514字。碑文由北京户部郎中李芝彦撰写。全文气势恢弘，言简意赅，对梵净山的地理位置、山形地貌、古迹名胜、历史传统、佛事兴衰、历史影响等皆有形象生动的描写。此外，梵净山其他名人文士写景抒情的散文，在描绘梵净山奇异风光的同时抒发感情，或有感于梵净山之灵异奇谲，或有感于梵净山之福泽苍生，或睹梵天净土而有感于世人为名缰利锁羁绊，或为梵净山清幽宁静的氛围所染顿生出尘之思，借景抒情，或寓情于景；议论性的散文，或阐释对佛教修行的看法，或对比佛家与儒家的孝道，由于作者对所论之事有情感参与，理解的结果有情感的融入，所以此类议论性散文，就不是一般干巴巴的议论，而是寓含了生活情感的思想；叙事性的散文所涉及的范围较广，或言开山建寺之不易，或言与寺庙兴废关系密切的战乱，或言寺庙范围所至，或言当地官府对寺庙山林的保护，或言大德高僧生平事迹、籍贯法号及法脉世系等，所叙之事是研究梵净山佛教发展历史的极为宝贵的一手资料。

通过以上八个方面的探讨，我们可以看到作为第五大佛教名山的梵净山佛教文化旅游价值是何等的巨大、珍贵和独特。然而，梵净山的知名度与当前开发的规模和成效并不相称，离第五大佛教名山之称谓尚有一定距离，这其中包括了多方面的原因，如学术上对梵净山佛教文化的深入研究不够；山中各寺庙分布较广，属地管理不一，各自为主；现有的旅游基础设施及相关配套设施较差；缺少佛教名山文化旅游氛围的营造；作为佛教文化圣地的弥勒菩萨道场的品牌内涵和核心价值彰显不充分；地形地貌复杂，交通不方便等等。对于这些问题需要另外专门进行研究探索，在此就不一一讨论了。

参考文献：

[1]王路平：《贵州佛教史》，贵州人民出版社，2001年。

[2]王路平等:《阳明文化与贵州旅游》,中央文献出版社,2009年。

[3]王路平等:《贵州佛教文化的典型图像——梵净山佛教文化研究》,光明日报出版社,2012年。

【作者简介】

王路平,贵州省社会科学院文化研究所原所长、三级研究员、贵州省社会科学院学术带头人、贵州省省管专家、贵阳市南明区政协常委。厦门大学宗教学研究所教授、贵州大学中国哲学方向硕士生导师、贵阳学院阳明文化与地方文化研究中心研究员、贵州省中华传统文化与贵州地域文化研究中心兼职研究员、贵州省文史研究馆特聘研究员等。长期致力于中国哲学特别是儒学和佛学的研究,出版学术专著15部,主要有《大乘佛学与终极关怀》、《贵州佛教史》、《王阳明与贵州文化》(合著,国家中华社科基金项目)、《贵州著名历史人物传》(合著)、《世界三大宗教在云贵川地区传播史》(合著,国家社科"九五"重点项目)、《黔中王门大师孙应鳌思想研究》(合著)、《农村居民老有所养》(合著)等。主编或副主编《田光烈学术文集》、《锦江禅灯·黔南会灯录》、《黔僧语录》、《续黔僧语录》等。在《世界宗教研究》、《佛学研究》、《孔子研究》、《中国哲学史》、《中国边疆史地研究》、《历史文献研究》等学术期刊上发表论文100余篇。其中《返本归真:真己与自为——王阳明与萨特伦理哲学之比较》获2000年贵州省人民政府社科优秀成果二等奖,《贵州佛教史》获2002年贵州省人民政府社科优秀成果二等奖,《世界三大宗教在云贵川地区传播史》获2005年贵州省人民政府社科优秀成果二等奖,《王阳明与贵州文化》获1998年教育部社科优秀成果哲学类三等奖等。作为主持人之一完成国家中华基金项目《王阳明与贵州文化》,主持完成贵州省社科规划课题《贵州王阳明文化旅游的开发研究》,主持完成贵州省优秀科技教育人才省长资金项目《明代黔中王门大师孙应鳌思想研究》等。

贵州省教育发展问题思考

张玉林

近年来，贵州省各级党委、政府坚持以科学发展观为指导，统筹各级各类教育规模、质量、结构和效益的协调发展，教育事业发展取得了新的进展。主要成就有：全省义务教育阶段农村学生实现免费教育；中央投入9亿元在我省实施1044所农村寄宿制学校建设工程全面完工；所有农村户口的中等职业学校学生每人每年获得1500元的国家资助；高等教育办学水平进一步提高，贵阳中医学院、遵义医学院和贵州民族学院被教育部评为优秀；基础教育的地方特色和民族特色进一步突出，省教育厅、省民委命名首批民族民间文化教育项目学校；争取到中央下达我省教育事业方面资金21.19亿元，其中11.6亿元为新增项目资金；我省4所高校进入2012—2015年第一期"国家中西部高校基础能力建设工程"，获得国家发改委意向性资金4亿元；教育部批准贵州民族学院和贵州财经学院更名为大学，贵州理工学院获准筹建；我省2012年研究生计划比上年增加272人；2012年我省高校获得教育部少数民族预科和民族班计划比去年增加1224人；教育部、财政部给我省追加了"国培计划"专项资金1700万元；教育部下达我省免费师范生计划500余名，比去年增加近20%等等。但是，我省教育发展中存在的问题也不少，还存在诸多问题和困难。笔者就教育发展问题谈谈自己的想法。

一、教育发展现状分析

近年来，我省各级党委、政府高度重视教育的改革与发展，切实加强领导，科学统筹规划，工作措施有力。特别是2011年，经过各级党委、政府及教育机构、社会各界的共同努力，我省教育发展取得了可喜的成就。但是，教育发展不平衡，投入严重不足，基础能力十分薄弱，办学机制及人才培养的规模、结构、质量还不能适应经济社会发展的需要等问题亟待解决。

（一）成效与进展

2011年，国发2号文件颁布后，在省委、省政府的坚强领导下，我省高举"发展、团结、奋斗"旗帜，认真贯彻落实国发2号文件的精神，提出我省教育主要工作思路，凝练贵州教育精神，全面完成2012年省委、省政府教育工作各项重要任务，我省教育系统精神面貌和工作作风明显改变，各级各类教育呈现提速发展的良好态势。

1. 抢抓机遇重跑"部"

国发2号文件颁布后，省委、省政府创新思路，延伸项目，迅速制定了《贯彻落实国发2号文件的实施方案》，编制了2000多亿元的动态项目库。同时，专门成立了"跑部"

工作组，争取中央部委最大限度支持，把政策变为项目和资金，"跑部"工作取得了明显实效。2012年4月12日，教育部出台《关于贯彻国务院〈关于进一步促进贵州经济社会又好又快发展的若干意见〉支持贵州教育又好又快发展的通知》，明确从资金、项目、政策等7个方面支持贵州教育事业发展。争取到中央下达我省教育事业方面资金21.19亿元，其中11.6亿元为新增项目资金。我省4所高校进入2012—2015年第一期"国家中西部高校基础能力建设工程"，获得国家发改委意向性资金4亿元。教育部批准贵州民族学院和贵州财经学院更名为大学，贵州理工学院获准筹建；我省2012年研究生计划比上年增加272人。2012年我省高校获得教育部少数民族预科和民族班计划比去年增加1224人，比去年增加3000余名国家"特岗计划"指标。教育部、财政部给我省追加了"国培计划"专项资金1700万元。教育部下达我省免费师范生计划500余名，比去年增加近20%。

2. 基础设施加快推进

新建、改扩建100所，力争完成200所乡镇和街道办事处公办幼儿园，已下达全省幼儿园项目资金3.6亿元，并完成设计规划的审查。2012年目标任务为建设农村寄宿制学校学生宿舍40万平方米，省教育厅、省财政厅整合13.8亿元资金规划建设学生宿舍150万平方米以上，比年度建设目标任务超110余万平方米。建设教师周转宿舍2.5万套，资金已下达，首批试点1514套周转宿舍已全部完成。校安工程已完成投资12.5亿元，占计划投资总数的80.3%，薄改工程200所学校项目中，开工196所，竣工80所，薄改计划新建11所较大规模的进城务工人员子女中小学校，已完成3所，7所在建；农村初中工程有23所开工建设，组织制定了《关于进一步推进我省中小学布局结构调整的指导意见（征求意见稿）》。下达省级高中阶段教育突破工程补助资金13亿元，目前全省高中阶段突破工程166个项目全部启动，已开工123个，竣工9个。省政府成立了清镇职教城建设领导小组，省工业职院、建设学校、机械工业学校、贵阳幼师等4所首批入驻职业院校已开工建设。花溪高校聚集区5所高校今年累计已完成投资13.55亿元。

3. "营养改善计划"全面启动实施

今年，我省在65个集中连片特困地区县陆续启动实施了"农村义务教育学生营养改善计划"，惠及我省集中连片特困地区65个试点县383万农村学生。下达中央营养膳食补助资金17.7亿元。鼓励其余23个县进行地方试点，目前有8个县进行了地方试点。成立了16个相关厅局参加的省学生营养改善计划领导小组；积极回收对外承包的食堂。在黔东南州召开全省现场会。研究制定《探索建立农村义务教育学生营养改善计划贵州模式的意见》。各地正积极推进为全省农村中小学幼儿园配备安保、校医、宿管和食堂工作人员。

4. 各级各类教育加快发展

（1）学前教育。我省出台《关于加快发展学前教育的实施意见》，召开全省学前教育突破工程启动大会。以县为单位编制了学前教育三年行动计划（2011—2013年）并启动实施。编印下发《贵州省乡镇、街道办事处中心幼儿园建设规范指导手册》。全省招收3—5周岁幼儿35万人，超计划4万多人，新补充专任教师5066人，创历史新高。新建乡（镇）公办幼儿园300所；全省普惠性学前教育资源增加的速度前所未有，我省学前教育进入历史上最好的发展时期。

（2）义务教育。我省出台《关于进一步提高中小学教育质量的意见》、《贵州省农村寄宿制学校建设攻坚工程实施方案》、《贵州省农村义务教育学生营养改善计划实施方案》、

《关于加强全省中小学幼儿园食堂管理工作意见的通知》；新建农村中小学食堂9961个，实现农村中小学校"校有食堂"目标。在7612所中小学建设优美教室，建设安全围墙25.9万米。拟订全省县域义务教育均衡发展实施规划，省政府与教育部签订"义务教育均衡发展备忘录"，明确了全省各县义务教育均衡发展的时间表、路线图和任务书。继续实施"校长提高计划"，新增北京市、黑龙江省为我省对口帮扶省。积极推进义务教育阶段各项工程建设；下发《关于坚决规范中小学办学行为切实减轻学生过重课业负担全面提高教育教学质量的意见》，进一步加大"减负、增效、提质"工作力度。制定下发《关于加强校园文化建设的意见》、《关于印发贵州省"十二五"中小学教师继续教育工程实施意见的通知》。与省委宣传部等十二个省直部门联合出台《关于进一步加强新形势下青少年学生思想道德教育的意见》。

（3）高中阶段教育。我省出台《关于进一步加快高中阶段教育发展的意见》。全省普通高中招生27.4万人，中职招生22万人，高中阶段毛入学率达到58%。修订印发《贵州省省级示范性普通高中评估方案》，新增13所省级示范性普通高中。建设普通高中和中职学校167所。

（4）职业教育。我省加强职业院校基础能力建设，分配"十二五"省级专项资金14亿元，将9个市（州）的42所中职学校纳入突破高中阶段教育项目，分4年建设。加强职业院校实训基地建设。贵阳清镇职教城开工建设。向省外优质中职学校输送初中以上毕业生5万余人。举办2011年贵州省职业院校技能大赛暨全国职业院校技能大赛选拔赛。12所中职学校被列为国家级示范校进行建设，2所高职院校进入国家级示范骨干高职院校建设行列。对全省5所高职院校开展"省级示范院校"评估。批准设立民办高校贵州盛华职业学院并于秋季招生。

（5）高等教育。我省制定下发《贵州省高等教育事业"十二五"发展规划》、《关于实行省直高等学校加快发展年度目标绩效考核的意见》、《关于推进高等院校率先扩大开放加强对外交流与合作的意见》、《关于在全省高等学校开展"争创教学先进岗科研先进岗管理先进岗服务先进岗学习先进岗办人民满意大学"深化创先争优活动的意见》、《贵州省省直高校建设资金贷款贴息和还本方案》、《贵州省高等学校重点学科、特色学科建设"十二五"发展规划》、《关于加强普通高等学校专业结构调整意见》等一系列文件。强力推动高校率先扩大开放，组织开展高校对口帮扶工作，争取教育部新增三所对口支援高校，举行省外58所高水平大学对口帮扶我省47所高校集体签约仪式。首次开展全省高校网站评比；成功举办第四届中国-东盟教育交流周。建立产学研项目库，加强产学研结合和科技成果转化应用，向省内外开展重大课题公开招标。继续实施"高等院校教学质量与教育改革工程"；加大对市（州、地）高等院校扶持力度。普通高校招生18.4万人，录取率达78%，高等教育毛入学率达22%。制定普通高中新课改后2013年高考改革新方案。2011年普通高校毕业生初次就业率首次突破80%，高全国3个百分点。花溪高校聚集区5所高校全部开工建设，贵州财经大学于10月8日率先入驻办学，贵州大学一期扩建工程竣工。

（二）问题和困难

近年来，从整体上看，我省的教育发展迅速，办学条件的改善十分显著，办学水平和教学质量稳步提高，但还有诸多问题和困难，其主要表现在以下几个方面：

1. 教育投入严重不足

教育经费的增长仍然满足不了教育事业发展的需要。2011年,我省预算内教育经费共134.6亿元,比上年增长17%,由于近3年我省预算内教育投入平均每年增长24.15%,从而使各级各类学校的基本建设得以顺利实施,办学条件得到不断改善,但仍然满足不了学生数量不断增加和人民群众日益增长的教育需求,与全国的平均水平及其他省、市、自治区的投入水平相比,现有的教育投入仍然是低水平的。表1、表2显示了我省教育投入与全国平均水平的差距和在全国31个省、市、自治区的位次。

表1 2010年生均预算内教育事业费比较分析表　　　单位:元

	普通小学	普通初中	普通高中	职业中学	普通高校
全 国	4012.51	5213.41	4509.54	4842.45	9589.73
贵 州	2758.61	2698.18	3317.10	3974.26	8823.65
贵州排名	第28名	第31名	第28名	第25名	第14名

表2 2010年生均预算内公用经费比较分析表　　　单位:元

	普通小学	普通初中	普通高中	职业中学	普通高校
全 国	929.89	1414.33	1071.78	1468.03	4362.73
贵 州	579.26	827.24	502.21	1635.90	4161.00
贵州排名	第31名	第31名	第31名	第15名	第13名

资料来源:表1、表2《教育部、国家统计局、财政部关于2010年全国教育经费执行情况公告》(2010.12.29)。

除了我省教育投入的水平相对偏低之外,教育经费短缺的状况还主要表现在:一是绝大多数农村小学和教学点的校舍还未完全得到改善,农村教师住房十分困难;二是40%左右的城市和农村小学、初中的教学仪器设备、器材的配备没有达到国家标准;三是中等职业教育办学条件的改善远远赶不上规模扩张的需要;四是高等教育的毛入学率在全国处于挂末位置,高等教育的规模仍需进一步扩大,办学条件仍需进一步充实,经费缺口较大。

2. 义务教育阶段教师数量不足

城乡分布不均衡,初中的辍学率偏高,"两基"的巩固提高面临较大困难。根据国家《中小学教职工编制标准》(国办发[2001]74号)和《贵州省中小学教职工编制标准》(黔府办发[2002]89号)的教职工与学生的比例要求,表3、表4分别是我们采用不同标准计算的小学、初中教师需求情况测算表。

表3 小学教师需求情况测算表   单位：人

	城市	县镇	农村	全省合计
现有学生数	545054	1084793	2457535	4087382
现有教职工数	20691	53171	121306	195168
按省编制最低标准缺（超）员数	366	-6695	-20535	-26864
按省编制最低标准（国家标准）缺（超）员数	2911	-1143	5673	7441
城乡统一按城市编制最低标准缺（超）员数	366	-3162	12344	9548
城乡统一按2:1的师班比计算缺（超）员数	-997	-7065	54883	46821
城乡统一按城市编制最高标准缺（超）员数	2911	3533	36571	43015

资料来源：贵州省教育统计信息（2011-2012年）。

从表3可以看出，按不同标准计算教职工的缺员与超员情况差异十分明显，主要原因是城乡编制标准的差距造成的。如果城市、县镇和农村分别按1:22，1:24，1:28的师生比测算教师需求，则县镇和农村都是超编的，全省超编（员）人数高达26864人，但这并不符合实际情况，但为什么会出现上述结果呢？贵州是一个典型的山区省份，农村学校布局分散，数量多，班级多，班额小，规模小，全省城市的平均班额为53.1人，56人以上的班级占43.4%，其中66人以上的超大班额占20%；县镇的平均班额为52.5人，66人以上的超大班级占22.5%；而农村平均班额只有35.5人，35人以下的小班占比例达52%，66人以上的班级只占4.2%。如果从现有的师班比（平均每班配备的教师数量）看，城市、县镇平均每个班有教师2.2人和2.4人，而农村只有1.4名教师，显然农村教师严重不足，按现行编制标准没有超编的要请代课人员，超编了的也同样要请代课教师，否则是无法满足农村小学（教学点）正常教学需要。现行的教师编制标准的城乡差别是导致农村学校无法补充新教师的一个重要因素，因此，使得农村学校不得不聘请大量的代课教师，根据2010年教育统计报表，我省现仍有11077名代课教师。

表4 普通初中教师需求情况测算表   单位：人

	城市	县镇	农村	全省合计
现有学生数	285492	1082446	770116	2148054
现有教职工数	20691	53171	45465	108363
按省编制最低标准缺（超）员数	815	-375	-5152	-4712
按省编制最高标准缺员数	3575	9258	1567	14400

城乡统一按 1:18 配备缺（超）员数	-513	24709	1567	3533
城乡统一按 3:1 的师班比配备缺（超）员数	-129	1575	3289	4735
城乡统一按城市最低编制标准缺员数	815	9259	7446	17520

资料来源：贵州省教育统计信息（2011-2012年）。

表4表明按不同标准计算的教职工的缺员（超员）数据差异同样很大，其主要原因仍然是城乡编制标准的差异造成的。我省初中的平均班额为 56.7 人，其中城市平均班额为 55.5 人，县镇为 58.3 人，农村 55.2 人，城乡差距不大，存在的主要问题是班额过大，如县镇初中56人以上的班级占比高达69%，其中66以上超大班级占21.7%。在一些地方，100人左右的大班是常见现象。如果按45人一个班，每班平均配3名教师的标准计算，则我省需补充教师2.6万人。

目前，我国城乡小学初中的课程要求和课时安排基本上是一样的，农村小学班额小，班级多，农村和县镇的初中绝大多数都是寄宿制学校，从需求看显然应该比城市需要更多的教师。而农村学校的编制标准偏低，且差距比较大，从教育均衡发展和教育公平的角度看，现行的区别对待的教职工编制政策显然是不合理的。

在补充教师的基础上，根据现有财力和城乡教师配置的实际，宜采取分步走的办法，第一步按编制的较低标准分县测算教师缺额情况，若按师生比小学1:26，初中1:23的低标准分县测算，不计部分县按此标准的超编人数，我省目前小学尚缺教师7681人，初中尚缺1990人。另外，根据这几年自然减员的情况，小学平均每年自然减员3000人左右，初中700人左右，2008年应确保新增至少小学教师8000人，新增初中教师2000人。第二步到2010年实现城乡按照统一的较低标准（城市现行最低标准）配置教师。小学约需补充1.2万人，初中约需补充1.7万人。第三步到2012年实现城乡统一按较高标准（接近全国平均水平）配置教师，小学约需补充教师3.6万人，初中约需补充教师2.6万人。

2010年，我省义务教育阶段在校学生辍学率有所反弹，2008年、2009年、2010年小学在校生辍学率分别为2.02%、1.44%、1.53%，初中在校生辍学率分别为3.85%、3.71%、4.45%。有个别县的初中生流失率达5.6%，有个别农村初中辍学率高达10%左右。2010年，我省88个县（市、区）中有36个县的小学毕业生升入初中的比例低于95%，有16个县的小学毕业生升学率低于90%。根据调查，有个别县在没有升学的小学毕业生和流失的初中生等方面没有完整的数据材料，部分学生去向不明，相当一部分学校没有特困家庭学生、单亲儿童、孤儿、留守儿童少年、残疾儿童学习困难学生及有失辍学倾向学生的数据信息和档案资料，对这部分处于弱势状态学生的困难与特点，家长或监护人的联系方式，关心、帮助这些学生的主要措施及责任人等都不清楚不落实，没有认识到这是控制辍学\保障弱势儿童入学权利的基础性工作，这给"控辍保学"工作带来了诸多困难。

3. 高中阶段教育的发展水平仍然偏低

我省办学条件的改善特别是中等职业教育办学条件的改善赶不上规模扩张的需要。我省高中阶段毛入学率虽然达到了42.2%，但仍然低于全国2007年高中阶段66%的毛入学率。虽然近年来我省高中阶段教育学生数量在迅速增加，但教育发展与教育资源不足的矛盾十分突出，主要表现在三个方面，一是办学的硬件设施满足不了教学的需要。虽然多数学校为了加快发展，贷款举债建设，但校园狭窄、校舍不够、仪器设备不达标、学生住宿紧张等问题仍然比较突出。二是教师数量不足。如果按照高中编制的最低标准1:16计算，我省目前仍缺高中专任教师2350人；如果按照每班50人，每个班配备师职工4人（相当于1:13的较高标准）的标准计算，目前专任教师缺额高达8461人。中等职业教育的教师则更为紧缺，2007年，中等职业教育的生师比高达33.5:1，其中职业高中为33.4:1（全国为23.5:1），普通中专为43.3:1。中等职业教育最为缺乏的是专业课教师和双师型的专任教师，我省职业高中专业可教师只有1414人，仅占职业高中专任教师数的38.6%，中等专业学校专任教师中有专业课教师2291人，只占专任教师的61%。在中等职业教育中，双师型教师仅为1455人，占教师总数的14.6%。中等职业教育最为缺乏专业课教师的专业类别依次是资源环境类、社会公共事业类、加工制造类、商贸旅游类、信息技术类、土木工程类和医药卫生类。三是贫困生多、贫困面大，部分普通高中贫困生难以完成高中学业。现我省所有农村户口的中等职业学校学生每人每年获得1500元的国家资助，这项政策极大地促进了中等职业教育的发展。但是普通高中的贫困生却缺乏有效的经费保障机制，县镇和农村普通高中贫困生占比大约在1/3左右，许多农村优秀学生由于家庭贫困而放弃了就读普通高中的机会。

　　4.高等教育资源不足

　　我省学生享受高等教育特别是优质高等教育的机会偏小，2008年，我省高等教育毛入学率只及全国高等教育毛入学率的一半，2009年全国平均每万人口中招收普通高等教育学生38.4人，而我省2010年平均每万人口中招收普通高等教育学生仅为21.3人。这不仅表明我省学生享受高等教育的机会偏小，造成这一局面的原因主要有两个方面：一是我省的高等教育规模小、资源少。在全国31个省（市、自治区）中，我省普通本科高校数量排倒数第六位，我省普通本科院校平均校规模比全国平均校规模少3000多人，我省普通高校教师数量和质量却跟不上发展的需要。虽然近年来我省加大了对高等教育的投入力度，高等教育的规模进一步扩大，高等教育资源进一步整合，高水平大学建设的进程进一步加快，但是由于我省高等教育的基础差，底子薄，高等教育特别是优质高等教育资源仍然不足，高等学校吸纳学生的能力十分有限。而且省外高等学校特别是其中第一批次重点院校和第二批次普通本科院校在我省的招生人数偏少，使得我省考生在享受优质高等教育的机会方面与许多省、市相比显得很不均等。我省没有一所部属院校，而部属院校一般向所在地的省市招生人数都占其招生人数的50%左右，向我省招生的人数和其他非该高校所在地省份相比人数又偏少，如北大、清华等名校在我省的招生人数，仅相当于该校在北京、山东、江苏等省市一所重点中学的录取人数。

　　5.基础教育的质量有待提高

　　我省教育质量的城乡差异较大，在为学生提供公平的有质量的教育方面仍不能满足人民群众的需求。我省基础教育质量不高主要表现在以下几个方面：

　　一是学生的基础掌握不扎实。特别是对重点知识、基本知识的内在联系没有很好领会和掌握，对知识的发生发展过程未能很好理解，基本技能没有形成，基本方法不熟练。从我们考试和测试的结果看，有40%左右的学生没有达到课程标准（教学大纲）的基本要求。这些学生的语文、英语等学科的词汇量偏少，理科的知识面狭窄。

　　二是学生解决开放性、探究性、综合性和具有一定实际情境问题的能力不足。具体表现在信息获取、信息处理和信息转换能力不足，抽象概括能力与分析综合能力达不到应有的要求。

三是学生阅读理解能力与书面表达能力薄弱。在我省的民族地区与边远地区，学生在学习中感到最困难的科目是英语和语文。许多学生汉语言的口头表达能力较差，而在书面表达中往往层次不清楚，结构混乱。在考试中对文字、图形、图表的阅读理解能力较差，审题、读题失误较多。

四是学生的动手实践能力和实验操作与实验设计能力较差。从学生的考试成绩看，我省某地2012年中考成绩也可从一个侧面反映学生的学习水平城乡差异，该地区3万多考生的中考成绩如表5。

表5　2012年某地中考成绩统计表

	政治	语文	数学	物理	化学	英语	历史
及格率	54.70%	63.10%	42.80%	27.90%	40.80%	32.70%	30%
城市、县城初中平均分	52.9	102.73	96.7	50.4	37	91.5	41.5
乡镇初中平均分	36.8	83.2	62.2	33.8	23.5	59.3	29.1
满分值	75	150	150	90	60	150	75

资料来源：贵阳市教育局招生办公室提供。

中考试卷有60%—70%分值的题目属常规和容易题，但仍有30%—60%的人不及格。如果各科以满分100分计的话，多数学科有40%左右的学生只拿到50分以下。表5表明，中考成绩的城乡差距是十分显著的。从高考录取的情况看，2010年我省城镇应届考生占考生总数的27.16%，录取人数占录取总人数的27.61%。农村应届考生占考生总数的38.5%，农村考生录取人数却只占27%（资料来源：《2010年贵州省普通高校招生考生资料集》）。这从另一个侧面也反映了基础教育质量的城乡差距。

6.民办教育发展缓慢

我省学校办学主体多元化的格局没有形成。我省除了幼儿教育由于投资少、成本低而发展较快以外，其他类别的民办教育发展都比较慢，而且这些民办学校规模小、师资缺、设备差。我省目前高等教育只有2所民办高等职业学校，该校在校生人数四千人，但教职工只有509人，专任教师中具有高级职称的教师只有36人。在244所中等职业学校中有56所民办学校，这些学校平均校规模为618人，平均每校仅有专任教师19.6人。在473所普通高中里有民办学校123所，其中有18所高级中学，其余为完全中学，这些民办高中平均每校在校生人数仅为292人，民办高中学生数占普通高中学生数6.6%。我省民办初中共241所（含9年制学校137所），和2005年的数量一样，平均每校在校初中生只有352人。我省民办普通中学平均每校教师只有22.8人。

二、教育发展对策建议

2012年是实施"十二五"规划承上启下的关键之年，是贯彻落实国发〔2012〕2号文件的重要之年。我省要认真贯彻落实党的十八大、省第十一次党代会精神和国家、省教育规划纲要，高举"发展、团结、奋斗"旗帜，狠抓"优先发展、育人为本、改革创新、促进公平、提高质量"这一"规划纲要"之魂，努力创造一个"高于过去、高于西部、高于全国平均水平"的贵州教育速度。

（一）认真贯彻落实国发2号文件精神

1. 认真抓好2号文件精神的落实。贯彻落实国发〔2012〕2号文件精神，抓紧制定我省教育《实施方案》，制定各级各类学校"十二五"项目规划及分年度建设计划，积极争取中央最大限度支持。

2. 千方百计加快教育发展。大力宣传省委、省政府"两加一推"主基调、"三化同步"主战略和"稳中求快、快中保好、能快则快、又好又快"总要求，宣传新时期"贵州教育精神"，全省教育系统"十二五""12345"主要工作思路。全省上下统一思想，进一步振奋精神，不甘落后，攻坚克难，扭住重大任务抓落实，千方百计加快发展。

（二）确保完成省委省政府部署的重点工作

1. 抓紧落实省委、省政府学校改扩建设工程。新建、改扩建乡镇和街道办事处公办幼儿园100所，力争完成200所。建设农村寄宿制学校学生宿舍40万平方米，协助建设部门督促各地建设教师公租房46万平方米（1.3万套），竣工"薄弱学校改造工程"项目学校150所。督促5所高校入驻花溪高校聚集区办学。

2. 实施农村义务教育学生营养改善计划。在集中连片特殊困难地区的65个县搞好国家试点工作，切实改善农村学生营养状况，提高农村学生健康水平。

3. 推动各地为全省农村中小学幼儿园配备安保、校医、宿管和食堂工作人员1.1万人。

4. 争取省政府出台农村中小学布局结构调整指导意见。余庆县等11个县通过义务教育均衡发展考核验收。义务教育巩固率达80%以上。

5. 指导遵义县等34个县加快发展高中阶段教育，确保通过省政府考核验收。新增5所省级示范性普通高中。高中阶段毛入学率达60%以上。

6. 努力增加高等教育资源，调整高等学校布局，优化学科专业结构。力争把贵州理工学院、贵州民族大学、贵州财经大学工作搞好。制定出台《贵州省"十二五"院校设置规划》。启动高职高专设置省级评估审批工作。努力争取增加招生计划，高等教育毛入学率达24%以上。做好普通高校毕业生就业工作，确保初次就业率不低于全国平均水平。

（三）加快省委、省政府教育工程建设

1. 树立"抓项目就是抓投资，投资多就能发展快"的理念。掀起抓项目抓投资高潮，千方百计破解"钱从哪里来"的难题，多渠道增加教育项目和投资。进一步完善项目编报工作，建立健全储备一批、争取一批、建设一批、投用一批的项目建设良性机制；推动高校和市（州）、县用好用足已出台的各项政策，特别是落实从土地出让收益中按10%比例计提教育资金，足额征收使用教育费附加和地方教育附加。

2. 加快项目建设。按照"快速、安全、节俭、廉政，质量、特色"、"五化三园"（规划、硬化、净化、绿化、文化，花园、家园、乐园）和"突出重点、相对集中，投入一所、完善一所、示范一所"的建校方针，千方百计加快"4+2"工程建设，完成中小学校舍安全工程建设任务。新建、改扩建一批规模较大的中职学校。推动贵州大学花溪校区扩建工程二期艺术学科组团和贵州民族大学、遵义医学院、贵州师范学院、贵州职业技术学院新校区建设。

（四）大力发展职业技术教育

1. 加快清镇职教城建设，力争4所职业院校入驻办学、5所职业院校开工建设。扶持毕节市双山职教园区和其他市（州）职教园区建设，强力推进职教优质资源向园区聚集，做大做强优质资源。新增5所以上国家级示范性中职学校。

2. 在全省喊响"职校一人、就业一个、脱贫一家"口号。编写出版《农村初三学生职业生涯指导读本》和《中职招生专业目录》，引导农村初中毕业生积极报读中职学校。扩大职业教育招生规模，春秋两季新招23万以上中职学生，其中向省外优质中职学校输送5万人，形成"两条腿"走路的开放办学格局。完成农村劳动力转移培训30万人任务。

3. 完善"政府主导、行业指导、企业参与"的办学体制。加快"职教师资培养培训体系"建设和培养培训基地建设。启动职业院校教师素质提升计划。围绕我省优势特色产业对技能型人才的需求集中进行一次全省职业院校专业设置调整。3月底前召开"全省职业技术教育大发展"动员大会。举办好省、市（州）、县"职教活动月"和职业技能大赛。

4. 探索现代职业教育体系建设。丰富高、中职协调发展内涵，继续推进"中职、高职、本科"直通"立交桥"的建立，扩大对口直升规模。扩大中职免试推优比例；探索高职与本科院校合作培养我省产业发展紧缺的四年制应用型本科人才。

（五）加快产学研结合及成果转化

1. 认真贯彻落实胡锦涛总书记"质量是生命线"指示。继续实施教学质量和教学改革工程。遴选一批教学团队、特色专业。认真执行教育部《关于国家精品开放课程建设的实施意见》。指导新建本科院校教学合格评估工作。在贵州大学和省属重点建设大学中开展向社会公布"本科教学质量年度报告"试点。加大对市（州）高校支持指导力度。

2. 召开高校科技工作会议，围绕我省经济社会发展重点领域和关键环节，实施"125"计划（"十二五"期间重大科技创新项目），加强科技创新和官产学研用结合，推进科技成果转化应用。支持贵州大学建设"大学科技园"。召开全省高校社科工作会议，推进高校哲学社会科学发展工作。

3. 加强高等学校重点实验室、特色学科和重点学科建设，新增省教育厅重点实验室5—10个、省特色重点学科和省重点支持学科10个以上。

（六）加强教师队伍建设

1. 狠抓师德师风建设。落实教育部《中小学教师职业道德规范》和《高等学校教师职业道德规范》。要求全省教师宣誓并认真践行"贵州教师誓词"。建立健全师德师风一票否决制度。加强省内外教师教育基地建设，建成13个省级示范性县级教师培训机构。加强高校教师管理机构建设，切实加强教师队伍建设。遴选20名左右高校教学名师。抓好"免费师范生"招生就业工作。

2. 大力实施"十二五"中小学教师继续教育工程。扎实推进中小学教师全员培训。实施"国培、省培计划"，培训中小学教师4万人。继续实施"农村教育硕士师资培养计划"。加强中小学校长、幼儿园园长培训工作，省级培训中小学校长、园长1000人。

3. 努力争取更多"国家特岗教师计划"。补充中小学"国特"教师4500名,指导督促2009年特岗计划项目县做好特岗教师接转工作。

4. 召开全省素质教育推进会,全面贯彻党的教育方针,促进学生德智体美劳全面发展。以"三生、四爱、五心"(生命、生存、生活;爱祖国、爱家乡、爱学校、爱师长;忠心献给祖国、爱心献给社会、关心献给他人、孝心献给父母、信心留给自己)教育为抓手,扎实推进素质教育。进一步落实"减负、增效、提质"要求。做好《贵州省初中学生实用技术》地方课程扩面提质工作。

(七)强力推进开放、改革、创新

1. 积极开展"改革开放年"活动。积极探索以人为本、服务需要的人才培养理念。引导社会资金进入教育领域,形成政府为主社会参与的多元办学格局。简政放权加大县级政府教育统筹权。支持县(市、区)开展学区化、集团化办学,扩张优质资源,缩小城乡差距,加快教育均衡发展。

2. 督促高校认真落实与省外高水平大学签订的对口帮扶协议,推动高中阶段学校与省外优质高中(中职)签订"一对一"帮扶协议,全面提升本省学校"软实力"。召开加大对口帮扶力度恳谈会。

3. 出台教师职称评审改革。中小学幼儿园教师对口提升学历,中小学幼儿园校(园)长和教师定期交流指导性文件。推动县(市、区)出台交流政策,加大交流力度,均衡配置本行政区域内校长、教师资源,教师逐步由"学校人"变为"系统人"。

4. 制定高校网站跟踪管理意见,继续开展高校网站测评工作,推动高校树立对外开放良好形象,提高网站服务师生的实用性,确保安全性。制定高中阶段学校网站评估意见,推动高中阶段学校加强网站建设。

5. 办好第五届"中国—东盟教育交流周",增强开放性和实效性。设立省级来黔留学奖学金,以激励机制鼓励高校多招留学生,多聘请外教。加大公派出国留学力度,继续实施"西部地区人才培养特别项目",调整派出结构,提升选派层次,提高选派质量。推进与港澳台教育交流与合作。支持学校引进国外优质教育资源,开展中外合作办学。积极开展学生国际交流活动。加强汉语推广工作。大力引进"三高"人才,全省高校力争引进博士400人。

6. 推进继续教育发展。加快发展成人学历和非学历继续教育,探索"开放大学"建设工作。

7. 狠抓《贵州省人民政府关于促进民办教育大发展的意见》的落实。新增民办幼儿园30所、民办高中阶段学校7所和民办高等职业学院1所。加强我省格奥雷汽车工程职业学院筹建工作的指导。启动修订完善《贵州省民办高等学校政府督导专员制度》工作。

(八)大力发展教育信息化

1. 建成我省教育信息化管理终端。建成我省市县、高校视频会议系统。利用现代信息技术实现我省教育无纸化办公。

2. 准确发布上年全省教育事业发展统计公报。大力推进标准化考点建设。利用校安信息管理系统加强省委、省政府教育工程建设。

3. 召开中小学信息化推进会。以教企合作模式实现乡(镇)以上中小学校宽带入校并联通互联网。推动农村中小学通过互联网积极利用优质教育教学资源开展教师网络研修,利用信息技术加快提高教育教学质量。

参考文献：

[1]教育部、国家统计局、财政部关于2010年全国教育经费执行情况公告。

[2]贵州省教育统计信息（2011-2012年）。

[3]史昭乐：贵州社会发展形势分析与预测（2007—2008），贵州人民出版社，2008年7月。

[4]史昭乐：贵州社会发展报告（2008—2009），贵州教育出版社，2009年12月。

【作者简介】

张玉林，贵州省社会科学院社会学研究所研究员。研究方向：青少年犯罪、政治理论研究。出版专著：《为了孩子的健康成长——青少年违法犯罪问题研究》、《为了孩子的健康成长——青少年毒品违法犯罪问题研究》。在省级以上学术刊物发表论文35篇，主持课题：中国妇女联合会课题《和谐家庭教育体系研究——以西南三省为例的研究》、贵州省科学技术厅软科学课题《科技人才团队培育与建设的机制研究》、贵州省社会科学院课题《贵州大学生就业问题研究》等。参与课题：《贵州省三大社会问题研究》、《中国贵州研究》、《贵州社会科学事业发展研究》、《中国百市县经济社会跟踪调查·遵义》（红花岗区卷）、《中国百市县经济社会跟踪调查·遵义》（汇川区卷）、《贵州省"整脏治乱"法规政策研究》、《贵州农村打工"问题妇女"现状及管理机制研究》、《贵州构建社会主义和谐社会研究》、《贵州农村社会发展与小康建设研究》等10项。成果获奖：《青少年毒品犯罪与家庭教育问题研究》获中国青少年犯罪研究会三等奖；《强化"三位一体"预防未成年人违法犯罪问题研究》获中国青少年犯罪研究会优秀论文奖。

中华民族：超百万年的文化根系

石朝江

一、我国考古学泰斗苏秉琦提出要重构中国古史

一个多世纪以来，人类起源于何处？从"欧洲中心"到"神秘东方"，又从"亚洲中心"到"非洲中心"。众说纷纭，莫衷一是。人类的摇篮随着人类化石的不断出土，而摇摆于各洲。我国考古发现证明，早在更新世初期，古人类就开始在我国广袤的土地上生活了，100万年前的古人类文化遗址比比皆是。根据考古发现，我国考古学泰斗，中国考古学会原理事长苏秉琦教授生前曾提出要重建中国古史框架，他说："时至今日，把重建中国古史的任务正式提到全国史学、考古学者面前，条件已经基本成熟。其主要标志是重建中国古史的构思、脉络已基本清楚。从宏观的角度、从世界的角度、从理论与实践结合的高度把中国古史的框架、脉络可概括为：超百万年的文化根系，上万年的文明启步，五千年的古国，两千年的中华一统实体，这就是我国历史的基本国情。"苏先生提出重建中国古史框架是有根据的。三百万年、一万年、五千年、两千年是中华民族源流的四个重要里程碑。

人类由猿进化而来。人类与猿类的根本区别是什么？马克思说："可以根据意识、宗教或随便别的什么来区别人和动物。当人们自己开始生产他们所必需的生活资料的时候（这一步是由他们的肉体组织所决定的），他们就开始把自己和动物区别开来。"恩格斯则说："没有一只猿手曾经制造过一把哪怕是最粗笨的石刀。"

人类自从在地球村诞生的那一刻开始，就要面对天地人关系和现实生产生活中的问题，这也是人类演化发展过程的必经之路。据考古发现，在旧石器时代200—300万年以前，中国境内就生活着早期人类了。

超百万年的文化根系：即是说，超出一百万年前，中国这块土地上就有早期能人活动，有了人类的文化。一个多世纪以来，特别是中华人民共和国成立后的考古发现证明，早在更新世初期，古人类就开始在我国广袤的土地上生活。我国黄河、长江中下游地区，西北的黄土高原，西南的云贵高原等都留下了从能人到直立人再到智人的足迹。中国人的直系祖先或许就在本土。上万年的文明起步：即在一万多年前，我们的先民逐渐从渔猎、采集生活转入农耕生活，开始定居，开始种植水稻和烧制陶器。他们从穴处群居的群婚生活走向地面，用木石建造石筑式、土筑式和干栏式的房屋，开始了聚落式的对偶婚生活。而且因为食物有了保障，农闲之时可以发明创造，改进工具，发展生产。从此跨入了"文明"的门槛。五千年的古国：在五千多年前，在中国这块土地上陆续出现了一些方国——城邦国家，由于争夺耕地与牧场，发生了大规模的部族战争，母系制社会让位于父系制社会，

青铜器与铁器先后出现。这就是传说中的炎帝、黄帝、蚩尤时代。黄帝因战胜炎帝、蚩尤而做了天下盟主。以及黄帝之后部落联盟式的尧、舜、禹时代及夏、商、周三代,都是中华大地上存在的古老国家。两千年的中华一统实体:是说从公元前221年秦始皇统一中国起,2000多年来,虽然其间也有内乱和分割,朝廷不断更替,但中华民族已经连成一个整体,各个民族或人群,已经是谁也离不开谁了。56个民族共同开创了中华文明。

爱我中华必知我中华。五千年的古国,两千年的中华一统实体,人们已经熟知。上万年的文明启步,我们下一次论坛再谈。今天,我主要是沿着苏秉琦先生的思路,仅梳理其中的"超百万年的文化根系",探讨中华民族的源头,以证明中国是人类重要的发祥地之一。

二、中华民族:超百万年的文化根系

我们知道,文化是人类作用于自然界和社会的成果的总和,它包括一切物质财富和精神财富。恩格斯在《自然辩证法》中讲了一句格言:"有了人,我们就开始了历史。"文化是人类创造的,有了人类即有了文化。

"人从何处而来"?全世界各地区、各民族的人们都曾提出了大量内容迥异的神话传说和宗教故事,《圣经》的"上帝造人"说就是其中最为著名的一个。我国也有伏羲女娲造人说。1859年,英国生物学家达尔文发表了著名的《物种起源》,用进化论代替神创论,用自然选择取代"上帝的旨意"来解释地球上存在不同物种的这一事实。1871年,他又在《人类起源及性的选择》中正式提出了人是从猿进化而来的理论,用科学演示了人类的进化。自从达尔文创立生物进化论后,多数人相信人类是生物进化的产物,现代人和现代猿有着共同的祖先。人类由猿进化而来,古猿是恩格斯所说的"正在形成中的人",他们从学会制造工具时开始脱离动物,变成最初的人类,在人类进化史上被称作"直立人"或"猿人"。

我们选择几处最具有代表性的超100万年前的文化遗址研究与介绍,然后综合介绍百万年至几万年前的文化遗址,以证明古人类在中国的进化未中断与缺环,中国人类进化基本自成体系。

(一)河北泥河湾遗址群(约300万年)

苏秉琦先生指出:"真正的文化源头还要到超百万年的上新世红土层中去追寻。过去所写的中国史没能认真对待这一课题,也没有条件认真论证这超百万年的文化源头。或许现在也还不能说出更多的内容。但这个超百万年的起点是确实存在的,不能忽视。"[①]

泥河湾遗址群位于我国河北省张家口市阳原县桑干河畔。经过中外专家近一个世纪的考古发掘和研究,在东西长82公里、南北宽27公里的桑干河两岸区域内,发现了含有早期人类文化遗存的遗址80多处。泥河湾遗址是古人类的发祥地之一。在这里发现的更新世标准地层,是国际标定的第四纪地层代表地点,有"东亚地区人类文明的起源地"之称,其研究价值可与世界公认的东非奥多维峡谷相媲美。

遗址简介

泥河湾盆地坐落在河北省阳原县东部桑干河畔,是一处早期人类文化遗址群。早在20世纪30年代初,这里高耸的地层露头和美丽的神话传说,就吸引了一批西方传教士和学者

---

① 苏秉琦:《华人·龙的传人·中国人——考古寻根记》,辽宁大学出版社,1994年。

的关注。1924年,英国地质学家巴尔博最先发现泥河湾,他在这里通过大量调查,首先把含有双壳蚌化石的、露出一套灰白灰黄的河湖沉积物命名为"泥河湾层"。1927年,巴尔博等人对泥河湾层作了分层记述,并报道了泥河湾层中发现的脊椎动物种类。

1935年,法国考古学家步日耶根据泥河湾村东北地带采集到的似乎有人工痕迹的石块和动物化石标本,推测泥河湾一带可能有过古人类生存。这一发现当时未能让更多的人认同,但它像重重迷雾中的一盏明灯,指引着探索者的征程,并从此叩响了泥河湾神秘的大门。

随后,泥河湾吸引了越来越多的中外地质工作者、考古工作者到这里考察探秘。经过半个多世纪的不懈努力,在泥河湾追寻远古人类活动踪迹的大门终于被考古学家叩开。经过中外专家80多年的考古发掘和研究,在桑干河两岸区域内发现了含有早期人类文化遗存的遗址80多处,出土了上万件动物化石和各种经过加工过的石器。出土石器几乎记录了从旧石器时代至新石器时代发展演变的全部过程。

特别是2001年泥河湾马圈沟遗址的发掘,首次发现了距今约200万年前人类进餐的遗迹,而其中的大南沟遗址,据发表的报告推断属于上新世,年代有可能距今300万年,[①]是世界公认的第四纪标准地层。泥河湾小长梁遗址作为人类活动最北端的见证和中华大地古人类最早发祥地,被镌刻在北京中华世纪坛270米长的青铜甬道的第一个台阶上。

从法国考古学家步日耶1935年推测"泥河湾一带可能有过古人类生存"时起,泥河湾就已声名鹊起。经过长达半个多世纪的不懈探索,泥河湾渐渐掀开了她神秘的面纱。2000年,泥河湾旧石器考古被评为中国百项重大考古发现之一;2001年,泥河湾遗址群被列为全国重点文物保护单位;2002年,泥河湾被列为国家级自然保护区。目前正在积极筹备申请"世界文化遗产"。

重要发现

1. 早在20世纪二三十年代,中外科学家就在这一带发现了许多双壳蚌化石和哺乳动物化石。新中国成立后,我国地质及古生物工作者到这里多次进行考察,发现了数以百计的、种类繁多的动物化石,近年来又发现了许多旧石器时代文化遗址,在年代上,从300万年到1万年旧石器时代早、中、晚期每个阶段的遗址都有,且内容十分丰富。其中百万年以上遗址就有18处,这在世界上是独一无二的。考察发现证明,泥河湾遗址是寻找早期人类化石的一处重要地区。

2. 2001年10月,考古工作者对马圈沟底部遗址进行发掘,人们惊奇地发现了古人类分食猎物的场景。遗址中散落着一组相对集中的大象骨骼,其中夹杂着一些石核、石片、刮削器和自然石块。在现场还发现了一件燧石刮削器恰巧置于一条肋骨之上,肋骨上保存着十分清晰的砍砸和刮削痕迹。这无疑说明当时人类、石制品和象的遗骸之间存在着内在的联系,勾勒出一幅极为形象的人类群体肢解动物遗骸、刮肉取食的活生生的进餐场景。

3. 泥河湾是早期人类文化遗址群。在80多处遗址中,有距今300万年的属于上新世的大南沟第四纪标准地层,有距今200万年前人类进餐的遗迹,有距今1万年的虎头梁遗址,将人所走过的足迹连成链条,记录了从旧石器时代至新石器时代发展演变的全部过程。在阳原东西长82公里、南北宽27公里的广大区域内,已先后发现早期人类遗址共80

---

① 龚宇一:《古人类考古百年:人类的起源在哪里》,载《光明日报》,1999年11月15日。

多处。其中在全国已发现的30余处100万年以前早期人类遗址中，泥河湾就占21处。如此集中的早期人类遗存在全世界绝无仅有。

4. 在泥河湾盆地小长梁遗址发现了大量的世界上最早的细小石器。这些石器都比较小，大多重在5至10克之间。可分为尖状器、刮削器、雕刻器和锥形器等类型，共约2000多件。我国著名的考古学家贾兰坡院士说，泥河湾盆地小长梁遗址发现的这些细小石器"竟是如此之多如此之早，加工技术又如此精细、进步"，确认"泥河湾期的地层是最早人类的脚踏地"。一些考古工作者提起泥河湾时，都说"那里遍地都是宝"。

价值评估

1. 泥河湾大南沟遗址，据发表的报告推断属于上新世，年代有可能达到距今300万年。成为中国以至其他大陆进行地层对比的标准剖面。泥河湾标准地层记录了第三纪晚期至第四纪地球演化和生物、人类进化的历史，对于研究我国地层、古人类、古生物、古环境等具有重要价值。

2. 在我国目前已经发现的30余处距今100万年以上的早期人类文化遗址中，泥河湾遗址群就占了18处。泥河湾早期文化遗存的密度之高，年代之久远，不仅在国内绝无仅有，在世界上也极为罕见。

3. 泥河湾遗址发现了大量的人工加工过的世界上最早的细小石器，那时的古人类已经会制造工具，而会不会制造工具，是人和动物的根本区别。

4. 特别是2001年马圈沟遗址的发掘，首次发现了距今约二百万年前人类进餐的遗迹。从发掘现场看，这是一个古人类进食的生活场景遗迹，在发掘探方的南部区域，散落着一组以象的骨骼为主，间有石制品、天然石块遗物密集分布区域。骨骼分布集中而无序，在它们之间，散落着一些石核、石片、刮削器等"餐具"，发现的3件石锤则在外围分布，而石锤是用来制造"餐具"的。在多数动物的遗骨上，保存有十分清晰的砍砸和刮削痕迹，其中一件燧石刮削器恰巧置于一条肋骨之上，展示出一幅形象的古人类刮骨食肉的场景。这组文化遗物的分布状态，揭示当时人类、石制品和动物遗骸间的内在联系，勾画出远古人类群体进食的场面，这种完整展示远古人类生活场景的遗迹非常罕见，这一发现对研究当时人类的行为学提供了不可多得的科学资料。

5. 泥河湾早期文化遗存为东亚北部确知的最早的人类遗址，使得"在100万年前亚洲没有人类文明"的论断不攻自破。世界人类不仅可能从东非的奥多维峡谷中走来，也有可能从中国的泥河湾走来。

6. 泥河湾遗址是古人类在东亚最早的文化遗存。现虽然还未发掘出古人类化石，但发现古人类化石的潜力是大的，可能性是存在的。既然发现了人类制作和使用过的工具，即最早的石器和骨器，就表明它们的主人在这里生活。我们相信，泥河湾遗址群发现古人类化石只是个时间的问题。

7. 泥河湾遗址群分布面广、内容丰富，囊括了古人类学、旧石器考古学、古生物学、第四纪地质、古地磁学、古气候学和年代测定等多个学科，几乎记录了人类的起源和演变的全过程，是一个天然博物馆，对探索世界早期人类的发展及其文化的演变和发展具有重要意义。

8. 泥河湾于家沟遗址中找到了极为难得的更新世末至全新世中期的地层剖面和文化剖面，为这一地区旧石器时代向新石器时代过渡的考古学文化研究提供了科学可靠的地层证据和文化序列证据。

总之，泥河湾遗址群记录了一系列地质、生物事件，蕴含着丰富的人文的和自然的信息。当然，相比西方，我国的田野考古起步比较晚些，手段也相对落后，相信随着时间推移，泥河湾遗址群会不断有新的考古发现。更早的原始人类活动奥秘及"泥河湾猿人"的化石还等待着人们去发现。

(二) 安徽繁昌人字洞遗址(约250万年)

安徽省繁昌人字洞古人类活动遗址，位于安徽繁昌县城西南约10公里的孙村镇西北2公里癞痢山东南坡上。从1998年开始，中国科学院古脊椎动物与古人类研究所会同安徽省文物考古研究所先后对人字洞进行了7次系统发掘，发现了大量的人工制品，已采集到脊椎动物化石7000多件。根据古地磁采样测量，繁昌人字洞遗址历史在距今220万年至256万年之间，地质时代为早更新世早期。说明早在250万年前，我国长江流域就已经有古人类活动的踪迹了。安徽繁昌人字洞遗址被誉为迄今欧亚大陆已知的最早的古人类活动遗迹之一。

遗址简介

1998年初，国家"九五"攀登项目"寻找早期人类起源及其环境背景研究"启动。同年4月，安徽课题组开始组队进行野外调查和发掘。1998年5月3日，安徽课题组组长金昌柱、队员郑龙亭在繁昌县文物管理所徐繁所长陪同下，到孙村镇癞痢山化石遗址调查，发现了人字洞，采集到几块珍贵的灵长类化石标本。5月7日，攀登专项首席科学家丘占祥院士来到繁昌人字洞现场，对遗址周围环境及地貌进行了详细考察，并仔细观察已经采集到的化石标本，认为人字洞对于寻找人类起源线索很有希望。繁昌县孙村镇癞痢山南坡，海拔高度100米，是一处发育在三叠纪岩层中经水溶蚀形成的洞穴，所在地区总体地貌为长江中下游南岸低矮丘陵区，是早期人类较为理想的生息场所。洞穴堆积厚度约30米，宽8~12米，自上而下分为8层，由于洞穴自然剖面呈人字形，基于遗址堆积剖面外观及寄予对寻找人类化石的期望，专家们将遗址名称确定为"人字洞"遗址。

5月12日课题组接到报告，人字洞剖面因连降大雨出现塌方，大量动物化石暴露出来。课题组决定进行抢救性清理，清理工作进行了25天。发现了数十件高等灵长类原黄狒化石标本及另外50多种脊椎动物的化石，共计标本2000多件。最重要的是采集到几块具有人工加工痕迹的石制品和骨制品，经权威人士认定确定为人工制品。

1998年8月，在每4年一次的国际第四纪科学大会上，繁昌人字洞遗址发现者之一、中国科学院古脊椎动物与古人类研究所金昌柱博士就人字洞的发现和发掘成果作了精彩报告，引起与会专家学者的极大兴趣，人字洞开始受到国际学术界的关注。

从1998年开始，中国科学院古脊椎动物与古人类研究所会同安徽省文物考古研究所先后对人字洞进行了7次系统发掘，并发现了大量的人工制品，已采集到脊椎动物化石7000多件。

1999年6月2日，中央电视台以"我国发现迄今最早人类遗存"为题报道："中国古人类研究又获得重大突破，中国考古学家在对安徽繁昌人字洞进行发掘时，发现大量石制品和骨制品。经专家联合鉴定，确认这批石器是200万年至250万年前的早期人类遗存。

2006年6月1日，第六批全国重点文物保护单位名单公布，人字洞遗址被列为全国重点文物保护单位。"

重要发现

1. 人字洞古人类活动遗址出土了上百件石制品。石制品的石料多样化，经初步鉴定，包括富含铁质矽卡岩、硅质泥岩、硅质灰岩、燧石、石英砂岩、片麻岩、玛瑙等，石制品具有明显的人工打击痕迹。石制品可分为三大类：石核、石片和石器。石器器型以小型刮削器为主，可分为单边直刃刮削器、单边凸刃刮削器、单凹刃刮削器、单端刃刮削器、两刃刮削器等。这些石制品打片方法为锤击法，无论石片或石核均可见转向打法。

2. 人字洞遗址发现了大量的碎骨，可认定为骨制品的有几十件之多，其中一件用犀牛下颌骨制成的砍砸器和用乳齿象门齿制成的骨铲制作精美，表明人类早期工具原料组分的多样性。有10多件骨制品有明显的人工加工痕迹，上面的打击点甚至极其细致的修理疤痕都清晰可见。

3. 人字洞发掘采集到脊椎动物化石7000多件，经初步分类研究，共有爬行动物龟鳖类、蛇类、鸟类、哺乳动物食虫类、翼手类、兔形类、啮齿类、食肉类、长鼻类、奇蹄类、偶蹄类等11目33科70属75种动物。

4. 首次发现动物群中还有真马的存在，还发现一条狗化石，有着完整的骨架。

价值评估

1. 繁昌人字洞发掘出大量的石制品、骨制品，并具有明显的人工打击痕迹。这些石骨器应是古人类制作的工具。说明在距今250万年的更新世早期我国长江流域就已经有古人类的活动了。这些化石和标本经过考证被确认为目前亚洲发现的年代最早的人类文化遗物。从类型和制作技术上都比中国境内其他的早更新世石制品要显得粗糙、简单而原始。为亚洲是早期人类起源地区之一的观点提供了重要的依据。

2. 人字洞存在的动物群以含有较多新近纪残留种类和拥有相当多的绝灭属（21属，占属总数的35%）为其特征，而且动物群中绝灭种多达51种，约占总数的76%，这表明人字洞动物群的面貌显然比我国南、北方已知的早更新世时期的哺乳动物群更为原始。

3. 动物群中还真马和狗化石的发现，这些发现对研究古生物学、环境气候学、古地理和埋藏学具相当高的价值。对研究亚欧大陆特别是东亚地区的动物和人类进化过程有重要意义。

4. 繁昌人字洞遗址发掘出珍贵的古人类石制品和骨制品，但如同泥河湾遗址一样，它们的"使用者"——古人类的化石尚没有被发现。中国科学院古脊椎动物与古人类研究所副所长高星认为，"大量人工打制的石制品、骨制品和动物化石的出现，说明当时肯定有人类在这里生活。""目前遗址仍剩余10多米厚的堆积，我们也期待在第八次发掘中有更多新发现。"在遗址发现古人类化石的潜力是大的，可能性是存在的。

（三）重庆巫山人遗址（200万年前）

如果说泥河湾和人字洞遗址只发现了经人类加工过的石器，而使用它们的主人还尚未发现的话，那么，"巫山人遗址"不仅发现人工加工过的石器和骨器，而且发现了我国迄今为止的最早的人类化石。1991年，中国科学院先后经过孢粉分析、古地磁和氨基酸测定，巫山人遗址地质年代为更新世早期，距今204万年，后又经美国、英国等科学家用最先进的电子自旋共振法测定，其年代被正式确定为200万年前。中国发现"巫山人"的消息在世界考古界、学术界引起了强烈反响，它刷新了科学家们关于亚洲古人类生存年代的时间表，人们认为："这个新的发现将动摇人类演化的理论。"

遗址简介

"巫山人遗址"位于重庆巫山县庙宇镇龙骨坡，是在一个洞穴里发掘到的古人类化石及人手加工过的石器。

1984年—1988年，在国家自然科学基金委员会和四川省文化厅的赞助下，由中国科学院古脊椎动物与古人类研究所、重庆自然博物馆、巫山县文物管理所等单位组成的一支长江三峡科学考察队，在四川省巫山县庙宇镇的龙骨坡一洞穴堆积层里，发掘出一个人类门齿和一段人类下颌骨，颌骨上带有两个牙齿。在发现以上化石的同一层位，除发现人类加工或使用过的石器和骨器外，还发现了巨猿及其他110多种哺乳动物的化石。

1986年11月29日，这支联合考察队在重庆举行了新闻发布会，向世界公布了这一重大发现。《人民日报》、《光明日报》、中央电视台等全国数十家报刊、电台、电视台纷纷向海内外公布了这一振奋人心的消息，并在世界学术界、考古界掀起了一次有关人类起源的大讨论。一个震惊世界的"巫山人遗址"就这样展现在世界学术界面前。一时间，国际上知名的考古学家和古人类学家纷纷把关注和探究的目光投向了中国的长江三峡。

1998年4月6日《人民日报》以"科学家对'巫山人'遗址鉴定证实我国200万年前已出现古人类"为题报道：1997年11月，中国科学院古脊椎动物和古人类研究所研究员黄万波、北京图书馆徐自强教授率领考察组，在重庆市巫山县庙宇镇龙骨坡"巫山人"遗址进行发掘考察时，发现了大量旧石器。经过著名古人类学家贾兰坡院士等权威学者鉴定，这些在与"巫山人"同一地层里发现的石器一样，都带有人工打击的痕迹，是古人类所使用的工具。这一结果，再次有力地证实了200万年前"巫山人"的存在。这一发现不仅把中国人的进化史向前推进到200万年前，动摇了现有人类进化理论，而且为在我国境内寻找更古老的人类化石以及文化遗存，从而揭开人类起源之谜，提供了更为扎实的科学依据。

我国科学家对重庆"巫山人"遗址出土的大量石制品进行古地磁和电子自旋共振法测定证实，200万年前我国就已出现了在长江三峡一带活动的古人类。1996年11月，重庆巫山人遗址被国家正式批准列为第四批国家级重点文物保护单位。

重要发现

1. 1985年，考古工作者在重庆巫山县庙宇镇龙坪村龙骨坡，发掘出一段带有2颗臼齿的残破直立人左侧下颌骨化石以及一些有人工加工痕迹的骨片。

2. 1986年又发掘出3枚门齿和一段带有2个牙齿的下牙床化石。经学者研究，龙骨坡遗址出土的遗物代表了一种直立人的新亚种，后被定名为"直立人巫山亚种"（Home erectus wushanensis），一般称之为"巫山人"。

3. 在发现以上化石的同一层位，除发现人类加工或使用过的骨器外，还发现了巨猿及其他110多种哺乳动物的化石，这在世界古人类发掘史上是前所未有的。即巫山人遗址还出土了包括步氏巨猿、中国乳齿象、先东方剑齿象、剑齿虎、双角犀、小种大熊猫等116种早更新世初期的哺乳动物化石。

4. 出土了大量有清楚人工打击痕迹的石器和骨器，巫山人已开始将石器运用于劳动生产之中。证明200多万年前，巫山人已经产生了文化，而文化是区别"是人还是猿"的重要标准。所以，"巫山人"是人而不是猿。

价值评估

1. "巫山人"化石距今约201—204万年，是中国境内迄今发现最早的人类化石，这一发现揭示了人类发展的进程，填补了中国早期人类化石的空白。过去说中国在100万年前没有人类化石，因此，人类的祖先来自非洲，亚洲的直立人是从非洲扩散而来的。"巫山人"化石的发现，不仅证明中国人的直系祖先在本土，而且说不定亚洲乃至人类的始祖都可能是从这里踏入"人类演化的时光隧道"。

2. 从2003年至今，中法联合科考队对巫山龙骨坡古人类文化遗址进行了三次清理考察，清理弄清了遗址的地质文化分层。根据清理结果，专家将龙骨坡遗址分为三大地质文化层，由上到下第一层为角砾层，厚度约为8米；第二层为橘黄色细角砾层，厚度约为12米；第三层为黏土层。古人类、动物化石及石器主要分布在第二层，有近20个文化带。

3. 巫山人遗址对于研究人类的起源和三峡河谷的发育史，具有极为重要的科学价值。据《奥秘》杂志分析，到目前为止，三峡是世界上独一无二的研究人猿分野的地域，连著名的非洲奥多维峡谷也无法与三峡相比。因为，巨猿和"巫山人"共同生活在一起，足以说明在长江和三峡尚未形成之前，猿人和巨猿的祖先就栖息生存在那里了。

4. "巫山人"不仅可以直立行走，而且已经懂得利用石头和各类兽骨制作工具，已经走出"猿"的属类，开始走进人类的生活范畴。这是东亚古人类发掘史上是前所未有的发现。说明200万年以前，中华大地上就已经有了人类的足迹。

总之，与东非更新世能人处于同一进化水平的"巫山人"，证明了中国最早的人类就生活在三峡地区。中华民族的祖先，黄种人的祖先，也可能就在中国本土。

(四)云南元谋人遗址(约170万年)

元谋人遗址位于云南省元谋县城东偏南约10公里的老城大那乌村东200米的冲沟处。1965年5月1日，中国地质科学院地质力学研究所研究人员钱方等，在上那蚌村西北约500米、距大那乌村东200米的冲沟处，在高约4米的小山包下部黏土层中，发现两枚门齿化石。经中国地质科学院地质博物馆专家胡承志研究，确认为同一男性成年个体的一左一右上内侧门齿，并且具有从纤细型南猿向直立人过渡的特点，定名为直立人·元谋亚种，简称元谋人。这是我国发现的早期类型直立人的代表，他们不仅会使用和制造工具，而且不排除已会用火的可能性。元谋人的发现，对于揭示人类演化和发展的历史具有重要的意义。1972年2月22日，新华社报道了这一重要发现和初步研究成果，引起了国内外科学界的极大关注。1982年2月23日，该遗址被国务院公布为全国重点文物保护单位。

遗址简介

1965年3月至5月，由于攀枝花钢铁基地建设和成昆铁路建设需要研究铁路沿线的地质构造，由原地质部地质力学研究所的钱方、赵国光、浦庆余、王德山组成的西南地区新构造研究组奉命奔赴元谋，在全面充分掌握前人资料的基础上，在元谋盆地东南大那蚌村附近进行地震地质考察，5月1日下午约5时，钱方先生在元谋上那蚌村西北部，一座小山包下部褐色的黏土层中发现了几颗云南马化石，随后又发现了两颗浅灰色、石化程度很深，类似人的门齿化石。钱方初步判断，那不是马、牛的牙齿，应该来自比较早的原始人类或猿类动物。由于无法准确判断，他只好把两颗化石带回住处。回到住处，钱方先生便请了一位同事张开嘴，把牙齿化石凑过去和他的门齿对比了一下。经过和人牙的对比，又翻看了一些介绍北京周口店猿人的工具书，当时对古人类研究可以说还是个门外汉的钱方初步认定这可能是猿人或巨猿的牙齿化石。

同年9月回到北京后，钱方等人找到中国地质博物馆研究员胡承志，请他鉴定门齿化石。经过研究，胡承志判断：两颗化石是直立人的门齿，他以发现这一化石产地的元谋县城命名，为化石定名为"直立人·元谋亚种"，简称为"元谋人"。随后胡承志撰写出论文，请最早在周口店龙骨山发现完整"北京人"头盖骨的中国科学院古人类学家裴文忠教授等院士审查。正当论文预备发表时"文革"开始，所有学术刊物全部停刊，这一世界性的研究成果一搁就是6年。1972年美国总统尼克松访华，为配合当时新闻宣传，新华社需要寻找一些重大新闻事件予以发表，结果是"元谋人"发现被选中。当年2月21日，新华社发布了这一惊世的发现和研究成果。称"这是继我国发现的北京猿人和蓝田猿人之后的又一重大发现，对进一步研究古人类和我国西南地区第四纪地质具有重要的科学价值"。次日，《人民日报》、《光明日报》等媒体亦同时刊发了这一消息。"我记得很清楚，这个成果是和尼克松访华的消息在同一天见报的，非常有纪念意义。"元谋人发现者钱方教授如是说。

1982年2月，国务院公布元谋人遗址为第二批国家级重点文物保护单位。元谋人遗址现建有纪念碑、博物馆，博物馆内陈列着元谋人牙齿化石的标本，古生物化石及其他有关实物、资料。

2005年5月1日至3日，在"元谋人化石发现40周年纪念会暨古人类国际学术研讨会"会议上，联合国教科文组织文化遗产保护专员杜晓帆博士在纪念大会上说："1965年在云南省元谋县发现的两枚人类牙齿化石，其代表的个体被命名为元谋直立人。元谋直立人的发现，为进一步研究古人类的发展历史和中国西南地区第四纪地质具有重要的科学价值。元谋直立人遗址的发现，证明了云南高原是人类早期活动的重要地区之一，对于研究猿人化石的地理分布、体质形态演变等方面具有重要意义。"

重要发现

1. 发现两颗呈浅灰色，石化程度很深的猿人牙齿化石。"元谋人"的牙齿为同一青年男性个体的左侧、右侧上内侧门齿，齿冠长度分别是11.4毫米和11.5毫米；宽度分别是8.1和8.6毫米，高度虽经磨耗而减小，但仍达11.2和11.1毫米。"元谋人"经研究归属早期直立人。其特征为：牙齿粗硕，齿冠扩展指数达141.9；齿冠唇面除接近颈线的部分较为隆突外，其余部分较平扁，有明显的汤姆氏线，唇面沟及浅凹面；舌面的底结节发达，占舌面的二分之一；具铲型结构。研究者认为"元谋人"应为直立人的一个新亚种。经中国科学院古脊椎动物古人类研究所用古地磁测定，生存年代距今170万年。

2. 元谋人遗址还出土了7件石器，在地表采集到10件石器，均为刮削器。在遗址中还找到一些有明显人工痕迹的动物骨片，说明当时"元谋人"已会制造骨器和简单的工具了。

3. 元谋人遗址发掘时，地层中发现大量炭屑，长径一般在4—8毫米之间，大致可分为3层，分布在上下3米的界线内，有的较集中，呈鸡窝状，炭屑常与哺乳动物化石伴生。这表明元谋人在当时已学会用火了，元谋人亦是目前所知最早的用火人。

4. 元谋人遗址出土的哺乳动物化石十分丰富，其中以草原动物为主，啮齿类动物也较多，含典型的早更新世云南马、象化石等，而食肉类动物化石则相对较少。这些情况反映出元谋人所生存的环境是暖温带针阔混交林和草地，气候温暖偏干，河谷开阔，水草丰茂，动物繁盛。

价值评估

1. 人类起源研究是马克思主义辩证唯物主义世界观的自然基础科学不可或缺的重要组成部分。距今170万年前元谋直立人牙齿化石的发现，提供了比北京人、蓝田人更早、更原始的人类遗骸，为"从猿到人"的观点提供了重要依据，在马克思主义基础理论研究方面具有重要价值。

2. 在遗址中还发现少量旧石器、大量炭屑哺乳动物化石，这就说明这里很早就有人类，不仅能制造简单的工具，而且还能使用火烧肉吃。按照马克思主义观点，能制造工具和使用火来支配自然力，这是人区别于动物的根本标志。所以元谋猿人遗址的发现，不但对研究人类的起源和人类社会的发展有深远的意义，而且对伟大的马克思主义的辩证唯物主义和历史唯物主义的科学原理提供了有力的佐证。同时证明中国是世界上人类起源和发展最早的国家之一。

3. 元谋人遗址的发现，具有重大的历史意义和科研价值，中国及一些国家已将此发现写进了教科书。我国中学历史课本的第一课，讲述的就是元谋猿人。元谋人遗址证明云南高原是人类早期活动的重要地区之一，对于研究猿人化石的地理分布、体质形态演变等方面具有重要意义。

4. 元谋组地层已成为中国南方标准的第四纪（更新世）地层，科学工作者通过调查，将厚达673.6米的连续沉积的地层分为4段28层，其中元谋人遗址所在的牛角包、郭家包梁子一带的地层是厚达122米（22—14层），属第四段标准地层。不仅对研究人类起源有着重大意义，而且对研究我国第四纪地质的划分也有重大科学价值。

5. 元谋人遗址对于全球环境变化、古人类及其文化遗存、第四纪地质、地貌、古生物化石、新构造运动、地震地质及青藏高原隆升等方面的研究都具有极其重要的意义。中国著名考古学家、中国科学院院士吴新智教授在"元谋人化石发现40周年纪念会暨古人类国际学术研讨会"上说："元谋这块古人类学、古生物学、考古学的热土上不断涌现出了许多与研究人类起源和进化有关的新化石，具有较高的科研价值。"

6. 几十年来，"元谋人"的故乡吸引着中国和世界古人类学家纷纷来这里考察研究，围绕"元谋人"开展了多学科的综合研究。众多古人类学家、古生物学家、考古学家把目光聚集元谋，探访元谋，发表了大量论文，研究出了众多科研成果。

（五）陕西蓝田人遗址（约115万年前）

陕西蓝田人遗址属旧石器时代，位于西安市东南蓝田县公王岭和陈家窝两地。1963年在陈家窝村厚30米的红色土层底部发现了一个老年女性的下颌骨化石和牙齿10余枚；1964年5月，又在蓝田县城东20公里的公王岭红土层底部的钙质结核土中，发现了一个基本完好的中年女性头骨化石和一批古生物化石、旧石器等。两者因都属蓝田，又是亚洲人种，按照国际科学命名惯例，定名为直立人蓝田亚种，我们通常把她称为"蓝田猿人"或"蓝田人"。公王岭发现的中年女性头骨化石，原公布认为是距今约69万年前到95万年前，但是1987年重新测定后认为是距今110万年前到115万年前。考古学家因而把蓝田人分类为"早期直立人"。她是目前亚洲北部所发现的最古老的直立人之一。

遗址简介

蓝田人是1963年和1964年分别在陕西蓝田县的陈家窝和公王岭发现的。公王岭在蓝田县城东南17公里，是一个小土岗，前临灞河，后依秦岭。登上公王岭，即发现厚约30米的砾石层，上面覆盖着厚约30米的"红色土"。红色土的下部夹有两层埋藏土，就在这两层埋藏上之间发现了一个比较完整的人头盖骨和三枚牙齿化石，还有石器和许多动物化石。在陈家窝则发现了一个比较完整的下颌骨化石。

1965年5月31日我国科学界在北京举行蓝田猿人报告会，中国科学院院长郭沫若在报告中说："蓝田猿人头盖骨的发现，是我国科学家对研究人类起源的又一重大贡献。""蓝田人"被国际考古界誉为"20世纪60年代世界考古史上的重大发现"。1982年被国务院公布为"第二批全国重点文物保护单位"。

重要发现

1. 蓝田人属我国早期人类化石。公王岭的蓝田人化石有头盖骨、鼻骨、右上颌骨和三颗臼齿，同属于一个成年人，可能是女性。头盖骨低平、较宽，眉骨粗壮隆起，骨壁较厚，眼眶略方，嘴部前伸，吻部向前突出，颅内耳高71毫米，脑容量为778.4毫升，基本与印度尼西亚爪哇人的775—900毫升相当。表现出较为原始的形态。1929年在北京周口店发现的猿人头盖骨，已在新中国成立前下落不明，且年代要远比"蓝田人"晚得多。猿人头盖骨是研究人类起源的极为珍贵的资料。这是我国现有的唯一的早期猿人头盖骨。陈家窝的蓝田人化石有下颌骨，属于一个老年女性。年代要比公王岭头盖骨化石晚得多。

2. 在"蓝田人"遗址发现的石制品有34件。原料主要是石英岩和脉石英，有石核、石片和石器。石器种类有大尖状器、大型多边砍斫器、中小型多边砍斫器和单边砍斫器，还有刮削器和石球等。加工技术粗糙，有单面加工和交互加工者。器形多不规整，对原料的利用率也较低，表明当时的石器制作技术仍具有一定的原始性。石器器形有砍斫器、刮削器、太三棱尖状器、小尖状器和石球等，多用石片加工而成，也有由石核制成者（如石球等）。砍斫器分单面刃和双面刃两种，刮削器则多为单面加工，即从劈裂面向背面加工而成。这些工具制作粗糙，多不经第二步加工即行使用。

3. 公王岭还出土了40余种动物化石，而最引人注目的这些动物化石中具有强烈的南方色彩，如剑齿象、大熊猫、爪兽、毛冠鹿、水鹿等。这说明蓝田猿人所生活的秦岭北麓，在当时气候温暖、湿润，植被繁茂，林木丛生，很适合于原始人类繁衍和生息。

价值评估

1. 根据人类学家的分类，大体上将人类进化过程划分为四个阶段：早期猿人、晚期猿人、早期智人和晚期智人。蓝田猿人属晚期猿人。公王岭猿人头盖骨的发现，具有重大的学术价值。它扩大了已知的中国猿人的分布范围，增加了世界猿人化石的分布点，对探索和考察人类起源具有重大意义。公王岭猿人头盖骨经进行室内修复，复原出一个完整的猿人头骨化石。

2. 公王岭猿人头盖骨距今115万年左右，其地质年代为中更新世早期，或早更新世晚期。陈家窝下颌骨化石距今60万年左右，属中更新世中期。两者都在陕西蓝田被发现，这间接证明古人类在陕西蓝田地域生活年代持续之久远。

3. 考古学家研究表明，蓝田人比后来的北京人大脑容量要小一些，大约有778毫升。但是有一点却引起了人们的关注，那就是他们已经能完全直立行走，而且这是已发现的亚洲北部最早的直立人。这个发现的意义十分重大，因为直立起来，是成为人的重要标志。

4. 公王岭动物群最引人注目的地方，是它具有强烈的南方色彩，如其中的大熊猫、东方剑齿象、华南巨貘、中国貘、毛冠鹿和秦岭苏门羚等，都是华南及南亚更新世动物群的主要成员。公王岭动物群中存在着这么多的南方森林性动物，一方面表明当时蓝田一带气候温暖、湿润，林木茂盛；另一方面也表明那时的秦岭不像今天这么高，还未隆起成为妨碍南北动物迁移的地理屏障。陈家窝与公王岭不同,缺少带有强烈南方色彩的哺乳动物。软体动物也基本上都是现代生活于华北的种类。有的学者认为,两个地点的直线距离只有22公里,动物群却存在如此大的差别,这也反映出了时代的不一致。

(六)百万年至1万年前的主要遗址

目前,我国发现的距今百万年至1万年前的人类遗址有2000多处。其中,100万—50万年前的遗址主要有湖北郧县人、北京人、南京汤山人、广西百色人、贵州黔西观音洞人等。50万—20万年前的直立人主要有安徽和县人、贵州水城人、鄂西古封村人、福建三明人等。20万—5万年前的早期智人主要有湖北长阳人、贵州桐梓人、水城人、盘县大洞人、山西丁村人、许家窑人、陕西大荔人、安徽巢县人、河南许昌人、辽宁金牛人等。而5万—1万年前的晚期智人则更多,主要有北京周口店的山顶洞人、广西柳江人、四川资阳人、汉源富林人、山西峙峪人、内蒙河套人、山东新泰人、辽宁建平人、云南呈贡人、龙潭山人、西畴人、贵州兴义人、普定穿山洞人、桐梓马鞍山人、六枝桃花洞人、白岩脚洞人、安龙观音洞人、福洞人、长顺青龙洞人、河北虎头梁人、东北海城小孤山人、哈尔滨阎家岗人、吉林延吉安图人、湖北房山樟脑洞人、江苏大贤庄人、广西桂林宝积岩人、柳州白莲洞人重庆巫山河梁人、台湾左镇人、长滨人等等。这些古人类遗址提供了现代人多地区起源说和中国人类连续演化的证据。我们仅选择几处遗址加以研究介绍:

郧县人化石。1975年,在湖北郧县发现古人类牙齿化石。1989年发现一具人类头骨化石。1990年又发现一具头骨化石。两具头骨化石都保存了完整的脑颅和基本完整的面颅,第二具更为完整。根据头骨特征,属于直立人类型,定名为"郧县直立人",简称郧县人。根据古地磁法测定,化石大致距今80万年至90万年。1990年以来的多次发掘,在其文化层共出土石核、石片、砍砸器、刮削器、石锤等石器241件以及大量打击碎片和带有打击痕迹的砾石,并出土似手斧的两面器。与人类化石伴生有丰富的哺乳动物化石,而且头骨、下颌骨完整者数量之大是其他遗址不多见的。郧县人化石及其文化的发现,对人类进化研究具有重要科学价值。郧县人化石体质上显示出许多早期智人的特征,对直立人与早期智人的发展关系以及南北文化关系的研究,提供了重要的实物资料。

北京人化石。北京人遗址位于北京市房山区周口店龙骨山,距北京城约50公里。1929年中国古生物学家裴文中在此发现原始人类牙齿、骨骼和一块完整的头盖骨。后来,考古学家在这里共发掘出北京猿人化石共出土头盖骨6具、头骨碎片12件、下颌骨15件、牙齿157枚及断裂的股骨、胫骨等,分属40多个男女老幼个体。发现10万件石器材料及用火的灰烬遗址和烧石、烧骨等。"北京人"文化早期从距今60多万年到距今40多万年前,中期为距今40—30万年,晚期为距今30到20多万年前。这一发现奠定了这一遗址在全世界古人类学研究中特殊的不可替代的地位。周口店遗址是世界上迄今为止人类化石材料最丰富、最生动、植物化石门类最齐全、而又研究最深入的古人类遗址。联合国教科文组织世界遗产委员会1987年12月批准周口店北京猿人遗址为世界文化遗产。

贵州观音洞人。贵州黔西观音洞人是我国南方最典型的旧石器时代早期文化遗址。距今60~50万年[①]。也有的学者认为距今24万年以前。裴文中认为,黔西观音洞文化遗址是"我国最重要的旧石器时代早期文化遗址之一"。白寿彝为总主编的《中国通史》第二

[①] 刘庆柱:《史前考古发现与研究》,载《光明日报》,2000年1月7日。

卷指出："在我国南方，属于更新世中期的遗址首推贵州黔西观音洞。"在与全国同期文化遗址进行了比较之后，又特别指出："黔西观音洞石器，加工之细致和方法之多样，为同期各地石器之冠。"人们在谈论中国旧石器时代早期文化遗址时，常说"北有周口店，南有观音洞"。

山西丁村人。1954年发现于汾河中游沿岸的襄汾县丁村，距今20万年。当时，发现有一个十二三岁小孩的3颗牙齿化石及大批的旧石器和脊椎动物化石。1976年又发现一块两岁幼儿的右顶骨化石。丁村人的牙齿比北京人的细小，门齿呈产形，这是黄种人的体质特征，表明他们是介于北京人和现代人之间的黄种人的直接祖先。当时，丁村一带，气候温暖，草木繁茂，丁村人在这样的环境里从事渔猎和采集，他们改进了劳动工具，用富有特色的大三棱尖状器挖掘植物的块根，把系着石球的飞索抛出去，缠住野兽的四肢，用兽筋或藤条把锋利的石器绑在木棍上，投掷出去，刺杀野兽。丁村遗址是中国旧石器考古的重大发现，由于它对研究旧石器中期的古人生活具有典型意义，一直受到考古学界的高度重视。

内蒙河套人。1922年在内蒙古自治区伊克昭萌乌审旗萨拉乌苏河河岸砂层中发现。所发现的化石有左上侧门齿一枚，齿的大小与现代人相似，齿冠结构具有原始特征。1956年在该区域又发现顶骨化石一块和股骨一段。河套人的体质特征接近于现代人，在人类的进化阶段属晚期智人。到目前为止，河套人文化遗址共发现人类化石、石器380多件，还有大量的更新世晚期的哺乳动物化石及鸟类化石。经古人类学家的研究，得出了这是3.5年以前生活在鄂尔多斯的古人类化石的科学结论。

台湾长滨人。1968年3月，由台湾大学地质学系林朝荣教授调查台东县长滨乡八仙洞海蚀洞穴时发现。后经挖掘，出土一大批石器、石片、骨角器、鱼骨、兽骨、粮食残渣等3000多个器物。经鉴定，确认此处为台湾首次发现最古老的文化层，即旧石器文化层。长滨文化属于典型的砾石器文化，是经由中国华南传进台湾的。以碳十四测定，长滨文化远溯到1.5万年前。此文化证明，在更新世末期前，台湾与大陆连接时，台湾就已成为大陆旧石器晚期人类的活动场所。台湾和大陆原始文化的联系，至少可追溯到1.5万年以前。

小　结

古人类遗址见证和记载着人类的发展历程，是研究人类起源的重要标本。中华民族，超百万年的文化根系。考古证明，中国人类进化基本自成体系。当前，人类进化主要存在两种假说：一种根据遗传学研究结果以及非洲的古人类化石与考古学材料，认为现代人都起源于大约15万至20万年的非洲，在大约10万年前扩展到世界各地，经中东地区抵达欧洲和亚洲，并取代了当地的古人类。这被称为"非洲单一起源说"。另一种根据东亚以及旧大陆各地发现的古人类化石和旧石器文化材料，认为世界各地的现代人类的直接祖先应是各地区当地的古人类，在其进化过程中或许曾接受相邻地区的基因贡献，但本土连续演化是主流。这被称为"多地区进化说"。中国的考古发现，有约300万年前的人类文化遗址，古人类化石有200多万年前的巫山人、湖北建始人、170多万年前的元谋人、115万年前的蓝田人、50万年前的北京人、35万年前的南京人、30万年前的和县人、20万年前的丁村人，十几万年前的长阳智人、3.5年万前的河套人、2万多年前的山顶洞人等一系列的古人类遗迹。时间跨度从200万年到1万多年的化石证据都没有间断过，从原始人类到现代人类的演化进展是连续的。中国古人类学家吴新智院士根据我国考古发现的人类化石，提出中国人类进化以本地连续为主,并与世界其他地区有过基因交流。"连续进化,附带杂交",前者为主要趋势,后者与时俱增。[①] 总之,中国的考古发现,有力地支持了"多地区进化说"。随着时间的推移,相信中国大地还会不断有新的考古发现,还会给我们不断带来新的惊喜。

【作者简介】

石朝江,贵州省社会科学院原副院长、原巡视员,研究员,享受国务院特殊津贴专家,贵州省省管专家、贵州省政协委员、贵州省人民政府第三届学科评议组成员。研究方向为哲学和民族学。主要研究成果:专著《中国苗学》、《中国苗族哲学社会思想史》、《世界苗族迁徙史》、《苗学通论》、《中国史前史读本》等;合著《战争与苗族》(第一作者)、《贵州就业与再就业研究》(第一作者)、《苗族文化研究》(第二作者)、《布依族文化研究》(第二作者)等;主编《贵州省社会科学院院史》、《贵州特色文化研究(卷1)》等;发表学术论文、调研报告300余篇,其中在权威和核心期刊发表12篇;主持国家社科基金课题《中国苗族哲学社会思想史》、《世界苗族迁徙史》、《中国史籍所载有关苗族史料及其整理研究》,贵州省省长资金课题《贵州就业与再就业研究》、《贵州建设避暑旅游大省研究》,贵州高层次人才科研特助经费项目《中国史前史读本》,贵州社科基金课题《中国苗学》,贵州"十一五"规划前期重点课题《我省"十一五"如何解决城乡就业的思路与对策研究》等。成果获奖:《中国苗族哲学社会思想史》获全国第五届吴玉章人文社会科学优秀成果奖,《世界苗族迁徙史》获贵州省第七届社科优秀成果一等奖,《中国苗学》获贵州省第五届社科优秀成果二等奖,《苗学通论》获贵州省第八届社科优秀成果二等奖,《论苗族家庭的类型与发展》获贵州省首届"五个一工程"奖等。

---

① 参见刘庆柱主编:《中国考古发现与研究》,人民出版社,2010年。

中国社会科学科研成果的创新问题

——基于国家社会科学科研成果鉴定分析

胡晓登

创新,是以新思维、新发明和新描述为特征的一种概念化过程。创新一词起源于拉丁语,其原本意思是改变、更新、创造新的东西。人类社会从低级到高级、从简单到复杂、从原始到现代的进化历程和经济社会生活的一切方面,就是一个不断创新的过程。勇于探索,善于创新,有所创新,是社会科学科研成果质量的重要标准。

一、原始创新匮乏——中国社会科学科研成果的最大不足

(一)"掌声背后的遗憾"

2011年1月14日,中共中央、国务院在北京隆重举行国家科学技术奖励大会,中国科学院金属研究所名誉所长、著名材料科学家师昌绪,中国工程院院士、著名血液学专家王振义获得2010年度国家最高科学技术奖。

但是,正像中央电视台等全国媒体纷纷发出"正视掌声背后的遗憾"的评论并指出:象征我国科研领域原始创新能力的国家自然科学奖一等奖再次空缺,这是自2000年以来11年中该奖项第7次无人问鼎,令人遗憾。

根据《国家科学技术奖励条例》规定,国家自然科学奖要授予在基础研究和应用基础研究中做出重大科学发现的公民,这些重大科学发明必须符合前人尚未发现或者尚未阐明、具有重大科学价值、得到国内外自然科学界公认等三大标准。11年中国家自然科学奖一等奖7次空缺,反映了我国科技基础研究和应用基础研究领域重大原创性成就不多的缺失。

科学技术奖与以原始创新为最重要价值取向的自然科学奖的最主要区别在于,科学技术奖主要是在原始创新的基础上的应用、发展、开创等非原理性、非机理性、非基础性工作。

据对2010年度国家最高科学技术奖得主师昌绪的介绍:师昌绪是中国高温合金开拓者之一,发展了中国第一个铁基高温合金,领导开发我国第一代空心气冷铸造镍基高温合金涡轮叶片,可用作耐热、低温材料和无磁铁锰铝系奥氏体钢等,具有开创性。王振义的主要贡献是让癌细胞"改邪归正"。他成功实现了将恶性细胞改造为良性细胞的白血病临床治疗新策略,奠定了诱导分化理论的临床基础;确立了治疗急性早幼粒细胞白血病(APL)的"上海方案",阐明了其遗传学基础与分子机制,树立了基础与临床结合的成功典范;建立了我国血栓与止血的临床应用研究体系。

原始性创新是指前所未有的重大科学发现和原理性创新成果。原始性创新意味着在基

础研究和高技术研究领域取得独有的发现或发明。原始性创新是最根本的创新，是最能体现人类最高智慧的创新。

然而，通过这些简短介绍可见，两位国家最高科学技术奖得主的主要贡献事迹中的关键词主要是"开拓"、"发展"、"开创"、"改造"、"策略"、"方案"、"结合"、"应用"等等。这些关键词都是建立在他人的原创性元素基础上的：相关的原创性元素即"涡轮"、"细胞"、"分子"、"遗传学"等等。可见中国人在基础性、原理性、原始创造性能力和成果方面极为匮乏——所以至今与以"创新"为核心取向的诺贝尔奖无缘。

（二）"底色"性创新力匮乏

哲学社会科学的创新性和创新能力是一个国家和民族创新能力的基础。近年来，党中央提出建立"创新型国家"的战略目标。这是基于中国自主创新能力严重不足，自主知识产权很少，经济和科技竞争力低下的现实提出的针对性方略。

应当高度注意的是，"创新型国家"建设绝对不应当仅仅局限于"科技创新"。哲学社会科学是关于人的思维方式的科学，是关于价值观、宇宙观和对事物的基本态度的科学，是对一切人起着潜移默化的"底色"性的科学——科技人员自然包括其中。科技人员首先是作为"人"而不是作为"科学家"而存在的。科技人员的基本思维方式如果仍然陷于"扎堆"、统一、规范、划一、一律、整齐、缺乏个性的窠臼之中，科技创新必然失去其基础。因此，"创新"必须包括哲学社会科学创新，科技创新只能以哲学社会科学创新为基础，"创新型国家"的理论和逻辑起点必须是哲学社会科学创新。

创新是科学研究的生命力，是一项研究成果的亮点——哪怕只有一点。一些成果全文均是耳熟能详的一般性观点，以介绍和叙述为主，缺乏自己独立的思考，从理论到对策全然没有提出自己的新看法和新见解。

然而，中国人文社会科学研究领域大多仅限于"引进、吸收、消化"，至多是"组装"，基础理论创新、基本原理创新严重短缺。以笔者总结分析的国家社会科学科研成果质量为例。笔者归纳整理国家哲学社会科学规划办公室公布的成果质量报告中，涉及国家社会科学基金成果289项，笔者鉴定的国家社会科学基金成果25项，加上笔者"被"鉴定的8项，共计322项国家社会科学基金成果中，几乎完全缺乏原始创新。在笔者鉴定总结的国家社会科学基金项目成果基础类研究优秀成果十大主要优点之首的"创新性较强"一栏中，主要包括研究对象创新，主要概念创新，研究视角创新，研究内容创新，研究方法创新，拓展研究创新，对策建议创新，观点结论创新等八个方面。这些创新的重要共同特征是均不属于原始创新。例如"主要概念创新"中，《基于非形式逻辑的法律论证研究》主要是把法律论证研究与非形式逻辑、人工智能逻辑、语用论辩理论和博弈理论结合在一起，提出了"诉讼论证博弈"等新概念。其关键词依然主要是"结合"，而这些被"结合"在一起的原始要素——逻辑、人工智能、博弈理论等全部都是"舶来"品，都不是中国人自己的东西。在研究方法创新方面，《现代性的维度及其当代命运》抓住了现代性研究文化视阈中值得反思的重点问题，提出系统的现代性文化反思的理论观点和思想，多角度、多层次地对现代性理论的预设、制度性维度、精神性维度及内在张力结构作了创新性解读，从而具有一定创新性。然而，这也不过是对"舶来"的"制度性维度"、"精神性维度"这些原理和概念进行"新的解读"，仅此而已。

本文所涉及的322份国家社会科学科研成果（其中也包括笔者鉴定的25份和"被"鉴

定的 8 份）、49 份省部级社会科学科研成果（包括笔者"被"鉴定的 11 份）、49 份博士、硕士学位论文，共计 420 份不同层级的社会科学研究成果中，没有一例有原始创新或者至少有原始创新的痕迹。在笔者鉴定评审的我国社会科学研究领域层次最高、权威性最强、要求最高的研究项目，代表着我国哲学社会科学的方向和水平的 25 项国家社会科学科研成果中，"创新"是最弱之处。例如其中所列举的《中国西部所有制结构调整：初始条件、所有制结构调整速度与区域经济非均衡增长的实证研究》。鉴定意见写道：该成果将新制度经济学"初始条件、制度变迁与经济增长"的理论框架和分析方法应用在区域经济增长方面，通过区域初始条件和制度创新的差异揭示区域经济非均衡增长的因素关系，对新制度经济学的应用有一定开拓性。成果对初始条件、体制变迁和区域经济增长之间的关系，用现代经济学的定量方法进行实证检验，在相关研究方面具有领先和创新意义。然而，新制度经济学、区域经济、现代经济学等这些元素性理论和学科无一例外全部是"舶来"品，该成果不过是将其"组合"在一起使用，但是这在中国社会科学科研成果中来看就已经是"创新"了。

在这些社会科学研究成果中，"了解"国外理论，正确理解其原意，不出大错地应用在研究中就已经可以冠以"理论功底扎实"、"理论运用科学合理"、"学术价值重要"、"研究方法科学"等等加以肯定了。至于"提出新的学说或系统理论"一类则是不能够有所奢望的。

在笔者鉴定的 25 份国家社会科学基金项目成果中，只有两项成果有所新意，但均不是原始创新。其余绝大多数都不同程度存在缺乏创新问题。例如《西北内陆城镇密集区发展演化机制与空间整合——以兰州－西宁都市区为例》。成果介绍和运用了许多国外的理论和观点，提出了许多有一定决策参考价值的策略建议。但是总体上看，突破和创新之处不多。例如第九章论述"兰州－西宁城镇密集区整合对策与效应"，其中提出的"开发联动的区域理念"、"编制区域规划"、"共建交通网络"、"共治生态污染"等等，皆是耳熟能详的通常提法和观点。其他对策如"加快产业整合，打造优势产业基地"等也无什么新意。

《全面建设小康社会与加快少数民族地区经济社会发展》成果没有针对全面建设小康社会与少数民族地区经济社会发展实际提出新思路、新对策。思路观点都是耳熟能详的一般提法，已经有了大量深入研究，该成果并未有所创新或突破。

《统筹区域协调发展新举措研究——"泛珠三角"区域合作耗散结构论分析》运用耗散结构的分析工具和方法论进行研究，应当主要深入研究"泛珠三角"区域内行政省区的孤立性和封闭性如何向开放系统的演化，探讨这种演化的规律、障碍、问题和更重要的对策政策。但是该成果未能提出有分量有价值的新观点、新结论。

《面向小康社会的西部农村劳动力转移路径研究》缺乏独立的学术见解，创新性不够，亮点不突出。成果在西部农村劳动力转移的路径模式、制度选择、产业结构升级以及城镇化发展等方面见解平平，缺乏突破和创新。各个部分所提出的必要性、原则、战略方向等均是耳熟能详的观点和一般化表述。

《对贵州省 50 个国家级贫困县打工经济的调查研究及对策建议》成果从概念、方法、理论运用到对策建议总体上显得平淡而缺乏新意。成果全部七章的各个部分都是耳熟能详的情况、预测、问题、建议，缺乏独立见解，没有提出有新意的观点、结论、概念。

《农村剩余劳动力转移的效应、机制与对策研究》总体上看缺乏新意，理论辨析、方法引用、主要观点、对策研究等方面都没有什么突破和创新。总体上是一本较为完整和系统的教材，但不是一份有新意的研究成果。

《新阶段农村劳动力转移的制度创新研究——基于川黔渝地区的调查分析》成果从研究范式到研究方法，从篇章结构到学术规范，几乎无可挑剔。但是，的确存在着僵硬地搬用国外相关理论解释中国经济社会现实、缺乏以社会现实为基础的对相关理论的检验、不敢进行理论突破和哪怕尝试性创新问题。正因为这种经院式研究"陷阱"，该成果在对策部分，即新阶段农村劳动力转移制度创新模型的构建与分析中，所提的思路、观点、政策对策几乎也具有耳熟能详、缺乏新意和突破的特点。

(三) 充斥着"引进"、"模仿"、"克隆"的现实生活

在我们的现实生活的各个方面，到处充斥的也主要是"引进"、"模仿"、"克隆"。在学术界，能够梳理清楚、叙述完整、引用注明就已经算是"国内外理论掌握充分"和讲求"学术规范"了。"学术腐败"的盛行，明目张胆的抄袭、克隆几乎无处不在（笔者每每从社会科学研究成果和研究生论文中肉眼搜索出大量直接用剪刀+浆糊的部分）更是将国人的"创新"能力打了负分。真所谓"天下文章一大抄"。

在以"前卫"、"时尚"、"潮"、"新"为特征的媒体界，几乎所有稍微有点新意、有些"雷人"的节目大都可以在国外找到原型——从智力测试到做饭炒菜节目。那些号称"个性"、"创新"的中国的明星大腕们也不乏屡屡涉嫌"抄袭门"。刚刚上演、正在"热播"、"站着也挣钱"的《让子弹飞》被爆其海报涉嫌"抄袭"，与国外电影海报非常"神似"，与好莱坞影片《越狱》的海报设计如出一辙，创意雷同。网友发现，国产的《午夜心跳》、《决战刹马镇》、《未来警察》等都很像一些国外电影海报的"中国版"。网友们感叹："难道我们的创意真的如此匮乏，非要抄袭好莱坞的海报吗"？随着韩剧《我的野蛮女友》热播，国内影视界《我的野蛮婆婆》一类冠以"我的野蛮××"的影视剧雨后春笋般冒了出来。近来，中国电视台盛行"相亲"节目。随着某某电视台相亲节目的蹿红，其他电视台毫无新意地跟进。一时间，《非诚勿扰》、《为爱向前冲》、《我们相亲吧》、《相亲连连看》、《相亲齐上阵》、《周日我最大》等，几乎毫无改动、至多变换一下男女嘉宾位置就毫无"糗"意、愧意地粉墨登场。诸如此类的"复制"、"抄袭"、"模仿"、"克隆"俯拾即是，充斥全社会各行各业、各色人等。

二、原始创新力低下分析

(一) 原始创新力低下的东方现象

笔者曾在另一部社会科学方法论著作中写道：时至今日，环顾这个世界，看看我们的实际生活，从能源、运输工具、科学技术、通讯手段、钢铁塑料玻璃等等生产资料，到机器、钟表、汽车、手机、电视、电话几乎所有现代生活材料，大到航天飞机，小到西装领带，从市场经济体制到人本的价值观，从工业经济社会向知识经济时代的迈进……这一切，都源于欧洲文明，这一切，均与中国人和整个东方社会无关！[①]

工业文明对于东方各国都是"舶来"的甚至"强加"的，而没有从东方社会的任何一个国家民族中自发产生。即便自诩为"亚洲垃圾堆中的玻璃钢大厦"的日本，也不例外。

[①] 胡晓登：《锤炼竞争力——社会科学研究选题.设计.研究的实证分析》，光明日报出版社，2007年，第72—73页。

这个雄踞世界二号经济强国数十年的国家，不过是个惟妙惟肖的模仿者而绝不是创造者。纵横全球的Panasonic和"有路就有丰田车"的物质强大，并不能掩饰其作为一种附属性文明、从属性文明和二流文明的本质及其由此而生的那种沮丧、悲哀、自卑甚至恐惧。用那位伟大的哲人黑格尔的话来概括："东方的历史停滞了。"

日本，这个高度发达的国家民族，是一个以"临摹"和"克隆"起家并以此为长项的民族，但也是最没有创造力的民族之一。近现代世界人类社会生产生活的一切基本要素的发现、发明和创造都与日本人没什么关系——从它的《宪法》到支柱产业汽车、冰箱、彩电等等都是"舶来品"。笔者曾对此进行过仔细考察：日本人可以将"临摹"和"克隆"的东西发挥到极致，但是原创性极端匮乏。笔者在日本留学期间，曾经仔细观察过这个工业强国的细微之处。在工业品无论在质量还是功能上都高居全球之首的日本，当代最大的"发明"大约只有"卡拉OK"和"自动贩卖机"——这是日本人自己认可的。但是，深究其里，可以发现这两大"发明"的基本元素——扩音原理、电视视频、机械及原理，基本原材料——电力、麦克风、自动装置、易拉罐等等，这些都不是日本人发明创造的，不过是玩了一把"组合"而已。当年笔者在日本留学时看到有媒体报道，日本人自己大感不解并惊呼：日本的经济实力仅次于美国，国民人均实际收入常常超过美国，但是诺贝尔奖获得者不及美国的零头！

（二）创新力匮乏的基本原因再探索

关于创新力匮乏的基本原因，大约有这样一些常见解释：（一）原始积累不足。基础研究是创新的过程，更是历史的积累过程，是一种累积的知识传统。这种积累大致包括几个方面：一是国家科学能力基础积累；二是基础研究人才积累；三是学术传统积累；四是学术思想积累；五是个体的积累。（二）核心人物缺乏。核心人物是影响基础研究队伍整体实力的重要制约因素。核心人物缺乏难以形成以核心人物为中心的人才"链"。（三）创新氛围不宽松。创新需要为创新者提供跨学科自由、宽松的学术思想交流、碰撞以及竞争和合作兼容的环境，学术思想的交流是获取科学研究最新资料的重要方法，是科学发现的重要手段。缺乏创新氛围，不能为创新者提供跨学科自由、宽松的学术思想交流、碰撞以及竞争和合作兼容的环境，从而使创新失去获取科学研究最新资料的重要方法和重要手段。（四）缺乏激励机制。（五）缺少团队协作。（六）创新技巧不够。所谓创新技巧主要包括：善于发现矛盾，勇于挑战传统理论；独具创意；对事实敏锐的观察；前沿性、交叉性研究；对已有知识的科学整理与发掘；利用特殊的方法对自然或对理论进行检验等。（七）研究兴趣缺乏。

对上述诠释中的大部分，大多属于既不错也没多大用处的尝试性解释。用2010年最流行的词汇就是不"给力"。此外，还对其中有的原因持有异议。例如"缺少团队协作"、"以核心人物为中心的人才链"诸如此类的"集体主义"观念等。一个简单的事实是：从哥白尼、伽利略、牛顿、爱因斯坦到霍金，从《物种起源》到《资本论》，哪一个伟大的创新和重大发现是"交流、碰撞"的结果？有哪一项诺贝尔奖是奖励"团队"和"人才链"而不是奖给"个人"的？

基于这样一个基本事实和笔者对创新的理解，笔者认为创新力匮乏的根本性原因在于以下几大方面。

1. 人文条件的初始边界限制与抽象思维能力差异

原始创新、尤其是最重要的理论原创需要极高的抽象思维能力。抽象是从众多的事物中抽取出共同的、本质性的特征。抽象思维能力高低是东西方人的主要差别。这种差别源于东西方人文条件的初始边界限制。诚如马克思所说："不同的公社，在不同的环境中找到的产品不同，因而他们的生产方式、生活方式和文化也就不同"。这清楚地表明了马克思主义认为自然环境对人类社会的基本初始制约。有学者根据世界著名科技史学家、汉学家李约瑟博士在《中国科技史》巨著中对分析中国与西方科技差异得出了很有新意的结论：东方人的生产生活以大陆和土地为主，从而倾向于"因地制宜"的实用主义；西方人以海洋贸易为主，滋生了对大空间的经纬度、潮汐等规律性、抽象性的热衷。从而中国古代的大学者和"孔圣人"一类大都专注于"修身、齐家、治国、平天下"的实用主义研究，西方人从古希腊时代就专注于对世界"本源"一类的哲学命题和抽象思考，哲学是古希腊的第一"显学"。时至今日，这种擅长哲学思维的传统依旧。当代就有"每一个德国人都懂哲学"的说法。

良好的哲学修养和抽象思维能力强是西方人的基本思维特征。牛顿对苹果落地的规律性的热衷及抽象；马克思毕生没有进过工厂，没有"每一个毛孔都滴着肮脏的血"的工人生产生活实践和感受，完全凭借其天才的抽象思维能力写出了高度抽象的《资本论》；爱因斯坦一生没有做完过一次物理学实验，但是并不妨碍他在纯思维领域取得的伟大的理论物理学成就。21岁时不幸患上了使肌肉萎缩的卢伽雷氏症，从此被禁锢在轮椅上、因穿气管手术被彻底剥夺了说话功能的当代最重要的广义相对论和宇宙论家、被世人誉为"在世的最伟大的科学家"、"另一个爱因斯坦"、"宇宙之王"的霍金，完全凭抽象思维证明了黑洞的面积定理。但是值得注意的是：其获得的剑桥大学博士学位的学科是哲学。

2. 经济结构的差异与生产生活方式的基本制约

马克思唯物主义认为，物质是基础，物质的生产和再生产归根到底是起决定性作用的。正如恩格斯所言："人们只有在满足了吃、穿、住之后才谈得上从事哲学、艺术、宗教等"。

从比较经济史角度看，东西方经济结构存在很大差异。东方是以粮为主的单一种植型经济结构，以一年生草本作物如水稻、麦类、薯类、油菜等为主，西方则是农牧业混合型经济结构。

不同的经济结构产生相应的生产方式。东方一年生草本作物年年需要进行耕地、播种、田间管理、收割以及兴修水利、人工灌溉等等一系列繁重的体力劳动，终年不得休息。相比较之下，农牧业混合型经济依赖的牧草地、矮灌木丛等属多年生木本植物，劳动强度低；欧洲农牧业混合经济畜力丰富，肥料充裕，兼之主要油料和酿酒原料大都为油橄榄、葡萄等一类多年生木本植物，衣服原料多为羊毛和皮革，从而劳动强度不大。因此，在经济史上很早就有人注意到，牧场和葡萄园只需要很少的人工作。时至今日，依然如此：抛开机械化、自动化等等现代科学技术而言，以谷类尤其是以水稻种植为主的东方农民，仍然是世界上最为辛苦的农民。欧美以畜牧为主的经济结构和以肉为主的食物习惯，农民劳动强度很小，欧洲历史上一直有相当程度的分工协作——耕作者、放牧者、榨油者、酿酒者、烤面包者等等各有分工。

因此，欧洲人即便在古代庄园制时代也有更多的时间精力进行社交、从事科学、艺术、体育等提高修养和休闲娱乐活动。欧洲数十种民族，几乎都能歌善舞，艺术发达，生活情趣较高，人文素质也较高。而以粮为主的中国小农经济以草本作物种植为主，年年需要进行耕地种植收获等一系列重体力劳动,兼之中国的山脉大都呈横断走向,自然灾害频繁,每年非旱即涝,农民的辛劳举世罕见。从早到晚、终年劳作不得休息,没有精力、体力和时间从事各种哲学、艺术、宗教和提高人文素质的文化休闲娱乐活动。①

从人类近代科技史中可以清楚地看出,科学研究的每一项重大进步和发现发明都与物质资料状况紧密相关——有闲、有钱是科学研究的基本前提:欧洲科技史上有重大科研成就者几乎无一例外都是养尊处优的经院哲学教授或教士,例如哥白尼、伽利略、布鲁诺、牛顿等等。在文学领域,除了巴尔扎克等极少数例外,大多数创作出经典名著的大文学家都是贵族、大地主等衣食无忧阶层。例如普希金和托尔斯泰伯爵的富有,雨果和大小仲马均是巴黎上流社会有闲有钱阶级等等。诺贝尔奖设立以来,各项大奖得主没有一位是"房奴"或送"外卖"的穷人——有闲、有钱是创造的前提。

同时,这些人都不是逐利之人。从经济学界的亚当·斯密、马克思、凯恩斯到物理学天才的爱因斯坦、霍金等等都不是混迹取悦权势牟利之人。

利是创造的天敌。利字当头就会依附权力、谄媚权势、投机取巧、投其所好、见人说人话、见鬼说鬼话,还有什么与众不同、从而有创新创造可言?

3. 社会特征与历史痕迹

人,是历史的产物。诚如马克思所言:人们不能随意割断自己的历史。因此,任何真正有深度的研究和分析都不能缺少历史主义的厚度。

马克思主义认为:人,是一种社会关系。在一切社会关系中,制度是最重要和起决定性作用的社会关系。因此,在很大程度上,人是制度的产物。因此,对人的研究必须从对制度的研究开始。在人类社会的所有制度中,政治制度是最重要的、最具主导型和强制性的社会准则和规范。

因此,对东方政治制度的研究成了对东方人进行研究的必要基础。

"专制",是古代东方和中国社会的重要本质特征之一。马克思多次明确使用"东方专制制度"一词,并对此进行过透彻的分析。在《不列颠对印度的统治》中,马克思写道:"这些田园风味的农村公社不管初看起来怎样无害于人,却始终是东方专制制度的牢固基础"。② 马克思对东方专制制度解释道:"就像皇帝通常被尊为全国的君父一样,皇帝的每一个官吏也都在他所管辖的地区内被看做是这种父权的代表。"③马克思认为,东方专制制度的基础是土地所有制。马克思说:"如果不是私有土地的所有者,而像在亚洲那样,国家既作为土地所有者,同时又作为主权者而同直接生产者相对立,那么……国家就是最高的地主。在这里,主权就是在全国范围内集中的土地所有权。"④由于没有自由小农的小块土地私有制,亚细亚形态社会也就没有古希腊社会里的那种独立人格和公民意识。在马克思看来,财产形式乃是政权形式的基础,在东方的"财产形式下,单个的人从来不能成为所有者,而只不过是占有者,实质上他本身就是作为公社统一体的体现者的那个人的财产,即奴隶"。⑤ 因此,马克思认为亚细亚专制制度尽人皆是奴隶,亚细亚形态的社会是一种

---

① 北京大学中国经济研究中心的陈平教授早在近20年前就对此有过精当的研究和论述。
② 马克思恩格斯. 马克思恩格斯选集. 第三卷。北京:人民出版社,1972年,第67页。
③ 马克思恩格斯. 马克思恩格斯选集. 第二卷。北京:人民出版社,1972年,第2页。
④ 马克思恩格斯. 马克思恩格斯全集. 第25卷。北京:人民出版社,1972年,第891页。
⑤ 马克思恩格斯. 马克思恩格斯全集第46卷上册。北京:人民出版社,1972年,第493页。

普遍的奴隶制社会。在《资本论》等著作中，马克思明确地把亚细亚社会视作"普遍的奴隶制"。

不少西方学者将"专制"作为为东方文明的本质特征。"东方专制主义"的概念可以追溯到古希腊时代的大哲学家亚里士多德。马基雅维里在其名著《君主论》中写道："整个土耳其帝国是由一个主子统治的，其余的人都是他的臣仆；他把自己的王国分为若干'州'，派遣各种行政官员去治理它们，他可以随心所欲地调动或撤换他们。……他们都是臣服于他的奴隶或奴才。"孟德斯鸠对'东方专制主义'作出了成熟的理论概括。他以"专制"概念来描述整个中国的政治文化，将中国文明定位于专制主义政体，并且特别声称："中国是一个专制的国家，它的原则是恐怖。1758 年，在爱尔维修的著作《精神论》中，正式出现了"东方专制主义"这一概念，到 1761 年布朗热的《东方专制主义起源之研究》一书出版之后，此概念开始流行起来。德国大哲学家黑格尔对东方专制主义研究和论述最多。黑格尔关于东方社会普遍奴隶制的论述和观点对马克思后来的"亚细亚生产方式"理论和"普遍的奴隶制"概念的形成有着很大的影响。[①]

1957 年，作为一个曾经的马克思主义者、共产党员和德共中央委员的魏特夫出版的《东方专制主义》一书，在西方世界轰动一时，有人认为他的《东方专制主义》一书可以与马克思的《资本论》和韦伯的《经济与社会》相媲美。魏特夫认为，在专制社会中，国家要比社会"强而有力"。从组织力量看，由治水形成的国家组织档案管理，交通情报工作，军队警察等，使国家的专制的触角伸展到了社会的每一个角落。从经济上看，国家普遍而沉重的赋税使国家掌握了社会的经济命脉。相对而言，私人财产则毫无保证可言。这种"软弱的财产"随时都有被国家没收的危险。甚至于在治水国家中，宗教神权都要拜倒匍匐在专制王权的脚下。

人，是历史的产物，即历史"化"在人的身上；人，是制度的产物，即制度塑造了人。

作为"亚细亚生产方式"、"东方专制主义"和"普遍的奴隶制"下生产生活的人，必然有与古希腊城邦共和制和罗马共和国公民所不同的特征。亚里士多德就曾经注意到，在奴性方面，亚细亚的蛮人较欧罗巴的蛮人为甚。

马克思说过："小农人数众多，他们的生活条件相同，但是彼此之间并没有发生多种多样的关系。他们的生产方式不是使他们互相交往，而是使他们互相隔离。这种隔离状态由于法国的交通不便和农民的贫困而更为加强了。没有任何丰富的社会关系。每一个农户差不多都是自给自足的，都是直接生产自己的大部分消费品，因而他们取得生活资料多半是靠与自然交换，而不是靠与社会交往。一小块土地，一个农民和一个家庭；旁边是另一小块土地，另一个农民和另一个家庭。一批这样的单位形成一个村子；一批这样的村子形成一个省。"这样，"广大群众，便是由一些同名数相加形成的，好像一袋马铃薯是由一个个马铃薯所集成的那样。"[②] "它们使人的头脑局限在极小的范围内，成为迷信的驯服工具，成为传统规则的奴隶，表现不出任何伟大和历史的首创精神。我们不应该忘记那种不开化的人的利己性，他们把自己的全部注意力集中在一块小得可怜的土地上，静静地看着整个帝国的崩溃、各种难以形容的残暴行为和大城市居民的被屠杀，就像观看自然现象那样无

---

① 百度百科。
② 马克思：《路易·波拿巴的雾月十八日》，《马克思恩格斯选集》第一卷，人民出版社，1972 年，第 693 页。

动于衷";并且,由于"他们进行生产的地盘,即小块土地,不容许在耕作时进行任何分工,应用任何科学,因而也就没有任何多种多样的发展,没有任何不同的才能"。这种生产生活方式最终导致了一种"驯服工具"、"传统规则的奴隶"、没有"任何伟大和历史的首创精神"、"不开化的人的利己性"和"没有任何多种多样的发展"的内在而深刻、无处不在、历史性的精神和道德积淀。①

魏特夫在《东方专制主义》中写道:专制国家最喜欢的便是顺民,服从在专制国家看来是一种"美德",这种"美德"是通过纪律规训教育而来的,而在教育背后隐藏的就是权力。按照现代契约学说,公民是权利和义务的统一体。但在专制国家里,个人只承担义务而不享有权利,所以专制国家中只有臣民而没有公民。作为臣民,最重要的是跪拜。各种卑微的、屈辱的跪拜仪式是绝对屈从的重要象征。空间上封闭与时间上停滞,文化自大与文化守旧,在中国这种半野蛮的文明中,都是相互关联的。它表现出某种可怕的、死寂的单一性来。单一性的文化、单一性的政治,甚至连人的外貌与精神,都显出一种毫无变化的单一性,这种单一性是西方人注意到的中国的又一个"独一无二的东方性"。

麦都思认为:除了广阔的、封闭的领土,悠久的、凝固的历史外,中国形象的另一个重要的东方性特征,则是众多的人口。这些人在混乱、贫困、邪恶、暴政中生死,没有精神也没有个性,他们忍受同一种专制,恪守同一种传统,使用同一种语言,习俗甚至衣着都完全一样,这是与封闭、停滞相关的另一种单一性。麦都思说:"有关中国,没有什么主题比其人口的数量更能引起人们的争议与兴趣","中国的人口如此众多,几乎泛滥成灾"。但是,如此众多的人口,在社会文化各个方面,却表现出一种同一性来,他们服从同一个君主,遵从同一种文化,很少表现出个性的丰富来。"这么多人,不计其数,他们中有一种突出的道德特征,就是所有人的观念和行为基本相似。如果一个人研究了一个地方一个中国人的主要性格特征,他也就了解了所有人的性格特征。"②

莱维斯认为,中国人是没有个性的一群,中国文化中最缺乏的就是创造力与变化。单一性是中国文化的一大特征,封闭、停滞都是某种意义上的单一性。中国人固守传统,害怕任何变革③。

不管东方人从自尊心还是感情的角度对接受这些论述描写多么痛苦,也不管是刻意回避还是让这些语言淡出,我们还可以从历史学等学术角度提出许许多多反驳。然而,我们回避不了、反驳不了的是:当今世界的几乎所有重要文明的创造和发现都与东方人无关——在生产力领域,以纺织机的出现为发端、以操作机、运输动力机、控制机为顺序的工业革命以及当代的信息革命,在经济制度领域的市场体制,在政治领域的民主政体和"三权分立",以至于到奥运会的绝大多数竞技项目等等都是西方人、主要是欧洲人的创造和对人类的贡献。

因此,我们必须正视上述历史性特征及其对创造力的基本影响和制约。充分认识到缺乏个性、不敢张扬、唯唯诺诺、媚上欺下、四平八稳、圆滑世故均是创造之敌。

4."基因"复制与文化"底色"

宇宙中,规律是相通的——无论是无机界还是有机界、自然还是社会和人。自然界存

---

① 马克思:《不列颠在印度的统治》,《马克思恩格斯选集》第二卷。人民出版社,1972年,第67页。
② China: Its State and Prospects, By W. H. Medhurst, London: John Snow, 2b, Paternoster Row, 1838.
③ China and the Chinese, By the Rev. John L. Nevius, New York: Harper & Brothers, Publishers, 1869, P226.

在着重要的基因现象和基因规律,人类社会也同样存在着文化基因。基因(gene)是具有特定功能产物的遗传信息的基本单位,是生命的密码。基因记录和传递着遗传信息,是存在于细胞内有自体复制能力的遗传物质单位。基因通过复制把遗传信息传递给下一代,使后代出现与亲代相似的性状。基因生物体的生、长、病、老、死等一切生命现象都与基因有关。基因是决定人体健康的内在因素,与人类的健康密切相关。基因的形成是在远古时期的特殊环境下"原子"和"分子"的"稳定""组合"。忠实地复制自己,保持生物的基本特征,是基因的主要特点之一。

人类社会的文化基因是指相对于生物基因而言的非生物基因,主要指先天遗传和后天习得的,主动或被动,自觉与不自觉而置入人体内的最小信息单元和最小信息链路,主要表现为信念、习惯、价值观等。

人文条件的初始边界限制、经济结构的差异与生产生活方式的基本制约、文明特征与历史痕迹等等自然和社会的、历史和现实的、经济和政治的种种遗传信息的基本单位经过漫长的时间演化,铸就成了一种遗传密码,以很难以人的意志为转移的强制性力量将自己一代代顽强地复制出来。

数千年单一种植业自给性小农经济的生产方式,大一统的封建专制政治统治以及与之相适应的统死思想、封杀舆论的精神统治,典型的计划经济在计划到人的"胃"的同时也就必然"计划"了人的思想精神的这一系列历史链条,将中国人的精神思想的多元性和自主性限制到了最大程度。其结果,用家常话来说,中国人的思想太"扎堆"了——统一、规范、划一、一律、整齐、简单成了中国人的思维和精神特征。如此,创造力的弱化甚至泯灭就是必然的逻辑结果。[①]

尤其对于依附和寄生于体制的中国文人来讲,科举入仕的独木桥,"君君臣臣"的严格等级制度和"君要臣死臣不得不死"的绝对专制压迫以及典型计划经济体制下"不服从者不得食",迫使和锻造了中国文人唯唯诺诺、世故圆滑、左右逢源、八面玲珑、滴水不漏、人情练达、四处陪笑脸、夹着尾巴做人、看着脸色办事、凭着关系吃饭的生存态度和处世哲学。几千年下来,磨平了棱角、消失了尊严、泯灭了个性。绝对的服从绝对地导致人的个性的绝对泯灭。个性泯灭最大的恶果在于泯灭了人在自由、自主、多元基础上产生的创造力。[②]

更为需要正视的是:这种历史痕迹在不知不觉中成了一种"底色"——无论什么时代、也无论画什么画,"底色"总会像"基因"一样极为顽强地一代代复制出来。

五年前,当笔者在撰写《锤炼竞争力——社会科学研究选题、设计、研究的实证分析》一书时,正值北京奥运会筹办轰轰烈烈之际。最为国人关注的是当代中国最有"创意"的某位大导演作为北京奥运会开、闭幕式的导演将向世界展示怎样的精彩。著者当时就写到:不惜人力的人海战术、大规模、整齐、划一、团体操等一类中国"元素"将超越一切光电音响和现代科学技术成为开、闭幕式的"底色"。可惜不幸言中:兵团式"击缶"的规模宏大、整齐划一中似乎与西安"兵马俑"总是有某种联系。整个奥运会开、闭幕式的主干与朝鲜的"阿里郎"相去并不算远。

---

① 胡晓登:《锤炼竞争力——社会科学研究选题、设计、研究的实证分析》,光明日报出版社,2007年,第73页。
② 胡晓登:《锤炼竞争力——社会科学研究选题、设计、研究的实证分析》,光明日报出版社,2007年,第77页。

三、"以人为本"和"人的全面发展"
——培育创新力之道

创造力的基础是生产方式、生活方式的多元，前提是制度约束和精神思想约束的最小化，核心是自由——人身自由、活动自由、思想自由、精神自由、个性自由。自由才能无拘无束地产生多元的视角、批判的思维方式、差异的方法、冲突的思路、新颖的观点、纷繁的个性。"以人为本"的科学发展观为改造我们的文化基因中创造力不足的消极元素提供了史无前例的重要理念条件。世纪之交，"以人为本"的科学发展观在中国产生。这是具有伟大历史性意义的重大观念和价值转型。这种新的发展观念本质上是一种哲学观、一种价值观、一种基本理念。这个理念转型的伟大而深远、深刻的历史与现实意义，怎样高的评价都不过分。同时，党中央明确提出"人的全面发展"的观念。坚持"以人为本"和"人的全面发展"体现了马克思主义的基本观点。马克思设想，未来新社会是"以每个人的全面而自由的发展为基本原则的社会"。自由的精神发展和独立的人格发展是人的全面发展主要内涵。

中国传统政治和社会文化生态的最大恶果之一就是被管理者只有统一、规范、划一、一律、整齐、简单、呆板的人的"片面发展"。这种讲求控制、统一、服从、"螺丝钉"型的治理理念和制度导致了人的自主活动能力、人格的独立性、人的尊严、思想的自由、人的积极性、主动性、建立在思想自由和个性张扬基础上的创造性、对个人利益正当追求基础上的竞争性、进取心、甚至奇思怪想等等的泯灭。这种治理理念和治理制度不能为人的"全面而自由的发展"提供充分的宽容、肯定、支持、提倡、保护和满足，往往派生出来"一律"、"划一"、"服从"、"听话"、"本分"一类的人的片面发展。

从研究者培育自己的创造力角度来说，应当"以自己为本"和"个人的全面发展"为基本理念，必须高度警醒数千年封建专制统死思想、封杀舆论、扼杀个性的历史沉淀，深刻理解市场经济的人本性质，注重个性的张扬和思想精神的自由，充分尊重和挖掘作为人与生俱来的创造力，提高哲学社会科学研究的创新力。

四、科研创新途径

创新是一切科学研究最主要、最首位的价值取向，是科研成果质量的最重要评判指标之一。

这里归纳总结九种社科研究创新途径：理论创新，研究对象创新，主要概念创新，研究视角创新，研究内容创新，研究方法创新，拓展研究创新，对策建议创新，观点结论创新。

（一）理论创新

理论是指人们对自然、社会现象，经过演绎推理等方法，进行合乎逻辑的推论性总结。理论具有普遍性、抽象性、规律性的本质特征。理论创新是创新的最高层次。

《东西部区域利益协调与加快西部少数民族经济社会发展研究——以"西电东送"为典型实证》勇于探索，锐意创新，力图把国内外区域发展理论和我国东西部区域利益失衡的实际结合起来，以创立自己的理论和观点。该成果提出的"综合代价"和"区域利益"两个概念，对于评价普遍的西部民族地区经济开发有显著的测量价值和标杆作用，"综合代价"，应该是讨论或实施西部民族地区经济发展模式中必须关注的一个事实；同样，在讨论西部发展中，将"区域利益"亮底亮面地摆在桌面上，而不是含混地、笼统地一笔带过，这其实倒有益于事前协调涉事各方的分歧，平衡其利益，为社会和谐清除潜在的不利因素。这是两个有价值的研究"发现"。成果首次运用法定统计资料揭示了西部生态保护、矿产资源开发、电力资源开发与西部贫困少数民族地区的空间叠加等，也具有一定新意。其中，"人本区域发展理论"是本课题最重要、最有新意的理论探索。

《西部少数民族失地农民状况实证调研与方略对策研究》研究报告主题明确，框架合理，逻辑清晰，对策有操作性。是一个颇具创新意义的优秀之作。总的来看，该成果是一项较好的国家社会科学基金项目成果。该成果是一个颇具创新意义的优秀之作。

（二）研究对象创新

《中国共产党领导革命美术斗争的历史考察和经验研究》属党史·党建一般项目。该成果系统考察了中国共产党领导革命美术斗争的历史进程，充分肯定了革命美术斗争在中国革命中的历史地位，全面总结了中国共产党领导革命美术斗争的历史经验。鉴定专家认为，这项成果"拓展了中共党史和中国革命史的研究领域"，"具有填补学术空白的重要意义"。

《中国佛教思想史稿》属宗教学一般项目，共3卷225万字。该成果对佛教传入中国至近现代的2000多年的思想发展史进行了综合考察和论述，涉及中国佛教思想史上不同发展时期的重要代表人物、学派、宗派及提出的佛教命题、范畴和概念，分析和揭示了中国佛教思想演变的总过程。鉴定专家认为，该成果"是一部严格意义上的中国佛教思想通史著作，填补了学术界的一项研究空白"。

《中国古代广告史研究》在现有资料基础上厘清了中国古代广告发展的历史脉络，总结了中国古代广告发展的规律和特点。鉴定专家认为，该成果"具有较高的学术理论价值，从某种程度上来说填补了中国广告史研究的空白"。

《跨世纪的水电移民方略——西南水电资源开发中少数民族移民问题研究》项目成果属国内首次专门研究库区少数民族移民问题，填补国内研究空白。

《西部少数民族失地农民状况实证调研与方略对策研究》既有填补空白意义，又有很强的创新性。在社会转型中，失地农民的利益受损问题得到了学术界的关注，已有不少成果，但对西部少数民族失地农民的研究尚处于空白，本研究无疑是对这一研究空白的填补。

（三）主要概念创新

《构建我国刑事诉讼中的控辩平等》属法学一般项目，共50万字。该成果作为国内第一部系统、深入研究控辩平等的专著，不仅首次提出了"平等保护"与"平等合作"的概念，而且在构建和谐社会的背景下，赋予了控辩平等新的现代内涵。

《基于非形式逻辑的法律论证研究》属于当代逻辑学研究的前沿领域，成果将法律论证置于诉讼论证博弈框架下来讨论，开辟了一个法律逻辑或法律论证评价研究的新视角，在国内学者中首次把法律论证研究与非形式逻辑、人工智能逻辑、语用论辩理论和博弈理论结合在一起，提出了"诉讼论证"、"诉讼论证博弈"等新概念。

《加入WTO与西部落后地区政府道德建设问题研究》首次提出"政府道德"这一概念，从理论到实践上都是一个新颖问题，既有别于我国学术界的行政道德概念，又与国外政府道德概念的内涵相区别，是一个有我国特色的新概念，在理论和学术上有很强的创新性。

《西部少数民族失地农民状况实证调研与方略对策研究》在研究内容上有颇多创新之处，其中值得称道者有三：一是首次提出征地制度改革的"等价补偿"理论，自成一家之言；二是提出了一系列具有创新性的概念，除"土地关联度"概念、区域民族心理"两重性"概念、"民族社会环境影响战略评价"概念外，特别是西部少数民族失地农民"八大特殊性"概念尤具新意。

《社会转型时期的群体性事件研究——以西部重大群体性事件为重点》成果的主要创新在于：1.把西部水能资源开发中对农民利益的侵犯和造成损失概括为"五大少补"，"八大不补"和"四大技术性损害"等，既明确又有概括性，有一定的创新。2.提出"直接征地"、"间接征地"的概念，具有一定的创新性。3.提出"保障型补偿"的计算思路和公式，也有新意和可操作性。

《东西部区域利益协调与加快西部少数民族经济社会发展研究——以"西电东送"为典型实证》超越了以往区域经济协调理论中强调以区域间政府和企业利益协调为特点的"区域利益表层失衡"，考虑了落后地区开发中的"社会外部性"问题，提出了"区域利益深度失衡"的概念。相应地，将区域间利益协调拓展和落实到对西部少数民族地区群众的"人"的层面，提出了"区域利益深度协调"的概念和机制，概念和思路具有原创性，反映了研究者对我国社会经济发展中区域发展现实问题的深入理解和把握，反映了研究者作为社会科学工作者所应具备的人文关怀精神。引进或创新了许多概念。如：政府失灵、社会外部性、区域利益深度协调理论、表层协调、区域利益失衡转嫁。

（四）研究视角创新

《中国共产党执政方式问题研究》属马列·科社一般项目，共23.7万字。该成果对中国共产党执政长达78年（包括局部19年）的历史进行了详尽的考察，分阶段、分层次地探索了中国共产党执政方式的演变及其特点，在此基础上，着力从马克思主义政党执政理论和执政规律的层面分析和概括了中国共产党执政方式问题，系统阐述了"科学执政、民主执政、依法执政"这三种执政方式的由来、内涵及相互关系。鉴定专家认为，该成果"以一种新的研究视角和思路来探讨中国共产党执政方式的理论和实践问题，为开展执政方式问题的全面研究构筑了坚实的理论基础"。

《经济全球化进程中的民族问题趋势研究》属民族学一般项目，共30万字。该成果将全球化这一人类社会发展的客观进程与民族这一历史现象的自然发展进程紧密联系起来，对全球化进程中的宏观民族过程、全球化与民族问题的关系以及与全球化直接相关的当代中国民族问题作出深入分析，并且对上述问题提出了14点重要看法。鉴定专家认为，该成果"突破了以往全球化研究中对于民族问题的忽视和不足，为人们更加深入地观察和理解民族现象与民族问题提供了新的视角与重要论据"。

《东西部区域利益协调与加快西部少数民族经济社会发展研究——以"西电东送"为典型实证》在分析西部重大资源开发的区域利益失衡与少数民族经济社会的发展途径方面，则从矫正区域利益失衡——再矫正深度失衡——促进发展这样一种路径。这样的视角和思路，在相关研究中具有超前性。

（五）研究内容创新

《未成年人司法制度改革研究》属法学一般项目，42万字。这项成果采用实证研究的方法，深入系统地分析了未成年人司法制度的各个程序，总结出一些规律性的认识，并针对我国未成年人司法制度存在的问题，提出了一些可操作性的对策建议。鉴定专家认为该成果"在研究内容、研究方法上有重要创新，对于我国未成年人司法制度改革具有重要指导意义"。

（六）研究方法创新

《公共领域的兴起与法治秩序》从当下中国社会结构转型和公共领域蓬勃兴起的生活现实出发，运用国家与公民社会、公共领域和协商民主的理论框架和实证分析方法，对公共领域与法治秩序的内在互动关系和作用机制进行了深入、系统的研究。鉴定专家认为，该成果"在学术研究方法和法学研究视角上有所创新"。

《现代性的维度及其当代命运》抓住了现代性研究文化视阈中值得反思的重点问题，提出系统的现代性文化反思的理论观点和思想，多角度、多层次地对现代性理论的预设、制度性维度、精神性维度及内在张力结构作了创新性解读。鉴定专家认为，这项成果"实现了研究方法的创新与突破"。

《西部少数民族失地农民状况实证调研与方略对策研究》成果在研究方法上具有明显的创新之处。这不仅体现在该成果采用了经济学、社会学、历史学等多学科、多视角融会贯通的研究方法，而且在实证研究方法的运用上也多有创新之处，尤其是长时间大跨度动态实证研究方法的运用，以及从纵向上对研究对象自身和从横向上对不同类型对象所作的比较实证研究，使整个研究显得充实、有厚度。该项目具有跨学科研究的突出特点，运用经济学、社会学、历史学、人类学、民族教育学、民族心理学、政治哲学、社会保障等学科的理论知识和方法对西部少数民族失地农民的状态进行了较为系统的研究，在一定程度上克服了单一学科的局限性，也对研究对象的认识更加全面和真实。

（七）拓展研究创新

《隋唐民族关系思想史》对古代民族关系思想的研究，是学术界近10年新拓展的研究领域。该成果是国内外第一部系统梳理和全面研究隋唐时期民族关系思想的学术专著，具有填补空白的意义。鉴定专家认为该成果"是一部民族理论和民族关系研究的力作"，"将我国古代民族史和思想史的相关研究大大推进了一步"。

《审美文化学的定位与理论》属哲学一般项目，40万字。鉴定专家认为该成果"全面总结了十多年来中国审美文化研究以及中国所引进的国外相关研究，在诸多方面都有独特的创见，是近年来国内美学研究一个重要的新收获，有助于当代中国美学研究向新的领域进一步开拓"。

（八）对策建议创新

《科学发展观与当代中国社会发展实践研究》成果对科学发展观的时代背景、实践基础、基本内涵、历史地位等展开多维度、多层次的分析和思考，系统论述了科学发展观对人类社会发展规律、社会主义建设规律和党的执政规律认识的深化，进而阐释了科学发展观对马克思主义理论的继承、丰富、发展和新的贡献。鉴定专家认为，"该成果深刻论述了科学发展观的理论根源和实践基础，并就如何贯彻落实科学发展观进行了有益的探讨，提出了一些创新性的建议，从而使成果在具有理论价值的同时，凸显出实践价值"。

《西部少数民族失地农民状况实证调研与方略对策研究》在应用研究上始终注意了"为什么做"和"怎么做"的有机衔接，由此所形成的政策对策体系，不仅具有很强的针对性，同时还具有较强的可决策性和可操作性。该项目成果提出的一些理论观点和对策建议具有一定的创新性和应用价值。其中,"等价补偿"理论具有一定的原创性和学术应用价值。

(九)观点结论创新

《劳动价值论创新与发展问题研究》属经济理论一般项目,共 23.6 万字。该成果对马克思主义政治经济学中"劳动价值论的创新与发展"这一重大理论命题作了系统的描述、分析与概括,在此基础上形成了规律性的认识并提出了许多颇有价值的新观点、新见解。

《社会转型时期的群体性事件研究——以西部重大群体性事件为重点》把西部水能资源开发中对农民利益的侵犯和造成损失概括为"五大少补","八大不补"和"四大技术性损害"等,既明确又有概括性,有一定的创新。调查报告对于"等价补偿"、"公益性"等的界定都作出了理论分析,具有学术上的创新观点。

【作者简介】

胡晓登,贵州省社会科学院城市经济研究所所长,二级研究员、教授,经济学博士,国务院特殊津贴专家,贵州省省管专家,多次入选国家社会科学科研成果鉴定信誉良好专家,贵州省人民政府咨询顾问,中共贵州省委政策研究室决策咨询专家,政协贵州省委员会第八、九、十届委员,贵州省人民政府经济发展研究中心特聘研究员,贵州省委直属机关党校特聘教授,数所大学兼职教授,六个专业研究生导师,贵州省社会科学院产业经济学重点学科领衔人、学术带头人等。主要研究领域:区域经济、产业经济等,对民族经济学、政治学、社会学、社科研究方法论等有广泛而深入的涉猎。出版个人专著 11 部、400 余万字,学科涵盖经济类、社科研究方法论、政治学、社会学等。主持完成国家社会科学基金等各类课题近 50 项,研究报告近 50 本,370 万字。获国家社会科学基金优秀成果 1 项,良好成果 2 项,呈送中央政治局常委《成果要报》1 份,获省人民政府哲学社会科学优秀成果一等奖 2 项,其他多项,在重要期刊、核心期刊发表学术论文 20 余篇,科研成果转化为政策建议等 15 份,科研成果约 800 余万字。

教育社会学视角下精英层
储备人才的生成与分流机制探讨

史昭乐

在本人承担完成的国家社科基金项目"高等教育大众化进程背景下的西部精英层储备人才问题研究"成果中,为了对高等教育大众化进程中西部精英层人才储备流失情况及其原因有更加深刻的认识和理解,并有利于进而去探究这种流失可能产生的影响,为寻找相应的对策提供科学依据,特地从有关理论的角度去深入探究了精英层储备人才的生成与分流机制,即精英储备人才优良素质的形成及这一层人才的产出过程等问题。进而在做了一些拓展创新尝试的基础上,对精英层储备人才生成与分流机制进行了理论探讨。

对此,可以从两大方面进行论述。

一、精英理论及其拓展

要想从本质规律层面上分析高等教育从"精英化"向"大众化"转型背景下的精英层储备人才问题,势必就要对既有的精英理论进行再理解,甚至进行必要的拓展及创新性运用。

(一)精英理论简述

从语义上说,"精英"指出类拔萃之人。其原意是"年收获中的最佳部分",引申意为"经过挑选的合格者"。单从字面意义上看,这一阐释就一定程度地说明了该理论的基本内涵,即精英是有别于大众的少数被挑选出来的"精品",他们来源于大众而又高于大众。在不同类型的群体中,必然是指那些起领导、组织或主导作用的少数人。一个国家、一个民族、一个地区、一个社会,要能组合在一起,要团结发展、增强力量,要明确方向、实现目标,不能没有精英。

精英理论的渊源可以追溯到古希腊柏拉图的"哲人政治"思想以及中世纪意大利的 N. 马基雅维利关于统治者的权力和统治技巧的研究;后来法国的圣西门、H. 坦恩,德国的 L. 龚普洛维奇等也探讨了谁统治社会、统治者的共性、如何维持统治、怎样统治等问题,这些都对精英理论的产生起过重要作用。

精英理论有早期和当代之分。人们通常把 19 世纪末~20 世纪 50 年代的精英理论称为早期精英理论。这一时期有三位代表人物:一是意大利社会学家 G. 莫斯卡,其代表作为《统治阶级》。他认为一切社会都存在着统治阶级与被统治阶级;社会文明随精英的变动而改变。他着重研究了政治精英的本质与他们取得权力的方式以及在不同历史环境中的变化。同时,探讨了精英地位的维持和更替问题。① 二是意大利社会学家 V. 帕累托,他在《精英的兴衰》里提出了"精英统治"和"民众"的概念。在他那里所谓精英应兼具"高度"和"素质"两方面的要义。"高度"是某种可以客观判断的成功的标准,如职位、财富、得分、声誉等;"素质"是指人的才智、才干、内涵等。莫斯卡通过对业已存在的诸社会形态的观察和研究,指出"在一切社会中都存在着两个阶级:统治阶级和被统治阶级。属于统治阶级的永远是少数人,他们行使各种政治职能,垄断政权,并享有政权带来的利益;而被统治阶级则身受统治阶级或合法、或专断粗暴的管辖和控制。"他认为那些少数的统治者就是精英。同时,他完善了"精英流动理论",认为精英的兴衰和精英与非精英之间的流动是必然的,这种流动是保持社会平衡的基本因素,如果没有正常的流动,就会造成政治不稳定,酿成革命形势,导致精英的集体流动代替个人流动。三是瑞士籍德国社会学家 R. 米歇尔斯在《政党论》中提出了"寡头统治铁律",认为政党和人类其他一切组织都避免不了寡头统治的倾向。早期精英理论专注于精英的政治统治,强调人的先天素质,着重于思辨性研究,尤其是只注重少数统治者的作用,忽视民主制度在政治过程中的作用,具有反民主倾向,受到了许多批评。

20 世纪 50 年代以后随着行为主义政治学的兴起,当代精英理论在美国发展起来。主要代表人物有政治学家 H.D. 拉斯维尔,社会学家 C.W. 米尔斯,经济学家 J. 熊彼特等。米尔斯把"精英"概念从政治领域推广到经济、军事等领域,对美国社会中的企业巨头、政治领袖和军事首领等"权力精英"进行了分析,推动了精英社会学研究的发展。当代,精英理论的研究涉及政治精英、资本所有者和管理层、官僚、知识分子等方面。当代的精英理论研究者们既重视政治精英在社会关系中的地位和作用,也注意到其他社会精英甚至公民在社会关系中的存在和意义;强调人在后天实践形成的专门技能,认为精英既可以产生于社会上层,也可能从下层产生,既可以产生于政治领域,也可以产生于其他社会领域;公民可以通过各种形式的政治参与来表达利益,对统治者施加影响,迫使他们做出有利于大多数人的决策;精英一旦失去领导能力和大众的信任,就有被代替的可能性。当代精英理论宣称"价值中立",注重多学科的实证研究,通过对西方政治、经济、技术、军事精英的出身、经历、文化、社会背景、彼此关系、代表性、领导行为等方面进行定性或定量分析,说明社会权力关系和民主政治的有效性。到了后工业社会,一些学者开始强调文化、专业、技术因素的作用,提到了文化精英、专业精英或技术精英。丹尼尔·贝尔指出在后工业社会中,大学是控制资源知识、信息和技术的主要组织,所以科学家和研究人员是统治精英。"如果说过去百年间处于统治地位的人物一直是企业家、商人和工业经理人员,那么,'新人物'就是掌握新的智力技术的科学家、数学家、经济学家和工程师"。② 因此,当代西方的精英理论研究者,通过两个步骤来认定一个社会的精英:首先确定这个社会中最重要的组织,然后确定在该组织内握有实权的人。根据这个原理,吉登斯对"精英"下的定义是"精英指的是那些在社会机构和组织中占据正式权力位置的个人。"③ 当然,一个社会中可能存在一个以上的重要组织在不同领域控制着社会资源的分配,所以一个社会的精英群体可能由一个以上的精英集团组成。在工业化社会里,由于社会充满着变动性,

---

① 莫斯卡:《统治阶级》,译林出版社,2002 年,第 97 页。
② 丹尼尔·贝尔:《后工业社会的来临》,中国商务出版社,1984 年。
③ 安东尼·吉登斯著,赵旭东等译:《社会学》(第 4 版),北京大学出版社,2003 年,第 189 页.

加上能力和才干本身具有很大的偶然性和变异性，从而打破了传统社会中严密的阶级壁垒和人们世代终身固守某一社会地位的凝固化格局。于是，阶级的稳定性被一种精英循环的社会流动所冲破，稳定性不平等被暂时性不平等所替代，先赋性因素被自致性因素取代。因此，这被认为是现代化社会精英流动的一般规律。

国内对精英问题的研究主要从基层精英的功能和精英流动两个角度展开。在基层精英的功能研究方面，费孝通在《江村经济》、《乡土中国》、《皇权与绅权》等著作中对中国乡土社会的精英进行了深入的研究，分析了宗族长老、绅士阶层等精英对维系乡土社会的治安与发展方面的重要作用；杨善华对农村基层政治精英的选拔和更替机制进行了分析；王思斌研究了工业精英；朱旭峰研究了政策精英等。在精英流动的研究方面，宋时歌、李路路等研究了中国精英阶层的再生产与循环问题，把精英理论与中国的社会阶层结合起来；边燕杰、孙立平等学者则着重研究了精英生成的社会资本问题；李强在《对于社会精英群体的分析》中认为，所谓"精英"是社会学的一个专门术语，指社会中的有杰出才能者。在任何社会中精英都是规模很小的群体。虽然精英群体人数很少，但是，其能量巨大，特别是政治精英，往往对于全社会甚至对于一个时代的世界格局发生重大影响。中国社会的一个突出特点，就是精英人物特别是政治精英人物在社会中发挥的作用尤为巨大。

综合已有研究成果的观点，我们基本上可以得到如下共识：一、精英是指社会中才智出众的杰出人群；二、精英在社会结构以及诸多社会领域和社会组织中处于高阶位置；三、精英对社会的发展与变革起着重要的推动作用；四、精英的生成既可能与先赋条件有关，更受到后致条件的重要影响。

在本研究中，由于我们关注的焦点是"精英层人才储备"，即还不是现实的精英却最具备成为未来精英的这部分群体，亦即未来精英的后备群体、人才储备。或者有的学者称为"精英母体"，一般而言，称为精英母体的主要是优秀的青年学生。所以，我们拟采用广义的精英概念，即指那些具有突出才干，在某一方面或某一活动领域具有杰出能力，取得较高地位的人。

值得指出的是，精英理论的构建及发展是以一定的相关理论作为前提的（最主要就是社会分层理论和人才分层思想），并与这些理论密切关联，相互渗透。虽然我们没必要在这里对社会分层理论和人才分层思想进行专门的评介，但在理解及运用精英理论去分析精英层人才储备问题时，却有必要适当兼顾这些理论及其关联。

（二）精英层人才的基本特征

迄今为止，学界还很少从广义精英的角度对精英层人才的基本特征进行过展开性探究。而当本课题把万千优秀大学毕业生视为精英层储备人才时，就不能不对此进行专门的探究，才有利于进而揭示精英层储备人才的生成与分流机制。

2003年，中共中央、国务院召开了新中国成立以来第一次全国人才工作会议，提出"新世纪新阶段人才工作的根本任务是实施人才强国战略。在建设中国特色社会主义伟大事业中，要把人才作为推进事业发展的关键因素，努力造就数以亿计的高素质劳动者、数以千万计的专门人才和一大批拔尖创新人才，建设规模宏大、结构合理、素质较高的人才队伍，开创人才辈出、人尽其才的新局面，把我国由人口大国转化为人才资源强国，大力提升国家核心竞争力和综合国力。"[①] 这里所说的"专门人才"和"拔尖创新人才"中，就包括了一定的精英层人才。

精英层人才，主要是指在有关领域特别是科学技术和管理领域，有强烈的事业心和社会责任感，有创新精神和突出才干，对各自领域乃至国家发展做出应有贡献的人才群体。经济和社会的发展对精英层人才的需求是多样化的。"三百六十行，行行出状元"，因而精英层人才也就包括诸多领域里的"状元"及佼佼者。

精英层人才一般具有一些特殊的才干素质，其至少应该表现为以下基本特征。

1. 扎实的知识基础

精英层人才往往具备相对深厚而广博的知识基础。宽厚的基础理论知识包括科学知识和人文知识两大方面，这是人才生存和发展的基础，也是知识扩展、专业转移与素质养成的基础。对于专业技术领域的精英层人才来说，更是明显地具有坚实而精深的专业知识，熟练掌握专业技能，并在专业领域的某些方面有所专长。而对于领导、管理型精英，掌握扎实的管理知识也是其实现良好领导的基本条件。

2. 出众的能力结构

能力是知识应用水平的体现，是实践经验的凝结。对于精英层人才而言，首先是具有开拓创新精神和较强的创造能力，具有强烈的问题意识以及解决问题的能力。其次是具有较强的应用相关知识来进行实践的能力，具有一定范围知识的综合应用能力及探索与提出创意、实现创意的能力。再次是具有较强的获取知识能力，能很好地掌握搜集知识的方法与途径，善于对所搜集的知识进行分析、综合与归纳，并具有较强的知识鉴别、选择能力。

对于领导、管理型精英（以及不少专业技术型精英）来说，大都具有良好的沟通、组织、协调能力。这是指精英层人才从群体利益出发，与周围的人协调共事、沟通合作，产生整体化效应的能力。这一类能力的实质是妥善协调本人与他人的关系，主要有：公共关系能力——与他人迅速沟通、建立联系并友好相处的能力；合作能力——与团队中的其他人齐心协力，共同完成既定任务的能力；领导与管理能力——在群体中发挥核心作用，组织并带领周围的人为达到一定目标而团结奋斗的能力。

3. 良好的人格特征

一般地说，精英层人才都具有良好的个性心理品质等等人格特征。对于精英人才人格特征的概括，学者巴伦在总结卡特尔、罗安娜等人研究成果的基础上，对科学家的人格特征作了如下归纳：高度的自我坚持力和情绪稳定性；独立自主性；高度控制冲动；超群的能力；求知欲强；喜欢抽象思考；有高度的自我控制；不喜欢与人交往；思考上拒绝群体压力；勇于探索和冒险；喜欢秩序、方法、真确性，也接受矛盾、例外、杂乱的挑战。[②] 这是针对科技精英做的总结。一般而言，精英层人才的事业心和责任感强，对自己所从事的事业怀有执着的追求，具有锲而不舍的精神；个性心理品质优异，心理承受能力强，能从容应付变化与挫折，较好地处理各种压力；能以公平的心态、互惠的原则处理事务，谋求共同发展。在个性禀赋方面，有奋勇争先、不甘人后、自强不息、冒尖意识强等特殊品质。

在看到精英层人才所共有的心理品质及人格特征的同时，也不能否认各类精英会存在

---

① 《中共中央国务院关于进一步加强人才工作的决定》，载《人民日报》，2004年1月1日。
② 转引自钟祖荣：《教育要遵循人才成长的规律》，载《中国人才》2004年第7期。

不同的品格差异。哲学家斯普兰格曾对人才性格类型作过如下划分：

表1 斯普兰格对不同人才性格类型的分类[①]

价　值	生活形式	个　性
真	理论的	学者型
利	技能的	企业家型
美	审美的	艺术家型
圣	宗教的	宗教家型
力	权力的	政治家型
爱（善）	社会的	人道家（道德家）型

斯普兰格对人才的分类提示我们，不同类型的精英层人才具有不同的品格。显然这些品格是由先天禀赋及后天塑造共同作用的结果，这就是人们所说的"惯习"。它既具有先天的因素，又不完全是先天的，而是在社会化的个人境遇中逐渐习得，并逐渐演变的"第二天性"。精英惯习的形成，是其教育经历和生活经历的结果，又是其原因。其惯习的形成，受其所处场域的影响。场域形塑着惯习。惯习是某一场域固有属性在个体上的具体化，而惯习又有助于场域建立一个有意义的世界。因而儿童早期的教育经历和生活经历对于其精英特质的养成具有决定性的作用，反过来，这些影响导致的结果又影响着个体建构自己的教育场域和生活场域。精英生成的机制所表达的正是此意义上的精英特质的养成及其影响因素之间的互动关系。

（三）精英层的人才储备

1. 精英层人才储备的必要性

正因为精英层需要的是才智出众、知识宽厚、能力不凡、心理品质人格系统良好的人才群体，所以那些将会进入精英层的人才无论是在素质方面达不到要求还是在数量方面满足不了需求，都将妨碍精英层保有必要的人才"源头活水"，不利于精英层及时补充新生力量和生力军，不利于精英层的新老继替，不利于精英层保持较高的素质水平并且不断提升其素质水平。那样，也就会妨碍精英层正常、有效地发挥自己对国家、对社会、对各自领域运转与发展的应有功能，从而产生广泛而深远的不利影响。

精英层人才的涵义及其基本特征又提示人们，这类人才群体不是通过一朝一夕时间、抱着任其自然态度、采取零敲碎打方式所能形成的，而是必须早作绸缪，自觉筛选，进行规模化的培养选拔，才能及时、不断地造就众多符合要求的精英层储备性人才，形成充足的精英层人才储备资源，以便能为精英层提供源源不绝的新生力量，满足国家、社会及相关领域的可持续发展需要。

事实上，在以往不同的历史时代和社会制度中，都已程度不等地关注并着力解决了自身的精英层人才储备问题。最典型的例证便是中国封建社会的科举制度。正是通过这一制度设置，统治国家、治理社会的官吏阶层获得了取之不尽、用之不竭的人才储备资源。

而在国内外一些企业和地区实施的"人才青苗"战略，则是对关注并解决精英层人才储备问题的当代典型。

"人才青苗"是在日趋激烈的当代人才竞争中，人才竞争前移后出现的一个概念。即

[①] 转引自钟祖荣：《教育要遵循人才成长的规律》，载《中国人才》2004年第7期。

用人单位不仅招揽成熟的精英型人才,而且还对仍处于学习过程中的大学优秀学生群体进行吸引。在信息革命日新月异发展的今天,高技术人才的匮乏已酿成全球性的"饥荒"。正是由于高技术人才的不足已成为制约美国经济发展的一大障碍,因此"抢购青苗"战略应运而生。为了"及早发现和选拔""刚刚出芽的人才青苗",使自己的企业不致断了"香火",美国高技术企业真可谓费尽心机,不惜血本。

在中国,也已出现了对"人才青苗"的吸引战略。突出的案例是,为进一步拓宽招才引智渠道,更好地引进高层次和紧缺专业技术人才,大力推进经济建设和各项事业发展,淮南市委组织部、市人事局于2005年底启动了"人才青苗"工程。该办法规定,市人才资金每年安排30万元,从全国重点高校选择30名品学兼优、家庭经济又有一定困难的在读研究生,全额资助他们完成攻读硕士、博士学位,完成学业后按协议到淮南市工作。被资助人工作之日起,享受市引进人才智力暂行办法规定的有关奖励及待遇。通过"人才青苗"工程的实施,重点培养引进三大基地建设所需的高层次技术人才和经济发展研究、招商引资、城市规划、环境保护、园林设计等领域紧缺的专业人才。①

淮南市"人才青苗"工程所引进或培养的青苗具有如下基本特征:一是全国重点大学的学生,二是学生必须品学兼优,三是他们还不是成熟人才,通过资助其继续攻读硕士博士后到淮南工作。以上三个基本特征说明,这些学生还不属于现实的精英层人才,但已经纳入了淮南市的精英层人才储备,通过继续培养,将来有较大可能成为淮南各行业的精英。

2.近现代社会精英层人才储备的主要来源

通常情况下,高等教育正是近、现代社会精英层人才储备的主要来源。高等教育最初的社会功能是传授知识、培养社会的思想英才及治国英才(统治阶级)。而在近代以来,随着科学技术的飞速发展,社会分工越来越细,与之相适应,社会对大学教育提出了进行技术和科学教育的要求。在这种背景下,除了牛津大学等少数古典高校坚持过去的传统以外,绝大多数大学以及后来适应社会需要建立起来的许多新大学,其价值观都注重如何造就社会发展所需要的专门人才,人与社会的"二维价值模式"开始占据主导的地位,大学培养的重心由人文教育转到了科技教育,人才培养中注重专业教育胜于古典大学普通教育。专门人才不仅具备较高的品德素质,而且掌握了高深的科学文化知识,掌握了专门化程度较高的技能和技巧,达到了较高的智力水平和能力水平,因而对社会进步起到了很大的促进作用。社会对专门人才的肯定与需求,相应地也使得大学的专业化教育不断得到强化。随着产业革命的进展,大学培养高级专业人才的功能日益加强,并且逐步拓展为培养更广泛的英才,包括技术英才和经济组织的领导阶层等,并且为赋予这些英才以职业阶梯上的等级和社会结构中的位置发挥基础及前提作用。正是针对高等教育的这种发展状况,美国著名教育社会学家马丁·特罗在其提出的高等教育发展阶段划分理论中,将此发展阶段上的高等教育称之为精英(Elite,也即英才)高等教育阶段。这个名称不言自明地显示出在这样的阶段上,大学所培养出来的一般都是优秀分子,大学毕业生成为精英层人才储备的主要来源。我国在20世纪末启动高等教育大众化进程之前,情况也大体如此。国家按照干部队伍建设及专业技术人员队伍发展的需要来制订大学招生的计划,高考录取率很低。大学生自然成为"天之骄子",毕业后由国家包下分配,安排到社会管理机构或专业技术岗位,

---

① 参见《淮南市"人才青苗"工程实施办法(暂行)》。

多数人都逐步成为精英层人才。毋庸赘述,主要来源并不排除还有其他来源,一般情况也不等于任何情况。事实上,在某些特殊的历史条件下(如战争年代、革命时期等)以及在某些特殊领域里,精英层人才储备就往往不是以高等学校培养的人才为主。此外,不妨再明确一下,即使是在精英型高等教育阶段,大学毕业生也并不直接等同于现实、成熟的精英层人才,而主要是后者的储备资源;只有再经过一定的实践锻炼及成长选拔过程,他们中的多数人(而非全部)才会逐步成为精英人才,直至成为现实的精英层人才。

3. 高等教育转型背景下精英层储备人才的主要来源

接下来的问题在于,既然高等教育发展的一般规律是要从精英型阶段推进到大众化阶段,那么在这种转型背景下,精英层人才储备的来源是否会发生变化?发生了什么变化呢?

的确,随着时代、社会及高等教育自身的发展,高等教育的社会功能也不断扩展。当高等教育向大众化阶段推进时,它就要从满足培养少数英才的这种国家需求转向同时还满足更广泛的社会需求和公民个人需求。相应地,高等教育也不再只是培养精英人才,而是还要培养应用型、一般职业型人才。在这一进程中,自然会出现如何恰当看待与处理精英人才储备的培养问题。

其实,把高等教育分为精英化教育、大众化教育和普及化教育的马丁·特罗并不否认三个阶段的连续性和包容性。他精辟地论述道:"从精英向大众、普及转变,并不是意味着前一个阶段的形式和模式必然消失或得到转变。相反,事实证明,当高等教育作为一个整体逐渐过渡到下一个阶段容纳更多的学生,发挥更加多样化的功能时,前一个阶段的模式仍保存在一些高校或其他高等教育机构中。……在大众化阶段,精英高等教育机构不仅存在而且很繁荣。在大众型高校中培养精英的功能仍在继续起作用。"[①]也就是说,大众化与普及化高等教育并不是精英教育的天敌,关键的问题是,进入高等教育大众化阶段之后,要想从"大众"变为"精英",必须经过优秀大学的筛选或者在大学里面继续深造,提升学历。而从欧美发达国家的实践看,在高等教育大众化阶段乃至于普及化阶段,正是为了兼顾英才培养与其他人才培养的不同功能,针对大学对优质资源占有的差距及学生素质的差异,学校体系被分为不同的等级层次,不同等级的学校根据学生成绩的不同而有差别地招收学生。以美国加州的大学设置情况为例,加州的公立大学系统可以分为三个清晰的层次:第一层是加州大学系统,有博士学位授予权,共 10 所大学,招收最好的中学毕业生,一般是 12.5%左右;第二个层次是加州州立大学系统,没有博士授予权(但可与加州大学联合培养博士生),能招硕士生,共有 28 所大学,34%的中学毕业生进入这里;第三个层次就是社区学院系统,只是二年制,现有 126 所,其他的中学毕业生都可以进入。[②]在这种大学系统的第一个层次,一般而言,培养的就都是精英层储备人才,而第二、三层次学校体系里的学生中有少量的人可经过进一步的深造,到第一层学校里学习,从而成为社会精英储备人才。这种情况在中国也开始明显起来。

在中国高等教育大众化的进程中,如想通过接受高等教育成为精英储备人才,一般的路径通常是:要么在高考时能通过优异的成绩直接进入只有较少的人才能录取的、拥有优质教育资源的重点或名牌大学;要么在高考时只考取一般大学的情况下,就应该通过在大学时的特别努力,考取研究生甚至重点大学研究生。

---

① 马丁·特罗著,王香丽译:《从精英向大众高等教育转变中的问题》,载《外国高等教育资料》1999 年第 1 期。
② 范文曜、刘承波:《大学制度建设:加拿大、美国高等教育考察与启示》,载《新华文摘》2008 年第 8 期。

图1展示了高等教育大众化背景下培养精英层人才与培养其他人才储备的动态关系。

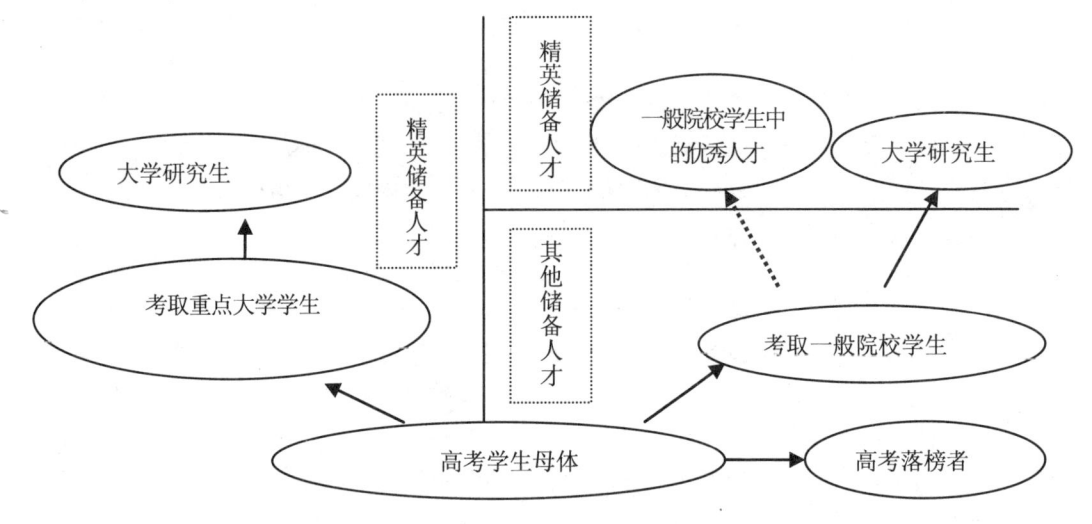

图1 高等教育大众化背景下培养不同层次储备人才流程图

教育过程中精英层储备人才的生成与分流

在上一节中，我们实质上讨论的是精英及其人才储备的客观性、必要性以及主要来源，但讨论的结果还不足以回答这样一些疑问：为什么说一届届优秀大学生是一茬茬新生储备人才中的拔尖层？为什么说这种优秀层的生成从总体上看具有一定的不可逆转性？为什么说这种优秀层的流失在很大程度上会产生难以弥补的损失与影响？因此，需要通过本节的讨论来探究相关的理论依据。

（一）学校教育对培养精英层储备人才的奠基作用

"教育"一词，在中国最早见于《孟子·尽心上》"得天下英才而教育之，三乐也"。《说文解字》说："教，上所施，下所效也。""育，养子使作善也。"在西方，教育一词源于拉丁文 Educare，本义为引出，即教育指引导儿童使之得到完满的发展。瑞士教育家裴斯泰洛齐说，教育是"依据自然的法则，发展儿童的道德、智慧和身体各方面的能力。"法国社会学家涂尔干说："教育就是系统地将年青一代社会化。"美国教育家杜威说："教育即生活"、"教育即生长"、"教育即经验之不断改造"。[①] 舒尔茨认为："教育一词就其原意来说，它意味着'抽引'人的潜在能力；它意味着发展人的道德和智力，使之善于个人选择和社会选择；它意味着通过系统教学使之适合某种行业；它还意味着培养、训练与形成人的各种能力。"

上述各种解释从不同的角度揭示了教育活动的特点，虽然说法不一，但都把教育看成是培养人及人才的一种社会活动。广义的教育包括学校教育、家庭教育和社会教育，而狭义的通常意义上的教育则是指学校教育。我们在这里采用的是后一种涵义，其外延则包括从学前教育、小学教育直至大学教育。教育能够促成人力资源的生成，也是展示其成功社会化的关键。更为关键的是，现代社会中教育文凭的获得是成为社会精英及各类社会角色

---

① 引自：《丁锦宏教授教育学讲义》，ttp://www.kexueshehuizhuyilunwen.cn/56706.html.

的通行证。各种职业对于就业所需的教育条件日趋提高，尤其是专业职业需要越来越高的教育条件及相应的教育资格。随着人才数量的增加，人才市场对学历和专业的要求也越加严格，好的职业逐渐被高学历人才所占据，没有优良学历者越来越难成为各领域的精英。

2. 学校教育对知识积累的重要作用

一般说来，各种层次人才的知识基础都是通过学校教育而获得的。这也正是学校的主要职能之所在。在校学习期间知识掌握与积累的多少优劣，会直接构成一个人成为何种层次储备人才的基础。

从社会化理论角度看，由于少儿时期是为人生打基础的"关键期"，因而小学及中学阶段的学校教育及个人学习状况，能在相当大的程度上直接影响到一个人的早期智力开发水平、基础知识掌握牢固程度、对某些知识领域的兴趣爱好以及由此导致的对未来职业层次的预选等等。这些影响还将深刻地、长久地在今后工作的大学学习及步入社会后的成才过程中持续发挥作用。小学及中学知识基础打得牢的学生，进入优秀大学深造的可能性就大得多，也就意味着成为精英层人才储备的可能性明显大于那些知识基础打得不牢的学生。

而在优秀大学中，由于学校具有多方面的优良教学资源，在师资水平、教学传统、校园氛围、教学方式、学习风气、与国内外学科前沿的联系等等方面，都远非一般高校所能企及，因此，学生们在优秀大学中的知识积累会发生质的飞跃，甚至突飞猛进，从而最有可能形成较为宽厚而广博的基础知识以及较为坚实而精深的专业知识，并由此接近于精英层人才的知识素质要求。

3. 学校教育对培养能力的重要作用

学校教育对于各种层次储备人才的能力培养往往具有十分重要的作用。首先，正是在中、小学校中学习掌握诸多知识的过程中，学生们也程度不等地形成了一定的获取知识的基本能力，应用知识的基本能力；而在进入大学以后，自主学习、自我获取知识的能力会得到着重加强。是否从小养成了良好的学习习惯、较强的学习与应用能力，是否通过大学深造形成了自我获取新知识的系统性能力，都将对学生们毕业离开校门后能否继续不断地积累知识、更新知识、创新知识产生决定性的影响，从而也就在一定意义上决定着他们将成为不同层次的人才。

由于学校是一个人进入社会前的主要社会化机构，因而他也就必然会主要是在学校里学会如何与他人相处，与团体相处。相应地，一个人基本的协调合作能力，以致与此密切相关的领导管理能力的萌芽，也往往是在学校期间尤其是中、小学教育阶段开始形成的。当然，谁也不否认，不少精英层人才的协调合作、组织领导能力主要是通过长期的职业生涯实践而锻炼培养出来的。但同样不能否认的是，学校期间初步培养起来的这种能力会对职业生涯的相关实践产生深层次的作用。正因为如此，学校中的学生干部长大后更容易成为各自工作领域的领导者和管理者，这两种不同阶段角色之间存在着较大的相关性，许多事例都证实了这一点。

4. 学校教育对形成良好人格特征的基础作用

在学校教育的各个阶段上，都会对学生的心理品质及个性等的形成产生特定的影响，为他们成为不同层次储备人才打下相应的人格特征基础。如大学阶段会着重在人生观、价值观及社会责任感等方面发挥学校教育的这种影响。不过，值得特别注意和强调的是，由于中、小学阶段大体上处于个人社会化的"关键期"，因而其状况如何，对于一个人能否形成良好的人格特征以及人格发展水平的高低程度，无疑具有至关重要的奠基作用。

1987年，75位诺贝尔奖金获得者在巴黎聚会。有人问其中的一位："您在哪所大学、哪个实验室学到了您认为最重要的东西？"出人意料的是，这位学者回答说："是在幼儿园。""在幼儿园学到些什么？"学者答道："把自己的东西分一半给小伙伴们；不是自己的东西不要拿；东西要放整齐；吃饭前要洗手；做错了事情要表示歉意；午饭后要休息；要仔细观察周围的大自然。从根本上说，我学到的全部东西就是这些。"

这位科学家的话再一次生动地提示我们，良好的人格素质特征是成为社会精英的基础条件，而社会化关键时期的教育对形成良好的个人素质特征至关重要。

显然人的社会化主要是在青少年时期，并且将在终身进行的，但大量的科学研究成果表明，少儿时期及青年早期是人的社会化的"关键期"，也即是人格个性发展的关键时期；在这个时期内最容易发展相应的人格个性，如果错过了这个时期，就不容易顺利地获得这种发展，即使后来再进行社会化努力，也很难充分具备良好的人格个性[①]。如果说知识的掌握和若干方面能力的形成还可以在离开校门以后进行补课，并且有些内容本来就是属于成人社会化的内容；那么，个体人格个性的核心基础及其类型却基本上是在少儿时期长期形成的，并会影响到学生以后的学习与成长，甚至影响到他一生将成为什么样的人才。

美国心理学家特曼曾在20世纪初对1500名儿童进行了30年的追踪研究，发现导致儿童长大后有差别的原因主要是个性品质方面，尤其是在自信、谨慎、有坚持性和有胜过别人的愿望这四大意志品质上，成就小的人都显得十分缺乏。正是在幼儿及中、小学教育时期打下了不同的个性品质基础后，在以后的大学教育中又得到进一步强化或改善，最终定型为某一固定的人格个性特征。

由此观之，我们就应该善于去分析发现中、小学学校生活状况对学生形成不同个性品质的塑造作用。尽管学生在学校中的主要活动内容是学习文化知识，但就是在这种学习活动中却潜移默化地、刻骨铭心地使学生们产生了差别各异的个性品质之根基或萌芽。即便只以学习任务完成的难易状况、学习成绩的优劣水平为限，也不难看出这种重要作用。在那些经常处于学习胜任愉快、成绩优秀状况的学生身上，势必会自然而然地积淀和升华出较强的自信心、成就动机、敢为人先而不甘人后的品格；而且，在获得并保持优秀成绩的努力过程中，还会逐渐磨炼出他们锲而不舍、认真谨慎的毅力和精神等等。

正是这些在最佳发展期形成的良好个性品质基础，保证了他们能通过随后的大学深造而成为精英层储备人才，并且极大地有助于他们在往后的职业实践中习以为常地发挥这些良好个性品质的作用，于是也就很有可能脱颖而出，成为现实的精英人才，因为这些个性品质正是精英层人才所应具备的。而在那些学习状况及成绩都不怎么优秀乃至比较一般的学生身上，也就往往会导致自信心、成就动机、敢为人先等品格的形成要差一些，有的甚至还会养成甘居人后、安于平庸的心理品质。这种状况如果发展下去而没有通过加倍的努力得到补救，或者未能得到某些超常因素的影响而有所矫正与改善，那么，不管他们出校门后从事什么职业，走上何种岗位，都会习以为常地按照这些非精英人才的方式去支配和表现自己的行为，从而也就难以成为精英层储备人才，即或能从事精英层职业，也难以名

[①] 参见刘豪兴、朱少华：《人的社会化》，上海人民出版社1993年版第141页；薛素珍、柳林：《儿童社会学》，山东人民出版社1984年版，第41-43页。

副其实地表现为真正的精英人才。

综上所述，重点大学的优秀大学生们之所以能成为精英层储备人才，一方面是由于这类大学的学习生活使其在专业知识的大量积累、自主学习及综合运用知识等能力的全面提高上优势突出；另一方面，还由于这些学生大多从中、小学阶段就在基础知识的掌握、若干基本能力的初步形成以及一系列个性品质的根基萌芽上有了良好的早期发展，且这种发展状况的影响从总体上看具有较大的终身性、难以补偿性。这正是整个学校教育在精英层储备人才生成上不可替代的奠基作用。

图2系统地反映了精英层储备人才应有的素质结构及学校教育对其形成的相应作用。

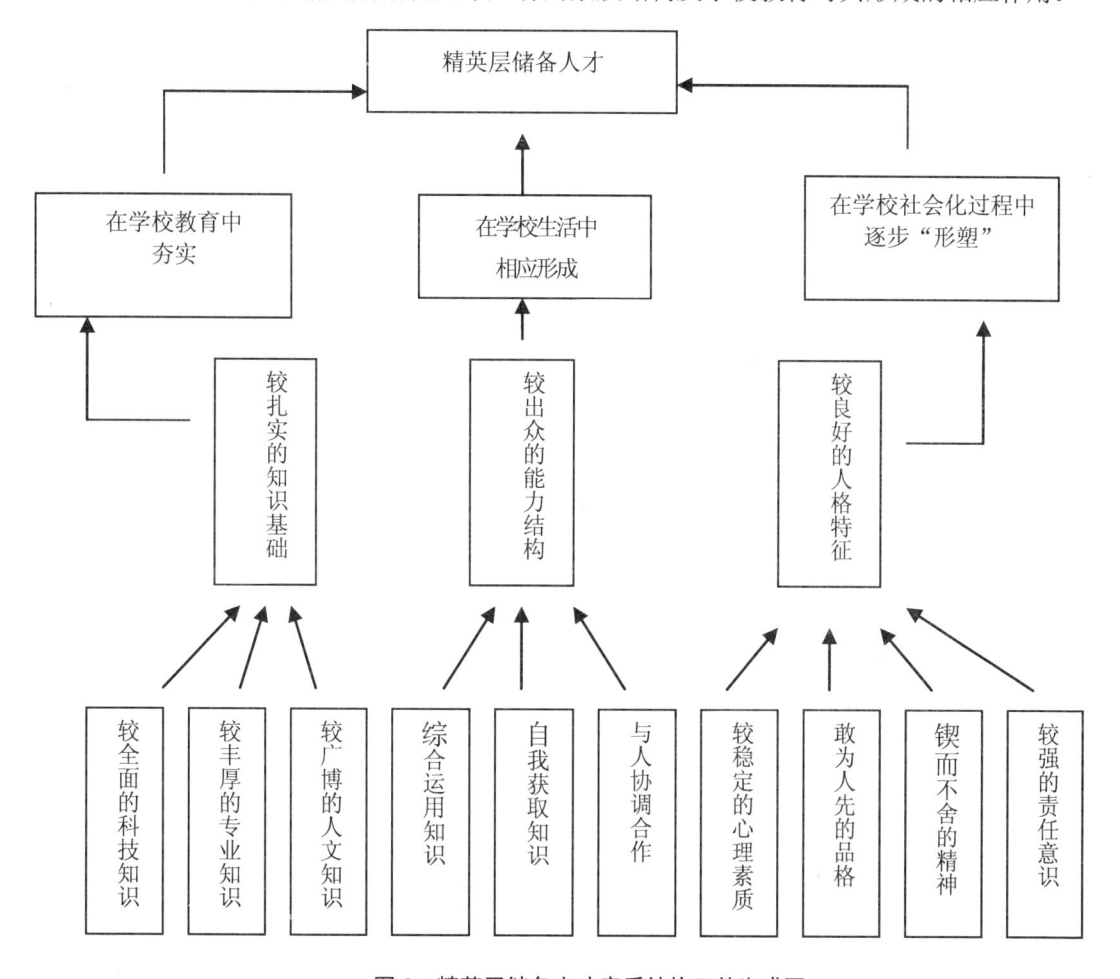

图2 精英层储备人才素质结构及其生成图

（二）教育分流：精英层储备人才是在受教育过程中被筛选出来的

1. 教育分流相关理论

教育分流理论是教育社会学的一个重要理论，它揭示了现代学校教育系统的一个基本功能，同时也揭示出这一功能与人才形成机制及社会流动的内在关系。

教育分流是依据学业考试成绩和学术性向测试将学生分层别类纳入不同学校和课程轨道，按照不同要求和标准采用不同方法教育学生，使之成为不同规格和类型的人才的教育制度。[①] 教育分流直接为学生将来能否成为精英层人才奠定基础。美国社会学家特纳（R. H. Turner）于1960年在《美国社会学评论》上发表《赞助性流动与竞争性流动：教育使社会地位升迁的两种模式》一文，指出"在一个形式上是开放的并且向大众提供教育的阶级制度中，人才选拔模式决定了社会地位的升迁模式，这一点是形成学校教育制度的关键"，[②]在不同的人才选拔模式下，学校教育也是不同的。特纳认为，在学校教育与人才选拔模式之间存在一致性。他把英国的学校教育作为这方面的典型之一。

在20世纪，英国的教育制度经历了连续的自由化变革，但所有这些变革都未打破原有的模式，即在教育的早期阶段选择出有前途的儿童并加以特殊培养。例如，1944年确立的教育法案规定"11岁考试"，从而区分出：文法学校、现代中学和技术中学。这就形成了赞助性模式的思想：早期选择那些将来进入中产阶级或有较好职业的儿童进入文法学校，而对那些留在本阶级的儿童进行各种职业教育。在赞助性模式中，教育因为提供精英文化的学习而受到重视，人们对非精英的教育显得冷淡，而把最大的力量花在培养"最有前途的人"身上。而实际上，所谓"最有前途的人"指的是能学习精英文化的人。[③]中国的教育设置曾经与英国的这一情况极其相似：在中小学层次，一些学校分别被区分和确定为省级重点、市级重点、县级重点等，对不同层次学校配置不同水平的教师及教学设施；而在同一所学校内部，不同班级又被分为重点班及普通班，或快班和慢班等不同等级，不同班级则被配置不同水平的教师。虽然这种情况已经发生了不少改变，但在高校扩招这些年中入学及毕业的大学生们的中小学却大多是这样经历过来的，而且迄今至少在重点高中等方面并未有实质性变化。

在当今这样一个职业专业化很发达的社会，教育承担着培养不同类型人才的功能。每个人都知道，在学校受教育会使人受益，也就是说，具有更高教育水平的人，能得到更高地位的工作，因而也会得到较高的报酬。各种各样的研究表明，教育与收入之间呈正向关系，即上学年限越长，将来的收入会越高。四年制的中学毕业生比小学毕业生的收入要高出大约40%；而四年制大学毕业生的收入要比高中毕业生高出将近50%。[④]但是我们知道，由于受个体自身禀赋及阶层背景的影响，每个人在教育体系中脱颖而出的机会是不同的。教育是一个巨大的筛选过滤系统，在每一个水平上都会有一些人掉队，而另一些人被鼓励继续学下去，以满足职业等级中不同水平的需求。[⑤]

教育对精英的生成进而在社会中拥有较高的社会地位与收入具有重要影响，因此对优质教育资源的追求成为教育分流中的重要依据。下面侧重从精英层储备人才最终被筛选出来这一指向着眼，分析学生在受教育历程各主要阶段及其衔接点上不断分流的具体情况。

2.基础教育阶段的教育分流：起跑线上的领先

义务教育阶段的教育分流最明显的就是一度存在的把小学、初中学校分为重点与一般学校以及学校通过分设"重点班"与"普通班"等把学生分为不同层次等级的班级。在基础教育阶段，不少孩子总会表现出一些优秀的禀赋，或某些方面的发展起步较早、较好，

---

① 宋宁娜：《教育平等、教育公平与社会进步——兼论教育收费与教育分流》，载《新华文摘》2004年第16期。
② 参见厉以贤：《西方教育社会学文选》，台湾五南图书出版公司，1992年，第216页。
③ 参见马和民：《新编教育社会学》，华东师范大学出版社，2002年，第411页。
④ 丹尼斯·吉尔伯特、约瑟夫·A.卡尔：《美国阶级结构》，中国社会科学出版社，1992年。
⑤ 许庆豫：《我国教育分流形式与层次》，载《华东师范大学学报》2000年第3期。

如较好的组织协调能力、交往能力、学习能力或者在某方面具备的一些特长。由此，学校会根据这些孩子不同的特长对他们进行某种程度的"分流"：有较好组织协调能力者会当上班级甚至学校的学生干部，学习成绩好的学生曾经有可能被学校分进"重点班"集中培养，有某方面特长者就进"特长班"，等等。这实质上就是基础教育阶段的教育分流，而这样的教育分流直接为孩子们将来成为什么类型的人发挥了早期的导向作用。

尽管义务教育阶段的重点学校制度已被教育部明令废止，并且还逐步采取了一些相应措施。但是，一个极具说服力的事实是，政府对名校实行倾斜政策，在投资、贷款、师资、基建、招生政策等多方面予以支持，仍然是教育管理的基本行为。针对中国基础教育制度的这种情形，有人甚至认为，"我们的小学教育是为 20%的'优等生'而设的"，因为这基本上是使"好学生更好，差学生更差"的教育模式。

3. 中考导致的教育分流：优秀学生的一次大集结

我国高中阶段教育具有多种特点。特点之一是学校类型多样。例如，普通高中可以分为重点（示范）普通高中和一般普通高中，职业中学分为重点职业中学和一般职业中学，等等。特点之二是教育任务多样。以普通高中为例，这类高中承担着为高等学校输送合格新生的任务和为社会各行各业输送合格劳动力的任务。特点之三是作用重大。高中阶段教育肩负培养合格社会成员和各行各业劳动力的任务，同时承担为国家和社会精英阶层选拔和输送合格新生力量的使命。因此，高中阶段学校入学分流对于今后能否成为精英储备人才已经具有相当重要的意义。

学生要想进入高中阶段学习，就面临着中考选拔的问题。在中国的实际情况是这样：不同层次的学校录取学生的分数不同，而且层次越高的学校具有优先录取学生的权利，根据学生分数，把中学生按分数从高到低录入层次从高到低的学校学习。成绩越好，可以享受越优质的教育资源，在有些学校内部，还把学生们分为重点班和普通班。

在这一过程中，城市内一般中学的优秀学生大体上都会被重点高中录取，原来处于劣势的农村初中毕业的优秀学生也会被城市高中甚至重点高中录取，城市普通高中则吸纳一般成绩的学生。特别是近些年，城市重点高中为了追求高考升学率，甚至用高额奖学金的形式吸引各地的优秀生源。可以说，通过进入高中教育阶段，就对一茬初中学生进行了大分流，并相应在那些城市重点普通高中实现了初中优秀毕业生的大集结。进入不同的高中，为将来进入层次不同的大学，进而为是否成为精英层储备人才创设了重要的前提。一份在2003年针对北京市和山东省的4所重点大学的一至四年级(1999—2002年入学者)本科生进行的问卷调查显示：4所重点大学的在校生有80.3%毕业于重点高中，19.2%毕业于普通高中。至于非普通高中的其他类学校学生，虽然2001年4月教育部公布应届中等职业学校毕业生不再限报高等职业学校，可以在毕业当年参加普通高考，报考普通高校本专科，但是就结果来看，中等职业学校毕业生事实上很难考入普通高校的重点大学。[①]

总体上说，高中阶段的教育分流主要有三个流向：一是在基础教育阶段的成绩优秀者通常被选拔进入各重点高中学习，进而得到优质教育资源的培训，为将来进入各重点甚至名牌大学奠定良好的基础；二是基础教育阶段的成绩一般者则可能选择一般高中或者各种职业技术学校；三是差等生会在高中选拔考试中被淘汰，进而结束自己的学生生涯。

---

① 王杰：《重点大学在校生高中教育经历的实证分析》，载《教育与经济》2005年第1期。

4. 高考导致的教育分流：优中选优进入精英层储备人才"摇篮"

高等教育阶段的分流起自高考，即通过高考将学生分别录入不同的高等学校，从而直接为他们在高等学校毕业后从事社会地位、经济收入和社会声誉不同的职业创造条件。中国的大学可分为若干层次，第一层次是北大、清华、复旦等全国重点高校中的顶尖大学；第二层次是其他建设"世界一流大学"的全国重点大学，亦称"985工程"大学；第三层次是国家其他面向21世纪重点建设的"211工程"大学；第四层次是各省直属的重点大学；第五层次是省管的一般大学；第六层次是各种由专科升格成本科的地方性本科院校；第七层次是各种专科学校；第八层次是民办或公办型的职业技术学院；等等。在高等教育大众化转型背景下，要想成为精英，最好能进入北大、清华等名牌大学，或者至少得考上其他重点大学。可是，由于教育资源的有限及生源质量参差不齐等原因，不可能人人都进入重点大学。在这里，高考的选拔筛选功能就充分发挥了作用。

每一茬学子的能力总是可以分为很多不同层次，而高考又从制度上强化了人才的分层机制。在进行高考招生录取的时候，是把高校的录取顺序分为第一批次、第二批次、第三批次等等，每个批次根据分数的高低把学生自然分为几个等级，于是不同等级学生便被不同层次的大学录取。能进入第一批次的学生，正是由于其基础最好，考的分数最高，因此本身就属于高中毕业生中的优秀分子；进入重点大学深造后，自然也就能更加优秀，成为精英层人才储备。正因为如此，也就自然会被淮南市等用人主体视为"人才青苗"。①

5. 层级分馏的教育选拔机制

在以往的教育分流理论研究中，关注的视角大多是不同阶段上不同素质水平学生、不同层次未来人才的分流机制，而本研究则试图聚焦大学教育后产生出的精英层储备人才，并把不同教育阶段纵贯起来，着重考察这类人才是如何经过各教育阶段的不断选拔，而最终被培养及分流出来的。

美国教育社会学家索罗金指出："学校是使人从社会底层向社会上层流动的电梯，学校通过考试来进行选拔，从而决定人们的社会地位。"② 综观精英层储备人才（优秀学生）的整个成长过程，教育在培养他们的同时也在选择着他们。在基础教育阶段，教育系统通过一些方式区分各种优秀"苗子"，使他们在实际上得到特殊的培养，这样就为他们将来的发展奠定了最初的良好基础。在第一次大范围选拔考试进入高中教育阶段，各重点高中犹如强力磁场，把各地优秀的初中毕业生吸引到其中，当然，能被重点高中选中的大部分都是在基础教育阶段就得到选拔的那一批优秀苗子。而在重点高中及一般高中的"重点班"中，优秀学生们已经能合理合法地、公开地得到优质教育资源的明显倾斜。到了高等教育选拔时，重点高中的学生又自然成了好大学选择的对象。其中最优秀的学生被选拔进北大、清华等顶尖大学学习，较为优秀者也进入了其他重点大学。

正是由于高考这一关口对未来精英层储备人才所具有的重要分流功能，于是不少高中毕业生为了进入重点大学，往往放弃就读一般大学的机会而选择复读。据媒体报道，最近几年高考复读人数呈逐年上升趋势。在有的复读班中，90%为上线考生，其中10%左右是重点线以上的高分考生。"尽管高考录取刚刚开始，但贵阳市的高考复读班已热闹了起来。

---

① 淮南市"人才青苗"的标准之一就是系全国重点大学毕业。
② 转引自张德强、周润智：《高等教育社会学》，高等教育出版社，2002年，第58页。

连日来，记者在一些办有复读班的学校探访发现，高考成绩出来后，这股热潮正呈上升态势，到目前，每个补习点都接纳了数十人到上百人的报名和咨询，报名者中不乏450分以上的高分考生，甚至有名列前茅的尖子生。"[①] 有的高分考生选择复读，则是因为离理想的北大、清华等名校只有几分之差而擦肩而过心有不甘。据北大法律系大三学生苏某讲述，从高二起，他就立志考北大，但第一年考砸了，落榜到武汉大学，他毫不犹豫地选择了复读；第二年，虽然平稳发挥，但仍与北大分数线差了几分，他仍选择复读；熬到第三年，终于如愿以偿地跨进了北大校门。从根本上说，高考复读率的提高是高等教育大众化背景下人们对精英教育追求的体现。

基于上述，我们就可以把整个学校教育系统看作一个庞大的人才教育"层级分馏塔"。图3直观地描绘了这个"分馏塔"的形状。

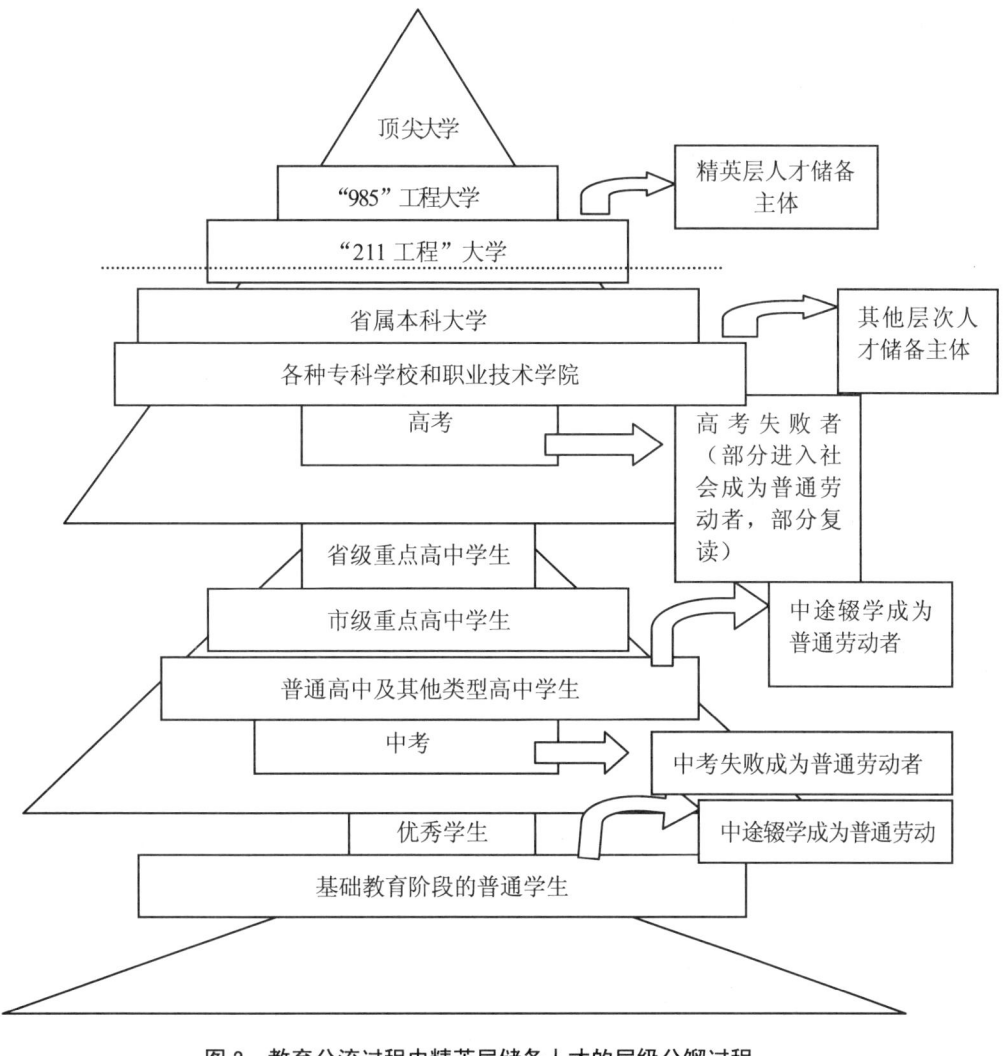

图3 教育分流过程中精英层储备人才的层级分馏过程

---

① http://edu.sina.com.cn/gaokao/2007-07-25/101695051.shtml.

由于这个"分馏塔"只是简单勾要的示意图,因而不宜作绝对的理解。其中特别有两点要略作说明:一是没有标出所有的学校教育环节;二是没有标出各个层次所有可能输出的人才或普通劳动者类别,而只标明了主要产出,但事实上几乎每一个层次都有可能既产出普通劳动者,又产出精英层储备人才,还产出其他层次储备人才。

之所以称作"层级分馏塔",是借鉴石油加工业中的"原油分馏塔"称谓,在石油加工提炼过程中,作为多种烃的混合物,原油在加热条件下,经过分馏塔而在不同分馏层上分离出相对分子质量不同的烃。其主要产物从下层到上层依次是:沥青、重油、润滑油、轻柴油、煤油、航空煤油、汽油、优质汽油等。因此我们在本研究中是想通过上述名称提出一个教育分流中的"分馏塔效应":学校教育系统通过连续的考试选拔程序,使学生按素质高低分别进入不同教育阶段上的不同学校,从而培养出不同层次的人才。这一原理有别于通常所说的教育分流之处是,后者注重的是一层层横断面上的分流情况,而前者是在此基础上更关注纵剖面。这一原理也有别于前文介绍的美国索罗金的"电梯理论"(这是我们为其论述起的名称),后者虽然蕴涵了教育分流有将人送到不同层次之义,但它主要指的是社会地位的不同层次,而且也没有强调学生的素质高低本身。这一效应也就包含了我们对精英层储备人才的生成分流机制的理解:具有较高素质的优秀学生通过不同教育阶段上的考试不断被选拔进入上一层水平较高的学校学习,从而最终成为精英层储备人才。

综上所述,精英层储备人才的培养是与各级各类学校的教育活动分不开的,尤其与重点建设的大学有着密切关系。重点大学特别是一流大学,对培养和造就精英储备人才发挥着责无旁贷、难以替代的历史作用。而且我们也看到,精英层储备人才的培养是一个连贯性、递进性的过程,不仅与重点大学的优越条件有着直接关联,而且还与中、小学的教育状况有着深刻、内在的联系。故此可以说,精英层储备人才是整个学校教育过程的终端产品,更是全部教育分流活动的高端结晶;如果这一层人才储备流失了,势必具有很大的难以补偿性,因为所剩只是次优层及一般层了,并且不可能从头再来,重新培养出这茬人的精英层储备人才。显然,精英层储备人才的这种生成与分流机制,正是高等教育大众化进程中西部精英层人才储备大量流失的基本原因之一,而其深刻影响是怎么估量也不为过的。

参考文献:
　　[1]钱民辉:《教育社会学》,北京大学出版社,2005年。
　　[2]马和民:《新编教育社会学》,华东师范大学出版社,2002年。
　　[3]谢维和:《教育活动的社会学分析》,教育科学出版社,2001年。
　　[4]李培林、李强、孙立平等:《中国社会分层》,社会科学文献出版社,2004年。
　　[5]潘晨光主编:《中国人才发展报告 NO.1》,社会科学文献出版社,2004年。
　　[6]刘豪兴、朱少华:《人的社会化》,上海人民出版社,1993年。
　　[7] E·齐格勒　L·基尔德　M·拉姆:《社会化与个性发展》,北京航空航天大学出版社。
　　[8]费穗宇、穆宪、张潘仕:《青年社会学》,山东人民出版社,1987年。
　　[9]李强:《社会分层与贫富差别》,鹭江出版社,2000年。
　　[10]邬大光:《中国高等教育大众化问题研究》,高等教育出版社,2004年。
　　[11]潘懋元:《高等教育大众化的理论与政策》,福建教育出版社,2004年。

[12] 国家教育发展研究中心：《中国教育绿皮书》（2000）、（2001）、（2002），教育出版社。

[13] 马丁·特罗：《从精英向大众高等教育转变中的问题》，载《外国高等教育资料》1999年第1期。

[14] 王一多：《西部地区人力资源的困境及成因分析》，载《西南民族大学学报》2004年第9期。

[15] 赵世亮：《探索建立以高校毕业生为主的人才储备制度》，载《内蒙古社会科学》2004年第6期。

[16] 卢建华：《从国际英语水平测试的发展看西部人才流失的原因》，载《西安外国语学院学报》2001年第2期。

[17] 郭石明、盛颂恩、施建青、汤智：《精英教育：量与质的解读》，载《新华文摘》2007年第15期。

[18] 宋宁娜.教育平等：《教育公平与社会进步——兼论教育收费与教育分流》，载《新华文摘》2004年第16期。

[19] 王杰：《重点大学在校生高中教育经历的实证分析》，载《教育与经济》2005年第1期。

[20] 郑若玲：《高考的社会功能》，载《现代大学教育》2007年第3期。

[21] 吴忠民：《精英群体的基本特征及其他》，载《中共中央党校学报》2008年第2期。

【作者简介】

史昭乐，贵州省社会科学院研究员，原社会学研究所所长，贵州和谐社会建设研究中心主任，贵州省社会科学院应用社会学重点学科领衔人。享受国务院特殊津贴专家、贵州省省管专家、省"五一"劳动奖章获得者。研究方向为应用社会学、青少年犯罪问题等。兼任中国社会学会常务理事、中国城市社会学专业委员会副会长、贵州省社会学学会常务副会长兼秘书长、中国西南民族研究会理事。担任贵州大学社会学硕士生导师。先后主持和参与国家社科基金项目近10项，主持省社科规划项目、省长基金项目、省高层次人才资助等项目10余项。近年来，出版学术专著主要有《百县市经济社会调查·金沙卷》、《青少年犯罪与公共安全》、《辩证法体系新述》（该书被北京大学哲学系原主任黄楠森誉为"一个璀璨的成果"）、《贵州社会发展形势分析与预测（2007~2008）》、《贵州社会发展报告（2008~2009）》。发表论文《精神资源与脱贫攻坚》（载《求是》杂志1998年第14期）、《调动农民脱贫积极性的途径》（载1999年12月2日《人民日报》理论版）、《如何提高社会管理科学化水平·强化解决问题的功能》（（载2011年9月1日《人民日报》观点版）、《高等教育大众化进程对欠发达地区社会发展的影响》等。专著《青少年犯罪与公共安全》先后获贵州省政府哲学社会科学优秀成果二等奖、中国青少年犯罪研究会优秀成果一等奖，论文《精神资源与脱贫攻坚》先后获全国及贵州省"五个一工程"奖，《贵州省干部教育培训质量评估研究》获贵州省政府哲学社会科学优秀成果二等奖，《深刻把握欠发达地区老干部工作科学发展的基本规律》获中组部"干部离退休制度建立30年来老干部工作理论研讨"一等奖等。

当前我国人文社会科学学术期刊发展研究

黄旭东

人文社会科学学术期刊是人文社会科学学术文化交流、传承的载体，它通过刊载具有学术创新的研究成果，展示一个国家相关学科领域的研究水平，是一个国家和民族的精神财富和无形资产，在国家科学研究、文明传承、开拓创新、培养人才以及文化繁荣方面承载着重大的历史与社会责任。人文社会科学学术期刊的优劣主要看它的影响力，而决定影响力的从根本上说主要看它刊载的学术成果的质量。当前，我国人文社会科学学术期刊事业发展迅速，为繁荣中国特色社会主义的哲学社会科学事业做出了突出贡献。党的十八大提出了建设社会主义文化强国的战略目标，建设社会主义文化强国，需要我国人文社会科学学术期刊的健康发展，需要建设一批世界一流的人文社会科学学术期刊。但是，我们应该看到，当前，我国人文社会科学学术期刊的发展还存在许多问题，不解决这些问题，就不能实现历史赋予我们的伟大目标。

一、当前我国人文社会科学学术期刊发展基本情况

当前，我国人文社会科学学术期刊发展基本情况可以用几句话来概括：期刊资源配置行政化；期刊总数大、人均数量小；综合性期刊多，专业性期刊少；总体质量较差。

（一）期刊资源配置行政化

当前，我国学术期刊资源（也就是刊号）实行的仍然是计划经济特点的配给制。期刊主管部门（新闻出版总署）按地区、行业配给学术期刊资源，通过刊号审批的方式控制学术期刊发展的规模和数量，任何个人或者学术团体没有期刊管理者（新闻出版总署）审批的刊号是不能办学术期刊的，同时，学术期刊的出版内容和形式也有严格的规定，什么样的单位可以办什么内容、什么形式的学术期刊完全是由期刊管理者来决定。

就当前来看，我国学术期刊资源主要按三大板块行政配置：高等院校是一个板块；社科院、社科联、讲师团是一个板块；党政干部院校（含党校、行政学院、社会主义学院、干部管理学院等）是一个板块。这"三大板块"基本上是"一校（院、单位）一（综合性）刊"的模式，也有少量的由学会（协会）、行政部门及其直属单位主办的学术期刊。这种行政分配和管理方式造成了一些学术期刊（特别是一些层次比较低的学术期刊）成为主办单位的自留地，自种自收、自弹自唱。违背了学术期刊是开放的公共学术平台的办刊宗旨。

（二）期刊总数大

目前我国人文社会科学学术期刊大概有 3000 种左右，这个数据可以在新闻出版总署网站和中国知网（CNKI）网站查到，也可在 2011 年中国人民大学人文社会科学学术成果评价研究中心和中国人民大学书报资料中心联合发布的"2010 年度《复印报刊资料》转载学

论文指数研究报告"以及南京大学中国社会科学评价中心发布的"中国人文社会科学期刊学术影响力报告(2009版)"中得到佐证。

新闻出版总署网站《2010年全国新闻出版业基本情况》统计：2010年全国共出版期刊9884种：其中综合类495种、哲学、社会科学类2466种、文化、教育类1207种。[①]

中国知网(CNKI)《人文与社科学术文献网络出版总库》收录的正式出版的人文与社科学术期刊为3334种（截止2012年底）。[②]（由于中国知网是一个入库门槛极低，基本上不遴选来源期刊的数据库，因此，许多不是社科学术期刊的刊物也可能收录在库中）。

2011年中国人民大学人文社会科学学术成果评价研究中心和中国人民大学书报资料中心联合发布的"2010年度《复印报刊资料》转载学术论文指数研究报告"指出："2010年《复印报刊资料》转载期刊论文涉及原发期刊1634种，约占我国人文社会科学学术期刊总量的50%。"[③]也就是说，除了这1634种人文社会科学学术期刊以外，我国目前还有1600种左右的人文社会科学学术期刊。

南京大学中国社会科学评价中心发布的《中国人文社会科学期刊学术影响力报告(2009版)》（苏新宁教授主持）构建了涉及20个指标的中国人文社会科学期刊评价体系，涉及我国人文社会科学23个学科、2000多种人文社会科学学术期刊。[④]

中国社会科学院文献计量与科学评价研究中心发布的《中国人文社会科学核心期刊要览（2008年版）》介绍说，其核心期刊是从"中国人文社会科学引文数据库（CHSSCD）"中遴选出来的，虽然这个数据库只收录了700种左右的人文社会科学学术期刊，但符合这个数据库统计要求的人文社会科学学术期刊大约有3000种。[⑤]

以上几个数据虽有所不同（统计口径的不同和对人文社会科学学术期刊界定的差异造成），但从这些数据得出，当前我国人文社会科学学术期刊大约有3000种左右（考虑到一些社科期刊超越办刊宗旨及业务范围，可能数字会更大些，大概不会有多大误差）。这个数量在世界各个国家人文社会科学学术期刊数量排名中不是数第一肯定也是名列前茅。

（三）人均数量小

这和我国需要发表"论文"的人太多有关系。在我国现行学术评价机制下（专业技术职称评定需要发表论文，任期考核、学位申请、课题申报、各种奖励、经费分配等等都需要发表论文），中国已成为世界上靠发表"论文""吃饭"人数最多的国家，也是发表"论文"最容易的国家。最新的媒体数据显示，我国科技人员发表的期刊论文数量，已经超过美国，位居世界第一（但如以发在高端学术期刊论文数量来比，和美国还存在差距）[⑥]。在中国，写学术论文是再平常不过的一件事，基本上"人人可为，处处可为，时时可为"。大学教授要写论文，小学教师甚至幼儿园教师也要写论文；医生要写论文，护士也要写论文，就连小学生也要写点科技论文。因此，如以从事学术或与学术相关活动的人员来算人均拥有学

[①] 2010年全国新闻出版业基本情况，新闻出版总署网站:http://www.gapp.gov.cn/cms/html/21/index.html.
[②] 人文与社科学术文献网络出版总库，中国知网(CNKI)网站:http://www.cnki.net/.
[③] 2010年度《复印报刊资料》转载学术论文指数研究报告，中国人民大学书报资料中心网站：http://www.zlzx.org/.
[④] 中国人文社会科学期刊学术影响力报告(2009版)，南京大学中国社会科学评价中心网站：http://cssci.nju.edu.cn/.
[⑤] 中国社会科学院文献计量与科学评价研究中心：《中国人文社会科学核心期刊要览（2008年版）》，社会科学文献出版社，2009年。
[⑥] 《学术期刊大国的尴尬与梦想 急需体制改革》，http://news.163.com/，2012年3月2日。

术期刊数，中国肯定不会多。新闻出版总署新闻报刊司副司长张泽青在接受《中国青年报》记者采访时说："如果要满足现有发表论文的需求，还要在原有的6000多种期刊基础上再创办3.5万种学术刊物"[1]，还需要3.5万种学术刊物是个什么概念，看来学术期刊遇到了"黄金时代"，既然学术期刊刊号国家要严格控制，相关的制度又需要凡沾上一点边的都要写论文、发表论文，学术期刊一下子成了这个时代的"香饽饽"，有些学术期刊"适应"了这个时代的要求：要么缩短出版周期，半年刊变季刊、季刊变双月刊、双月刊变月刊；要么加厚页码，一本学术期刊弄得像字典、百科全书一样；要么字号变小，逼得读者非要拿个放大镜才能看清。当然还有各种各样的增刊，各种各样的理论版、教育版，各种各样的真的假刊或假的真刊。这样的"黄金时代"不是"泡沫"又是什么呢？

这就是当前我国学术期刊的乱象。现在，我们许多学术期刊的办刊者感觉日子还有点好过，只要有刊号，学术刊物就能"繁荣"，稿源不愁。想收点版面费也不困难。巴菲特说过：只有退潮以后才能看到裸泳的人。如果我们真的规范了学术市场，不再搞这种荒唐的"学术GDP"，"泡沫"破灭以后，又有几家真正的学术刊物剩下？

（四）综合性期刊多，专业性期刊少

目前，学界对我国人文社会科学学术期刊发展水平低指责较多的一个原因就是综合性期刊多，专业性期刊少，同质化现象严重。高校办的校刊（院刊）、地方社科院或社科联办的刊物基本上都是综合性期刊，从刊名到版式、从栏目到内容都大同小异。刊名基本上都是"某某大学（学院）学报、"某某社会科学"，内容基本上涵盖了人文社会科学的所有学科，面面俱到，没有特色。

综合性期刊多造成了人文社会科学学术期刊的"全、散、小、弱"、"千刊一面"、"低水平重复"等等弊端，这种状况既不适应社会主义市场经济深入发展的需要，也不符合社会主义文化大发展大繁荣的要求，需要深化改革。新闻出版总署提出的专业化、数字化、集团化、国际化作为我国人文社会科学学术期刊改革和发展的方向，这其中的专业化是有针对性的。

一般而言，学术期刊应由专业学科的最高水平学会或机构主办，专业性期刊应该多于综合性期刊，但在我国，综合性期刊却大大多于专业性期刊，这是我国期刊资源配置行政化的必然结果。如前面所说，我国的学术期刊主要分布在三大系统，高等院校系统、党政干部院校系统基本上是综合性学术期刊（顶多党政干部院校系统学术期刊偏向政治学方向），社科院系统除了中国社科院所属的部分所室办的一些专业性期刊外，地方社科院的期刊基本上也是综合性期刊。中国学术期刊综合性期刊多专业性期刊少既与中国期刊资源配置行政化有关，更与这些期刊主办单位大多是综合性的科研教学单位有关。

（五）总体学术质量较低

尽管现在就人文社科学术期刊质量评判标准还存在许多争论，没有一个权威的国家政府部门认可的标准。但是学界有一些公认的标准，从国际标准来说，就是被三大人文社科类检索工具即：SSCI（Social Sciences Citation Index）《社会科学引文索引》、A&HCI（Arts&Humanities Citation Index）《艺术与人文科学引文索引》、ISSHP《社会科学和人文会议录索引》收录（自然科学等其他类学科国际权威检索工具为SCI、EI、ISTP），在被

---

[1] 新闻出版总署：《"核心期刊"与政府无关》，载《中国青年报》，2009年4月27日。

这些检索工具收录的期刊上发表的论文均被认为是高水平的学术成果。

将三大人文社科类检索工具作为社会科学研究评价工具目前在国内已经是一个普遍的做法，甚至处于一种疯狂状态。"SSCI 作为高校人文社会科学研究评价工具的趋势日剧。很多高校不仅将 SSCI 作为人文社会科学学术评价体系中奖励最高、地位最重要的一环，而且在很多重要岗位以及评奖体系中，是否在 SSCI 收录的杂志上发表过相关文章已经成为一个基本必要的条件。"[①] 我们随便查阅一下科研机构特别是高等院校科研成果奖励办法可以看到，在这些检索工具收录的期刊上发表的文章基本上都被认定为"特类"或"Ⅰ类"成果，奖励动辄就是几万元，甚至几十万元（还不考虑其他的利益）。[②]

但是，中国本土的人文社会科学学术期刊或者说与中国相关的人文社会科学学术期刊被《社会科学引文索引》(SSCI) 收录的却寥寥无几（目前美国 SSCI 引文索引数据库收录的中国大陆出版的人文社科期刊仅有英文版 Chinese Literature 一种[③]）。当然，由于人文社会科学的"民族性"、"本土性"特点，我们研究的视域和方向未必会被这些"国际"著名的期刊文献检索工具关注，更不用说人文社会科学研究承载着的价值观和意识形态的差异，但这是另外一个问题，应当承认，当前我国真正具有学术公信力和良好学术声誉、在国际上有影响力的人文社会科学学术期刊不多确是一个事实。

就国内的标准来说，目前学界普遍认为被南京大学中国社会科学研究评价中心收录的《中文社会科学引文索引（CSSCI）》来源期刊，北京大学《中文核心期刊要目总览》收录的核心期刊，武汉大学中国科学评价研究中心（RCCSE）发布的《中国学术期刊评价研究报告》收录的权威期刊、核心期刊，中国社会科学院文献计量与科学研究评价中心发布的《中国人文社会科学核心期刊要览》收录的核心期刊代表了一定的学术水准。但 2012—2013 年度中文社会科学引文索引（CSSCI）收录的来源期刊只有 535 种[④]，北京大学《中文核心期刊要目总览》（2011 年版）列为核心期刊的社会科学类的期刊（除掉自然科学，医药、卫生，农业科学，工业技术类）的中文核心期刊也不过 748 种[⑤]，《中国学术期刊评价研究报告 2013—2014》收录的中文社会科学权威期刊、核心期刊为 564 种[⑥]，《中国人文社会科学核心期刊要览（2008 年版）》评选出的人文社会科学以及综合学科类的核心期刊仅有 386 种[⑦]。

如果我们说这几大评价中心的标准高了，再看几个数据：中国人民大学 2010 年《复印报刊资料》转载期刊论文只涉及原发期刊 1634 种[⑧]；《中国学术期刊影响因子年报（人文社会科学）》（2010 年版）引证的数据是从 1536 种来源期刊中得出的[⑨]；《中国人文社会科学核心期刊要览（2008 年版）》是从"中国人文社会科学引文数据库（CHSSCD）"（符合

---

① 覃红霞：《过度强调 SSCI 评价功能不利本土学术发展》，载《中国社会科学报》，2011 年 12 月 8 日。
② 贵州财经学院科研成果奖励办法（暂行），贵州财经大学网站：http://www.gzife.edu.cn/portal.
③ 李文珍：《理性看待 SSCI、A&HCI 热（上）》，载《中国社会科学报》，2012 年 2 月 28 日。
④ 《中文社会科学引文索引（2012—2013）来源期刊目录》，南京大学中国社会科学评价中心网站：http://cssci.nju.edu.cn/.
⑤ 北京大学图书馆：《中文核心期刊要目总览（2011 年版）》，北京大学出版社，2011 年。
⑥ 武汉大学中国科学评价研究中心：《中国学术期刊评价研究报告（2013-2014）》，科学出版社，2013 年。
⑦ 刘植荣：《国外工资状况概览——世界工资研究报告》，载《中国改革报》，2010 年 3 月 24 日。
⑧ 2010 年度《复印报刊资料》转载学术论文指数研究报告，中国人民大学书报资料中心网站：http://www.zlzx.org/.
⑨ 人文与社科学术文献网络出版总库，中国知网（CNKI）网站：http://www.cnki.net/.

这个数据库统计要求的人文社会科学学术期刊大约有 3000 种)收录的 700 种左右来源期刊中评选出来的[①]。也就是说，在我国人文社会科学 3000 种左右的期刊中，还有一半左右的期刊没有被中国人民大学《复印报刊资料》转载涉及，还有一大半左右的期刊没有进入相关评级机构的视野，尽管这些期刊中可能也不乏优秀期刊，但大量的期刊都是平庸的甚至是学术垃圾当是肯定的。

当前我国人文社会科学学术期刊的状况和我国的 GDP 情况相似，可以类比，都是总量大，人均少，质量差。中国 GDP 总量世界排名第二，人均 GDP2011 年排名 95 位（95 位前后的国家我们都不熟悉，只知道中国最差的足球也不过排在 71 位左右）。就质量来说，中国 GDP 总量虽然世界排名第二，但中国最低工资收入排名世界第 158 位左右（183 个国家来排位，158 位以后的国家基本上都是政局不稳定的国家）[②]。

二、当前我国人文社会科学学术期刊发展中存在的两个突出问题

（一）学术期刊质量评价问题

按国际上通行的做法，学术期刊的质量应该是由同行专家来评定，因为就学术水平来说，同行专家最有发言权。而在当今，我国学术期刊质量评价的主角已经让位于"专业"的学术评价机构。

从历史和现实来看，在我国，学术期刊质量的高低可以从三个方面来考量。

1.对于学术期刊的评价，在国家政府层面，有国家期刊奖（国家期刊方阵）、教育部高校哲学社会科学名刊工程、双效期刊等等。在各省市层面也有优秀期刊奖、名刊评选等等。但奇怪的是，政府有关部门对期刊设定的这些奖项却没有得到学界的足够重视（相对于学术成果来说，这是一个很奇怪的现象。学术论文、专著或研究报告等学术成果被评为政府奖是一件很了不得的事），相对于一些"专业"学术评价机构评定的"来源期刊"、"权威期刊"、"核心期刊"，似乎显得无足轻重，这大概与这些评奖不是以学术期刊的学术水平为主要标准有关。比如，第三届国家期刊奖发布后新闻出版总署报刊司负责人答记者问中在回答"通过本次评选，期刊社今后要注意哪些问题"时，该负责人答道："一是出版规范问题。……二是编校质量问题。……三是广告内容问题。"[③]这说明，新闻出版总署对社会科学学术期刊质量的理解和学者对社会科学学术期刊质量的理解是不同的，新闻出版总署强调的是出版规范、编校质量和广告内容，学者强调的是学术水准。"迄今为止，我国新闻出版管理部门尚未从各类学术期刊的学术水平这一角度制定过标准，因为衡量学科众多的学术期刊的学术水准是一件非常复杂、难度非常大的工作，不是新闻出版管理部门可以简单地作出评价的。……1995 年，新闻出版署发布了《社会科学期刊质量管理标准》……虽然对学术理论类期刊的业务标准有要求，但都是一些原则性的，不能仅以此作为判断期刊学术水平高低的标准。"[④]

[①] 新闻出版总署报刊司：《关于学术期刊有关问题的答复》，载《传媒》2002 年第 11 期。
[②] 刘植荣：《国外工资状况概览——世界工资研究报告》，载《中国改革报》，2010 年 3 月 24 日。
[③] 新闻出版总署报刊司：《关于学术期刊有关问题的答复》，载《传媒》2002 年第 11 期。
[④] 新闻出版总署报刊司：《关于学术期刊有关问题的答复》，载《传媒》2002 年第 11 期。

2. 以期刊主管部门行政级别和期刊所属地域划分。学术期刊的质量高低与刊物在学术圈内部的公信力没有直接的关系，按期刊主办单位的行政级别或所属地分为中央一级的刊物、省级刊物、地市级刊物。主办单位的行政级别越高、所属地是北京或上海等中心发达地区，刊物的等级地位也就越高，学术权威也就越大，其次是学术中心城市有关刊物，以此类推，等等。比如通常将中国社科院的各类刊物视作核心中的权威、重要期刊。

我国目前还有很多地区或学术机构的"学术榜"仍然在沿用期刊主办单位（或主管单位）的行政级别或所属地来划分所谓的权威期刊、重要期刊等（一些大众读物并非专业性学术期刊，因为在北京，或为中央机构或其下属机构，也被列为权威或重要期刊，从这个意义上来说，由学术期刊考评机构评级是一个重大进步）。

3. 南京大学中国社会科学评价中心发布的中国社会科学来源期刊（CSSCI 来源刊）、北京大学图书馆发布的中文社会科学核心期刊；武汉大学中国科学评价研究中心发布的权威期刊、核心期刊、中国社会科学院发布的中国人文社会科学核心期刊，最初是否被列入"来源期刊"、"核心期刊"，学术界、期刊界并不十分重视。新闻出版总署也一再声明："评选'核心期刊'不是政府行为，社会上各种各样的'核心期刊'评选与政府无关。"[①]

尽管目前对学术期刊质量评价的标准争议较大，政府有关部门对期刊设定的奖项得不到学界足够的重视，学界重视的有关学术评价机构对期刊的评级也没有得到政府有关部门的公开承认，但在实际中许多学术管理部门、科研机构特别是高等院校都把在"来源期刊"或"核心期刊"发表多少论文作为考核、评级的重要依据甚至是硬性要求，我们的职称管理部门也硬性规定各级职称评定时对应要发多少"来源期刊"或"核心期刊"论文（不知道这算不算政府行为），使得"来源期刊"和"核心期刊"最终成了整个学术界的"风向标"，目前，"CSSCI 来源期刊"和"北图核心期刊"在学界最有影响力（这个影响力与它们得到了教育部门和人事部门的官方承认有直接的关系，特别是"CSSCI 来源期刊"）。

那么"CSSCI 来源期刊"、"北图核心期刊"、武汉大学中国科学评价研究中心发布的权威期刊、核心期刊、中国人文社会科学核心期刊收录或评选的主要依据是什么呢？从它们对收录或评选的原则和方法的说明来看，它们主要依据的不是同行专家、期刊界专家的评审（近些年，在各种数据的基础上，有加大同行专家评议的趋势），而是这么一些客观数据：(1) 南京大学中国社会科学研究评价中心制作的期刊他引频次、影响因子等数据（CSSCI）；(2)《新华文摘》、《中国社会科学文摘》、《高等学校文科学术文摘》、中国人民大学书报资料中心制作的《人大复印报刊资料》转摘量和转摘率数据（还有部分文摘的转摘量和转摘率数据，几大文摘的索引）；(3) 其他重要检索系统收录数据；(4) 基金论文比；(5) WEB 下载量等等。

用这些数据来评价期刊质量有一些有合理性，有一些则没有说服力。比如，他引数据、基金论文比、WEB 下载量等等只能说明期刊的影响力，并不能说明期刊的质量（质量判断必须建立在对这些数据的动机、作用、目的进行分析的基础上），而如果一个文摘杂志社有严格的审稿程序，期刊文章被其转摘是能反映期刊的学术质量的，因为一篇文章是否被转摘表明了文摘杂志社对被摘文章的价值判断，而一个严谨的有严格的审稿程序的文摘杂志社的价值判断应该是值得信任的。

---

① 新闻出版总署：《"核心期刊"与政府无关》，载《中国青年报》，2009 年 4 月 27 日。

目前在人文社会科学方面比较有影响力的文摘杂志主要有《新华文摘》、《中国社会科学文摘》、《高等学校文科学术文摘》、中国人民大学系列复印资料等等，这些文摘对其转摘的文章在选稿上是有其偏向的，如《新华文摘》重点转摘的是有重大现实意义的文章，《中国社会科学文摘》重点转摘的是具有理论问题的文章，《高等学校文科学术文摘》重点转摘的是具有学术问题的文章，中国人民大学系列复印资料除了复印转摘上述问题的文章外，还兼有资料收集的工作等等。这些特点说明学术质量并不是它们转摘的唯一标准。

这就是"CSSCI 来源期刊"、"北图核心期刊"、武大"权威期刊"、"核心期刊"、中国人文社会科学核心期刊的评定既为学界一部分人推崇又为一部分人"诟病"的原因。当然，我们不能责怪相关的评价机构，因为无论"来源期刊"还是"核心期刊"，它们最初评定的目的本来只是为图书情报部门订阅期刊时提供参考或用于检索中文人文社会科学领域的论文收录和文献被引用情况。南京大学中国社会科学研究评价中心中文社会科学引文索引（CSSCI）指导委员会就多次发出倡议，要求高等学校等科研管理部门科学对待、合理使用中文社会科学引文索引（CSSCI），学术期刊要切实避免将是否被 CSSCI 收录作为办刊质量的唯一标尺。但是倡议归倡议，高等学校等科研管理部门仍然义无反顾地将其作为学术考量的标尺，以至于后来的"倡议"有了"此地无银三百两"之嫌。当然，我们应该实事求是地说，"来源期刊"或"核心期刊"在今天事实上成为学术期刊最有影响的分级标准，成为衡量一篇论文学术水平高低的标准，是这些评价机构也未曾预料到的。

用量化数据对人文社会科学期刊学术质量进行评价有其可取的地方，要不它也不会在学术界产生这么大的影响，比如数据的客观性，方法的简单性、可操作性等等都是值得肯定的，特别是在当代中国诚信缺失、学术道德被怀疑、同行专家评议已失掉公信力的学术生态环境下，这种相对客观的标准被学界接受甚至被异化也就没有什么值得奇怪的了。

当然，用量化数据对人文社会科学期刊学术质量进行评价也有许多值得怀疑的地方。

正如许多人指出的那样，首先，来源期刊和核心期刊的评价方法局限于文献计量学或图书情报学领域，评价者大多是文献计量学或图书情报学方面的专家，这些专家没有也无法真正深入到各学科领域当中，他们依据的引文索引数据其本质只是提供一种检索功能，将其作为评价功能值得商榷，更不用说数据本身的科学性和真实性（目前的评价也辅以同行专家评价，但是拿到同行专家手上的是根据数据的期刊排位，同行专家的评价作用很小，很难改变原有位次）。就如何看待科研评价的量化指标，国家教育行政学院院长、全国高校社科科研管理研究会理事长顾海良说："哲学社会科学需要进行量化评价，也需要评价中增加量化指标，但不能把量化看成是公平公正的体现，也不能把量化等同于科学化、规范化，过于细致的量化可能扼杀哲学社会科学的创新。"[①]南京大学学报（哲学.人文科学.社会科学版）主编朱剑说："简单地使用并分析这些数据，一般只能间接说明期刊在某些方面影响力的大小；对期刊学术质量的评价，仅靠搬弄这些数据是推算不出令人信服的结果的，但这些数据却可以为科学和合理的学术评价起到问题导引和分析工具的作用"[②]就连一直致力于这种评价研究和推广的南京大学教授叶继元也表示："这些评价跟质量评价有一定的关

[①]《聚焦科研评价　繁荣哲学社会科学》，载《中国社会科学报》，2011年11月24日。
[②] 朱剑：《高校学报的专业化转型与集约化、数字化发展——以教育部名刊工程建设为中心》，载《清华大学学报（哲社版）》2010年第5期。

系，甚至有很强的正相关关系，但绝不能取而代之"。[①]

当然也有人认为用这种量化指标评价科研质量本身是没有问题的，武汉大学中国科学评价研究中心主任邱均平就认为，数量与质量相辅相成，二者融合于定量化评价之中。定量化评价本身没有问题，只是利益因素诱导该方法被误用和滥用。[②]

其次，把学术期刊和学术期刊发表的论文等同起来，把期刊评价等同于论文评价，用期刊的层级来评定论文的层级，以刊论文。这种学术管理的简单化其结果就是"鼓励"作者片面追求在期刊上发表论文的数量。

其实，谁都知道，一篇学术论文质量的高低，取决于论文本身，而不是它发表期刊的名称、层级，如果只看杂志名称，那么我们还要评议专家干什么，随便请个识字的人就能评价论文的质量了。

严格地说，一篇论文在某个杂志上发表，只能表明该杂志的几个审稿人（不管是杂志社的专家或者是外请的专家）对这篇论文质量和重要性的看法，但不代表所有同行的看法，出现偏颇的可能性是很大的（目前很多期刊的审定稿制度还缺乏科学标准），而且存在杂志办刊"安全性"问题，许多学术水平高但存在"安全"隐患问题的文章是不可能刊发的。即使期刊做到了论文发表前经过严格的同行专家评议，保证了质量，也不可能每一篇论文质量都在一个等次。期刊好比一个商场，商场所有权属于省部级也好、地厅级也好，商场的"壳"再精美、辉煌，关键还是要商场里面的商品好才行，我们现在的做法好比把商场里的所有商品都看成一个价，几万元的电器产品和几十元的鞋卖一个价。这个道理可能谁都明白，但是我们好像谁都还是这么做，如同"皇帝新衣"的故事，谁也不做那个小孩（有人曾经对我说，这个问题不是大家不明白，而是在当前的学术生态下，论文离开了专业期刊的评价，会更加离谱）。

对于不合理的期刊评价现实，期刊界基本处于失语状态，被剥夺了话语权。在学者、期刊和评价者这三个关系上出现了严重的异化。学术期刊本是为学术研究和学者服务的，应以学术和学者为中心；评价机构是为学术期刊服务的，应以期刊为中心；学者、期刊和评价者这三者最重要的是学者，其次是学术期刊，最后是评价机构。但现实的状况恰好相反，学者、期刊和评价者之间形成了一种颠倒的关系：评价机构指挥和调动期刊，而期刊则根据评价机构的偏好指挥和调动学者。其恶果是整个学术界的异化：学者迎合期刊、期刊迎合评价机构。学者、期刊、评价机构背离了本应遵循的规律，这是对学术本位的颠覆（指望那些围着评价机构指挥棒转的期刊发表高水平的论文，恐怕要靠点运气），这样的评价制度迫使学者和期刊都不得不急功近利，学者失掉了学术研究的价值判断，期刊失掉了为学者服务的根本，伪学术甚至造假大行其道。

期刊评价是个复杂的问题，国际上通行的同行专家评议方法在我们这里行不通，文献计量的评议方法尽管有种种缺陷，却被我国学界接受甚至异化（我们一边在批评一边在接受），我们需要思考的不是方法本身，而是隐藏在方法背后的深层次原因。

2012年12月27日，中国学术期刊电子杂志社、中国科学文献计量评价研究中心、清华大学图书馆共同发布了《中国学术期刊影响因子年报（2012版）》和《中国学术期刊国

[①]《学术不端都是学术期刊惹的祸？》，载《中国青年报》，2009年7月13日。
[②]《聚焦科研评价　繁荣哲学社会科学》，载《中国社会科学报》，2011年11月24日。

际引证报告（2012版）》，同时还首次发布了2012年度中国最具国际影响力学术期刊和中国国际影响力优秀学术期刊，人文社科类和科技类学术期刊按照国际他引总被引频次和国际他引影响因子两个指标排序、并经国内外专家评定后，共遴选出418种列入这两份名单，这是我国学术期刊评价建立国际影响力品牌标识的重大举措，"此前，我国对于学术期刊国际影响力的评价，多以SCI（科学引文索引）、SSCI（社会科学引文索引）等国际权威检索机构收录与否作为唯一衡量标准，很多未被收录期刊往往不被看好。《中国学术期刊国际引证报告》的发布是我国学术期刊乃至学术评价领域的一个突破性进展，是我们国家，也是国际上第一次从文献计量的角度，全面、系统、深入地向社会揭示中国学术期刊走向世界取得的成果和存在的问题。此举标志着我国学术期刊有了统一的国际影响力认证标识"。[①]

中国最具国际影响力学术期刊和中国国际影响力优秀学术期刊的发布能否改变我国学术界（准确地说是学术管理部门）唯国际重要检索工具马首是瞻、甚至疯狂的状态，能否以此为契机建立起我国期刊评价乃至学术评价的科学体系，一切有待观察。

（二）学术期刊收取版面费问题

目前，学术期刊除了主管部门拨款以外，其办刊经费来源主要有三个渠道：发行费、广告费和版面费。学术期刊由于阅读对象主要为相关领域的研究人员、高校教师、学生和部分党政、事业单位职员群体，读者面窄，加之数字化期刊的冲击，发行量小。发行费、广告费收入不高（许多学术期刊基本上没有广告），纯粹的学术刊物在发行量上肯定无法与其他社科期刊相比，即使是《中国社会科学》亦如此。现实的状况是，学术期刊依靠发行来维持正常办刊是非常困难的，如果没有主办或主管单位充足的拨款，学术期刊离开版面费就无法生存。

学术期刊版面费问题的出现，与我们对学术期刊性质定位不清是有关系的。学术期刊是纯公益性质的还是可以非公益性质的？换句话说，从事学术期刊的出版工作是从事出版事业还是从事出版产业？长期以来，对这个问题我们一直没有搞清楚过。

从学术期刊的办刊宗旨和读者定位来说，它应该是公益性的，作为开放性的学术成果的物质载体，学术期刊肩负着一个国家文化科学交流、传承和创新的重担，它具有超越商业利益的公益性，其办刊成本应由公共财政来承担，学术期刊办刊人需要关注的不是经费的来源和保障问题，而是论文的学术质量与品位问题。办好一本学术期刊，对于高校和学术研究机构来说，既是一项重要的工作，也是一项基本工作，因为学术期刊及其编辑部的存在如同高校院系存在、科研机构研究所室存在一样，是高校和科研机构功能完整的体现。高校和科研机构承载着"认识世界、传承文明、创新理论、咨政育人、服务社会"责任，学术期刊正是传承文明、创新理论的窗口和平台。

从学术期刊在整个学术活动的位置和分工来看，它又可以是非公益性的，学术期刊作为学术活动的一个环节（论文发表环节），是整个科研活动的一个组成部分，在这个环节投入费用是整个科研投入的一部分，在当代大部分学术研究都有相当的经费支持的背景下，在科研活动的论文发表环节支付一定的费用应该是合乎逻辑的，有其现实的合理性。

实际上，在国际上，许多学术期刊（包括许多顶级学术期刊）都把收取版面费当成是一件很普通也很正常的事，是一种惯例，国内许多作者在国际学术期刊上发表论文都交过

---

① 《2010年全国新闻出版业基本情况》，新闻出版总署网站:http://www.gapp.gov.cn/cms/html/21/index.html

版面费,但是国内学术期刊对发表论文的作者收取版面费一直被学界甚至社会上广泛议论。支持者和反对者似乎都各有其理由。

对于我国学术期刊收取版面费问题,学术期刊相关主管部门从来没有明文禁止过,明文禁止的是"乱收费"。

2011年,新闻出版总署对8种违规刊发学术论文的期刊进行了查处。从新闻出版总署的通报来看,8种违规刊发学术论文的期刊存在的主要问题是:片面追求经济效益,缺乏社会责任和职业道德,忽视学术质量,以收取版面费牟利,期刊刊载论文数量过多,最多的每期刊发200多篇,缺乏必要的审核和把关,论文质量难以保证。少数期刊超越办刊宗旨及业务范围,刊发的论文几乎涵盖所有学术领域[①]。通报没有对学术期刊收取版面费现象正面答复,警告和处罚的是存在"乱收费"现象的学术期刊。

新闻出版总署新闻报刊司副司长张泽青在接受《中国青年报》记者采访时就如何看待版面费问题这样说:"有一些比较严肃的学术期刊也在收版面费,但同时也会对论文的质量严格把关,它们收取一定的版面费是为了生存发展。这样的情况其实已经存在20多年了,有个别部门还曾发文对这种做法给予肯定。"[②]他个人认为,学术期刊收取版面费,会败坏学术风气,导致学术腐败等一系列问题,同时他又表明,学术期刊收取版面费问题很复杂,目前新闻出版总署所能做的就是打击没有刊号的非法期刊,前段时间有学者呼吁:三分之二的出版社和大学办的学术期刊都可以砍掉,因为发的都是"学术垃圾"。我们也认同。但"学术垃圾"不能从我们管理部门这儿说出来,得找一大批专家来鉴定。而且目前没有相应的法律法规让我们遵循来整治版面费。对期刊的学术质量应该有一套评价体系,对学术质量不高的期刊应该有退出机制,但这种评价体系操作起来很难……我们也应看到,如果硬性规定学术期刊不准收版面费,很多期刊都会面临生存困境。[③]。查阅资料,确实能找到学术期刊相关主管部门对收取版面费的明文规定。中国科协1998年曾发出"建议各学会学术期刊收取版面费"的通知,认为此举合理;中国科学院2003年起实行《中科院科技期刊收取发表费暂行办法》,其中提到:"收取发表费在国外早已普遍施行……证明是合理可行的。"[④]

关键的问题不在学术期刊应不应该收取版面费上,而在于学术期刊收取版面费的目的是什么?收取了作者的版面费后是否达到了收取的目的?如果以牺牲刊物的学术质量去换取版面费收入,这不是严肃的学术期刊的做法。如果对学术期刊论文质量严格把关,达不到发表水平,"给多少钱也不发",在这样的前提下收取一定的版面费应该是一件正常的事。

一般而言,经办一本学术期刊的成本,除了经办编辑部(或杂志社)办公、印刷等硬性成本外(目前,我国的学术期刊主办单位大多仅对这两块成本给予拨款支持),还有许多必须的成本。一篇有学术价值的论文从产生、发表、效益影响(经济的和社会的)有其发展规律,每个阶段都会产生费用。在发表这个阶段,选稿、审稿、编辑(语言、学术规范处理)、版面处理等等都需要高水平的相关专家、高素质的编辑来做,这些都需要一定的成

[①] 曹亚宁:《8种期刊违规刊发学术论文被查处,靠收取版面费生存期刊成管制重点》,载《中国新闻出版报》,2011年2月24日。
[②] 新闻出版总署:《"核心期刊"与政府无关》,载《中国青年报》,2009年4月27日。
[③] 新闻出版总署:《"核心期刊"与政府无关》,载《中国青年报》,2009年4月27日。
[④]《中科院科技期刊收取发表费暂行办法》,中国科学院网站:http://www.cas.cn/.

本,做得越好,成本就越高。在某种意义上说办刊经费决定了一本学术期刊的质量。当前,在国家和地方都没有专门的扶持学术期刊发展的专项资金(从2012年起,国家社科基金开始对少数重点学术期刊资助)、期刊主办单位又不愿加大投入的情况下,许多期刊办刊经费捉襟见肘,由于经费的限制,大多数学术期刊许多环节都没有做或简化了,如外请专家审稿,文献、数据的核实等等,这些也是我国学术期刊和国外学术期刊质量存在较大差距的一个原因。

更深层次讲,学术期刊收费乱象的出现,是我国现行的学术评价和管理机制造成的,在强大的利益驱使下,作者"乱交费"的冲动远远大于期刊"乱收费"的冲动,交一点版面费发表一篇论文获得的利益远远大于版面费本身,在这个学术活动中(成果没有发表,学术管理部门不会承认学术研究完成),作者和期刊相比并不像社会上所认为的那样是"受害者"、是"弱者",反而是"赢家",这就是版面费问题上为什么社会上一直在"诟病",而一些作者却"乐此不疲"、想尽一切办法"乱交费"的原因。

实际上,目前我国大多数的学术期刊都在公开或半公开的收取版面费,因主管部门在收费问题上的模棱两可,编辑部或杂志社都"只做不说",且羞羞答答、名目繁多。如收取发行费、赞助费、会员费(就是不敢公开说收取版面费)等等,在社会舆论大、主管部门不痛不痒有一些倾向性表态等所谓"风声"紧的时候,就暂停一下,或者也表个态,但态是要表,费还是要收。这就是当前我国学术期刊在收费问题上的"乱象"。

造成学术期刊收费乱象深层次原因的现行学术评价和管理机制在短时间内看来难以改变,但对学术期刊收费问题给一个明确的态度应该不是什么难事,解决学术期刊收取版面费乱象问题只有两条路可走:要么严禁收费,要么规范收费。严禁收费就要给予学术期刊充足的办刊经费,且这个经费由公共财政来承担,如果公共财政不来承担,学术期刊的办刊经费由期刊主管或主办单位在单位总的"经费盘子"里划拨,期刊主办单位总会纠结于花钱办刊物"划得来"还是"划不来"之类的问题上,期刊办刊经费保障的可持续性值得怀疑。如果规范收费,相关行政管理部门和学术管理部门要制定关于论文版面费收取的标准和法规,使版面费的收取有法可依,有章可循,版面费面前人人平等,减少一些杂志借机捞钱的可能。一稿多投等现象也可在一定程度上得到遏制。总之,是要把这块"遮羞布"拿掉。

但是,时至今日,这块"遮羞布"一直还没拿掉。从2011年12月起,国家社科基金开展了社科类重点学术期刊资助工作,目前遴选了两批共200个社科类学术期刊予以资助,每种期刊每年资助40万元,以三年为一个周期,连续资助。同时制定了《国家社会科学基金学术期刊资助经费管理办法(暂行)》,这个办法第十二条明确规定:获得资助的期刊不得以任何名义收取版面费;第十三条明确规定:所在单位不得削减获得资助期刊的原有办刊经费。[1]这对于入选的社科学术期刊当然是一个利好,使长期纠结的"版面费"问题可能得到终结。但是,这种资金的资助对办好一本学术期刊是不够的,同时这种资金的资助也不是永久性的,一旦没有出版资金的资助,这些曾经得到过资助的学术期刊仍然面临着办刊经费不足的困难。另外,我们不要忘了,入选国家社科基金资助的基本上是人文社科

---

① 《国家社会科学基金学术期刊资助经费管理办法(暂行)》,全国哲学社会科学规划办公室网站:http://www.npopss-cn.gov.cn/.

学术期刊的所谓重点期刊,而我国人文社科学术期刊有 3000 多种,其他期刊怎么办?

而 2012 年 7 月,新闻出版总署颁布的《关于报刊编辑部体制改革的实施办法》(以下简称《实施办法》)[①],明确规定了学术期刊和高校学报的编辑部体制改革问题,学术期刊出版单位基本上是"一刀切"改制,变成企业,没有条件改制的出版单位也必须并入其他报刊出版企业,对不适用改制又不能并入其他报刊出版企业的要么改为内刊,要么停办。这意味着期刊原主管或主办单位以后将不再提供办刊经费,《实施办法》没有明确提到版面费问题,似乎是将版面费问题"下放"到了出版企业,是否收取由改制后的出版企业自行规定,但是,在现行的学术评价体系下,收取版面费是学术期刊最容易的一种盈利方式,加之现行学术期刊其他盈利方式的艰难,以追求经济效益为最终目的的企业(不管是出版企业还是其他企业)没有理由不收取版面费,可以预见,学术期刊出版全面收费的时代即将到来,这与国家社科规划办规定的得到基金资助的学术期刊严禁以任何形式收取版面费的规定不同。新闻出版总署的《实施办法》在实际操作中可能导致的后果是:学术期刊改制后,要么"死"掉,要么就收取版面费;如果学术期刊收取的版面费超过国家社科规划办的基金资助额度后从纯经济的角度上来说只有白痴才去申请这个资助,这对入选国家社科基金资助的学术期刊不公平,入选不是荣誉,反而成为一种包袱。

对学术期刊性质定位不清直接导致了学术期刊出版经费提供的主体缺失,新闻出版总署最新的学术期刊改革实施办法也没有把这个问题讲清楚。

三、我国人文社会科学学术期刊未来发展走向

通过上面的分析,可以看到,当前我国人文社会科学学术期刊"全、散、小、弱"、"千刊一面"、"低水平重复"的现象非常明显,高水平期刊少。如和国际学术期刊比较,我国的人文社会科学学术期刊在国际学术界还较少有发言权,但是,不会出现生存危机,在我国单纯追求数量的学术评价机制还没有改变的情况下,在我国只有靠发表论文才能显示一个人的文化高度的文化生态下,无数的硕士、博士研究生为了学位、为了工作需要发表论文;无数的专业人员为了职称和绩效需要发表论文;无数的公务人员为了表明自己的文化"高度"需要发表论文,在这些"刚性"需求还没有出现"拐点"的情况下,学术期刊的版面仍是稀缺资源,仍然是"香饽饽"。

可以预测,我国人文社会科学学术期刊未来发展大致有三种走向:其一,我国的学术评价机制发生改变。硕士、博士研究生等获取学位不需要硬性规定发表论文,专业人员获取职称和绩效考核不需要硬性规定发表论文等等。只有这些"刚性"需求不在的时候,我国的学术期刊才能还原其学术本位,重新树立学术期刊为学术研究和为学者服务的根本,这种情况如果出现,我国学术期刊"繁荣"的"泡沫"就会破灭,大部分质量不高的学术期刊就会自然被淘汰、"轰然"垮掉,剩下的真有可能是"真金白银"。其二,"星星还是那个星星,月亮还是那个月亮",一切都没有改变。这种情况下,我国学术期刊不会出现生存问题,但也很难成长为国际著名学术期刊,而且随着优质稿源的外流和外刊的"入侵",我国学术期刊不仅在国际学术界没有话语权,在国内学术界的话语权也会下降甚至失去。其三,在不改变或者说无法改变现行学术评价机制的情况下,进行部分改革,解决长期以来

---

① 《关于报刊编辑部体制改革的实施办法》,新闻出版总署网站:http://www.gapp.gov.cn/cms/html/21/index.html.

学术期刊定位含混不清的问题，改变当前我国学术期刊"全、散、小、弱"、"千刊一面"、"低水平重复"的现象。

我国人文社会科学学术期刊未来向哪一种方向发展，一切取决于我们是否改革和如何改革。目前看来，我国学术期刊发展过程中存在的这些突出问题已经到了非改革不可的地步，只有通过改革，才能解决长期以来困扰我国学术期刊发展的体制性、结构性矛盾，解决长期以来学术期刊定位含混不清的问题，淘汰劣质期刊，做大做强优秀学术期刊，为我国实现文化强国的战略目标，发挥学术期刊应有的作用。

从本质上来说，我国学术期刊在发展过程中出现这样那样的异化现象，归根结底都和我们现行的学术评价机制有关，要实现我国学术期刊的健康发展，前提是要改革我国现行的学术评价机制，否则，一切的改革都是头痛医头、脚痛医脚的做法。当然这种改革太复杂，涉及的面太大，很多难题还不是期刊管理和学术管理部门能解决的，因此，在相当长的一个阶段，学术期刊未来大致向第三种方向发展可能才是现实的。

2011 年，非时政类报刊体制改革开始启动，因为科研部门和高等学校主管主办的非独立法人科技期刊、学术期刊编辑部的复杂性和特殊性，没有将其纳入其中。2012 年 7 月 30 日，新闻出版总署公布了《关于报刊编辑部体制改革的实施办法》，这是一个专门针对不具有独立法人资格的报刊编辑部出版体制改革的政策性文件，在"坚持社会主义先进文化前进方向，把握正确舆论导向，不断巩固和发展主流舆论阵地，始终把社会效益放在首位，努力实现社会效益和经济效益的有机统一"的指导思想和原则要求下，"通过改革，解放和发展报刊生产力，破解报刊业'小、散、滥'的结构性弊端，实现报刊业转型和升级，推动报刊业又好又快发展，增强报刊出版传播能力"。[①]

《实施办法》明确规定了学术期刊编辑部体制改革的具体方案：（1）原则上不再保留学术期刊编辑部体制。（2）现有学术期刊编辑部并入新闻出版传媒企业：本部门本单位有新闻出版传媒企业的并入本部门本单位新闻出版传媒企业；本部门本单位没有新闻出版传媒企业、其主管主办的报刊编辑部有三个（含三个）以上的，经新闻出版总署批准，可合并建立一家报刊出版企业；主管主办报刊编辑部不够三个的，并入其他新闻出版传媒企业。（3）对于极少数有符合国家规定的主管主办单位、有符合国家规定资格条件的专职采编人员、有固定办公场所、有法定资金来源，全国发行量较大，经营状况良好，能够承担法律规定的责任和义务，具备转为报刊出版企业条件的报刊编辑部，经新闻出版总署批准，可转为报刊出版企业。（4）对于科研部门主要承担专业学术领域工作指导、情况交流任务的期刊和高等学校校报，一律改为内部资料性出版物。（5）对于在国家基础学科和前沿学科中具有领先水平、能代表国家学术水准，并入新闻出版传媒企业或转为期刊出版企业条件不成熟的重点科技期刊和学术期刊编辑部，可暂时保留，但要建立由科研部门分别编辑、出版企业统一出版发行的运行模式，依托大型新闻出版传媒集团公司搭建学术出版经营平台。[②]

按照这个办法推进改革，能在很大程度上改变当前我国学术期刊资源配置行政化，综合性期刊多、专业性期刊少，学术期刊总量大但实力弱的现状，形成一些以省域为单位组

---

① 《关于报刊编辑部体制改革的实施办法》，新闻出版总署网站:http://www.gapp.gov.cn/cms/html/21/index.html.
② 《关于报刊编辑部体制改革的实施办法》，新闻出版总署网站:http://www.gapp.gov.cn/cms/html/21/index.html.

建、以著名高等学校或研究院所为背景组建或以现有的大型出版集团为背景组建的学术期刊群，改变当前我国学术期刊散、小、乱的局面，增强学术期刊出版集约化、规模化程度；改变我国学术期刊从业人员以专家学者为主的编辑队伍结构，一批有创意、懂管理、会经营、综合素质高的人才会加入到这个队伍中来，实现学术期刊从过去只注重学术质量、社会效益向兼顾社会效益和经济效益的转变。一些学术影响力高、会经营的期刊在这个过程中可能会脱颖而出，做大做强，一些学术影响力小、不会经营的期刊在这个过程中会被逐渐淘汰。

当然，这个《实施办法》也还有许多不完善的地方，它没有涉及学术评价机制这个学术期刊改革的根本，许多表述混淆和模糊（如将报刊编辑部体制改革实施办法等同于学术报刊编辑部体制改革实施办法；将编辑部体制改革等同于编辑部改革；将出版等同于学术期刊编辑出版等等），在对学术期刊如何定位这个关键问题上，《实施办法》的提法前后矛盾，学术期刊的公益性没有得到明确的肯定，使得学术期刊在是否收取版面费问题上不仅没有统一思想，反而把思想搞得更为混乱。这些不得不使人怀疑《实施办法》在实践中的执行效果。

学术期刊具有特殊性，我们一般都认为它是高端的精神文化产品，其读者面窄，发行量小，有社会效益无直接经济效益或者说经济效益低是所有学术期刊的共同特点。无论学术期刊怎么改革，它刊载的学术成果的质量始终是其存在的根本价值，学术质量第一，已经成为我国学术期刊办刊人的文化自觉，"一刀切"地将学术期刊推向市场（国外发达国家都没有做到学术期刊完全市场化，特别是人文社会科学期刊，它还有坚持意识形态、维护国家文化安全的责任），完全忽视学术期刊的公益性，在目前学术期刊纸质发行日渐衰微，订阅量越来越小，广告费不多（大部分学术期刊根本就没有广告）、数字化、网络化赢利模式建立不起来的情况下（目前学术期刊数字化、网络化赢利模式很难建立，因为中国知网（CNKI）已经形成了垄断，在现行学术期刊评价体制下，要突破这个垄断是不可能的，除非改变现行学术期刊评价体制，关于这个问题，笔者将另文论述），学术期刊出版单位改制后，要"活命"，只有靠收取版面费，而且是高额版面费，其结果是学术期刊出版、登载成果享用全盘收费化，在这种情况下，如何能够保证"始终把社会效益放在首位"？如何能够保证坚持"社会主义先进文化前进方向"。改革的初衷毋庸置疑，但方案的粗糙却是明显的，2011年5月17日《中央办公厅、国务院办公厅关于深化非时政类报刊出版单位体制改革的意见》（中办发〔2011〕19号文件）没有把非独立法人科技期刊、学术期刊编辑部体制改革纳入其中，正是考虑到其复杂性和特殊性，仅仅一年的时间，新闻出版总署《关于报刊编辑部体制改革的实施办法》就"横空出世"，显得急切了些。为了学术期刊的健康发展，我们是不是应当"更充分地评估学术期刊除了其商业价值之外的社会文化价值、智力资源价值和培养人才的价值；更充分地研究不同类别期刊编辑部的主体差异和经费来源的差异；更充分地考虑如何提升不同类别期刊编辑人员工作的积极性和创造性，区别对待、有序改革和发展"。[①]

当然，任何一次大的发展都是在改革中实现的，任何一次改革都是在实践中不断完善的，这是历史发展的必然。

---

① 郭向宁：《坚守学术原创　积极应对改革》，http://www.cse.edu.cn/.

【作者简介】

黄旭东，《贵州社会科学》编辑部副主任、副主编，编审。在《贵州社会科学》杂志编发（责任编辑）稿件、审稿（二审）数百万字。编发的文章被《新华文摘》、人大复印资料、《中国社会科学文摘》、《高等学校文科学术文摘》等全文转载、论点摘编数十篇。在省级以上报刊发表专业学术论文30余篇，其中近20篇发表在北大中文、CSSCI核心期刊上，4篇论文为人大复印资料全文复印，2篇论文为《新华文摘》论点摘编。《当代中国工人阶级结构变化与和谐社会构建》、《中国工人阶级发展历史及其特点》、《马克思主义经典作家的工人阶级理论与当代中国工人阶级新变化》和《论文化全球化下的中国母语安全》分别为人大复印资料《工会研究》2008年第2期、2009年第1期、2009年第2期头条和人大复印资料《文化研究》2009年第10期全文复印。《信息化对发展中国家文化发展的影响》和《美国文化安全战略及其对我国的启示》分别为《新华文摘》2006年第23期、2009年第17期论点摘编。还有多篇论文观点被相关报刊介绍和转载；多篇论文被全国许多省市工会网站、社科联网站收录，作为工作实践和理论学习参考文章。主持完成院级课题《中西方政治文明比较研究》、贵州省长资金课题《贵州工人阶层分化与构建贵州社会主义和谐社会研究》。参加国家社科基金课题《贵州民族民间传统文化知识产权保护》、教育部人文社会科学课题《后现代主义及其发展研究》等课题研究。

后 记

  为了更好地贯彻实施我院"科研立院、人才强院、管理兴院"三大战略,适应新时期我院发展的新需求,深化学术交流,活跃学术气氛,营造良好的学术氛围,拓展科研工作的发展思路,进一步提高科研人员素质和科研工作质量,我院2012年举办了以社科系列学术讲座为主要形式的"甲秀论坛"共计21次,其中邀请了中国社会科学院社会科学文献出版社社长谢寿光教授、北京工商大学副校长谢志华教授、浙江省社会科学院副院长葛立成研究员、中国政法大学犯罪学研究所所长王顺安教授、湖南省社会科学院科研开发处处长陈文胜研究员、贵州民族大学贵州民族文化艺术研究院院长龙耀宏教授等院外专家到我院讲学。

  为了反映我院2012年"甲秀论坛"的学术状况,现将我院2012年"甲秀论坛"学术讲座的演讲稿编辑成《甲秀论坛.2012》一书公开出版。需要说明的是,北京中科景元城乡规划设计研究院院长石培华教授作的《贵州省加快建设全国文化旅游发展创新区的思考》和贵州省委副秘书长、省直机关工委申振东教授作的《情商与领导力》学术讲座演讲稿,因故未编入其中。

  本书由我院吴大华研究员审读,科研处处长王兴骥研究员,副处长杨雪梅、戈弋,何松副研究馆员、刘岚承担编辑工作。有不妥之处,敬请读者批评指正。

编 者

2013年11月